A. BERGAIGNE & V. HENRY

MANUEL

POUR ÉTUDIER

LE SANSCRIT VÉDIQUE

PRÉCIS DE GRAMMAIRE — CHRESTOMATHIE

LEXIQUE

PARIS
ÉMILE BOUILLON, LIBRAIRE-ÉDITEUR
67, RUE RICHELIEU, 67

1890

OUVRAGES RELATIFS A L'INDE
LA PERSE ET L'ASSYRIE
EN VENTE A LA MÊME LIBRAIRIE

Abel BERGAIGNE
Membre de l'Institut de France

Manuel pour étudier la langue sanscrite. — Chrestomathie. — Lexique. — Principes de grammaire. 1 vol. gr. in-8...... 12 fr. »

De conjunctivi et optativi in indoeuropæis linguis informatione et vi antiquissima. 1 vol. in-8........................ 4 fr. »

La religion védique d'après les hymnes du Rig-Veda. 3 vol. gr. in-8 (épuisé)....... .... 50 fr. »

Quelques observations sur les figures de Rhétorique dans le Rig-Veda. In-8.. 2 fr. »

Le Bhâmini-Vilâsa. Recueil de sentences du Pandit Djagannâtha. Texte sanscrit publié pour la première fois en entier, avec traduction en français et des notes. 1 vol. gr. in-8.................... 8 fr. »

Alfred DUTENS

Essai sur l'origine des exposants casuels en sanscrit. 1 vol. gr. in-8. Prix.. 6 fr. »

Les fleurs de l'Inde, comprenant la mort de Yaznadate, épisode tiré de la Ramaïde de Valmiki, traduit en vers latins et en vers français avec texte sanscrit en regard, et plusieurs autres poésies indoues ; suivies de deux chants arabes, et de l'apologue du derviche et du petit corbeau. On y a joint une troisième édition de l'orientalisme rendu classique dans la mesure de l'utilité et du possible. Grand in-8.......................... .... 2 fr. »

A. LOISELEUR DESLONGCHAMPS

Amarakocha, Vocabulaire d'Amarasinha, publié en sanscrit avec une traduction française, des notes et un index. 2 vol. gr. in-8. Prix.......................... .... 7 fr. 50

Paul REGNAUD
Professeur à la Faculté des lettres de Lyon

Examen du mouvement vocalique dans la déclinaison des thèmes indo-européens en *u*, *i*, *r* et questions connexes. In-8..... 1 fr. 50

Les facteurs des formes du langage dans les langues indo-européennes. Esquisse d'une méthode pour l'étude de la grammaire historique. In-8.......... .... 1 fr. 50

Matériaux pour servir à l'histoire de la philosophie de l'Inde. 2 vol. gr. in-8...... .... 19 fr. »

Mélanges de linguistique indo-européenne. In-8........ 1 fr. 50

Paul REGNAUD

Professeur à la Faculté des Lettres de Lyon

Nouveaux aperçus sur le vocalisme indo-européen, précédés d'une analyse des systèmes actuellement en vigueur. In-8....... 1 fr. 50

L'origine de la sifflante palatale en sanscrit. In-8....... 1 fr. 50

De primigenia Vocis Kshatriya VI atque de regiis insignibus apud veteres indo-europeae gentes. Gr. in-8.................... 1 fr. 50

Casimir BARBIER DE MEYNARD

Membre de l'Institut de France

Dictionnaire géographique, historique et littéraire de la Perse et des contrées adjacentes, extrait du Modjem-el-Bouldan de Yaqout, et complété à l'aide de documents arabes et persans pour la plupart inédits. 1 vol. gr. in-8.................................... 10 fr. »

James DARMESTETER

Professeur au Collège de France et à l'École pratique des Hautes Études

Études iraniennes : I. Études sur la grammaire historique de la langue persane. — II. Mélanges iraniens. Études sur la langue, la littérature, les croyances de la Perse ancienne. 2 vol. in-8. 25 fr. »

Haurvatât et Ameretât. Essai sur la mythologie de l'Avesta. 1 vol. gr. in-8.. 4 fr. »

Ormazd et Ahriman, leurs origines et leur histoire. 1 vol. gr. in-8. Prix.. 12 fr. »

Rubens DUVAL

Les dialectes néo-araméens de Salamas. Textes sur l'état actuel de la Perse et contes populaires publiés avec une traduction française. 1 vol. in-8.. 4 fr. »

Claude HUART

Cheref-Eddin-Rami, Anis-el-'Ochchâq, traité des termes figurés relatifs à la description de la Beauté, traduit et annoté. 1 vol. gr. in-8. Prix.. 5 fr. 50

A. AURÈS

Essai sur le système métrique assyrien, 1er fascicule. In-4. Prix.. 5 fr. »

Isidore LŒWENSTERN

Essai de déchiffrement de l'écriture assyrienne pour servir à l'explication du monument de Khorsabad. 1 vol. in-4.......... 1 fr. »

Exposé des éléments constitutifs du système de la troisième écriture cunéiforme de Persépolis. 1 vol. gr. in-8............ 4 fr. »

Le même ouvrage, tirage gr. in-4.......................... 6 fr. »

Joachim MENANT

Rapports à Son Exc. Monsieur le Ministre d'État sur les inscriptions assyriennes du British Museum. In-8.................... 3 fr. »

Les inscriptions de Hammourabi, roi de Babylone (XVIe siècle av. J.-C.), traduites et publiées avec un commentaire à l'appui. 1 vol. gr. in-8.. 10 fr. »

Inscriptions des revers de plaques du palais de Khorsabad. Traduit sur le texte assyrien. In-fol................................ 6 fr. »

Jules OPPERT

Membre de l'Institut de France

Duppe-Lisan-Assur, éléments de la grammaire assyrienne, seconde édition. 1 vol. in-8.................................. 3 fr. »

Mémoire sur les rapports de l'Égypte et de l'Assyrie dans l'antiquité, éclaircis par l'étude des textes cunéiformes. 1 vol. in-4 .... 12 fr. »

Henri POGNON

Consul de France à Bagdad

L'inscription de Bavian, texte, traduction et commentaire philologique, avec trois appendices et un glossaire. 2 parties. Gr. in-8. Prix.. 12 fr. »

Les inscriptions babyloniennes du Wadi-Brissa. 1 vol. gr. in-8, avec 14 planches dont 4 en photogravure.................. 1 fr. »

A. BARTHELEMY

Gujastak Abalish. Relation d'une conférence théologique présidée par le Calife Mâmoun. Texte pehlvi publié pour la première fois, avec traduction, commentaire et lexique. 1 vol. gr. in-8... 3 fr. 50

Jules THONNELIER

Le Vendidad Sadé, traduit en langue huzvaresch ou pehlewie. Texte autographié d'après les manuscrits Zend-pehlewis de la Bibliothèque impériale de Paris et publié pour la première fois. Livr. I à IX (tout ce qui a été publié).. 136 fr. »

Mémoires de la Société de linguistique de Paris. Tomes I à VI et VII, 1er fascicule.................................. 159 fr. »

Recueil de travaux relatifs à la philologie et à l'archéologie égyptiennes et assyriennes. Tomes I à XI. 310 fr. »

Ces deux publications se continuent. On trouvera dans notre catalogue général le détail du contenu de chacun des volumes dont elles se composent.

CHALON-S-SAÔNE, IMP. FRANÇAISE ET ORIENTALE DE L. MARCEAU

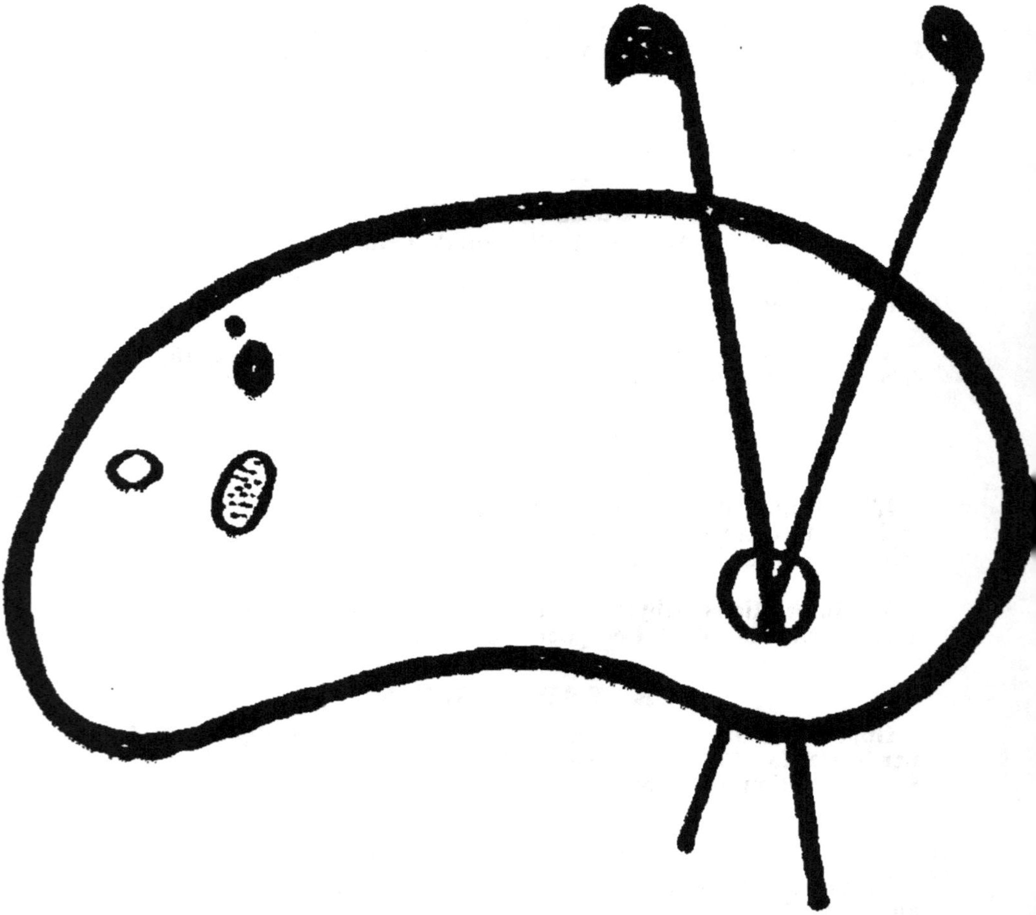

FIN D'UNE SERIE DE DOCUMENTS
EN COULEUR

MANUEL

POUR ÉTUDIER

LE SANSCRIT VÉDIQUE

CHALON-SUR-SAONE
IMPRIMERIE FRANÇAISE ET ORIENTALE DE L. MARCEAU.

A. BERGAIGNE & V. HENRY

MANUEL

POUR ÉTUDIER

LE SANSCRIT VÉDIQUE

PRÉCIS DE GRAMMAIRE — CHRESTOMATHIE
LEXIQUE

PARIS
ÉMILE BOUILLON, LIBRAIRE-ÉDITEUR
67, RUE RICHELIEU, 67

1890

A MONSIEUR

MICHEL BRÉAL

En mémoire du Maître

qui s'honorait d'être son Élève

et

Hommage de respectueuse gratitude

V. H.

PRÉFACE

Ce livre, qui, dans la carrière de mon cher maître et ami Abel Bergaigne, devait être le point de départ de nouvelles et fécondes études, est devenu, par une fatalité inouïe, son testament scientifique. Plusieurs années de travail commun l'avaient préparé ; mais c'est d'une collaboration posthume qu'il est enfin sorti. Je dois donc au public quelques explications sur la part que j'y ai prise et la tâche que le maître m'avait léguée.

Depuis fort longtemps, Bergaigne songeait à écrire un Manuel de la langue védique, qui était, dans sa pensée, le complément indispensable de son Manuel du sanscrit classique : non que tous les sanscritistes fussent destinés, selon lui, à aborder de front le Véda ; il n'y encourageait guère ses élèves, et parfois même les en détournait ; mais il jugeait néanmoins utile qu'aucun d'eux ne demeurât entièrement étranger à la connaissance de la langue et de la littérature védiques, et voulait en même temps procurer une initiation aisée à ceux qui seraient tentés de les approfondir. On sait qu'en matière d'interprétation védique il n'avait pas les idées de tout le monde : il ne pouvait donc que difficilement se contenter, pour son enseignement, des chrestomathies publiées en Allemagne sous l'inspiration des traductions de MM. Roth, Grassmann et Ludwig. L'indépendance de sa pensée s'accommodait mal des travaux de ses devanciers, en si haute estime qu'il les tînt et quelque respect qu'il leur témoignât.

Malheureusement le temps lui manquait toujours pour réaliser ses desseins, et, à partir de 1885, le déchiffrement et la traduction des inscriptions du Cambodge l'absorbèrent à tel point qu'il désespéra d'en venir seul à bout. C'est alors qu'il songea à s'adjoindre un collaborateur, dont le zèle et le bon vouloir, à défaut de mieux, lui étaient connus. Il me confia son projet et me chargea d'en assurer l'exécution sous son contrôle.

En conséquence, j'écrivis d'abord un précis de grammaire et de métrique védique, que je lui envoyai à la fin de 1887. Ce précis a été retrouvé dans ses papiers après sa mort (6 août 1888), sans aucune modification ni annotation d'aucune sorte. Je n'ose pourtant affirmer qu'il soit notre œuvre commune ; car il ne m'en a jamais parlé dans ses lettres, et je ne suis pas certain qu'il ait eu le temps de le lire, engagé qu'il était alors dans ses grands travaux de reconstitution du texte du Rig-Véda. Quoi qu'il en soit, je suis rentré en possession de mon manuscrit au commencement de l'année 1889, et l'ai refondu deux fois depuis, afin de m'assurer que je n'y avais rien omis d'important, et de mieux l'adapter aux textes choisis.

Ces textes — j'entends les hymnes du Rig-Véda et de l'Atharva-Véda — ont été tous choisis par lui, à la seule exception du bel et touchant hymne à Yama (pièce XXXIX), que j'y ai ajouté après coup. Il l'avait écarté de mes propositions, sans doute pour ne pas faire double emploi avec la chrestomathie de M. Hillebrandt ; mais je n'ai pas cru que notre recueil pût être complet sans un hymne à Yama, et dès lors je n'avais pas le choix du morceau. Jamais le culte des morts, la religion qui n'a point d'athée, n'a pu trouver d'accents plus profonds et plus déchirants ; jamais paroles d'espoir en Dieu n'ont fait courir dans les veines un pareil frisson d'horreur et de désespérance.

Tous ces morceaux, je les ai traduits, en même temps

que je composais la grammaire, et j'ai envoyé ma traduction à Bergaigne, qui devait la revoir, la discuter avec moi et arrêter la version définitive, base du lexique dont le soin m'était entièrement confié. La traduction du Rig-Véda, retrouvée dans ses papiers, ne portait presque aucune annotation; mais on y a trouvé en même temps une autre traduction, toute de la main de Bergaigne, et accompagnée de notes nombreuses. C'est en la collationnant avec la mienne, en la complétant par les notes et les souvenirs d'anciens élèves du cours de sanscrit, et en utilisant les remarques critiques, grammaticales et littéraires qui m'ont paru pouvoir entrer dans une chrestomathie élémentaire, c'est, dis-je, essentiellement sur les bases du travail de Bergaigne, que je suis parvenu à établir le mien. Sans décliner le moins du monde la responsabilité des interprétations ou des corrections discutables qu'on pourra rencontrer dans cette partie de l'ouvrage, je dois déclarer que la plupart sont de lui, et que j'en ai même maintenu de propos délibéré quelques-unes qui me semblent encore assez douteuses. Tout au plus en ai-je modifié deux ou trois, que Bergaigne sans doute aurait abandonnées de lui-même en y revenant.

Pour l'Atharva-Véda, j'ai été bien moins heureux: Bergaigne n'en a point laissé de traduction et n'en avait traduit aucun morceau dans ses conférences. J'ai dû me contenter des annotations dont il avait chargé cinq ou six pièces de ma traduction, les plus courtes, et, pour le reste, m'en référer aux travaux antérieurs, notamment à la traduction de M. Weber. Sauf pour les interprétations les plus récentes, je ne cite nulle part mes sources: les débutants n'ont que faire de cet apparat, et les juges autorisés distingueront à première vue mes inévitables emprunts du peu qui m'est personnel. Il va sans dire que je me suis efforcé d'assurer l'unité à l'ensemble de ma composition, en traduisant le plus possible dans l'esprit d'interprétation de Bergaigne, selon la méthode à la fois littérale et hardie dont il emporte le secret. Je ne puis me flatter d'y avoir partout et toujours réussi : si donc on relève dans l'ouvrage des contradictions, des lapsus ou de vraies erreurs, l'on saura à qui s'en prendre.

Pour les textes de prose, je les ai seul choisis et seul traduits, avec le secours des travaux antérieurs. Comme type de Sûtra, j'ai admis les pièces LXXIX et LXXX, surtout à cause de la récente et excellente édition de M. Knauer (Dorpat 1884-86), qui a établi définitivement le texte et le sens. Je n'ai pas donné de *çrauta-sûtra*, estimant qu'il ne fallait pas allonger hors de toute mesure un manuel déjà assez volumineux, et que le rituel était suffisamment représenté dans le recueil par les morceaux des Brâhmaṇas. En effet, la seule indication que m'eût laissée Bergaigne sur le choix de la prose, c'était d'écarter les récits et de ne donner que des prescriptions rituelles : « les légendes, disait-il, c'est de la prose ordinaire, qui n'apprend rien à personne : les Brâhmaṇas sont des rituels, c'est donc du rituel qu'il faut donner comme spécimen. » Je me suis strictement conformé à cet avis, sans toutefois avoir le cœur de supprimer un petit fragment de légende qui sert de préambule à une série de prescriptions liturgiques (pièce LXXVIII) et qui tient trop peu de place pour ne pas trouver grâce.

On s'étonnera peut-être de lire si peu de prose après tant de vers ; mais il fallait bien se borner, et la langue des Védas, si riche et si variée, exige une initiation bien plus longue et plus spéciale que celle de la prose, déjà si voisine du style classique. Qui a lu un hymne du Véda ne connaît guère encore que cet hymne ; qui a traduit un passage brâhmanique d'une certaine étendue, je ne dis pas « les a traduits tous », mais sait quel en est l'esprit, le verbiage et l'écœurante banalité. J'ajoute d'ailleurs qu'il n'était pas même sûr que Bergaigne en voulût admettre dans ce recueil : il avait réservé la question, et, par cette raison précisément, n'avait arrêté aucun choix. Il songeait à publier plus tard une sorte de manuel brâhmanique dont il aurait confié l'exécution à un autre de ses élèves, et qui alors aurait contenu des spécimens nombreux et variés de la littérature intermédiaire entre l'ère des Védas et l'âge classique. Entre ces deux partis extrêmes, j'ai cru prendre un terme moyen, et, si j'ai péché par excès de discrétion, j'ai lieu d'espérer que M. Sabbathier voudra bien sous peu entreprendre de combler la lacune qu'on me reprochera.

Un dernier mot, un simple conseil aux débutants qui me feront l'honneur de me prendre pour guide. Ils peuvent traduire les hymnes dans l'ordre où ils les rencontreront. Cependant, comme les hymnes du Rig-Véda sont rangés par divinités, et ceux de l'Atharva-Véda tout simplement par kāṇḍas, leur succession n'offre rien de gradué, et l'on pourra trouver un morceau difficile au début, un morceau facile à la fin du livre. Il n'en saurait guère être autrement, car il n'y a presque pas d'hymne intéressant qui ne présente une ou deux difficultés d'un genre spécial, et je crois d'ailleurs avoir paré à cet inconvénient, en expliquant en note celles dont la solution coûterait trop de peines. Si toutefois, malgré toutes ces précautions, l'élève se voyait engagé dans quelque voie sans issue, mieux vaudrait pour lui ne se point obstiner et passer outre. De toutes façons, rien ne saurait le dispenser de lire deux fois d'un bout à l'autre tout le recueil, pour se bien pénétrer des formes et du style védique[1] : il sera donc sage de réserver pour la seconde lecture les passages qui l'arrêteront trop longtemps à la première. Je suis convaincu qu'à la revision

(1) C'est seulement après s'être rendu entièrement maître du présent Manuel que l'apprenti védisant devra aborder les ouvrages plus détaillés, parmi lesquels il placera au premier rang la Grammaire de M. Whitney et la Syntaxe de M. Delbrück (Halle 1888).

tout s'aplanira devant lui, pourvu du moins qu'il ait conduit son travail avec conscience et méthode, qu'il ait cherché au lexique tous les mots du texte, *même et surtout les plus usuels;* car au point de vue du sens, les Védas réservent bien des surprises à ceux qui ne connaissent que le sanscrit classique [1].

Il me reste à remercier ici ceux qui, en mémoire de notre cher et regretté Bergaigne, et par amitié pour moi, se sont intéressés à la composition de cet ouvrage, notamment MM. Barth, Sylvain Lévi et Sabbathier, qui auraient le droit d'y revendiquer une part de collaboration. Quoique absorbés par leurs travaux personnels, ils m'ont accordé de longs entretiens, ont discuté avec moi mainte interprétation douteuse, ont mis enfin à ma disposition leur profonde connaissance de la langue sanscrite, des idées védiques, des usages liturgiques de l'Inde. Je n'en dirai pas davantage, car j'aurais l'air de vouloir me couvrir de leurs noms; mais ils savent ce que je leur dois, ils savent aussi que je ne l'oublierai point [2].

V. HENRY.

Paris, 29 avril 1890.

(1) On fera bien aussi de collationner souvent les emplois d'un même mot dans divers passages : le lexique, avec ses nombreuses références, fournit tous les éléments de ce travail.

(2) Toutefois, sauf pour le spécimen de devanâgarî, c'est moi seul qui ai revu toutes les épreuves : je demande donc l'indulgence pour les quelques fautes relevées ci-après et pour celles qui m'auraient échappé. Il ne s'agit, la plupart du temps, que de l'omission d'un petit signe diacritique, que le lecteur voudra bien rétablir à la plume.

ADDITIONS ET CORRECTIONS

P. 33, sous n° 97, noter que la règle du cas où le verbe est atone est fort loin d'être absolue, et que M. Delbrück formule la règle précisément contraire : en fait, on trouvera dans les textes de nombreux cas d'accentuation, soit du second préfixe seul, soit des deux à la fois.

P. 56, st. 1 a, lire : āçuçukṣáṇis.

P. 60, st. 5 c, lire : saptáçīrṣāṇam.

P. 62, st. 7 c, lire : ā́gāc.

P. 65, st. 4 a, lire : tvā́ṃ.

P. 69, st. 15 b, suppléer le trait vertical tombé après íçānaḥ.

P. 76, st. 5 c, lire : píba. — Observer que cet accent modifie légèrement le mouvement de la phrase (Bergaigne), à moins qu'on ne préfère considérer le second impératif comme construit en subordination par rapport au premier (Delbrück).

P. 81, st. 5 d, lire : vánaspátīn̐r.

P. 85, st. 10 d, lire : rayīṇā́m.

P. 88, st. 10 c, suppléer en note : Les « cinq races » sont les Dieux, les hommes, les Gandharvas et Apsaras, les serpents (cf. *sarpá* au lexique) et les Mânes (*pitáras*).

P. 94, st. 17 c, lire : adyā́.

P. 101, st. 7 d, lire : varṣmáṇópa.

P. 113, st. 6 d, lire : rayīṇā́m.

P. 119, st. 5 c, suppléer en note : Pada *citrā́*, mais on sait que le pada n'est pas une autorité infaillible.

P. 125, st. 2 d, lire : tásarāṇy.

P. 127, st. 3 d, rétablir l'apostrophe tombée devant 'vadyabhiyā́.

P. 144, st. 3 c, lire : prācīnapakṣā.

P. 147, st. 8 b, note, lire : *saṃdeçyā̀*.

P. 154, LXIX, st. 1 b, lire : manuṣyèṣu.

P. 162, st. 5 c, lire : bráhmaṇaṃ.

P. 164, st. 13 d, note, ajouter : Ailleurs, et dans un passage où il est égalément question de l'homme ou du Puruṣa âme de l'univers, c'est le sperme *(rétas)* qui est assimilé au beurre d'offrande (A. V. XI, 8. 29.). Noter que le mot *púruṣa*, dans une de ses acceptions, relativement rare d'ailleurs, équivaut à *púman* et signifie « mâle ».

P. 167, l. 12, lire en un seul mot : abhyátiricyate.

P. 175, l. 3, lire : praviṣṭā.

P. 185, art. an, au lieu de : pl. 3 pf., lire : pl. 3 aor.

P. 185, art. anaḍ-váh, lire : cas faibles *anaḍúh*.

P. 200, lire : ā-çuçukṣáṇi.

P. 207, lire : uttara-vedī.

P. 212, art. éka-pad, lire : *padá*, au lieu de : *páda*.

P. 213, en bas, lire : *dhi* = *dhā*.

P. 230, note, l. 3, lire : * *jātá*.

P. 251, l. 15, ajouter : cf. peut-être A. V. XI. 10. 16.

P. 261, lire : pṛtanā-ṣáh.

P. 264, art. prá-siti, lire : (rac. *si* = *1 sā*).

P. 272, art. maghávan, ajouter : et maghávant.

P. 273, art. máda, après XII 1, ajouter : LXIII 2.

P. 280, art. yakṣá, à la fin, ajouter : Le mot *púruṣa* désigne égalément la pupille à dater du Ç.-Br.

P. 287, au bas, suppléer l'art. : rājyá, s. nt., royauté, LV 2.

P. 288, art. rāṣṭrá, lire : (rac. *rāj*).

P. 290, au bas, rétablir l'*l* tombée devant lakṣaṇá.

P. 293, lire : vánas-páti ; et, après XIII 5, ajouter : LXX 2, LXXV 20.

P. 333, art. 1 hā, au lieu de XXXVIII 6, lire : XXVIII 6.

P. 334, lire : hiraṇya-ratha.

TABLE DES MATIÈRES

PRÉFACE VII

ADDITIONS ET CORRECTIONS XIII

TABLE XV

PRÉCIS DE GRAMMAIRE DU SANSCRIT VÉDIQUE 1

Introduction. 3
Chapitre Premier. — Alphabet, écriture, accent tonique 6
Chapitre II. — Euphonie et orthographe 10
Chapitre III. — Racines et suffixes 14
Chapitre IV. — Formation et dérivation des thèmes nominaux. 15
Chapitre V. — Composition. 16
Chapitre VI. — Déclinaison des noms. 18
Chapitre VII. — Pronoms. 25
Chapitre VIII. — Formation et conjugaison des verbes. 26
Chapitre IX. — Mots invariables. 37
Chapitre X. — Éléments de prosodie et de métrique. 38
Spécimens d'écriture et d'accentuation. 47

CHRESTOMATHIE 53

Rig-Véda

I. — A Agni. 55
II. — A Agni. 56
III. — A Agni. 59
IV. — A Agni. 61
V. — A Agni Vaiçvânara. 65
VI. — A Indra. 66
VII. — A Indra. 69
VIII. — A Indra. 71
IX. — A Indra. 72
X. — A Indra. 76
XI. — A Soma Pavamâna. 77
XII. — A Soma Pavamâna. 78
XIII. — Aux Açvins 81
XIV. — Aux Açvins 82
XV. — Aux Maruts 83

XVI. — Aux Maruts 85
XVII. — A Tous les Dieux 86
XVIII. — A Tous les Dieux 88
XIX. — A l'Aurore 91
XX. — A Sūrya 93
XXI. — A Apāṃ Napāt. 97
XXII. — A Vāc 100
XXIII. — A Rudra 101
XXIV. — A Savitar. 103
XXV. — A Parjanya 104
XXVI. — A Varuṇa. 105
XXVII. — Au Ciel et à la Terre. 107
XXVIII. — A Indra et Agni 109
XXIX. — A Indra et Soma. 111
XXX. — A Indra et Bṛhaspati 112
XXXI. — A Indra et Viṣṇu. 114
XXXII. — A Indra et Pūṣan 115
XXXIII. — A Indra et Vāyu 116
XXXIV. — A Indra et Varuṇa 117
XXXV. — A Mitra et Varuṇa 118
XXXVI. — Aux Ṛbhus. 119
XXXVII. — Aux Adityas 121
XXXVIII. — Hymne funéraire. 121
XXXIX. — A Yama 122
XL. — L'institution du sacrifice 125
XLI. — La Dakṣiṇā. 126
XLII. — Hymne āpri 128

Atharva-Véda

XLIII. — Conjuration contre la rétention d'urine 130
XLIV. — Conjuration contre les sorciers. 131
XLV. — Conjuration contre les sorciers 132
XLVI. — Rémission des péchés 133
XLVII. — Conjuration contre l'atteinte des flèches. 134
XLVIII. — Conjuration contre la jaunisse. 134
XLIX. — Conjuration contre la lèpre blanche. 135
L. — Conjuration contre une fièvre maligne 136
LI. — Conjuration contre une maladie grave 137
LII. — Conjuration des bestiaux égarés 138
LIII. — Conjuration contre les ennemis 139
LIV. — Conjuration pour la restauration d'un chef proscrit . . 140
LV. — Conjuration pour l'élection d'un chef 141
LVI. — Conjuration pour faire dériver les eaux. 143
LVII. — Incantation amoureuse. 144
LVIII. — Conjuration contre le poison des flèches. 145
LIX. — Hymne à Varuṇa avec conjuration contre un ennemi. 146
LX. — Conjuration contre les vers parasitaires 148
LXI. — Conjuration contre le venin du serpent 149
LXII. — Conjuration pour faire pousser les cheveux 150

LXIII. — Même sujet 151
LXIV. — Conjuration en appliquant un remède 151
LXV. — Bénédiction de la dakṣiṇā 152
LXVI. — Conjuration pour obtenir un enfant mâle 153
LXVII. — Conjuration contre le poison 153
LXVIII. — Conjuration contre les blessures. 154
LXIX. — Conjuration contre une maladie grave. 154
LXX. — Bénédiction du char 155
LXXI. — Bénédiction du tambour. 156
LXXII. — Bénédiction du blé. 156
LXXIII. — Conjuration au sujet d'un aliment mangé en rêve. . . 157
LXXIV. — Hymne à Bhava et Çarva 157
LXXV. — Puissance de l'ascétisme. 161
LXXVI. — Conjuration en remettant une amulette 165

Çatapatha-Brāhmaṇa

LXXVII. — L'emplacement du sacrifice. 166

Aitareya-Brāhmaṇa

LXXVIII. — La cérémonie de l'agnipraṇayana 169

Gobhila-Gṛhya-Sūtra

LXXIX. — Le choix d'une épouse 173
LXXX. — La sortie de l'école 174

LEXIQUE 177

GRAMMAIRE

PRÉCIS DE GRAMMAIRE

DU

SANSCRIT VÉDIQUE

INTRODUCTION

1. — Les plus anciens monuments qui nous soient parvenus de la littérature sanscrite sont, par ordre chronologique : les Védas, les Brâhmaṇas et les Sûtras, ces derniers formant le chaînon qui rattache la période brâhmanique à l'ère classique.

2. — Les Védas, grands recueils poétiques et liturgiques, sont au nombre de quatre, de très inégal intérêt.

3. — Le plus ancien, le *Ṛg-Veda*, comme l'indique son nom (*ṛc* « vers »), se compose exclusivement d'hymnes, au nombre d'un millier, répartis en 10 *maṇḍalas*. Les auteurs en sont connus, en tant du moins que la tradition brâhmanique a conservé les noms des familles sacerdotales où chacun de ces hymnes était en usage. Quelques-uns de ces morceaux peuvent en effet remonter à une très haute antiquité; mais, sujets à toutes les causes de corruption inséparables de la transmission orale, ils se sont peu à peu grossis de nombreuses interpolations dont le départ constitue une des plus grandes difficultés de la critique védique.

4. — Le *Sâma-Veda* (Véda « des chants, » ou, plus exactement, « des mélodies »), est beaucoup plus court et ne contient

d'ailleurs presque rien qu'on ne rencontre aussi dans le précédent, toutefois avec des variantes souvent précieuses. C'est un simple extrait, composé à l'usage des chantres et en vue des sacrifices solennels. Il offre cette particularité que les paroles y sont accompagnées d'une notation musicale.

5. — Le *Yajur-Veda* (Véda « des formules sacrificatoires ») est bien moins un recueil de vers qu'un rituel liturgique sans aucune valeur littéraire. On en distingue, suivant les familles sacerdotales qui l'ont employé et modifié, plusieurs recensions sensiblement différentes et classées d'une manière générale sous la rubrique de Yajur-Véda *Blanc* ou *Noir*.

6. — L'*Atharva-Veda* (ainsi nommé de la légendaire famille sacerdotale des Atharvans, à laquelle on le rattache) est, comme le *Rg-Veda*, un recueil de vers, ou tout au moins de prose cadencée en grande majorité. Il comprend aussi des hymnes, mais surtout des formules magiques de toute espèce, au nombre d'environ 750, répartis en 20 *kāṇḍas* [1].

7. — On voit que le Rig-Véda et l'Atharva-Véda méritent seuls de fixer l'attention du débutant. Ils nous sont parvenus sous deux formes légèrement différentes, en deux leçons ou *pāṭhas* : la leçon usuelle ou *saṃhitā* « combinée » donne les mots du texte sous la forme qu'ils revêtent à la suite des combinaisons euphoniques qui les atteignent dans la proposition; le *padapāṭha* « leçon mot pour mot », tout au contraire, traite chaque mot comme s'il était isolé et indépendant, et permet ainsi de résoudre de nombreuses difficultés de lecture, outre qu'il supprime les allongements de voyelles qui n'ont d'autre raison d'être que les nécessités de la mesure du vers. On en verra des exemples au cours de l'ouvrage.

8. — On entend par *Brāhmaṇas* [2] de grands rituels en prose, rattachés respectivement à chacun des Védas, et détaillant les

(1) Le kāṇḍa XX se compose presque exclusivement d'hymnes et fragments du Rig-Véda.

(2) *brāhmaṇa* signifie « relatif au *brahman* ou service divin ».

cérémonies à accomplir dans toutes les parties, souvent fort compliquées, de l'office divin, expliquant la raison et l'origine de ces cérémonies et des formules qui les accompagnent, relatant enfin à ce propos diverses légendes pieuses, trop absurdes en général pour n'être pas fort anciennes. Les deux principaux et les mieux connus sont l'*Aitareya-Brāhmaṇa*, qui appartient au cycle théologique du Rig-Véda, et le *Çatapatha-Brāhmaṇa*, texte de prose détaché du Yajur-Véda Blanc.

9. — Les *Sūtras* (lignes, règles) sont des écrits dogmatiques qui ont pour but de formuler, en les résumant, toutes les prescriptions du service divin *(çrauta-sūtra)*, ou les obligations religieuses du chef de famille *(gṛhya-sūtra)*. L'extrême brièveté qui en fait le principal mérite aux yeux des Hindous et permet d'en retenir tous les versets par cœur, n'est souvent obtenue qu'au prix d'une grande obscurité, que ne dissipent pas toujours les commentaires postérieurs.

10. — On entend spécialement par sanscrit *védique*, par opposition au sanscrit postérieur dit *classique*, la langue des Védas et celle des Brāhmaṇas. Cette langue contient déjà, au moins en germe, toutes les formes que développera plus tard le sanscrit classique, et elle y joint un grand nombre d'autres types plus anciens qui, pour la plupart, reflètent avec plus de fidélité l'état primitif du langage indo-européen. A ce titre, elle n'intéresse pas moins le grammairien que l'indianiste.

11. — Il va sans dire, d'ailleurs, que le caractère de la langue ne préjuge rien quant à l'ancienneté des ouvrages, à la composition desquels a certainement présidé une forte recherche d'archaïsme.

12. — Le précis qu'on va lire est un simple supplément à la grammaire sanscrite d'Abel Bergaigne [1] : il la suppose donc connue, en suit rigoureusement le plan et se borne à la compléter sur les points où le védique s'écarte de l'usage classique.

(1) A. Bergaigne, *Manuel pour étudier la Langue sanscrite*. Paris, Vieweg, 1884. — Les renvois à cet ouvrage sont indiqués par l'initiale B.

CHAPITRE PREMIER

ALPHABET, ÉCRITURE, ACCENT TONIQUE

13. — L'alphabet védique ne diffère pas de celui du sanscrit classique. Toutefois, certains textes védiques remplacent, entre deux voyelles, la cacuminale sonore ड *ḍ* par un caractère spécial ळ *ḷ* [1], qui représente une articulation intermédiaire entre *l* et *d*, particulièrement commune dans la bouche des personnes qui blèsent en prononçant l'*r*. Dans les mêmes conditions, la sonore aspirée ढ *ḍh* se remplace par le même signe ळ *ḷ* suivi d'un *h* ह. Les caractères *ḷ* et *ḷh* occupent dans la série alphabétique la place des lettres auxquelles ils se substituent.

14. — Les principes d'écriture sont les mêmes qu'en classique (B 9-22), sauf en outre la notation de l'accent.

15. — L'accent sanscrit, que quelques textes védiques nous ont seuls conservé, était, à l'origine au moins, un accent essentiellement musical, relevant dans l'échelle des tons la syllabe qui en était frappée. Ce qui le prouve, entre autres données, c'est que, non plus que l'accent hellénique, il n'exerce absolument aucune influence sur le rythme de la versification; mais il en devait exercer une très grande, au contraire, sur la mélodie qui l'accompagnait.

16. — Les grammairiens hindous distinguent trois tons : l'aigu *(udātta)* ou accent proprement dit; le grave *(anudātta)*, correspondant à ce que nous nommons syllabe atone; et le circonflexe *(svarita)*, qui, descendant de l'aigu au grave, marque la transition nécessaire pour passer d'une tonique à une atone : en

(1) Cette transcription a l'inconvénient de confondre l'*ḷ* consonne cacuminale avec l'*ḷ* voyelle; mais ce dernier est fort rare et aisément reconnaissable.

conséquence, dans tout mot ou dans une suite quelconque de mots, il frappe la syllabe qui suit immédiatement une tonique, à moins qu'elle ne soit tonique elle-même ou qu'elle ne soit suivie immédiatement d'une autre tonique.

17. — Ainsi la première ligne de notre recueil s'écrirait rigoureusement, en notant l'udātta par l'accent aigu, le svarita par le grave et l'atonie par l'absence d'accent :

paçrá ná tāyúṃ gúhā cátàntaṃ

(*paç* atone; *rá* tonique; *ná* tonique; *tā*, atone suivant une tonique, porterait le svarita si elle n'était elle-même suivie d'une tonique; *yúṃ* et *gú* toniques; *hā*, même cas que pour *tā*; *cá*, tonique; *tàn*, atone suivant une tonique et précédant une atone, porte le svarita; *taṃ*, atone).

18. — Lorsque, dans un mot ou une suite de mots, la syllabe frappée de l'aigu vient à disparaître par suite d'un phénomène d'euphonie (B 28-33), le seul accent perceptible est le svarita de la syllabe suivante : ainsi, un disyllabe *kúà* (où?) se prononcera monosyllabiquement *kvà*; un groupe *rí àdanti* (ils mangent) aboutit à *ryàdanti*, et ainsi de suite. Cet accent qui résulte de la suppression d'un hiatus est généralement dénommé svarita ou circonflexe indépendant, par opposition au simple svarita post-tonique décrit plus haut, bien qu'au fond, comme on voit, l'un et l'autre n'aient qu'une seule et même origine.

19. — Dans les transcriptions européennes on ne note par l'accent grave que le svarita indépendant et l'on ne distingue pas le svarita post-tonique de la syllabe atone. C'est le système suivi dans ce recueil.

20. — En principe, tout mot sanscrit contient un accent, aigu ou circonflexe indépendant, et n'en contient qu'un. Toutefois

21 — Exceptions à la première règle :

A. Sont enclitiques et ne peuvent en conséquence figurer en tête de la proposition : — α) les particules *iva* (comme), *u*, *cid*, *sma, svid, ha, gha* (explétives), *ca* (= gr. τε, lat. *que*), *vā* (cf. lat. *ve*); — β) certaines formes monosyllabiques des pronoms personnels, *me te, mā tvā, nas vas* (B 178), etc.; — γ) les démonstratifs *ena-, īm* et *sīm*; — δ) les pronoms indéterminés *tva-* (un tel) et *sama-* (quiconque);

B. Sont enclitiques, en tant qu'ils s'appuient sur un mot précédent : — α) les formes casuelles du démonstratif *a-*, lorsqu'il a simplement pour fonction de remplacer un substantif, v. g. *asya... jánimāni* (IV 7 [1]), « les naissances de lui (d'Agni) », mais au contraire accentué dans le sens nettement démonstratif... *asyá uṣáso* (IV 5), « de cette aurore-ci »; — β) le vocatif des noms (infra 41); — γ) les formes conjugables des verbes employées en proposition principale (infra 93).

22. — Exceptions à la seconde règle :

Ont généralement deux accents : — α) les composés copulatifs au duel (B 137 et infra 36); — β) certains juxtaposés ou composés syntactiques (type gr. Διόσδοτος, lat. *senātūsconsultum*) dont le premier terme est ou semble être à un cas oblique, chacun des deux termes gardant ainsi sa pleine et parfaite indépendance dans la juxtaposition, v. g. *bṛ́haspátis* « le Dieu Bṛhaspati » =* *bṛhás pátis* « chef de la prière »; — γ) par une anomalie inexplicable, les infinitifs datifs en *-tavai* (infra 33 B β).

23. — La notation hindoue de l'accent varie à l'infini. La plus complète de beaucoup est celle du Sāma-Véda, qui y distingue un très grand nombre de nuances nécessaires à l'expression du chant liturgique. L'Aitareya-Brāhmaṇa (cf. LXXVIII), tout au contraire, n'en tient aucun compte. Le Çatapatha-Brāhmaṇa (cf. LXXVII et le spécimen) se contente d'une notation extrêmement rudimentaire, qui consiste à souligner d'un trait horizontal, soit la syllabe frappée d'un udātta, देवं = *devám*, soit la syllabe qui précède immédiatement un svarita indépendant, वीर्यं = *vīryàm*; mais, de plus, toute syllabe udātta placée

(1) Le chiffre romain suivi d'un chiffre arabe renvoie aux pièces du recueil; le chiffre arabe indique la stance.

devant un autre udātta ou devant un svarita, perd son accent, en sorte que, de plusieurs syllabes accentuées qui se suivent immédiatement, la dernière seule est marquée du trait horizontal.

24. — Les textes du Rig-Véda et de l'Atharva-Véda, très soigneusement accentués, tiennent le milieu entre ces notations, les unes défectueuses, les autres trop compliquées. Les principes d'accentuation qui y président, et qu'on vérifiera sur le spécimen ci-annexé, se peuvent résumer comme suit : — α) La syllabe qui précède immédiatement une tonique est soulignée d'un trait horizontal, अग्निं = *agním*, उभा = *ubhá*, वदामि जुष्टं = *vadāmi júṣṭam* (XXII 5), etc. ; — β) Le même signe affecte, au début d'un pāda indépendant [1], toutes les atones qui se succèdent jusqu'à la première tonique de ce pāda, अमन्तवो मां = *amantávo mām* (XXII 4), वैश्वानरं = *vaiçvānarám* (V 2), etc. ; — γ) En conséquence, si le pāda commence par une tonique, elle se reconnaîtra à ce qu'elle n'est marquée d'aucun signe, नमो युजानं = *námo yujānám* (I 2), मया सो = *máyā só* (XXII 4) ; — δ) Il en sera de même, naturellement, dans le corps du vers, pour une tonique qui en suit immédiatement une autre, toutes deux sont nécessairement dépourvues de signe, मया सो अन्नम् = *máyā só ánnam* (ibid.) ; — ε) Le svarita post-tonique se note par un trait vertical superposé à la syllabe qui suit la tonique (supra α γ δ), et, en conséquence, à partir de ce trait vertical, toutes les syllabes consécutives sont atones, jusques et y compris la syllabe soulignée du trait horizontal, अन्नमत्ति यो विपश्यति यः प्राणिति य = *ánnam atti yó vipáçyati yáḥ prāṇiti yá* (ibid.) ; — ζ) Le même signe sert à noter le svarita indépendant, क्वा = *kvà*, lequel, étant le produit de la fusion d'une tonique et d'une atone, se distinguera aisément de l'autre en ce que la syllabe qui le précède sera soulignée, soit वीर्यं = *vīryàm* = * *vīriam* ;

(1) Cf. Bergaigne, *Manuel*, p. 3, et infra 118.

— ε) Enfin, lorsqu'un svarita indépendant est suivi immédiatement d'un udâtta, on le fait suivre du chiffre 1 si la syllabe est brève, 3 si elle est longue, et c'est ce chiffre qu'on affecte à la fois du trait vertical qui désigne le svarita et du trait horizontal qui annonce la tonique suivante, v. g. अप्स्व १ न्तर् = *apsv àntár* (XXI 7) = *apsú antár*, सुप्राव्ये ३ यजमानाय = *suprāvyè yájamānāya* (XXII 2), etc. [1].

25. — Cette notation est suivie dans toutes les éditions européennes des Védas; mais, comme on l'a jugée encore trop compliquée et trop peu claire pour l'usage grammatical, on y a substitué dans les lexiques, et notamment dans le grand dictionnaire de Saint-Pétersbourg, un petit उ *u* superposé à la syllabe udâtta : le svarita indépendant prend le trait vertical, et le post-tonique n'est point indiqué.

CHAPITRE II

EUPHONIE ET ORTHOGRAPHE

I. Voyelles. — 26. — Les règles d euphonie vocalique paraissent au premier abord aussi rigoureusement applicables au védique qu'au classique; à peine y relèverait-on çà et là quelques exemples d'hiatus que le classique proscrirait ou traiterait un peu différemment; car *praügam* (XL 3) n'est pas exclusivement védique. Mais ce n'est là qu'une pure apparence : à tout moment, la prononciation réelle de l'époque védique se trahit à l'oreille même la moins exercée par les nécessités de la scansion, qui exige la restitution de nombreux hiatus abolis par l'orthographe

(1) Cette graphie bizarre, qui tient, paraît-il, à une nuance particulière de prononciation du svarita dans cette position, a l'inconvénient quand ce svarita tombe sur une longue, de le faire confondre avec une syllabe affectée de *pluti*. Cf. infra 115, et LV 6.

systématique des écoles classiques. Il suffira d'en signaler au lecteur quelques exemples :

α) Dans le corps d'un mot : *siā́n* (III 11, cf. lat. *siet*), *ā́sienu* (écrit *āsyênā* VI 3), *juhū́ā* (écrit *juhvā̀* VI 5), *mártiāsah* (XIX 11), *mīḍhuah* (XXIII 3), *tuā́m* (XLIV 1), et ainsi de suite[1] ;

β) Entre les deux termes d'un composé : *niag* (écrit *nyâg* (X 1), *suuktair* (écrit *sūktair* XIV 9), *niarthā́m* (XLI 8), etc. ;

γ) D'un mot à un autre : *vánāni átti* (I 8), *adanti ā́hutam* (II 14), *práti agnir* (III 1), *bhavantu uṣā́so* (XVIII 10), *mā aghá* (XXVIII 8), etc., etc.

Bien plus, la scansion exige quelquefois la résolution ou diérèse d'une longue primitive, indépendante de toute contraction euphonique sanscrite : c'est ainsi qu'il faut lire *sákhī-naam* pour *sákhīnām* (IX 25, et souvent ainsi au gén. pl.), *bhā́asvatī* (XIX 4), peut-être *dāavâne* (VI 10), etc.

27. — Dans les combinaisons euphoniques de voyelles, l'accent premier subit diverses modifications.

α) Si, des deux voyelles contractées, la seconde porte l'aigu, la voyelle de contraction prend l'aigu (comme en grec) : *nudasvâthâbhayam* (VIII 2) = *nudasva átha ábhayam*, *adanty āhutam* (supra 26 γ), etc.

β) Si, la première étant tonique, la seconde est atone, et si la voyelle de la première syllabe est un *i* ou un *u* (devenant alors respectivement *y* ou *v*), la voyelle qui demeure intacte prend le circonflexe (supra 18 et 26 α β).

γ) Mais, contrairement à l'usage grec, si la tonique et l'atone qui la suit se fondent en un phonème long, celui-ci en général prend l'aigu et non le circonflexe : *ágāc* (IV 7) = *á agāc*, *çatóbhayāhastyá* (VII 7) = *çatá u...*, etc. Et toutefois, dans ce dernier cas, le circonflexe sur l'*ī* n'est pas rare, v. g. *diçītā́h* (LXXIV 12) = *diçi itā́h*.

δ) Lorsqu'un *a* initial disparaît à la suite d'une diphtongue

(1) On ne saurait trop recommander aux débutants de scander chaque vers au cours de leur lecture et d'y restituer tous les hiatus nécessaires : c'est à la fois un excellent exercice de grammaire et une facilité de plus pour la traduction.

finale (B 31 [1]), la diphtongue prend l'aigu si l'*a* disparu portait l'aigu, et change son aigu en circonflexe si elle-même était accentuée et que l'*a* fût atone : *cékitānó 'bodhi* (III 1) = *cékitāno ábodhi*, *paprathé 'dabdho* (V 7) = *paprathé ádabdho*; *ṛṣcò 'gnir* (III 10) = *ṛṣcó agnir*, etc.

28. — Les grammairiens nomment *pragṛhya* certaines finales vocaliques, beaucoup plus communes en védique qu'en classique, qui demeurent toujours intactes devant voyelle initiale. Les principales sont : 1° les désinences *e*, *ī*, et *ū* du duel, soit nominal, soit verbal, *sīptī iva* (XXVIII 3), *indravāyū ihá* (XXXIII 5), *ubhé imé* (LXXV 8) [2]; 2° les désinences *ī* et *ū* de locatif védique (rare) et la finale des locatifs pronominaux védiques *tvé*, *asmé* et *yuṣmé*; 3° la finale des interjections; 4° l'*o* issu de la contraction d'*a* final avec la particule védique *u*, *úpo emi* (XXVI 3); 5° la voyelle affectée de *pluti* (infra 115).

II. Consonnes. — 29. — Les règles de l'euphonie des consonnes sont en général les mêmes qu'en classique, sauf quelques légères nuances, sauf surtout d'assez nombreuses fluctuations qui dépendent d'ailleurs beaucoup plus de l'usage graphique que de la prononciation réelle. Voici les plus importantes :

A. L'*s* finale devant gutturale ou labiale sourde s'écrit presque à volonté *ḥ* (B 49), ou bien *s* (respectivement *ṣ*); du moins les règles sont-elles sur ce point fort entachées de complication et d'arbitraire [3] : *supéçasas karati* (XXI 1), *divás putrāya* (XX 1), *dyaùṣ pitá* (IV 10), mais *dhīrāḥ padair* (I 2), etc. Le maintien

(1) Cette combinaison toute théorique ne se produit presque jamais dans la prononciation réelle et n'est même pas constante dans l'écriture, v. g. *agne áditir* (II 11), *dātó adyaná* (III 2), etc., etc.

(2) Ainsi *mahy* (XIII 1) ne saurait être un acc. du. fm., c'est certainement un nomin. sg. Inversement *pṛthivī* (XIX 20) est un duel (cf. infra 37), faisant pléonasme avec *dyaùḥ*, ou tout au moins une forme de sg. dont le vocalisme est influencé par celui du duel, si commun dans les formules toutes faites de ce genre.

(3) Ces fluctuations tiennent à ce que le phonème, dans ces conditions n'était en réalité ni *s* ni *ḥ*, mais respectivement l'articulation que les grammairiens désignent sous le nom de *jihvāmūlīya* et *upadhmānīya*.

de l'*s* est exigé dans les juxtaposés : *bṛhaspátir* (XVII 6), *námas-kṛtābhyo* (LXXIV 31).

B. L'*s* finale suivie d'un groupe de sifflante et explosive peut aussi devenir *ḥ* (B 49); mais ordinairement elle disparaît, *mádhva çcotanty* (XXV 4), et par suite aussi l'*r* final dans la même position, *skambháthu skámbhanena* (XXIX 2).

C. Après réduction de *as* final en *o* (B 48) et de cet *o* en *a* devant voyelle initiale (B 34), il arrive parfois que les deux voyelles ainsi mises en présence se contractent entre elles, v. g. *séd* (XXI 10) = *sá id* = * *só id*. Cette contraction anomale est même d'un usage courant dans l'Atharva-Véda, en sorte que, par exemple, le pāda LXII 2 c peut à la rigueur se passer de la correction indiquée en note [1].

D. Le groupe *as* devant sonore paraît devenir *ar* au lieu de *o* dans certains composés du type *uṣarbhút* (I 10) = * *uṣas-búdh* : si le procédé est réellement phonétique, il est du moins imité du traitement de *is*, *us*, etc., en semblable position.

E. Dans les conditions où *s* et *n* deviennent respectivement *ṣ* et *ṇ* (B 57 et 61), cette mutation peut aussi s'effectuer par influence d'un mot sur le suivant, *párā ṇudasva* (IX 25), *úd u ṣyá* (XXIV 1), *pári ṣṭaḥ* (VI 8), subsidiairement aussi *īyúṣ ṭé* (XIX 11) pour *īyús té*, etc.; mais elle n'a d'ailleurs rien d'obligatoire, *paçúr ná* (I 10), *prá no* (VII 1), *hí sthátho* (XXXIII 4), etc.

F. Le groupe primitif *zd* (provenu de *sd* par assimilation) se résout en *ḍ* avec allongement compensatoire de la voyelle qui le précède, v. g. *dūḷabha* (XXVI 4, cf. supra 13) = * *dus-dábha-* (le classique aurait *dur-*); et la même règle vaut pour *dh* et *n*, *dūṇáço* (? IX 7) = * *dus-náça-s*.

G. L'*m* qui termine une racine devient *n* à la finale ou quand il est suivi d'un *m* ou d'un *v* : ainsi, *gam* « aller » fait à l'aoriste radical *ágan* « il alla » = * *ágant* = *á-gam-t*, *áganma* « nous allâmes », *áganvahi*, etc.

H. De même que *n* final se fait suivre, dans certaines posi-

(1) Il en faudrait dire autant du pāda XXVI 4 d, si cet usage était également démontré pour le Rig-Véda.

tions (B 61), d'une sifflante parfois étymologique, de même cette sifflante adventice devient *r* ou disparait, suivant la règle (B 46-48), devant voyelle initiale, et alors l'*n* précédent se prononce avec la résonnance nasale dite *anunāsika* (B 69), notée par le signe *ñ*, v. g. *çátrūñr* (VIII 2) = *çátrūṃs*[1] = *çátrūn*, *ájrāñ* = *ájrāṃs* = *ájrān* (IV 17), etc.[2].

I. Parfois l'anunāsika affecte un *a* final sans qu'on en puisse découvrir aucune raison étymologique, tout uniment en vue de sauver ou de dissimuler un hiatus, *cañ* (XXXVI 2) = *ca*, *sácāñ* (XXVIII 3) = *sácā*.

K. Entre *n* final et *s* initial, certains textes insèrent un *t* euphonique (*sárvānt* LXXV 2), dont l'origine étymologique est parfois très nettement reconnaissable (*cárant* LIX 1).

L. Le *ç* initial peut se changer en *ch* après toute explosive (cf. B 68); mais, tout au contraire de l'usage classique (cf. B 83), les manuscrits védiques ne doublent pas le *ch* (le verbe *gam*, par exemple, fait *gáchati*, et non *gácchati*), en sorte que le groupe *tç* y devient simplement *ch*, et non *cch*[3]; toutefois la voyelle qui le précède est longue de position.

CHAPITRE III

RACINES ET SUFFIXES

30. — Il n'y a rien à ajouter à la théorie générale des racines et des suffixes (B 86-105). On fera simplement observer que ce qui y est dénommé « forme très forte de la racine » passe plutôt aujourd'hui pour une forme affaiblie intermédiaire entre le

(1) Notre transcription ne distingue non plus que celle de Bergaigne, entre les deux anusvāras issus respectivement d'*m* et d'*n*, qui phonétiquement sont identiques entre eux et presque identiques sans doute aussi à l'anunāsika.

(2) Rien de plus fuyant que cette règle : ainsi on lira côte à côte *yātudhā́nān úpabaddhāñ ihá* (XLIV 7).

(3) Il faudrait donc rigoureusement transcrire *yáchām* (XXIII 2), *ārā́charatyā* (XLVII 1), *gáchtraḥ* (LX 9), etc.

degré fort et le degré faible. Pour fixer la nomenclature sans préjuger la question, on a proposé de les désigner toutes trois respectivement sous les noms de : « forme normale », soit *jan* = γεν, *darç* = δερκ; « forme réduite, » soit *jñ* = γν (γί-γν-ε-ται, *gī-gn-ō*), *dṛç* = δρακ (*ádṛçam* = ἔδρακον), etc., et « forme fléchie », soit *jān* de *ja-ján-a* = γέ-γον-ε, *darç* de *da-dárç-a* = δέ-δορκ-ε, etc.

31. — Dans le lexique qui accompagne ce recueil, les racines verbales occupent généralement la même place qu'au lexique du *Manuel*; mais, pour plus de commodité, les mots dérivés sont repris chacun à son rang alphabétique.

CHAPITRE IV

FORMATION ET DÉRIVATION DES THÈMES NOMINAUX

32. — Les principes de la dérivation sont les mêmes qu'en classique (B 111-131), mais avec des ressources sensiblement plus variées et plus étendues, qui n'apparaissent nulle part mieux que dans la formation des multiples infinitifs védiques inconnus à la langue postérieure.

33. — L'infinitif, qui est toujours une forme casuelle d'un thème nominal, prend en védique les aspects suivants :

A. Thèmes-racines simples : — α) à l'accusatif, *vi-pṛch-am* (XXVI 3); — β) au datif, *bádh-e* (VI 2), *khyai* « appeler »; — γ) au génitif (ablatif), *sam-pṛc-as* (XXI 6); — δ) au locatif, *sam-dṛç-i* (II 12).

B. Thèmes en *-tu-* : — α) à l'accusatif, seul type d'infinitif conservé en classique (B 119, cf. le supin actif latin); — β) au datif, *pá-tav-e* (XXXII 2), *hán-tav-ai* (XXII 6); — γ) au génitif (ablatif), *gán-tos* (XVII 9).

C. Thèmes en *-as-* : au datif, *jīv-ás-e* (XVII 2, cf. le lat. *vīvere* qui exactement correspondrait à un locatif *jīvasi), bhójase (X 3), etc.

D. Thèmes en *-man-* : au datif *dā́-man-e*, « à, pour donner », cf. le type grec (éolien) δό-μεν-αι.

E. Thèmes en *-van-* (type très rare) : au datif, *dā-ván-e* (VI 10), cf. gr. δοῦναι = δο-Fεν-αι.

F. Thèmes en *-i-* : au datif, *dṛç-áy-e* (XVIII 5).

G. Thèmes en *-ti-* : au datif, *pī-táy-e* (IX 4), identique en formation à *pītáye* substantif (X 3), *i-ty-ai* (XIX 6).

H. Thèmes en *-dhi-* : au datif, *cará-dhy-ai* (VI 12), type très commun, cf. gr. γενέ-σθ-αι.

34. — Les gérondifs invariables du sanscrit classique en *-tvā*, *-ya* et *-tya* (B 120) apparaissent aussi en védique sous les formes *-tvā́*, *-yā* et *-tyā* (*prā́rpyā* XIX 4), où se dénonce nettement leur origine instrumentale. De plus, le R. V. seul a un gérondif en *-tvī* (plus commun que *-tvā́*, v. g. XXVIII 6); celui en *-tvā́ya* (XXXIX 8) est d'une rareté tout exceptionnelle.

CHAPITRE V

COMPOSITION

35. — Le procédé de la composition (B 132-144), est déjà très familier à la langue védique. Elle en use pourtant bien plus sobrement que le classique : les composés y sont moins nombreux, surtout beaucoup moins longs, et nommément un composé de plus de deux termes y constitue, comme en grec, une véritable rareté [1].

36. — Le type classique du composé copulatif (B 137), est presque inconnu au védique : il n'y apparaît que dans les pièces

(1) Mettant à part, bien entendu, le cas où il y entre des particules ; mais alors même le composé n'a que deux termes ; car *ánabhimlātavarṇa*, par exemple, se coupe *ánabhimlāta-varṇa*, et non point *án-abhi-mlāta-varṇa* (XXI 13).

et fragments de date visiblement récente, v. g. *ajāvāyaḥ* (LXXIV 9), *bhūtabhavyám* (LXXV 20), puis atteint son plein épanouissement dans la langue des Sûtras. Mais le védique possède un autre type de composé copulatif, réservé à la désignation de deux divinités formant couple : chacun des deux termes garde son accent propre et prend la forme du duel, v. g. *dyā́vā-pṛthivī́* « ciel et terre », littéralement « deux-cieux, deux-terres » (II 15), *mitrā́-váruṇā* (XXII 1), etc. [1]; mais aux cas obliques le second seul se décline, gén. *mitrā́-váruṇayor* (XL 5).

37. — Cette composition est d'ailleurs si lâche que les deux termes peuvent toujours être séparés l'un de l'autre : *índrā nú agnī́* (XXVIII 3), *dyā́vā rákṣatam pṛthivī́* (XXVII 2). Bien plus, un seul des deux mots suffit à désigner le couple, en tant que celui-ci est consacré par le constant usage de la liturgie védique : ainsi *dyā́vā* (VI 14) ou *pṛthivī́* (XIX 20) seul peut signifier « Ciel et Terre », *mitrā́* seul, « Mitra et Varuṇa », comme en grec Κάστορε, « Castor et Pollux », et probablement Αἴαντε, « Ajax et Teucer ».

38. — Les règles d'accentuation des composés non copulatifs sont intéressantes à connaître, en tant qu'elles permettent de distinguer les uns des autres les composés primitifs et les composés dérivés, qui souvent n'ont pas d'autre critérium (B 135 et 136) : comment savoir, par exemple, autrement que par l'accent, si *devā́çatravas* (XXVIII 1) signifie « ennemis des Dieux » ou « ayant les Dieux pour ennemis » ? Mais malheureusement ces règles sont si complexes et traversées de tant d'exceptions [2] que, dans un précis élémentaire, on n'en peut guère donner que la substance :

α) L'accent d'un composé est en général celui de l'un de ses deux termes ; cependant il y a des mots qui changent parfois leur accent en composition ; il y en a même qui le changent

(1) Certains composés n'ont qu'un accent, *indrāgnī́* (XXII 1). Dans un seul, *indravāyū́*, le premier terme n'est pas au duel.

(2) On ne peut, par exemple, que constater des contrastes aussi bizarres que celui de *sát-pati* et *viç-páti*, mots de formation identique et composés primitifs tous deux. Il est clair que l'accent des composés a été profondément troublé.

toujours : ainsi, *víçva-* « tout », comme premier terme d'un composé, devient *viçvá-*.

β) Ont l'accent sur le premier terme, les participes en *-ta-* et *-na-* précédés d'un préfixe (*úpa-baddhān* XLIV 7), les composés primitifs par *a-* privatif (*á-diti-s* II 11), et la plupart des composés dérivés (*saptá-çīrṣāṇam* III 5).

γ) Les autres, sauf exception, accentuent le second terme, et en conséquence ceux dont le second terme est une racine pure sont toujours oxytons, v. g. *draviṇo-dâs* (II 7), *pada-vîḥ* (III 1), *īçāna-kṛ́t* (VI 11), etc.

δ) Beaucoup de composés primitifs et la plupart des composés dérivés par *a-* privatif sont également oxytons, sans que cette accentuation ait le moindre rapport avec celle d'aucun des deux termes : cf., par exemple, au lexique, les articles *sapátna*, *ásapatna* et *asapatná*.

CHAPITRE VI

DÉCLINAISON DES NOMS

I. Généralités. Accent. — 39. — Le védique distingue les mêmes genres, nombres et cas que le classique, mais avec une bien plus grande variété de désinences.

40. — Dans toutes les déclinaisons le vocatif fait remonter l'accent sur la première syllabe du mot, v. g. nomin. pl. *marútas*, voc. *márutas* (XVI 8), nomin. sg. *vaiçvānarás*, voc. *vaíçvānara* (V 3), etc. [1]; et, si le vocatif est accompagné d'un ou plusieurs mots, compléments, appositions ou épithètes, ceux-ci font corps avec lui, en sorte qu'un seul accent initial domine tout l'ensemble de l'expression vocative : ainsi (XXIX 1) *índrā-somā* et non *índrāsómā*, (XXVIII 10) *índrāgnī ukthavāhasā*, (XXXI 3) *índrāviṣṇū madapatī madānām*, etc.

(1) Cf. en grec le rapport connu, mais observable dans quelques thèmes seulement, πατήρ πάτερ, ἀδελφός ἄδελφε.

41. — Mais le vocatif ne porte cet accent initial que s'il figure en tête de la proposition ou du pāda : partout ailleurs il est enclitique, et conséquemment atone, quelle que soit d'ailleurs la longueur de l'expression vocative : *tvám agne* (II 1), *marútvāñ indra* (VIII 1), *yá indrāgnī* (XXVIII 4), *námas te rājan varuṇa* (XLVI 2), etc., etc.

42. — Aux autres cas, l'accent premier des noms déclinés subit parfois des modifications corrélatives de l'apophonie qui caractérise les cas forts, faibles et moyens (cf. B 149).

A. Les polysyllabes non oxytons, quels qu'ils soient, les oxytons de la deuxième déclinaison (type *çrutá-*) et ceux en *á* de première déclinaison (type *çrutá*), gardent à tous les cas l'accent sur la même syllabe qu'au nominatif.

B. Ceux en *í* et en *ú* de première déclinaison (B 151 et 152) font passer l'accent sur la désinence lorsqu'elle commence par une voyelle (*deví* « déesse », instr. *devyá*, dat. *devyai*, etc.); mais ceux de troisième déclinaison, spécialement védique (infra 58), le gardent intact à tous les cas, v. g. *juhvà* (VI 5) = *juhú-ā*, instr. de *juhú* « cuiller ».

C. Les polysyllabes en *í-*, *ú-* et *ár-* font passer l'accent sur la désinence des cas faibles à initiale vocalique et sur celle du génitif pluriel (cf. B 160-168); partout ailleurs l'accent premier subsiste : ainsi, *agnís*, gén. pl. *agnīnám*, *puṣṭís*, instr. sg. *puṣṭyá*, dat. sg. *puṣṭyaí*, gén. pl. *puṣṭīnám*, etc., mais instr. sg. *agnínā*, dat. sg. *agnáye*, instr. pl. *puṣṭíbhis*, etc.; *pitá*, instr. sg. *pitrá*, dat. *pitré*, gén. pl. *pitṝṇám*, mais loc. sg. *pitári*, loc. pl. *pitṛ́ṣu* (πατράσι), etc.

D. Les polysyllabes en *-ánt-* (participes aoristes actifs) et quelques adjectifs similaires, outre quelques autres polysyllabes qui perdent aux cas faibles la voyelle prédésinentielle, suivent la même règle : *mahánt-* (grand), instr. sg. *mahat-á*, gén. pl. *mahat-ám*; *mūrdhán-* (tête), dat. sg. *mūrdhn-é*, mais loc. *mūrdhán-i*. Tous les autres polysyllabes à finale consonnantique gardent l'accent premier.

E. Enfin, presque tous les monosyllabes accentuent la désinence de tous les cas faibles et moyens sans distinction, ne gardant l'accent qu'aux cas forts : sg. *pád* (cf. B 155), *pádam*, *padā́, padé, padás, padí*; pl. *pā́das, padás, padbhís, padbhyás, padā́m, patsú*; du. *pā́dau, padbhyā́m, padós*.

II. Première déclinaison. — 43. — La flexion védique des thèmes féminins en *-ā* diffère à peine du type classique. On y relève seulement en outre : — α) instr. sg. en *-ā* (assez commun), par conséquent tout semblable au nominatif, v. g. *manīṣā́* (VI 2), *çravasyā́* (VI 5), cf. infra 47 ; — β) nomin. pl. en *-āsas* (fort rare), v. g. *priyā́so* (IV 12), cf. infra 48.

44. — Thèmes en *-ī* (B 151) : — α) instr. sg. en *-ī*, donc pareil au nomin., subsidiairement abrégé en *-i*, cf. infra 55, v. g. *çámyā, çámī* et *çámi* « avec zèle », de *çámī* ; — β) loc. sg. semblable (très rare) ; — γ) nomin. pl. en *-īs* (imité de l'acc.), *devī́s* « déesses », *dadīr* (XLVII 2) ; — δ) nomin. du. en *-ī* (pareil au sg., mais pragṛhya, supra 28), *devī́* « deux déesses », *pṛthivī́*, etc. (très commun).

45. — Thèmes en *-ū* : comme en classique (B 152) ; mais l'*u* final, ainsi que l'*i* des précédents, reste fort souvent voyelle devant les désinences qui commencent par une voyelle, v. g. *çámiā* (II 9), cf. supra 26. Il faut aussi tenir compte de ce que certains mots qui, en classique, sont de première déclinaison, appartiennent en védique à la troisième (infra 58) : ainsi *vadhū́* « femme », dont l'acc. sg. classique est *vadhū́m*, fera en védique *vadhvàm = vadhū́-am* (XLI 9).

46. — La langue des Brāhmaṇas remplace très souvent le génitif singulier de première déclinaison par le datif.

III. Deuxième déclinaison. — 47. — Masculins et neutres ont un instrumental sg. en *-ā*, plus pur et plus primitif que l'autre, v. g. *yajñá-* « sacrifice », instr. *yajñā́* [1], cf. gr. πᾷ, ἄλλῃ, lat. *quā*, et supra 43. La confusion des deux finales *-ā* et *-ena* a produit le type *-enā*, dû peut-être d'ailleurs à un simple allongement prosodique (infra 114). Au pluriel, l'analogie du

---

(1) Toutefois le type *yajñéna* est bien plus fréquent.

datif-ablatif en -*ebhyas* et de l'instr. en -*bhis* des autres déclinaisons a donné naissance à une désinence -*ebhis*, très répandue, concurremment avec celle en -*ais*, v. g. *devébhiḥ* (VIII 3), *kárṇebhiḥ* (XVII 8), *áçvaiḥ suyámebhir* (XV 1), etc.

48. — Les masculins ont eu outre : — α) un nomin. pl. fort commun, mais très probablement hystérogène (analogique des thèmes en -*as*- de troisième déclinaison?), terminé en -*āsas*, *ādityásas* (II 13), *devā́so* (IV 1), etc.; — β) un nomin.- acc. duel en -*ā*, aussi commun que celui en -*au*, dont il ne paraît être autre chose qu'un doublet syntactique, *çubhrā́* (XIV 1), *ubhā́* (XXII 1), cf. lat. *ambō*, gr. τὼ ἵππω, etc.

49. — Enfin, les neutres ont un nomin.-acc. pl. en -*ā*, plus commun et plus primitif que celui en -*āni* (ce dernier doit procéder de l'analogie des thèmes en -*an*-), cf. la même finale abrégée en grec dans τὰ ζυγά, en latin dans *juga*, etc. : *vratā́* (I 4), *ánnā* (VI 7), *dhánā* (VII 3), *víçvā bhúvanā* (V 6), mais également *bhúvanāni víçvā* (XIX 4), etc., etc.

IV. Troisième déclinaison. — 50. — Dans tous les thèmes masculins et féminins, la désinence -*ā* alterne au duel avec la désinence -*au* et l'excède en fréquence : *mātár-ā* (III 7), *madacyút-ā* (VII 3), *açvín-ā* (XIII 1), etc.

51. — Thèmes en -*mant*- et -*vant*- (B 155) : le vocatif sg. est en -*mas*, -*vas*, au lieu de -*man*, -*van*, v. g. *gnā́vo* (II 5 et note); la même finale caractérise le participe du parfait (*mīḍhvaḥ* XXIII 3) et les comparatifs (cf. B 149 in fine).

52. — Thèmes en -*as*- (B 157) : *uṣás*-, nomin. sg. *uṣā́s* « aurore », étend parfois aux autres cas forts l'allongement spécifique du nominatif, acc. sg. *uṣásam* et *uṣā́sam*.

53. — Thèmes en -*an*- (B 159). — A. Quelques thèmes en -*van*- font leur vocatif en -*vas*, cf. 51.
B. Plusieurs thèmes masculins traitent l'acc. sg. en cas moyen, v. g. *pūṣáṇ-am* (XXXII 6) et non * *pūṣā́ṇam* (cf. lat.

hominem substitué à *homōnem*), et cette anomalie a passé aussi au classique.

C. Inversement, quelques formes de cas faibles suivent l'analogie des cas moyens, sinon dans l'orthographe, au moins dans la prononciation védique : ainsi on lit *dámno* XXVI 5 et *somapárne* IX 8, alors que la scansion exige impérieusement la restitution de *dáman-o* et *somapáran-e*.

D. Mais le locatif védique est toujours rigoureusement cas moyen et ne passe point à l'analogie des cas faibles.

E. Plusieurs thèmes ont un locatif dit « sans désinence », qui affecte la forme du thème pur des cas moyens : *ájman* (I 6) = *ájmani*, *várṣman* (III 9), *āsán* (V 1), *mūrdhán* (XXII 7) = *mūrdháni* (V 6), etc.; le type correspondant grec est l'infinitif *δόμεν*, de même sens que *δόμεν-αι* datif (supra 33).

F. Par corruption sans doute ou confusion avec quelque autre thème, est né le bizarre instr. sg. *mahiná* (II 15) pour *mahimná*.

G. Le nominatif pluriel des noms neutres est souvent en *-ā* au lieu de *-ān-i*, sans doute par analogie de l'alternance similaire relevée en deuxième déclinaison (supra 49)[1] : *rómā* (I 8), *sádmā* (IV 8), cf. *nāmāni* (LVI 1). Plus souvent encore la désinence est un simple *-a*, v. g. *párva* (VI 12), pour *párvāṇi*, d'après l'analogie du gén. pl. *párvaṇām* et des cas corrélatifs de deuxième déclinaison, soit *vratánām* et *vratá*[2].

H. Les thèmes *pánthan-* (chemin), *áhan-* (jour) et quelques autres sont hétéroclites. V. au lexique.

51. — Thèmes en *-ar-* (B 160-161) : aucune particularité; le locatif sg. n'est jamais cas faible; celui du duel, qui l'est régulièrement dans l'écriture, semble avoir été traité en cas moyen dans la prononciation, car la scansion exige *pitáror* (III 8, V 4, XXVII 2), *svásaror* (XIX 3); mais ce n'est peut-être aussi

(1) Je n'ignore pas, mais j'écarte de ce résumé rapide les théories ingénieuses et basardées que M. J. Schmidt a récemment développées sur la genèse du nomin.-acc. pl. nt. (Leipzig 1889).

(2) Le texte pada a toujours la brève, ce qui semblerait indiquer que la longue est envisagée comme résultant d'un allongement prosodique ; mais le pada n'est pas une autorité grammaticale.

qu'une épenthèse prosodique dans le genre de celle de *rudara* (? XXIII 8) pour *rudra*.

55. — Thèmes en *-i-* (B 162-165). — Les formes propres au védique sont nombreuses. On peut classer comme suit les plus importantes :

A. Masculins. — α) Singulier : accusatif (irrégulier et rare) en *-i-am* et *-yam*, au lieu de *-im*; instr. en *-i-ā* et *-yā* (plus primitif, mais beaucoup moins commun que celui en *-inā*); datif en *-ye* = *-i-e*, *pátye* (VI 2); génitif en *-yas* = *-i-as*, *aryó* (VII 6); locatif en *-au* et *-ā* (cf. la même alternance vocalique au nomin. du., 48 et 50), *yónā* (I 4, IV 12), etc. — β) pluriel : nominatif et accusatif en *-yas* = *-i-as*, *aryó* (XXVIII 8, XXX 11)[1].

B. Féminins. — α) Singulier : instr. en *-ī* (plus commun que l'autre), *sumatī́* (IV 2), *ūtī́* (IV 5); le même, abrégé en *-i* (rare, restreint à quelques oxytons), *suvṛktí* (VI 2, 4, 16); loc. en *-ā* comme au masculin, *nā́bhā* (III 5), *çúrasātā* (XIII 2). — β) Pluriel : nomin. en *-īs* (analogique de l'acc.); instr. parfois en *-ī* comme au singulier.

C. Neutres — α) Singulier : les formes hystérogènes du datif et du génitif en *-i-ne* et *-i-nas* (analogiques de thèmes en *-a-* et *-an-*) n'existent pas encore, et ces cas sont pareils à ceux des masculins, *bhū́rer* (VI 15); locatif, de même, *-au* et *-ā*. — β) Pluriel : nomin.-acc. en *-ī* et *-i* (cf. *-ā* et *-a*, 53 G), le premier au moins plus régulier que celui en *-īni*, qui existe également, v. g. *trī́* et *trī́ṇi* « trois », *bhū́ri* « beaucoup », etc. — γ) Duel : nomin.-acc. comme au pluriel.

56. — Thèmes en *-u-* (B 166-168). — En védique comme en classique, le parallélisme est frappant entre cette classe et la précédente; toutefois elle est un peu moins riche en variétés.

A. Masculins. — α) Singulier : acc. en *-vam* = *-u-am*, cf. *-i-am*; instr. *paçv-ā́* (I 2), *krátv-ā* (I 10), etc., fort commun; dat. *çíçv-e* et gén. *pitv-ás*, assez rares. — β) Pluriel : nomin.-acc. en *-vas*, cf. *-yas*, fort rare.

B. Féminins : nomin.-acc. pl. éventuellement comme au masculin

(1) Pour la flexion de *sákhi-*, cf. le lexique.

C. Neutres. — α) Singulier : les cas par *n* existent, mais sont moins communs que les cas purs, gén. *mádhvo* (XXXI 7), *mádhva* (VIII 1), *rásva* (XIX 7), loc. *rásau* (VII 3), etc. — β) Pluriel : nomin.-acc. en *ū-* et *-u*, très commun, *purú* (VII 7), *cásū* (IX 25), *vásu* (VII 7, IX 15), *cárv* (VI 7), etc. — γ) Duel : nomin.-acc. avec ou sans *n*, *urvī* (XXVII 6).

57. — Monosyllabes en *á-*, *í-*, *ú-*. — Le type des premiers, exclusivement védiques et fort rares en védique même [1], est *jmá*, acc. *jmám*, instr. *jmá*, gén. *jmás*. Les deux autres se déclinent comme en classique (B 156); mais, s'ils forment le dernier terme d'un composé, ils peuvent, ou dédoubler leur voyelle comme *dhíy-am* de *dhí-s*, ou la changer simplement en semi-voyelle, différence, d'ailleurs presque exclusivement graphique : *púram-dhyā* (IX 20), scander *púramdhiā*; *pra-svò* (III 8), scander *prasúo*.

58. — Polysyllabes en *-í-* et *-ú-*. — Ces thèmes, spéciaux à la langue védique (plus tard ceux que conserve le classique y passent à la première déclinaison, supra 45), affixent simplement les désinences de troisième déclinaison à leur voyelle finale : celle-ci s'abrège quand la désinence commence par une voyelle, mais la prononciation maintient l'hiatus entre elles. Soit le th. *nadí-* (rivière), que le classique décline comme *çrutavatī* : sg. nomin. *nadí-s*, voc. *nádi*, acc. *nadi-am* (écrit *nadyàm*), instr. *nadi-ā*, dat. *nadi-e*, gén. *nadi-as*; pl. nomin.-acc. *nadi-as*, instr. *nadí-bhis*, etc. De même : sg. nomin. *tanús* (corps), acc. *tanú-am* (écrit *tanvàm*), instr. *tanú-ā* (XXVI 2), etc.

59. — Thèmes en diphtongue, savoir :

A. *naú-* (navire), régulier : la diphtongue se change en *āv* devant voyelle, acc. sg. *nā́v-am* = gr. νῆ-α.

(1) Cette rareté tient à ce que les composés dont le dernier terme est une racine en *ā* (*dā*, *gā*, *jā*, *pā*, etc.) sont à peu près seuls à composer cette classe; or, s'ils sont monosyllabiques en étymologie, ils sont polysyllabes en apparence, et conséquemment exposés à l'analogie des polysyllabes en *-a-* et *-ā-*, qui les a fait passer à la deuxième ou à la première déclinaison, v. g. *pūrva-já* et *pra-já*. Quelques-uns gardent intact le nominatif (*pūrvapā́* = *pūrvapā́s* (XXXIII 1), mais n'ont guère que ce cas.

B. *raí-* (richesse) a le même changement, acc. *rā́y-am*, et de plus devient *rā́-* devant consonne, nomin. *rā́-s* = lat. *rēs*.

C. *gó-* (bœuf, vache) devient régulièrement *gáv-* devant voyelle (lat. *bov-*) et se change en *gā-* à l'acc. sg. et pl., *gā́-m* (dor. βῶν), *gā́-s*; le gén. sg. est *gós*, le nomin. *gaús*.

D. *dyú-* (ciel, jour) a un thème moyen *dyáv-*, et deux thèmes faibles *dyú-* et *div-* [1], qui apparaissent respectivement selon que la désinence commence par consonne ou voyelle : sg. nomin. *dyaú-s* (Ζεύς), acc. *dyā́m* (Ζῆν, *diem*) et *dív-am* (Δία), instr. *divā́*, dat. *divé* et *dyáve* (*Jovī*), gén. *divás* (Διός) et *dyós*, loc. *dyávi* (*Jove*) et *diví* (Διί); pl. nomin. *dyā́vas* et *dívas*, acc. *divás* et *dyū́n*, instr. *dyúbhis*; du. nom.-acc. *dyā́vā*.

60. — Un dernier fait se rattache beaucoup plus à la conjugaison qu'à la déclinaison. On sait que certains verbes sont dépourvus de nasale à la troisième personne du pluriel de l'indicatif présent (*-ate* au lieu de *-ante*), et l'on en connaît aussi la raison (B 211, al. 4 in fine, cf. infra 72). Or ces mêmes verbes manquent également de nasale dans la formation du participe présent actif (cf. B 191 et 157), en sorte que le nomin. msc. ne s'y distingue pas du nomin. nt. : *bibhrad* = *bibhrat* (XXIII 5), *kánikradad* (XXX 5), etc.

CHAPITRE VII

PRONOMS

61. — Le védique a les mêmes démonstratifs que le classique, avec quelques-uns de plus, comme *syá tyá-*, et une plus grande variété de formes comme partout (cf. B 169-177). Les cas de forme nominale présentent les doublets déjà relevés pour les noms, v. g. *yā́ni* et *yā́*, *yais* et *yébhis*, *yaú* et *yā́*. Le thème *ena-* a au duel *enos* (XXXI 8) pour * *enayos*, et d'autres présentent facultativement une forme similaire.

(1) Autrement dit, l'un et l'autre phonème alternativement consonne et voyelle selon le voisinage.

62. — Outre les formes classiques des pronoms personnels (B 178), le védique en possède quelques autres : — α) Sg. nomin. *tuám* (et le même hiatus à tous les cas), instr. *tvā́*, dat. *máhya túbhya* (lat. *mihī tibī*), loc. *tvé*; — β) Pl. dat. *asmábhya yuṣmábhya*, gén. *asmā́ka* (XLIV 6) *yuṣmā́ka*, loc. *asmé* (III 11) *yuṣmé*; — γ) Du. nomin. *āvā́m yuvā́m* (XXVIII 1, toujours ainsi, mais acc. *āvā́m yuvā́m*), instr.-dat. *yuvā́bhyām* (XIV 4), abl. *āvā́d yuvā́d*, gén. *yuvós*.

CHAPITRE VIII

FORMATION ET CONJUGAISON DES VERBES

I. Généralités. — 63. — Le védique distingue les mêmes voix que le classique (B 182). La voix moyenne indique presque toujours, plus ou moins nettement, une action dont l'effet se reporte sur le sujet même [1] : parfois même elle a le sens réfléchi ; parfois enfin le sens passif (B 219).

64.— Le védique a un temps de plus que le classique (B 184), le plus-que-parfait, ainsi nommé parce que sa formation répond à celle du plus-que-parfait grec, mais au point de vue du sens c'est un simple aoriste. Comme en grec, le parfait n'a fort souvent que la valeur d'un présent duratif.

65. — Le védique a également un mode de plus, le subjonctif, dont le classique n'a conservé que les trois premières personnes, confondues chez lui avec le système de l'impératif (B 206) : ce mode a essentiellement une valeur impérative, éventuelle ou finale; mais souvent il équivaut, au point de vue du sens, à un simple futur d'indicatif (XIX 11, cf. lat. *legam legās* et *legam legēs*), parfois même à un indicatif présent (XXXIII 4). En outre, tous les modes se rencontrent à l'aoriste et au parfait aussi bien qu'au présent, tandis que le classique ne connaît

(1) Cf. au lexique les divers sens des racines *kar*, *dhā*, et autres à acception très large.

plus, en dehors du présent, d'autre mode que l'indicatif, et exceptionnellement l'optatif d'aoriste dit précatif (B 225). Mais le futur védique n'a pas plus de modes que le classique.

II. Désinences. — 66. — Les désinences verbales sanscrites se répartissant en quatre classes (B 211) — primaires ou du présent — secondaires ou de l'imparfait — du parfait — de l'impératif — on les reprendra toutes ici, sans distinction entre celles que le classique a perdues et celles qu'il a conservées.

67. — Voix active.— Sg. 1 : primaire *-mi*, sauf au subjonctif dont l'indice est *-ni* (*bhárā-ṇi* « que je porte »), et où d'ailleurs la première personne se passe souvent de désinence (*bhárā* = gr. φέρω), v. g. *rocā* (XXVIII 1); — secondaire, *-m* après voyelle, *-am* après consonne; — parfait *-a*, et, si la racine verbale se termine en *ā*, la combinaison des deux voyelles produit la diphtongue *au*, v. g. *dadaú* de rac. *dā*.

68. — Sg. 2 : primaire *-si*; — secondaire *-s* [1], qui naturellement ne peut subsister qu'après voyelle (B 35), d'où *áhan* (VIII 3) = * *á-han-s*; — parfait, *-tha*, et *-thā* avec allongement prosodique; — impératif, sans désinence en première conjugaison et avec allongement sporadique de l'*a* final (*sṛjā* XLII 11), en deuxième ordinairement *-dhi* ou *-hi* (B 217), dans toutes deux exceptionnellement *-tāt* (*rákṣatād* XXX 2), cf. gr. φερέ-τω, lat. *legi-tōd* et infra 69.

69. — Sg. 3 : primaire *-ti*; — secondaire *-t* qui disparaît après consonne, d'où *kaḥ* (III 7, VI 11) = *kar* = * (*á-*)*kar-t*, *ācaḥ* (III 1, XIX 4) = *ācar* = * *á-car-t*, *ágann* (XXXVI 2) = *ágan* = *á* * *a-gam-t*, etc. [2]; — parfait, comme sg. 1; — impératif, *-tu*, éventuellement *-tāt* [3].

(1) A sg. 2 et 3, le subjonctif prend souvent les désinences secondaires.

(2) On voit que, dans les temps secondaires dont le thème se termine par une consonne, les formes de sg. 2 et 3 se confondent.

(3) Comme en latin cette désinence donne à l'impératif une nuance future et reste par essence indifférente entre la deuxième et la troisième personne : ainsi, dans la pièce XXXVIII, on peut à volonté traduire *gachatāt* par l'une ou l'autre ; mais aux deux dernières stances, à moins de forte anacoluthe, la troisième personne semble s'imposer.

70. — Pl. 1 : primaire, *-mas* et *-masi* (celle-ci beaucoup plus commune); — secondaire *-ma*, éventuellement *-mā* ; — la même au parfait, ainsi qu'au subjonctif (*páçyāma* XLIV 5).

71. — Pl. 2 : primaire *-tha*, parfois *-thana* et *-thanā* (*yāthanā* XV 7); — secondaire *-ta*, parfois *-tana* (*vadhiṣṭana* XV 9); — parfait *-á* ; — impératif *-ta*, parfois *-tana* (*gantana* XVI 1, *dhetana* XX 12, *kṛṇotana* XLII 12).

72. — Pl. 3. : primaire, *-anti* et *-ati*, celle-ci dans les verbes à présent redoublé et quelques autres de deuxième conjugaison (cf. B 198); — secondaire et subjonctif, *-n* (=**-nt*) après voyelle, *-an* après consonne; toutefois, par analogie du parfait, la désinence est *-ur*, 1° à l'imparfait des verbes qui ont *-āti* en désinence primaire, 2° toujours à l'optatif, 3° dans les imparfaits et aoristes radicaux de racines en *ā* (*ádadhus* VIII 3, *gur* I 4), 4° subsidiairement dans quelques autres formes secondaires ; — parfait, toujours *-úr*; — impératif *-antu* et *-atu*, comme au présent.

73. — Du. 1 : *-vas* (sans exemple dans les Védas) et *-va*, comme pl. 1 *-mas* et *-ma*.

74. — Du. 2 : primaire *-thas* ; — secondaire et impératif *-tam* (gr. -τον); — parfait *-áthur*.

75. — Du. 3 : primaire *-tas*; — secondaire et impératif *-tām* (gr. -τον -των); — parfait *-átur*.

76. — Voix moyenne. — Sg. 1 : primaire *-e*, mais *-ai* au subjonctif; — secondaire, *-i* partout ailleurs qu'à l'optatif (*yaṃsi* VI 2); si cet *i* s'attache à un thème en *-a*, la contraction donne *e*; à l'optatif, toujours *-a* (*içīya* IX 18); — parfait *-é*.

77. — Sg. 2 : primaire *-se*, parfois *-sai* au subjonctif (*mādáyāse* X 2, *paçyāsai* LV 3); — secondaire *-thās*; — parfait *-sé*; — impératif *-sva* (*-sua*, *-svā*, *-suā*).

78. — Sg. 3 : primaire *-te* (parfois, par analogie du parfait, semblable à sg. 1, *sunve* XII 13), éventuellement *-tai* au subjonctif

(*carāte* I 6, *carātai* I.V 3); — secondaire *-ta*, mais *-i* (comme sg. 1) à l'aoriste médiopassif (cf. B 228)[1]; — parfait *-é*; — impératif *-tām* (rarement *-ām*).

79. — Pl. 1 : primaire et parfait *-mahe*, mais subj. ordinairement *-mahai* (XX 5); — secondaire *-mahi*.

80. — Pl. 2 : primaire et parfait *-dhve* et *-dhue*, subj. parfois *-dhvai*; — secondaire et impératif *-dhvam* et *-dhuam*.

81. — Pl. 3 : primaire, *-ante* et *-ate* (supra 72 et B 211); au subjonctif, *-ante*, *-anta* et *-āntai*; — secondaire, *-anta* et *-ata*, mais *-ran* à l'optatif; — parfait *-ré*; — impératif *-antām* et *-atām*. — Outre les désinences *-ran* et *-ré*, les seules à *r* initial que le classique ait conservées, le védique en possède d'autres corrélatives, que l'on a légitimement rapprochées de l'*r* indice médiopassif du domaine celto-latin, à savoir : 1° au présent, *-re*, *-ire* et *-rate* (*duhré* XXV 1); 2° à l'optatif, *-rata* (*maṃsīrata* XX 5); 3° au parfait, *-riré*; 4° aux aoristes, *-ranta*, *-ran* et *-ram*; 5° à l'impératif, *-rām* et *-ratām*.

82. — Du. 1 : *-vahe*, *-vahai*, *-vahi*, cf. pl. 1.

83. — Du. 2 : primaire et parfait *-āthe*; si le thème du temps finit par *a-*, cette voyelle s'absorbe dans la désinence, qui est alors *-ethe*, parfois *-aithe* au subjonctif ; — secondaire et impératif, *-āthām* ou *-ēthām* (même distinction).

84. — Du. 3 : (mêmes distinctions) *-āte*, *-ete* et *-aite*, *-ātām* et *-etām*.

III. Augment et Redoublement. — 85. — L'augment classique (B 205) est toujours *a*, sauf les règles spéciales à l'augment temporel ; mais en védique l'augment syllabique lui-même prend parfois la forme *ā* (cf. gr. *ἑώρων* = * *ἠ-ϝορα-ο-ν*), soit par simple allongement prosodique (infra 114), comme dans

(1) On observera que cet aoriste a souvent encore en védique le sens moyen primitif au lieu du sens passif.

ávaiy (pada *ávaik*, XIX 2), soit d'une manière permanente, comme dans *āvaḥ* (III 1, XIX 4, pada *āvar iti* [1]).

86. — L'augment, comme dans le grec homérique, peut toujours être supprimé, sans que le sens de la forme verbale en soit aucunement atteint : *gmann* (I 2) pour *agman*, *gur* (I 4) pour *agur*, *bhárat* (I 4), *kaḥ* (III 7) = *kar*, etc.

87. — Toutefois, les formes non augmentées d'imparfait et d'aoriste indicatifs sont couramment employées en védique dans le sens de subjonctif d'injonction ou de prohibition, éventuellement aussi de simple indicatif futur (XXVI 2). Elles constituent alors le mode spécial dit « injonctif », qui tend à disparaître dans la langue des Brāhmaṇas et n'a survécu en classique qu'avec *mā* prohibitif. Les exemples en foisonnent dans ce recueil : impf. *pibad* (XX 11), *karad* (LXXVI 7), etc.[2]; aor. *dhāḥ* (VI 16), *khyas* (X 9), *vadhiṣṭana* (XV 9), *sāvīḥ* (XXIV 6), *vidan* (XLVII 1), etc.

88. — Les règles du redoublement offrent quelques particularités, dont la plupart, d'ailleurs, se retrouvent encore en classique.

A. Certaines racines à voyelle initiale suivie d'une nasale parfois latente, se redoublent par cette voyelle même accompagnée de la nasale, suivant un procédé directement comparable à celui du redoublement grec dit « attique » : ainsi, la racine *aṃç* (= *anç) et *aç* fera au parfait actif, sg. 3 *ān-áṃç-a*, pl. 3 *ān-aç-úr* (XII 4), moy. sg. 3 *ān-aç-é* (LXIX 1), etc., cf. en grec ἐνεγκ-εῖν ἐν-ήνοχ-α.

B. Plusieurs racines contenant un *a* ou un *ā* précédé d'*y* ou de *v*, se redoublent, non par *a*, mais par la voyelle (*i* ou *u*) qui correspond à leur semi-voyelle radicale : ainsi *vyac* (embrasser)

(1) Le mot *iti* est ajouté au pada afin de faire réapparaître l'*r* final de la forme, qui à la pause simple resterait *ḥ*.

(2) L'injonctif n'est pas toujours aisé à reconnaître sûrement : ainsi *kár-a-* peut être, soit l'injonctif d'un thème *kár-a-*, soit le subjonctif de racine *kar*; de même *gamann* (XVII 7). Le doute est levé, si la forme est construite avec *mā* prohibitif; car cette particule ne régit jamais que l'injonctif ou l'optatif; le subjonctif et l'impératif se construisent avec *ná*.

fait *vivyâc- vivyac-* ; *yaj* (adorer), *iyâj- iyáj-*, réduit *īj-* ; *vac* (parler), *uvâc- uvác-*, réduit *ūc-* ; *vas* (luire), *uvās- uvás-*, réduit *ūṣ-*, etc.

C. Le védique a, comme le classique, des parfaits apophoniques sans redoublement apparent (B 232), v. g. *yej-* de *yaj*, *bhej-* de *bhaj*, etc.

D. Certaines racines à palatale initiale se redoublent par cette palatale, mais reprennent à la suite du redoublement la gutturale primitive d'où elle est issue (B 70) : ainsi *cit* = indo-eur. **qit* fait au parfait actif sg. 3 *ci-két-a* = indo-eur. **qi-qoit-e*, et aux formes réduites *ci-kit-* (analogique pour **ci-cit-* = indo-eur. **qi-qit-*).

E. La racine *sū* (engendrer) se redouble par *sa-sū-*, comme *bhū* par *ba-bhū-* (ce dernier védique et classique).

F. La racine *bhar* (porter) se redouble par *ja*, plus communément que par *ba* : *jabhāra* (LXXV 9), *jabhre* (VI 8).

G. Le redoublement par voyelle longue est extrêmement fréquent en védique : *vāvṛdhe* (III 2), *cākḷpré* (XL 6), *pīpāya* (XXI 7), *çūçuve* (IX 6), etc.

89. — La chute du redoublement (*skambhâthur* XXIX 2) est un fait absolument exceptionnel, sauf pour la rac. 1 *vid*, qui l'a perdu dès l'époque indo-européenne et dont le parfait se distingue par là même de celui de la rac. 2 *vid* (cf. XXVII 1 et XXIX 1). Toutefois, les deux anciens participes de parfait *dāçvân* et *mīḍhvân*, faisant fonction d'adjectifs, sont dépourvus de redoublement.

IV. Accent verbal. — 90. — Au point de vue de l'accent [1], toutes les désinences énumérées plus haut (66-84) se répartissent en deux classes : celles qui sont susceptibles d'attirer l'accent à elles — mais ne l'attirent pas nécessairement — et celles qui ne le portent jamais. Ces dernières sont, d'une manière générale, toutes les désinences du singulier actif à tous les temps et modes, sauf celle d'impér. sg. 2 (toujours *-dhi* ou *-hi*).

(1) Cf. au *Manuel* les notes des pages 297, 298, 300, 301 et 310.

91. — Les autres désinences, en tant que le thème verbal est de nature à perdre l'accent, le prennent sur leur première syllabe si elles sont disyllabiques, sauf sporadiquement les accentuations *-até* et *-mahé*.

92. — Les lois de l'accent verbal sont fixes et claires ; les anomalies peu nombreuses et négligeables, et l'usage seul peut les enseigner. Aux indications sommaires du *Manuel* il suffira d'ajouter les suivantes :

A. Les présents de première conjugaison, les aoristes seconds de forme similaire (B 226), les futurs, les subjonctifs, les optatifs de voix active ne font jamais passer l'accent sur la désinence.

B. Toute forme augmentée prend l'accent sur l'augment.

C. En cas de suppression de l'augment : — α) l'imparfait accentue la même syllabe que le présent (*bhárāmasi*, impf. *ábharāma* ou *bhárāma*, mais *imási*, impf. *aima* et *imá* ; — β) l'aoriste 1er (sigmatique), toujours la syllabe radicale ; — γ) l'aoriste 2 radical, la désinence, en tant qu'elle est susceptible de prendre l'accent (rac. *gam*, sg. 3 *ágan* et *gán*, pl. 2 *ágania* et *gantá*[1]) ; — δ) l'aoriste 2 en *-á-*, toujours la voyelle *á* ; — ε) le plus-que-parfait, la même syllabe que le parfait, ou éventuellement la voyelle thématique *á* (infra 104).

93. — En proposition principale, toute forme verbale conjugable[2] est enclitique, et conséquemment atone, en tant qu'elle est précédée d'un autre mot sur lequel elle puisse s'appuyer. Le verbe en proposition principale ne porte donc son accent propre que s'il se trouve au début de la proposition ou du pāda (*bhárat* I 4, *cékitānó 'bodhi* III 1 = *cékitāno ábodhi*), ou s'il suit immédiatement un vocatif accentué (*índrāgnī tápanti* XXVIII 8), car le vocatif est une expression isolée qui ne fait point partie de la proposition.

(1) Toutefois les désinences *-ta* (pl. 2) et *-tam* (du. 2) sont traitées, l'une souvent, l'autre quelquefois (*kártam* LXXIV 2), comme si elles ne pouvaient prendre l'accent.

(2) Ne pas oublier que les infinitifs, participes et gérondifs sont des formes nominales et non verbales.

94. — Cette règle reçoit exception : — α) dans le premier membre d'un couple antithétique (*hánaḥ* VII 3, *vividáthur* XXIX 1); — β) quand, de deux propositions, l'une énonce la raison de la seconde, car alors le mot *hí* ou tout autre équivalent (95) est sous-entendu ou tout au moins suggéré, et en général partout où il existe entre deux propositions une subordination latente, indiquée par le sens indépendamment de tout signe extérieur (*védat* XXI 2 et note); — γ) peut-être parfois pour imprimer une certaine emphase à l'expression verbale (*kṛṇudhvám* IX 8, cf. pourtant la note); — δ) sporadiquement dans d'autres cas moins explicables (*kártam* LXXIV 2), qui d'ailleurs peuvent tenir en partie à des erreurs purement graphiques.

95. — Inversement, le verbe est toujours accentué en proposition subordonnée, c'est-à-dire dans toutes les propositions qui débutent par un relatif (*yá-* et ses dérivés) et dans celles qui contiennent la particule *hí* « car » (*yád... ásthād* I 8, *tváṃ hí... nyeriré* IV 1, etc.).

96. — Si le verbe est accompagné d'un préfixe, le verbe est enclitique sur le préfixe en proposition principale (*ánu gmann* I 2); et le préfixe, proclitique sur le verbe en proposition subordonnée (*yé....upasṛjánti* II 16). Mais, s'ils sont séparés par quelque autre mot, chacun garde son accent indépendant (*ánu vratá gur* I 4, *ví te bhúvad* II 15, *prá hí néṣi* II 16, etc.).

97. — S'il y a plusieurs préfixes, tous sont proclitiques sur le verbe accentué (*abhipracákṣe* XIX 6). Si le verbe est atone ou que les préfixes en soient séparés, le dernier seul reçoit un accent et l'ensemble s'appuie sur lui (*ano á lebhire* XL 7, *anu sáṃ yanti* LXXV 2, pourtant *ápa prá agāt* XIX 16). Si les préfixes sont séparés les uns des autres, chacun garde son accent propre (*ánu.. úd ayatām* XLVIII 1, *prá.... pári.... jigāti* XXXIV 1).

V. Temps et modes. — 98. — Indicatif présent. — Le système du présent est le même qu'en classique (B 186-218). En deuxième conjugaison, le védique présente un certain nombre de formes radicales de deuxième personne du sg. de l'indicatif, qui doivent se traduire par la deuxième personne de l'impératif : *néṣi* (II 16), *yákṣi* (XLII 1).

99. — Subjonctif présent. — Le thème de ce mode dérive de celui de l'indicatif par l'addition d'un *a* thématique : sg. 3 ind. pr. *kṛṇó-ti*, sg. 3 subj. pr. *kṛṇáv-a-t* (XXXIV 2), cf. gr. ἴ-μεν -ο-μεν ; et, si l'indicatif est de première conjugaison, son *a* final se contracte en *ā* avec celui du subjonctif : ind. sg. 3 *bhára-ti*, subj. sg. 3 *bhárā-ti* (XIX 10), cf. gr. φέρο-μεν φέρω-μεν et φέρε-τε φέρη-τε. — La formation est la même respectivement pour le subjonctif de tous autres temps.

100. — Futurs. — Le futur ordinaire (B 220) n'a rien de particulier. Le futur périphrastique (B 221), déjà fort développé dans la langue des Brāhmaṇas (*āgantásmi* LXXVIII 1), est encore presque étranger à celle des Védas : il n'y apparaît qu'en germe, dans des tournures telles que *yantási* (LXVI 1), qui doit bien plutôt être traduit par le présent, et dans ce fait que le nom d'agent est, dès la plus haute antiquité, susceptible de régir, comme un verbe, un complément direct à l'accusatif[1], v. g. *çátrūn... jétā* (XLI 11), mais aussi *hantá dásyor* (XLIV 1).

101. — Aoristes. — A la deuxième et à la troisième personne du sg., l'aoriste premier ou sigmatique ressemble tout à fait, sauf seulement la vṛddhi qui lui est propre (B 223), à un aoriste second radical : en effet, le védique n'insère pas l'*ī* de liaison (B 238) devant les désinences *-s* et *-t* ; et alors celles-ci forment avec l'*s* aoristique un groupe consonnantique final qui, en vertu des lois de l'euphonie (B 35), disparaît sans laisser la moindre trace : ainsi rac. *dyut* donne un thème *á-dyaut-s-*, qui ferait sg. 2 **á-dyaut-s-s*, sg. 3 **á-dyaut-s-t*, d'où simplement *adyaut* (III 2) ; rac. *ric* fait *á-raik-s-*, sg. 2 **á-raik-s-s*, sg. 3 **á-raik-s-t*, d'où *áraik* (XIX 2), et ainsi de suite. — L'aoriste second thématique et l'aoriste second radical (B 226)

(1) C'est le cas, d'ailleurs, de beaucoup d'autres formes nominales, v. g. II 10, VII 2, VII 7, etc.

n'offrent aucune particularité, à cela près toutefois que ce dernier est resté usité en védique dans un bien plus grand nombre de verbes qu'en classique. Le lexique en donnera beaucoup d'exemples [1]. — L'aoriste second redoublé, soit radical (exclusivement védique), soit thématique (B 227 et 250), du type *á-jī-gar* XIX 4, *á-cī-kḷp-a-t* LXXVIII (III) 7, *á-vī-var-a-ta* LVI 3, etc., joue au point de vue du sens le rôle d'aoriste du causatif, bien que morphologiquement il se rattache au thème du verbe simple.

102. — Modes des aoristes. — Le subjonctif d'aoriste premier est assez commun (*jóṣ-iṣ-a-t* XXI 1); et c'est à cette catégorie sans doute qu'il convient de rattacher certaines formes de première personne du sg. moy., qui autrement seraient inexplicables, et qui d'ailleurs font fonction d'indicatif présent, telles que *stu-ṣ-é* « je loue » [2]. — L'optatif d'aoriste premier ne se rencontre qu'en voix moyenne (« précatif » B 225), v. g. *yā-sis-īṣ-thās* (IV 4). — Le subjonctif d'aoriste second est fort rare (*sthåtho* XXXIII 4). — Rare aussi, en dehors du précatif, est l'optatif d'aoriste second, lequel ne perd point son *s* caractéristique devant la désinence *-t* de sg. 3 (cf. B 225), en sorte que la troisième personne du singulier n'y diffère pas de la seconde, v. g. *bhūyā* (XXVII 8) = *bhūyās* = **bhū-yās-t*.

103. — Parfait. — A. Les racines qui contiennent un *a* n'ont que la forme normale, jamais la forme fléchie (« très forte » B 231) à la première personne du sg. de l'actif, v. g. *cakåra* « il a fait » (LI 5), mais *cakåra* « j'ai fait », *jagråha* (LXV 1), ce qui semble répondre à une apophonie indo-européenne, sg. 1 **qe-qér-a*, sg. 3 **qe-qór-e*. — B. L'*i* de liaison

(1) On n'a pas cru devoir y classer les aoristes en aor. 1 et 2 : *brevitatis causa* d'abord, et parce qu'on suppose qu'avec les indications de la grammaire le lecteur saura bien faire ce départ lui-même; ensuite, parce que cette classification au fond est défectueuse ou beaucoup trop sommaire : le sanscrit compte, non pas deux aoristes, mais quatre au moins (radical, sigmatique, thématique, redoublé), comprenant à leur tour d'autres variétés (aoriste sigmatique en *-s-*, en *-iṣ-*, en *-siṣ-*), dans le détail desquelles il était impossible d'entrer.

(2) Mais *stuṣé* X 5 est bien plutôt *stu-ṣé*, c'est-à-dire sg. 2 moy. de l'indicatif présent.

(ibid.) ne s'adjoint à la syllabe radicale que si elle est longue de nature ou de position (infra 112), et même alors n'est pas toujours obligatoire. — C. Les modes autres que l'indicatif, inconnus au classique, sont fort rares, même en védique (impér. sg. 2 *mumugdhi* IV 4, subj. pl. 3 *tatánan* XX 2, opt. sg. 3 *jagamyāt* VI 16). — D. Le parfait périphrastique (B 235 et 249) ne commence à apparaître, et bien timidement encore, que dans l'Atharva-V. et la prose du Yajur-V. Noir, puis gagne en fréquence dans la période des Brāhmaṇas.

104. — Le plus-que-parfait se tire du parfait, par la préfixation de l'augment, qui d'ailleurs n'y est pas plus de rigueur qu'aux autres temps passés, et par la substitution des désinences secondaires à celles du parfait, v. g. *jagrabham* (LXII 1) = *á-ja-grabh-am*. Quelquefois un *á* thématique s'insère entre le thème du parfait et la désinence secondaire : *ca-kṛp-á-nta* (IV 14), *ápaspṛdhethām* (XXXI 8).

VI. Dérivations verbales. — 105. — La formation du causatif ou causal (B 246) est sensiblement moins développée en védique qu'en classique. Les formes en sont relativement rares, sauf toutefois celles de l'aoriste redoublé, soit radical (*a-jī-gar* XIX 4), soit thématique (supra 101). De plus, un grand nombre de ces formes ont encore le sens actif simple, non le sens causatif.

106. — Le désidératif (B 252) est une forme aussi rare dans les Védas qu'elle devient commune aux époques postérieures. Exemples : *ditsantam* (IX 5), *siṣāsati* (IX 14), etc.

107. — L'intensif (B 256), tout au contraire, est en védique une forme assez fréquente, que la langue classique a laissée tomber en désuétude : *cékitāno* (III 1), *māmahantām* (XIX 20), *roracīti* (XXV 1), *kánikradad cácaçatīr* (XXX 5), etc., etc.

108. — Le dénominatif (B 258), déjà fort commun en védique, accentue en général la syllabe *-yá-*, et se distingue par là du causatif, qui porte l'accent sur la syllabe qui la précède : *vṛṣāyáte* (XII 2), *calgūyáti* (XXX 7); *mādáyāse* (X 2), *cāsáyathas* (XXIX 2). Toutefois il s'est produit parfois entre

ces deux classes une confusion d'accent, soit générale, comme dans le verbe *mantráy-* (LIX 2), soit sporadique et accidentelle, comme dans *rājáyan* (IX 11, cf. lexique et note).

CHAPITRE IX

MOTS INVARIABLES

109. — Les particules qui, en grec et en latin, sont devenues les prépositions, ne se sont pas encore réduites en védique au rôle modeste de préfixes verbaux, qu'elles ont assumé plus tard en classique. La plupart d'entre elles remplissent concurremment l'une et l'autre fonction. Comme préfixe, on a vu que la particule peut être séparée du verbe qu'elle accompagne (supra 96-97). Comme préposition (le terme est assez impropre pour le sanscrit), elle se place soit après soit avant le substantif qu'elle régit, et peut même parfois en être séparée.

110. — Chaque préposition régit ordinairement le nom à deux ou trois cas différents, comme en grec. Le nominatif, le vocatif et le datif sont en sanscrit les seuls cas qui ne puissent être régis par des prépositions. Quant au sens de chacune d'elles, il suffit de se souvenir qu'en indo-européen la préposition n'est en général qu'un simple auxiliaire, qui insiste sur le sens de la forme casuelle à laquelle elle se joint, mais ne saurait en aucune façon le modifier. Le védique lui conserve très rigoureusement sa fonction primitive, en sorte qu'on peut poser comme règle qu'un cas accompagné ou non d'une préposition quelconque a toujours la même valeur significative. Mais, bien entendu, cette règle ne vaut que pour les simples particules, non pour les mots comme *antarā́*, *paçcā́t*, etc., qui sont eux-mêmes des formes casuelles adaptées par le sanscrit seul à une fonction prépositive [1].

(1) Les particules sont relevées au lexique : en tant que prépositions, à part à leur rang alphabétique; en tant que préfixes, sous chacun des

CHAPITRE X

ÉLÉMENTS DE PROSODIE ET DE MÉTRIQUE

111. — La métrique sanscrite repose sur l'alternance des syllabes brèves et des syllabes longues, toute longue ayant conventionnellement, comme en grec et en latin, une durée double de celle de la brève.

112. — On considère comme longue — ou plus exactement comme « lourde », selon la terminologie des métriciens hindous, équivalant prosodiquement à une longue — toute syllabe qui contient : 1° soit une voyelle longue ou une diphtongue; 2° soit une voyelle quelconque, suivie, dans le même mot (*paçcá*, *yájatrāḥ*, I 2), ou d'un mot à un autre (*sīdan ciçce*, I 2), ou dans le mot suivant (*ánu cratá*, I 4), d'un groupe de deux consonnes au moins, quelles qu'elles soient. Ce principe, qui remonte certainement à la métrique indo-européenne, est absolu en sanscrit et n'admet aucun des tempéraments qu'y ont apportés postérieurement les prosodies grecque et latine.

113. — Le visarga, l'anusvāra et l'anunāsika sont considérés comme consonnes au point de vue de la valeur prosodique.

114. — Certaines syllabes, étymologiquement brèves de nature et non allongées par position, sont susceptibles de subir, en vue de la mesure du vers, un allongement artificiel, qui est marqué par l'écriture et qui se produit d'ailleurs dans des conditions fort diverses. Parfois il s'agit d'un allongement, amené peut-être à l'origine par les nécessités de la mesure combinées avec une confusion étymologique, mais tellement ancien et généralisé que la langue a complètement perdu le souvenir de

verbes auxquels elles s'adjoignent. Mais on n'a pas jugé à propos de relever à part les particules telles que *úd*, *ní*, *prá*, etc., qui ne sont que préfixes et dont le sens est connu de quiconque a fait un tant soit peu de sanscrit.

la brève primitive et qu'on n'en retrouve plus nulle part la moindre trace : ainsi pour *sūri*, qui ne peut se décomposer qu'en **su-ri*, mais qu'une confusion probable avec *sūrya* et autres dérivés de racine *svar* a immobilisé sous la forme longue. D'autres fois, c'est une voyelle, notamment la voyelle *a* de liaison des composés et de quelques dérivés, que le texte de la saṃhitā allonge, mais que le pada rétablit brève (v. g. *sumnā-vārī* XIX 12, pada *sumna-vārī*), bien qu'à cette place la longue soit peut-être aussi justifiée étymologiquement que la brève [1]. D'autres fois encore, — et c'est de beaucoup le cas le plus fréquent, — une finale grammaticale s'allonge, spécialement à certaines places du vers qui requièrent une longue, et alors le pada rétablit toujours la quantité vraie (ou présumée vraie, cf. 47, 53 G, 68, 70, 71, etc.).

115. — Une syllabe brève ou longue peut être artificiellement prolongée par la prononciation jusqu'à valoir trois temps : une telle syllabe est dite *pluta* et toujours traitée en pragṛhya (supra 28); en outre, elle porte un accent indépendant de celui du mot dont elle fait partie [2]. Le fait est d'ailleurs d'une excessive rareté dans les Védas (cf. LV 6) ; il ne se produit avec quelque fréquence que dans la prose des Brāhmaṇas, où pourtant ne le réclame aucune nécessité métrique : c'est donc bien plutôt un artifice emphatique de prononciation qu'un expédient prosodique dans le genre de la μακρὰ τρίσημος des métriciens grecs.

116. — En principe, chaque syllabe d'un vers donné semblerait comporter une quantité fixe et invariable ; mais, en fait, les irrégularités paraissent si fréquentes, au moins dans le corps du vers, qu'il est impossible de donner brièvement au débutant une idée nette de la métrique védique si l'on ne se borne à envisager la quantité des quatre ou cinq syllabes finales, laquelle ne varie

(1) En tant que l'*ā* représenterait un *o* indo-européen, au moins aussi légitime à cette place que l'*e* représenté par l'*a* sanscrit (même contraste du grec ο au latin *i* ?).

(2) La marque graphique de la pluti est un chiffre 3 immédiatement postposé à la voyelle.

guère et suffit à indiquer le mouvement et le rythme de la stance entière.

117. — Ce n'est pas cependant que cette quantité elle-même soit rigoureusement fixe. Elle est même sujette parfois à d'assez étranges interversions : l'anuṣṭubh, qui en principe se termine par deux iambes, finit dans certaines pièces, et d'un bout à l'autre de la pièce, par deux trochées, et la réciproque a lieu pour d'autres rythmes : l'irrégularité est donc voulue et systématique. Elle semble se rattacher à un état chaotique très ancien, où le rythme résultait, non de l'alternance des longues et des brèves, mais de celle des temps forts et des temps faibles, un temps fort ou faible pouvant d'ailleurs tomber à volonté sur une brève ou sur une longue : telle nous apparaît encore, par exemple, la versification éranienne.

118. — La plus courte unité rythmique que distinguent les Hindous est le *pāda* ou « pied » dont l'idée répond à celle du « vers » grec, latin ou français. La réunion d'un nombre déterminé de pādas (de trois à six en général, le plus ordinairement quatre) forme une *ṛc* ou un « vers » hindou, ce que nous nommerions une « stance » dans nos habitudes européennes.

119. — La dernière syllabe de tout pāda, comme celle d'un vers grec ou latin, est toujours brève ou longue à volonté.

120. — Pour la disposition, la liaison et l'union euphonique des pādas qui forment la stance, on peut s'en tenir à la règle sommaire du *Manuel* (p. 3), sauf à la compléter par l'observation attentive du dispositif de chacun des genres de stances représentés dans le présent recueil.

121. — Ces préliminaires posés, il y a lieu de distinguer, parmi les mètres védiques : — 1° les mètres à césure (famille *jagatī-triṣṭubh*); — 2° ceux de huit syllabes (famille *anuṣṭubh-gāyatrī*); — 3° ceux de cinq syllabes (*dvipadā virāj*); — 4° les combinaisons ultérieures des uns et des autres.

122. — Les pādas assez longs pour recevoir une césure sont communément de douze ou de onze syllabes; mais exceptionnellement le compte des syllabes peut descendre à dix ou s'élever jusqu'à treize ou quatorze.

A. Le pāda de *jagatī* compte douze syllabes, se termine par deux iambes précédés d'une syllabe longue [1], et exige, presque sans exception, une césure placée, soit après la quatrième syllabe (temps fort), soit après la cinquième (temps faible?) [2] :

tuám agne | dáma á viçpátiṃ víças (II 8);
tuáṃ viçvāni | suanīka patyase (ibid.).

B. Le pāda de *triṣṭubh* est une jagatī catalectique : il comprend onze syllabes, coupées de même 4 + 7 ou 5 + 6, et se termine par deux trochées (cf. *Manuel*, p. 40 i. n.) [3] :

práti agnír | uṣásaç cékitāno
ábodhi ciprah | padavīḥ kavīnām (III 1).

C. La place variable de la césure a amené des irrégularités dans la structure de ces vers. La jagatī étant coupée 4 + 8 ou 5 + 7, supposons que, par confusion entre les deux systèmes, on adapte ensemble un hémistiche de 4 syllabes et un de 7 : on obtiendra une jagatī de 11 syllabes, soit :

tuáṃ pāyúr | dáme yás te ávidhat (II 7).

(1) Ce qui revient rythmiquement à trois trochées dont le dernier est catalectique. Cf. la scansion rythmique infra.

(2) Cette césure peut tomber entre les deux termes d'un composé.

(3) Au risque de m'attirer de sévères censures, je ne puis m'empêcher d'indiquer ici, naturellement sans pouvoir la justifier et sans y insister, la manière dont je conçois la scansion réelle et primitive de ces deux types.

A. Jagatī : — anacruse brève ou longue; — trochée rythmique (éventuellement spondée, etc.); — longue de trois temps équivalant à un trochée rythmique; — dactyle irrationnel équivalant à un trochée ; — trochée rythmique ; — trochée rythmique; — longue de trois temps, ou longue simple suivie d'une pause d'une brève, équivalant en tout cas à un trochée rythmique.

B. Triṣṭubh : — même mesure, à cela près que le trochée rythmique qui précède la longue finale est remplacé par une longue de trois temps.

Bref, dans l'un et l'autre cas, six temps forts, répartis en 3 + 3 par une césure médiane (après la longue du dactyle irrationnel), ou en 2 + 4 par la césure qui suit la 4e syllabe.

où la lecture **paayúr* ne paraît guère recommandable ; et ce type, à son tour, pourvu de la césure après la 5e syllabe, engendrera la variété de jagatī 5 + 6 = 11, soit :

sám áçvaparṇāḥ | patantu no náro (LXXI 3).

Inversement, si l'on joint ensemble un hémistiche de 5 syllabes et un de 8, on obtient la jagatī hypermètre dite *atijagatī*, soit :

mā́ no hiṃsiṣṭam | dvipā́do mā́ cátuṣpadaḥ (LXXIV 1),

où toutefois la suppression du second *mā́* rétablit le compte normal des syllabes. Une suppression tout aussi simple, celle du vocatif *agne* peut-être interpolé, ramène à 12 le nombre des syllabes de l'atijagatī de 14 syllabes qu'on lira au morceau IV 2 :

sá bhrā́taram | váruṇam agna ā́ vavṛtsva.

Mais, sans proscrire absolument ces artifices de correction, il convient de n'en point abuser, et de reconnaître que les mètres védiques comportent une certaine élasticité, à laquelle la métrique grecque ne nous a point accoutumés, et que rappellent en partie les irrégularités du saturnien latin.

D. Appliquant à la triṣṭubh ce qui vient d'être dit de la jagatī, on voit qu'il pourra y avoir : des triṣṭubhs de 4 + 6 = 10 syllabes,

çúci ū́dho | atṛṇan ná gávām[1] (IV 19),

éventuellement coupées 5 + 5,

pṛ́ṣantam sṛprám | ádabdham ūrvám (XXX 2)[2] ;

et des triṣṭubhs de 5 + 7 = 12 syllabes,

yádi vā rā́jño | váruṇasyā́si putráḥ (L 3),

éventuellement coupées 4 + 8,

(1) La fin du vers est fausse : faut-il substituer **gónām* ?

(2) Sous cette dernière forme, la triṣṭubh se rapproche de la dvipadā virāj (infra 126) jusqu'à se confondre presque avec elle, ce qui explique le mélange éventuel de ces deux genres de mètres, d'origine vraisemblablement très différente. La nomenclature des métriciens hindous est, sur ce point, très défectueuse.

yásminn imá | *viçvā bhúvanāni antáḥ* (LXXIV 11),

ou enfin portées par une nouvelle confusion à 5 + 8 = 13 ; car l'atijagatī citée plus haut deviendrait une tristubh pour peu qu'on scandât *cavṛtsva* [1].

E. Au surplus, le lecteur constatera lui-même, dans le type jagatī-triṣṭubh, un grand nombre d'irrégularités accessoires, qu'il serait trop long d'énumérer et qui peuvent tenir en grande partie à des corruptions de texte.

123. — Passons aux principales stances de ce type.

A. La stance dite *jagatī* se compose de quatre pādas de jagatī accouplés deux à deux (II).

B. La stance dite *triṣṭubh* se compose de quatre pādas de triṣṭubh accouplés deux à deux (III).

C. Ces deux mètres ayant exactement la même cadence, on ne s'étonnera pas de rencontrer parfois, non seulement, dans le même hymne, des stances de jagatī et des stances de triṣṭubh (XV, XVI, etc., rien n'est plus commun), mais encore, dans une même stance, des pādas de l'une et de l'autre variété assemblés pêle-mêle (LII 1, LXXIV 1, etc.). Parfois, une légère correction (v. g. *yacchat* pour *yacchatu*) suffit à effacer l'irrégularité apparente ; mais, si légère qu'elle soit, l'évidente affinité des deux mètres la rend à peu près inutile.

D. La stance dite *virāj* se compose de trois pādas de triṣṭubh, disposés deux et un (XIV).

124. — Le mètre sans césure dit *anuṣṭubh* ou *gāyatrī* se compose en principe de huit syllabes de mesure iambique. Mais les quatre dernières seules forment deux iambes, et les autres sont à peu près à volonté. Les pādas iambiques purs, bien qu'il s'en puisse rencontrer,

tuám hí pūrvapā ási (XXXIII 1),
váhantu sómapītaye (XXXIII 3),
tuám hí deva vanditó (XLIV 1),
yáthā máma kṛtāo áso (LVII 5), etc.,

(1) C'est même à cette triṣṭubh de 13 syllabes que la métrique indigène réserve le nom d'atijagatī.

sont d'une occurrence toute fortuite. De plus, la clausule iambique est beaucoup moins de rigueur au 1er pāda de la stance (et au 3e, si elle en contient plus de trois), qu'aux 2e, 4e et 5e. A ces nuances près, le pāda d'anuṣṭubh peut être envisagé comme l'équivalent exact du dimètre iambique grec.

125. — Ses combinaisons sont fort simples et essentiellement au nombre de trois :

A. La stance dite *gāyatrī* comprend trois pādas, disposés deux et un (X).

B. La stance dite *anuṣṭubh* se compose de quatre pādas unis deux à deux (XXXVIII).

C. Enfin, la *paṅkti*, comme l'indique son nom, comprend cinq pādas, disposés deux et trois (VII) ; le 5e pāda présente habituellement le caractère d'un refrain, ou tout au moins d'une clausule surajoutée (XLIII).

126. — Le pāda de *dvipadā virāj* ou de cinq syllabes commence par une anacruse indifférente introduisant une mesure trochaïque : le premier des deux trochées peut être remplacé par un spondée ; le second l'est fort souvent, puisque la syllabe finale est indifférente : soit donc les formes

paçvā́ ná tāyúṃ,
gúhā cátantaṃ,
sajóṣā dhī́rāḥ,
viçve yájatrāḥ (I 2), etc.

Dans l'union des pādas très courts de ce genre, l'application des lois d'euphonie n'est pas suspendue, suivant l'usage ordinaire, entre le 2e et le 3e, mais seulement à la fin du 4e : en d'autres termes, l'oreille hindoue estime qu'il faut deux fois deux pādas de cette longueur pour constituer un ensemble rythmique.

127. — L'union de quatre pādas de cinq syllabes, ou, si on le préfère, de deux pādas de dix syllabes coupés par une césure

médiane [1], constitue la stance dite *dvipadā virāj* [2], dont le double pāda ne diffère du pāda simple de triṣṭubh catalectique (supra 122 D) que par la place ordinaire de la césure [3]. Dans l'usage, ces stances ne se numérotent qu'au bout de quatre doubles pādas, c'est-à-dire de 2 en 2 (I).

128. — Les principales combinaisons de systèmes différents usitées dans le Rig-Véda portent les noms suivants :

A. L'*uṣṇih* : deux pādas d'anuṣṭubh suivis d'un pāda de jagatī, le tout disposé deux et un, soit 8 + 8 + 12 = 28 syllabes (XI).

B. La *kakubh* : un pāda de jagatī entre deux pādas d'anuṣṭubh, le tout disposé deux et un, soit 8 + 12 + 8 = 28 syllabes (XII 1, 3, 5, etc.).

C. La *bṛhatī* : une uṣṇih à laquelle s'ajoute encore un pāda d'anuṣṭubh, le tout deux à deux, soit 8 + 8 + 12 + 8 = 36 syllabes (IX 1, 4, 6, etc.).

D. La *satobṛhatī* : deux pādas de jagatī et deux d'anuṣṭubh entrelacés, soit 12 + 8 + 12 + 8 = 40 syllabes (IX 2, 5, 7, etc.).

E. La *gāyatrī yavamadhyā* : trois pādas et 24 syllabes, comme dans la gāyatrī ordinaire ; mais ces 24 syllabes se répartissent en 7 (gāyatrī catalectique) + 10 (triṣṭubh catalectique) + 7, ainsi qu'on peut le voir dans la stance XII 13, à moins qu'on ne préfère la scander en kakubh, ce qui se peut faire à la rigueur par diérèse des quatre finales de génitif pluriel (supra 26 in fine).

129. — L'usage enseignera les combinaisons un peu plus compliquées et rares, *aṣṭi* (IV 1), *atyaṣṭi*, *dhṛti* (IV 3, etc.), qui au surplus dérivent toutes des précédentes.

130. — Les règles sommaires qui précèdent ne visent que la majorité des cas, mais valent en général pour l'ensemble et les

(1) Très rarement la césure tombe à une autre place : il n'y en a pas d'exemple dans le recueil.

(2) Le mot *pada* est synonyme de *pāda*, mais beaucoup moins usité.

(3) Mais la stance IX 3 n'est *dvipadā* qu'en ce qu'elle ne comprend que deux pādas (jagatī et anuṣṭubh), et n'a à cela près rien de commun avec celle dont s'agit.

détails du Rig-Véda. Au contraire, beaucoup de passages de l'Atharva-Véda s'y soustraient absolument : soit corruption du texte, soit inhabileté des compositeurs, soit surtout mutilation et altération d'hymnes anciens par la nécessité de les transformer en formules de conjuration magique, et d'y introduire à cet effet des mots qui faussaient le vers[1], la versification de l'Atharva-Véda est d'une licence excessive, et il faut dans bien des cas renoncer à la scander autrement que par approximation.

(1) Ce dernier caractère saute aux yeux, par exemple, dans la pièce XLIII.

SPÉCIMENS D'ÉCRITURE ET D'ACCENTUATION[1]

R. V. I. 113. — Pièce XIX du Recueil.

(Chaque stance est accompagnée du texte pada.)

इदं श्रेष्ठं ज्योतिषां ज्योतिरागाच्चित्रः प्रकेतो अजनिष्ट विभ्वा ।
यथा प्रसूता सवितुः सवायँ एवा रात्र्युषसे योनिमारैक् ॥१॥

इदं | श्रेष्ठं | ज्योतिषां | ज्योतिः | आ | अगात् | चित्रः | प्रऽकेतः | अजनिष्ट | विऽभ्वा | यथा | प्रऽसूता | सवितुः | सवाय | एव | रात्री | उषसे | योनिं | अरैक् ॥१॥

रुशद्वत्सा रुशती श्वेत्यागादारैगु कृष्णा सदनान्यस्याः ।
समानबंधू अमृते अनूची द्यावा वर्णं चरत आमिनाने ॥२॥

रुशत्ऽवत्सा | रुशती | श्वेत्या | आ | अगात् | अरैक् | ऊं इति | कृष्णा | सदनानि | अस्याः | समानबंधू इति समानऽबंधू | अमृते इति | अनूची इति | द्यावा | वर्णं | चरतः | आमिनाने इत्याऽमिनाने ॥२॥

समानो अध्वा स्वस्रोरनंतस्तमन्यान्या चरतो देवशिष्टे ।
न मेथेते न तस्थतुः सुमेके नक्तोषासा समनसा विरूपे ॥३॥

समानः | अध्वा | स्वस्रोः | अनंतः | तं | अन्याऽअन्या | चरतः | देवशिष्टे इति देवऽशिष्टे | न | मेथेते इति | न | तस्थतुः | सुमेके इति सुऽमेके | नक्तोषसा | सऽमनसा | विरूपे इति विऽरूपे ॥३॥

[1] Les caractères sanscrits ont été obligeamment prêtés par l'Imprimerie Nationale.

भास्वती नेत्री सूनृतानामचेति चित्रा वि दुरो न आवः ।
प्रार्प्या जगद्व्यु नो रायो अख्यदुषा अजीगर्भुवनानि विश्वा ॥४॥

भास्वती । नेत्री । सूनृतानां । अचेति । चित्रा । वि । दुरः । नः । आवरित्यावः । प्रऽअर्प्य । जगत् । वि । ऊं इति । नः । रायः । अख्यत् । उषाः । अजीगः । भुवनानि । विश्वा ॥४॥

जिह्मश्ये३ चरितवे मघोन्याभोगय इष्टये राय उं त्वं ।
दभ्रं पश्यद्भ्य उर्विया विचक्ष उषा अजीगर्भुवनानि विश्वा ॥५॥

जिह्मऽश्ये । चरितवे । मघोनी । आऽभोगये । इष्टये । राये । ऊं इति । त्वं । दभ्रं । पश्यत्ऽभ्यः । उर्विया । विऽचक्षे । उषाः । अजीगः । भुवनानि । विश्वा ॥५॥

क्षत्राय त्वं श्रवसे त्वं महीया इष्टये त्वमर्थमिव त्वमित्यै ।
विसदृशा जीविताभिप्रचक्ष उषा अजीगर्भुवनानि विश्वा ॥६॥

क्षत्राय । त्वं । श्रवसे । त्वं । महीयै । इष्टये । त्वं । अर्थंऽइव । त्वं । इत्यै । विऽसदृशा । जीविता । अभिऽप्रचक्षे । उषाः । अजीगः । भुवनानि । विश्वा ॥६॥

एषा दिवो दुहिता प्रत्यदर्शि व्युच्छन्ती युवतिः शुक्रवासाः ।
विश्वस्येशाना पार्थिवस्य वस्व उषो अद्येह सुभगे व्युच्छ ॥७॥

एषा । दिवः । दुहिता । प्रति । अदर्शि । विऽउच्छन्ती । युवतिः । शुक्रऽवासाः । विश्वस्य । ईशाना । पार्थिवस्य । वस्वः । उषः । अद्य । इह । सुऽभगे । वि । उच्छ ॥७॥

परायतीनामन्वेति पाथ आयतीनां प्रथमा शश्वतीनां ।
व्युच्छंती जीवमुदीरयंत्युषा मृतं कं चन बोधयंती ॥८॥

पराऽयतीनां | अनु | एति | पाथः | आऽयतीनां | प्रथमा | शश्वतीनां |
विऽउच्छंती | जीवं | उत्ऽईरयंती | उषाः | मृतं | कं | चन | बोधयंती ॥८॥

उषो यदग्निं समिधे चकर्थ वि यदावश्चक्षसा सूर्यस्य ।
यन्मानुषान्यक्ष्यमाणाँ अजीगस्तद्देवेषु चकृषे भद्रमप्नः ॥९॥

उषः | यत् | अग्निं | सम्ऽइधे | चकर्थ | वि | यत् | आवः | चक्षसा | सूर्यस्य |
यत् | मानुषान् | यक्ष्यमाणान् | अजीगरिति | तत् | देवेषु | चकृषे | भद्रं |
अप्नः ॥९॥

कियात्या यत्समया भवाति या व्यूषुर्याश्च नूनं व्युच्छान् ।
अनु पूर्वाः कृपते वावशाना प्रदीध्याना जोषमन्याभिरेति ॥१०॥

कियति | आ | यत् | समया | भवाति | याः | विऽऊषुः | याः | च | नूनं |
विऽउच्छान् | अनु | पूर्वाः | कृपते | वावशाना | प्रऽदीध्याना | जोषं |
अन्याभिः | एति ॥१०॥

(A partir d'ici, le texte saṃhitâ seul.)

ईयुष्टे ये पूर्वतरामपश्यन्व्युच्छंतीमुषसं मर्त्यासः ।
अस्माभिरू नु प्रतिचक्ष्याभूदो ते यंति ये अपरीषु पश्यान् ॥११॥

यावयद्द्वेषा ऋतपा ऋतेजाः सुम्नावरी सूनृता ईरयंती ।
सुमंगलीर्बिभ्रती देववीतिमिहाद्योषः श्रेष्ठतमा व्युच्छ ॥१२॥

शश्वत्पुरोषा व्युवास देव्यथो अद्येदं व्यावो मघोनी ।
अथो व्युच्छादुत्तराँ अनु द्यूनजरामृता चरति स्वधाभिः ॥१३॥

व्यंजिभिर्दिव आतास्वद्यौदप कृष्णां निर्णिजं देव्यावः ।
प्रबोधयंत्यरुणेभिरश्वैरोषा याति सुयुजा रथेन ॥१४॥

आवहंती पोष्या वार्याणि चित्रं केतुं कृणुते चेकिताना ।
ईयुषीणामुपमा शश्वतीनां विभातीनां प्रथमोषा व्यश्वैत् ॥१५॥

उदीर्ध्वं जीवो असुर्न आगादप प्रागात्तम आ ज्योतिरेति ।
आरैक्पंथां यातवे सूर्यायागन्म यत्र प्रतिरंत आयुः ॥१६॥

स्यूमना वाच उदियर्ति वह्निः स्तवानो रेभ उषसो विभातीः ।
अद्या तदुच्छ गृणते मघोन्यस्मे आयुर्नि दिदीहि प्रजावत् ॥१७॥

या गोमतीरुषसः सर्ववीरा व्युच्छंति दाशुषे मर्त्याय ।
वायोरिव सूनृतानामुदर्के ता अश्वदा अश्नवत्सोमसुत्वा ॥१८॥

माता देवानामदितेरनीकं यज्ञस्य केतुर्बृहती वि भाहि ।
प्रशस्तिकृद्ब्रह्मणे नो व्युच्छा नो जने जनय विश्ववारे ॥१९॥

यच्चित्रमप्न उषसो वहंतीजानाय शशमानाय भद्रं ।
तन्नो मित्रो वरुणो मामहंतामदितिः सिंधुः पृथिवी उत द्यौः ॥२०॥

A. V. I. 7. — Pièce XLIV du Recueil.

स्तुवानमग्न आ वह यातुधानं किमीदिनम् ।
त्वं हि देव वन्दितो हन्ता दस्योर्बभूविथ ॥१॥

आज्यस्य परमेष्ठिं जातवेदस्तनूवशिन् ।
अग्ने तौलस्य प्राशान यातुधानान्वि लापय ॥२॥

वि लपन्तु यातुधाना अत्रिणो ये किमीदिनः ।
अथेदमग्ने नो हविरिन्द्रश्च प्रति हर्यतम् ॥३॥

अग्निः पूर्व आ रभतां प्रेन्द्रो नुदतु बाहुमान् ।
ब्रवीतु सर्वो यातुमानयमस्मीत्येत्य ॥४॥

पश्याम ते वीर्यं जातवेदः प्र णो ब्रूहि यातुधानान्नृचक्षः ।
त्वया सर्वे परितप्ताः पुरस्तात्त आ यन्तु प्रब्रुवाणा उपेदम् ॥५॥

आ रभस्व जातवेदोऽस्माकार्थाय जज्ञिषे ।
दूतो नो अग्ने भूत्वा यातुधानान्वि लापय ॥६॥

त्वमग्ने यातुधानानुपबद्धाँ इहा वह ।
अथैषामिन्द्रो वज्रेणापि शीर्षाणि वृश्चतु ॥७॥

Çatapatha-Brāhmaṇa. — Pièce LXXVII

ओम् । देवयजनं जोषयन्ते । स यदेव वर्षिष्ठं स्यात्तज्जोषयेरन्यदन्यद्भूमेर्नाभिशयीतातो वै देवा दिवमुपोदक्रामन्देवान्वा एष उपोत्क्रामति यो दीक्षते स सदेवे देवयजने यजते स यद्धान्यद्भूमेरभिशयीतावरतर इव हेष्ट्वा स्यात्तस्माद्यदेव वर्षिष्ठं स्यात्तज्जोषयेरन् ॥१॥

CHRESTOMATHIE

CHRESTOMATHIE VÉDIQUE

RIG-VÉDA

(I. 65.) I

A Agni

(Dvipadā virāj)

paçvā́ ná tāyúṃ gúhā cátantaṃ
námo yujānáṃ námo váhantaṃ |
sajóṣā dhī́rāḥ padaír ánu gmann
úpa tvā sīdan víçve yájatrāḥ || 2 ||

ṛtásya devā́ ánu vratā́ gur
bhúvat páriṣṭir dyaúr ná bhū́ma |
várdhaṃtīm ápaḥ panvā́ súçiçvim
ṛtásya yónā gárbhe sújātam || 4 ||

Notes des Hymnes. — (Les chiffres romains indiquent les hymnes; les chiffres arabes, les stances; les lettres a b c d, les pādas.)

I. 1-2. — a) Après *paçvá* suppléer une incise telle que « qu'il a volé ». Allusion au mythe d'Agni qui se cachait et dont les Dieux découvrirent la cachette. — b) Traduire *yuj* et *vah* dans leur sens absolument littéral : Agni est le cocher de l'œuvre pie. Ainsi de la plupart des métaphores védiques.

3-4. — c) *ápas*, ici et souvent « les eaux du ciel », les nuées où Agni-éclair repose à l'état d'embryon. — d) La « matrice de l'ordre » ou « de la loi » est communément la place du sacrifice; mais il s'agit ici de la matrice céleste, place du sacrifice célébré par les Dieux dans les eaux du ciel.

puṣṭír ná raṇvā́ kṣitír ná pṛthvī́
girír ná bhújma kṣódo ná çambhú |
átyo nā́jman sárgapratakt:aḥ
síndhur ná kṣódaḥ ká īṃ varāte || 6 ||

jāmíḥ síndhūnāṃ bhrā́teva svásrām
íbhyān ná rā́jā vánāny atti |
yád vā́tajūto vánā vy ásthād
agnír ha dāti rómā pṛthivyā́ḥ || 8 ||

çvásity apsú haṃsó ná sī́dan
krátvā cétiṣṭho viçā́m uṣarbhút |
sómo ná vedhā́ ṛtáprajātaḥ
paçúr ná çíçvā vibhúr dūrébhāḥ || 10 ||

(II. 1.) II

A Agni

(Jagatī)

tvám agne dyúbhis tvám āçuçukṣáṇis
tvám adbhyás tvám áçmanas pári |
tvám vánebhyas tvám óṣadhībhyas
tvám nṛṇā́ṃ nṛpate jāyase çúciḥ || 1 ||

5-6. — b) *girír ná bhújma* doit être interprété comme plus bas (d) *síndhur ná kṣódas* : or, cette construction paratactique, d'un usage extrêmement fréquent en védique, se traduit littéralement « comme un fleuve [et] un flot », et signifie « comme un fleuve avec ses flots » ; on entendra donc de même « comme une montagne avec ses jouissances, ses biens » (probablement « les fleuves qui en découlent »). — Les six comparaisons de la stance sont isolées et ne se rattachent par aucun lien syntactique au verbe de la fin.

II. 1. — a) *dyúbhis*, instr. de temps. — b) *áçmanas*, ici et souvent « la pierre du ciel », dont le bruit (le tonnerre) ressemble à celui de la pierre du pressoir à soma et s'accompagne de l'éclair. — d) Lire *nṛṇā́m*, correction à peu près indispensable, et cf. *Grammaire*, n° 41. Les invocations pléonastiques de ce genre sont fréquentes dans le Véda.

távāgne hotráṃ táva potrám ṛtvíyaṃ
táva neṣṭráṃ tvám agníd ṛtāyatáḥ |
táva praçāstráṃ tvám adhvarīyasi
brahmā́ cāsi gṛhápatiç ca no dáme || 2 ||

tvám agna índro vṛṣabháḥ satám asi
tváṃ víṣṇur urugāyó namasyàḥ |
tváṃ brahmā́ rayivíd brahmaṇas pate
tváṃ vidhartaḥ sacase púraṃdhyā || 3 ||

tvám agne rā́jā váruṇo dhṛtávratas
tváṃ mitró bhavasi dasmá íḍyaḥ |
tvám aryamā́ sátpatir yásya sambhújaṃ
tvám áṃço vidáthe deva bhājayúḥ || 4 ||

tvám agne tváṣṭā vidhaté suvī́ryaṃ
táva gnā́vo mitramahaḥ sajātyàm |
tvám āçuhémā rariṣe sváçvyaṃ
tváṃ narā́ṃ çárdho asi purūvásuḥ || 5 ||

tvám agne rudró ásuro mahó diváḥ
tváṃ çárdho mā́rutaṃ pṛkṣá īçiṣe |
tváṃ vā́tair aruṇair yāsi çaṃgayás
tváṃ pūṣā́ vidhatáḥ pāsi nú tmánā || 6 ||

tvám agne draviṇodā́ araṃkṛ́te
tváṃ deváḥ savitā́ ratnadhā́ asi |

3. — c) Ici, « le brahmane céleste », autrement dit « Brahmaṇaspati », et non « le brahmane terrestre », comme à la stance précédente.

4. — c) Suppléer *tvám* [*asi*] *aryamā́* [*tásmai*] *yásya*... Par une ellipse hardie, le pronom relatif védique suppose souvent un antécédent à un cas oblique quelconque, non exprimé et jouant le rôle de régime dans la proposition principale : comparer la construction latine *sed quibus ipse malis careas quia cernere suave est.* — Il faut également sous-entendre un verbe entre *yásya* et *sambhújam*, et traduire à peu près « cujus [facis] convivium », i. e. « dont tu partages le festin ».

5. — a) Suppléer un verbe tel que *dadāsi*. Pareilles ellipses ne sont pas rares. — b) Corriger *-maho* ; car cette forme ne peut être qu'un vocatif masculin. Par cette épithète, Agni est encore une fois assimilé au *neṣṭár*. V. ce mot. — Avec *sajātyàm* suppléer [*asmā́kam*].

tvám̐ bhágo nṛpate vásva īçiṣe
tvám̐ pāyúr dáme yás té 'vidhat || 7 ||

tvā́m agne dáma ā́ viçpátim̐ viças
tvā́m̐ rā́jānam̐ suvidátram ṛñjate |
tvám̐ víçvāni svanīka patyase
tvám̐ sahásrāṇi çatā́ dáça práti || 8 ||

tvā́m agne pitáram iṣṭíbhir náras
tvā́m̐ bhrātrā́ya çámyā tanūrúcam |
tvám̐ putró bhavasi yás té 'vidhat
tvám̐ sákhā suçévaḥ pāsy ādhṛ́ṣaḥ || 9 ||

tvám agna ṛbhúr āké namasyàḥ
tvám̐ vā́jasya kṣumáto rāyá īçiṣe |
tvám̐ vi bhāsy ánu dakṣi dāváne
tvám̐ viçíkṣur asi yajñám ātániḥ || 10 ||

tvám agne áditir deva dāçúṣe
tvám̐ hótrā bhā́ratī vardhase girā́ |
tvám íḷā çatáhimāsi dákṣase
tvám̐ vṛtrahā́ vasupate sárasvatī || 11 ||

tvám agne súbhṛta uttamám̐ váyas
táva spārhé várṇa ā́ saṃdṛ́çi çríyaḥ |
tvám̐ vā́jaḥ pratáraṇo bṛhánn asi
tvám̐ rayír bahuló viçvátaḥ pṛthúḥ || 12 ||

tvám agna ādityā́sa āsyàm̐
tvā́m̐ jihvā́m̐ çúcayaç cakrire kave |

7. — d) Suppléer *dáme [tásya] yás*..., et cf. supra 4 c. Cette observation ne sera plus répétée.

8. — d) Les trois numéraux dépendent l'un de l'autre.

9. — a) Suppléer un verbe. — b) Idem.

10. — b) Jeu de mots sur *vája*. V. ce mot. — d) Par une tournure dont les langues classiques n'ont plus guère gardé trace (cf. pourtant le latin *populābundus agrōs*, et, dans Plaute, *quæ tibi curatiost hanc rem?*), un adjectif ou nom d'agent védique gouverne souvent l'accusatif.

tvā́ṃ rātiṣā́co adhvaréṣu saçcire
tvé devā́ havír adanty ā́hutam || 13 ||

tvé agne víçve amṛ́tāso adrúha
āsā́ devā́ havír adanty ā́hutam |
tváyā mártāsaḥ svadanta āsutíṃ
tváṃ gárbho vīrúdhāṃ jajñiṣe çúciḥ || 14 ||

tváṃ tā́n sáṃ ca práti cāsi majmánā́-
-gne sujāta prá ca deva ricyase |
pṛkṣó yád átra mahinā́ ví te bhúvad
ánu dyā́vāpṛthivī́ ródasī ubhé || 15 ||

yé stotṛ́bhyo góagrām áçvapeçasam
ágne rātím upasṛjánti sūráyaḥ |
asmā́ñ ca tā́ṃç ca prá hi néṣi vásya ā́
bṛhád vadema vidáthe suvī́rāḥ || 16 ||

(III. 5.) III

A Agni

(Triṣṭubh)

práty agnír uṣásaç cékitānó
'bodhi vípraḥ padavī́ḥ kavīnā́m |
pṛthupā́jā devayádbhiḥ sámiddhó
'pa dvā́rā támaso váhnir āvaḥ || 1 ||

préd v agnír vāvṛdhe stómebhir
gīrbhí stotṝṇā́ṃ namasyà ukthaíḥ |
pūrvī́r ṛtásya saṃdṛ́çaç cakānáḥ
sáṃ dūtó adyaud uṣáso viroké || 2 ||

III. 1. — a) *práti*, ici « en face de », et par suite « en même temps que ».
2. — d) *dūtás*, « [en tant que] messager », et ainsi souvent.

ádhāyy agnír mánuṣīṣu vikṣv
apā́ṃ gárbho mitrá ṛténa sā́dhan |
ā́ haryató yajatáḥ sā́nv asthād
ábhūd u vípro hávyo matīnā́m || 3 ||

mitró agnír bhavati yát sámiddho
mitró hótā váruṇo jātávedāḥ |
mitró adhvaryúr iṣiró dámūnā
mitráḥ síndhūnām utá párvatānām || 4 ||

pā́ti priyáṃ ripó ágraṃ padáṃ véḥ
pā́ti yahváç cáraṇaṃ sū́ryasya |
pā́ti nā́bhā saptáçīrṣāṇam agníḥ
pā́ti devā́nām upamā́dam ṛṣváḥ || 5 ||

ṛbhúç cakra ī́ḍyaṃ cā́ru nā́ma
víçvāni devó vayúnāni vidvā́n |
sasásya cárma ghṛtávat padáṃ vés
tád íd agnī́ rakṣaty ápṛayucchan || 6 ||

ā́ yónim agnír ghṛtávantam asthāt
pṛthúpragāṇam uçántam uçānáḥ |
dī́dyānaḥ çúcir ṛṣváḥ pāvakáḥ
púnaḥ-punar mātárā návyasī kaḥ || 7 ||

sadyó jātá óṣadhībhir vavakṣe
yádī várdhanti prasvò ghṛténa |
ā́pa iva pravátā çúmbhamānā
uruṣyád agníḥ pitrór upásthe || 8 ||

4. — a) Mitra est la manifestation extérieure du couple Mitra-Varuṇa; Varuṇa, au contraire, demeure caché. — d) Jeu de mots sur *mitrá*.

5. — a) Formules désignant le ciel invisible, le séjour où le soleil nocturne s'attarde retenu par des puissances magiques et malfaisantes. — c) Ailleurs (R. V. X. 82. 6) le « non-né » porte le « premier-né » attaché à son nombril, autrement dit le non-né est l'auteur de toutes choses, et Agni ici lui est assimilé. Le premier-né a sept têtes, sans doute parce qu'il se manifeste sous autant de formes qu'il y a de mondes.

6. — c) Cf. 5 a. Le « dormeur » est le soleil invisible.

7. — d) *mātárā*, « le ciel et la terre ». Mythe bien connu.

8. — d) *pitrós*, « le ciel et la terre », et aussi « les deux araṇis » mâle et femelle, le tourniquet et la planchette qui servent à allumer le feu.

úd u ṣṭutáḥ samídhā yahvó adyaud
várṣman divó ádhi nábhā pṛthivyáḥ |
mitró agnír íḍyo mātaríçvā́
' dūtó vakṣad yajáthāya devā́n || 9 ||

úd astambhīt samídhā nā́kam ṛṣvò
'gnír bhávann uttamó rocanā́nām |
yádī bhṛ́gubhyaḥ pári mātaríçvā
gúhā sántaṃ havyavā́haṃ samīdhé || 10 ||

íḷām agne purudáṃsaṃ saníṃ góḥ
çaçvattamáṃ hávamānāya sādha |
syā́n naḥ sūnús tánayo vijā́vā́-
-gne sā́ te sumatír bhūtv asmé || 11 ||

(IV. 1.) IV

A Agni

(1 aṣṭi, 2 atijagatī, 3 dhṛti, 4-20 triṣṭubh)

tvā́ṃ hy àgne sádam ít samanyávo
devā́so devám aratíṃ nyerirá
íti krátvā nyeriré |
ámartyaṃ yajata mártyeṣv ā́
devám ā́devaṃ janata prácetasaṃ
víçvam ā́devaṃ janata prácetasam || 1 ||

9. — b) Le « nombril de la terre » = ordinairement « la place du sacrifice ». Cf. la « matrice de la loi », I 4.

10. — a b) Construire *nā́kaṃ rocanā́nām*. — c d) L'ablatif *bhṛ́gubhyaḥ pári* dépend de *gúhā sántam*. — Ici Mātariçvan allume le feu, tandis que plus haut Agni lui-même est Mātariçvan. Ces contradictions et confusions de mythes sont extrêmement fréquentes.

IV. 1. — a b) Construire *sádam íd* avec *aratím*. — f) La phrase est à peu près inintelligible, si l'on fait de *víçvam*, comme de *devám* (e), le complément du vb. *janata* : pour la comprendre, il faut couper en deux le composé *á devám* et accorder *víçvam* avec le second terme, i. e. « engendrez le sage qui honore *tous les* Dieux ». — Les répétitions de cette stance sont de règle dans le mètre *aṣṭi* et les suivants.

sá bhrā́taraṃ váruṇam agna ā́ vavṛtsva
devā́ñ áchā sumatī́ yajñávanasaṃ
jyéṣṭhaṃ yajñávanasam |
ṛtā́vānam ādityáṃ carṣaṇīdhṛ́taṃ
rā́jānaṃ carṣaṇīdhṛ́tam || 2 ||

sákhe sákhāyam abhy ā́ vavṛtsvā-
-çúṃ ná cakráṃ ráthyeva ráṃhyā-
-smábhyaṃ dasma ráṃhyā |
ágne mṛḷīkáṃ váruṇe sácā vido
marútsu viçvábhānuṣu |
tokā́ya tujé çuçucāna çáṃ kṛdhy
asmábhyaṃ dasma çáṃ kṛdhi || 3 ||

tváṃ no agne váruṇasya vidvā́n
devásya héḷó 'va yāsisīṣṭhāḥ |
yájiṣṭho váhnitamaḥ çóçucāno
víçvā dvéṣāṃsi prá mumugdhy asmát || 4 ||

sá tváṃ no agne 'vamó bhavotī́
nédiṣṭho asyā́ uṣáso vyúṣṭau |
áva yakṣva no váruṇaṃ rárāṇo
vīhí mṛḷīkáṃ suhávo na edhi || 5 ||

asyá çréṣṭhā subhágasya saṃdṛ́g
devásya citrátamā mártyeṣu |
çúci ghṛtáṃ ná taptám ághnyāyā
spārhā́ devásya maṃháneva dhenóḥ || 6 ||

trír asya tā́ paramā́ santi satyā́
spārhā́ devásya jánimāny agnéḥ |
ananté antáḥ párivīta ā́gāc
chúciḥ çukró aryó rórucānaḥ || 7 ||

3. — b) Suppléer *áçvam* avec l'adj. *āçúm*.
4. — d) Le rapport respectif de l'accusatif et de l'ablatif est *renversé* dans cette construction, très fréquente en védique.
7. — a) *trís* équivaut à *tríṇi*. — c) *ananté*, suppléer *áçmani* (la pierre infinie est « le ciel » ou « le nuage », cf. II 1 b), et remarquer l'allitération.

sá dūtó víçvéd abhí vaṣṭi sádmā
hótā híraṇyaratho ráṃsujihvaḥ |
rohídaçvo vapuṣyò vibhā́vā
sádā raṇváḥ pitumátīva saṃsát || 8 ||

sá cetayan mánuṣo yajñábandhuḥ
prá táṃ mahyā́ raçanáyā nayanti |
sá kṣety asya dúryāsu sā́dhan
devó mártasya sadhanitvám āpa || 9 ||

sá tú no agnír nayatu prajānánn
áchā rátnaṃ devábhaktaṃ yád asya |
dhiyā́ yád víçve amṛ́tā ákṛṇvan
dyaúṣ pitā́ janitā́ satyám ukṣan || 10 ||

sá jāyata prathamáḥ pastyā̀su
mahó budhné rájaso asyá yónau |
apā́d açīrṣā́ guhámāno ántā-
-yóyuvāno vṛṣabhásya nīḷé || 11 ||

prá çárdha ārta prathamáṃ vipanyā́ṅ
ṛtásya yónā vṛṣabhásya nīḷé |
spārhó yúvā vapuṣyò vibhā́vā
saptá priyā́so 'janayanta vṛ́ṣṇe || 12 ||

asmā́kam átra pitáro manuṣyā̀
abhí prá sedur ṛtám āçuṣāṇā́ḥ |
áçmavrajāḥ sudúghā vavré antár
úd usrā́ ājann uṣáso huvānā́ḥ || 13 ||

8. — b) La première épithète se construit avec *dūtó*, la seconde avec *hótā*.

9. — a) Interpréter *mánuṣo yajñásya bándhuḥ* ou peut-être *yajñéna mánuṣo bándhuḥ*, plutôt que *mánuṣo* acc. pl. dépendant de *cetayat*. — c) *asya* = *mánuṣo*.

10. — b) *asya* = *agnés*, complément de *bhaktám*. — d) Suppléer [*yád*] *dyaúṣ*... [*ákṛṇot*].

11. — b) Suppléer *divás* avec l'adj. *mahás*, cf. II 6 a. — d) Formule équivalente à celles de III 5 a et III 6 c.

12. — d) Les sept prières ? ou les sept rivières célestes ?

té marmṛjata dadṛvā́ṃso ádriṃ
tád eṣām anyé abhíto ví vocan |
paçváyantrāso abhí kārám arcan
vidánta jyótiç cakṛpánta dhībhíḥ || 14 ||

té gavyatā́ mánasā dṛdhrám ubdháṃ
gā́ yemānáṃ pári ṣántam ádrim |
dṛḷháṃ náro vácasā daívyena
vrajáṃ gómantam uçíjo ví vavruḥ || 15 ||

té manvata prathamáṃ nā́ma dhenós
tríḥ saptá mātúḥ paramā́ṇi vindan |
táj jānatī́r abhy ànūṣata vrā́
āvír bhuvad aruṇī́r yaçásā góḥ || 16 ||

néçat támo dúdhitaṃ rócata dyaúr
úd devyā́ uṣáso bhānúr arta |
ā́ sū́ryo bṛhatás tiṣṭhad ájrāñ
ṛjú márteṣu vṛjinā́ ca páçyan || 17 ||

ā́d ít paçcā́ bubudhānā́ vy àkhyann
ā́d íd rátnaṃ dhārayanta dyúbhaktam |
víçve víçvāsu dúryāsu devā́
mítra dhiyé varuṇa satyám astu || 18 ||

áchā voceya çuçucānám agníṃ
hótāraṃ viçvábharasaṃ yájiṣṭham |
çúcy ū́dho atṛṇan ná gávām
ándho ná pūtáṃ páriṣiktam aṃçóḥ || 19 ||

14. — b) *anyé*, « les autres » = les sages postérieurs, ceux qui ont succédé aux premiers hommes qui avaient accompli ces merveilles. — c) Corriger *páçc ayantrāso*, et comparer l'expression *çlókayantra* « conduisant au moyen de l'hymne » (R. V. IX. 73. 6.) ; le verbe alors régirait deux accusatifs.

16. — d) *aruṇī́r*, « la rouge » = l'aurore ; *yaçásā* « par le glorieux », lire très probablement *yáçasā* ; *góḥ*, « la vache » céleste, dont l'aurore est une manifestation.

19. — d) *ándhas*, tout comme *ū́dhar*, est le régime direct de *atṛṇat*, mais par confusion de deux tournures différentes : 1° « il a percé le pis » ; 2° « il a percé la liqueur [hors du pis] » : ce qui revient à dire « il a percé le pis pour en faire sortir la liqueur ».

víçveṣām áditir yajñíyānāṃ
víçveṣām átithir mánuṣāṇām |
agnír devánām áva āvṛṇānáḥ
sumṛḷikó bhavatu jātávedāḥ || 20 ||

(VI. 7.) V

A Agni Vaiçvānara

(1-5 triṣṭubh, 6-7 jagatī)

mūrdhánaṃ divó aratíṃ pṛthivyā́
vaiçvānarám ṛtá ā́ jātám agním |
kavíṃ samrā́jam átithiṃ jánānām
āsánn ā́ pā́traṃ janayanta deváḥ || 1 ||

nā́bhiṃ yajñā́nāṃ sádanaṃ rayīṇā́ṃ
mahā́m āhāvám abhí sáṃ navanta |
vaiçvānaráṃ rathyàm adhvarā́ṇāṃ
yajñásya ketúṃ janayanta deváḥ || 2 ||

tvád vípro jāyate vājy àgne
tvád vīráso abhimātiṣáhaḥ |
vaíçvānara tvám asmā́su dhehi
vásūni rājan spṛhayā́yyāṇi || 3 ||

tvā́ṃ víçve amṛta jā́yamānaṃ
çíçuṃ ná devā́ abhí sáṃ navante |
táva krátubhir amṛtatvám āyan
vaíçvānara yát pitrór ádīdeḥ || 4 ||

20. — a b) Allitération et jeu de mots. Les deux génitifs ne sont pas construits de même : le premier est isolé et signifie simplement « entre tous les Dieux ».

V. 1. — d) Parce qu'Agni est l'intermédiaire obligé des offrandes faites aux Dieux par les hommes.

2. — a) Cf. III 9 b. Pourtant ici le mot « nombril » signifie plutôt, par métaphore, « origine » ou « père ». Cf. III 5 c, et la formule *pitā yajñānām* de R. V. III. 3. 4.

4. — d) Cf. III 8 d.

vaiçvānara táva tā́ni vratā́ni
mahā́ny agne nákir ā́ dadharṣa |
yáj jā́yamānaḥ pitrór upásthé
'vindaḥ ketúṃ vayúneṣv áhnām || 5 ||

vaiçvānarásya vímitāni cákṣasā
sā́nūni divó amṛ́tasya ketúnā |
tásyéd u víçvā bhúvanā́dhi mūrdhā́ni
vayā́ iva ruruhuḥ saptá visrúhaḥ || 6 ||

ví yó rájāṃsy ámimīta sukrátur
vaiçvānaró ví divó rocanā́ kavíḥ |
pári yó víçvā bhúvanāni paprathé
'dabdho gopā́ amṛ́tasya rakṣitā́ || 7 ||

(I. 61.) VI

A Indra

(Triṣṭubh)

asmā́ íd u prá taváse turā́ya
práyo ná harmi stómaṃ máhināya |
ṛ́cīṣamāyā́dhrigava óham
índrāya bráhmāṇi rātátamā || 1 ||

asmā́ íd u práya iva prá yaṃsi
bhárāmy āṅgūṣáṃ bā́dhe suvṛktí |
índrāya hṛdā́ mánasā manīṣā́
pratnā́ya pátye dhíyo marjayanta || 2 ||

5. — d) *áhnām* se construit avec *ketúm*.

6. — Ici Vaiçvānara est assimilé au soleil, qui est à la fois ou tour à tour l'œil de Mitra, de Varuṇa et d'Agni.— d) Suppléer encore une fois *iva* après *saptá*.

VI. 2. — b) *bā́dhe*, « pour le retenir captif », afin que le Dieu ne s'échappe point, n'aille pas répandre ses faveurs sur d'autres que nous.— *suvṛktí*, vieil instrumental devenu formule consacrée à la fin des vers à clausule trochaïque, comme l'instr. pl. *suvṛktíbhis* pour les clausules iambiques.

asmā́ íd u tyám upamáṃ svarṣā́ṃ
bhárāmy āṅgūṣám āsyèna |
máṃhiṣṭham ácchoktibhir matīnā́ṃ
suvṛktíbhiḥ sūríṃ vāvṛdhádhyai || 3 ||

asmā́ íd u stómaṃ sáṃ hinomi
ráthaṃ ná táṣṭeva tátsināya |
gíraç ca gírvāhase suvṛktí-
-ndrāya viçvaminvā́ṃ médhirāya || 4 ||

asmā́ íd u sáptim iva çravasyé-
-ndrāyārkáṃ juhvā̀ sám añje |
vīrā́ṃ dānaúkasaṃ vandádhyai
purā́ṃ gūrtáçravasaṃ darmā́ṇam || 5 ||

asmā́ íd u tváṣṭā takṣad vájraṃ
svápastamaṃ svaryàṃ ráṇāya |
vṛtrásya cid vidád yéna márma
tujánn íçānas tujatā́ kiyedhā́ḥ || 6 ||

asyéd u mātúḥ sávaneṣu sadyó
maháḥ pitúṃ papivā́ñ cā́ru ánnā |
muṣāyád víṣṇuḥ pacatáṃ sáhīyān
vídhyad varāháṃ tiró ádriṃ ástā || 7 ||

asmā́ íd u gnā́ç cid devápatnīr
índrāyārkám ahihátya ūvuḥ |

4. — d) *viçvaminvā́m* : sans l'hymne et l'œuvre pie, l'ordre régulier de l'univers ne pourrait subsister.

5. — a) Pour rendre la comparaison intelligible, il faut par la pensée suppléer le *sā́ṃ hinomi* de la stance précédente. — c) *dānaúkasam* : plus haut Indra est « tenu captif » par l'hymne ; ici « il a pour séjour » l'offrande : variantes d'un concept unique.

6. — d) *kiyedhā́s*, probablement « donnant on ne sait à qui, donnant à qui il lui plait », composé de rac. *dhā* avec un pronom interrogatif qui signifie « à qui ? » Pour l'idée exprimée, cf. infra VII 3 d.

7. — b) Le passage se comprend mieux, si l'on lit *pitúḥ* (gén. de *pitár-*) d'après R. V. III. 48. 2. — Anacoluthe entre b et c ; la phrase a b est sans verbe ; c'est Indra qui a bu, et c'est Viṣṇu qui a volé (pour Indra).

pári dyā́vāpṛthiví jabhra urví
násya té mahimā́nam pári ṣṭaḥ || 8 ||

asyéd evá prá ririce mahitvā́m
divás pṛthivyā́ḥ páry antárikṣāt |
svarā́ḷ índro dā́ma ā́ viçvā́gūrtaḥ
svarír ámatro vavakṣe ráṇāya || 9 ||

asyéd evá çávasā çuṣántam
ví vṛçcad vájreṇa vṛtrám índraḥ |
gā́ ná vrāṇā́ avánīr amuñcad
abhí çrávo dāváne sácetāḥ || 10 ||

asyéd u tveṣásā ranta síndhavaḥ
pári yád vájreṇa sīm áyachat |
īçānakṛ́d dāçúṣe daçasyán
turvítaye gādhám turváṇiḥ kaḥ || 11 ||

asmá íd u prá bharā tútujāno
vṛtrā́ya vájram íçānaḥ kiyedhā́ḥ |
gór ná párva ví radā tiraçcé-
-ṣyann árṇāṃsy apā́m carádhyai || 12 ||

asyéd u prá brūhi pūrvyā́ṇi
turásya kármāṇi návya ukthaiḥ |
yudhé yád iṣṇāná ā́yudhāny
ṛghāyámāṇo niriṇā́ti çátrūn || 13 ||

10. — d) *abhí* suggère l'idée d'un verbe signifiant « aller (vers) » et par suite « chercher à conquérir ».

11. — a) *ranta* paraît syncopé pour *ramanta*.

12. — Stance très obscure : sans doute on peut concevoir l'apostrophe comme adressée à Indra ; mais alors *asmá* se rapporte à Vṛtra, et il répugne d'admettre que, dans une série de stances qui commencent toutes par un démonstratif se rapportant à Indra, ce seul *asmai* fasse exception. Que si l'on suppose l'apostrophe adressée au prêtre, on peut bien admettre que c'est lui qui doit tendre le foudre à Indra, et suppléer *hántave* après *vṛtrā́ya* (cf. infra XXII 6) ; mais alors on ne s'explique plus *kiyedhā́s*, épithète qui ne convient qu'à Indra et qui serait abusivement transportée au prêtre. Peut-être y a-t-il une forte anacoluthe. — c) *gór*, « la vache », ici « la montagne céleste » qui retient les eaux captives.

13. — b) *návyas* se rapporte à *ukthaiḥ* : dans les formules toutes faites, l'adjectif sans accord, bien que rare, se rencontre quelquefois.

asyéd u bhiyá giráyaç ca dṛḷhá
dyā́vā ca bhúmā janúṣas tujete |
úpo venásya jóguvāna oṇíṃ
sadyó bhuvad vīryā̀ya nodháḥ || 14 ||

asmá íd u tyád ánu dāyy eṣām
éko yád vavné bhúrer íçānaḥ |
praítaçaṃ súrye paspṛdhānáṃ
saúvaçvye súṣvim āvad índraḥ || 15 ||

evá te hāriyojanā suvṛktí-
-ndra bráhmāṇi gótamāso akran |
aíṣu viçvápeçasaṃ dhíyaṃ dhāḥ
prātár makṣú dhiyā́vasur jagamyāt || 16 ||

(I. 81.) VII

A Indra

(Paṅkti)

índro mádāya vāvṛdhe çávase vṛtrahā́ nṛ́bhiḥ |
tám ín mahátsv ājíṣūtém árbhe havāmahe
sá vā́jeṣu prá no 'viṣat || 1 ||

14. — b) *janúṣas*, probablement « dès sa naissance ». — d) Suppléer *bhuvad* [*asmai*] *vīryā̀ya*.

15. — a) *eṣā̃m* = *devā́nām*. — b) La conquête d'Indra est le soma. — c) *súrye*, « pour [la conquête du] soleil ». — d) Le *súṣvi* est le même qu'Etaça.

16. — a) Le texte porte *hāriyojanā* atone, lequel équivaut à *hāriyojana* vocatif. Corriger *hāriyojaná* et accorder avec *bráhmāṇi*. — d) Le *dhiyā́vasus* invoqué n'est pas nécessairement Indra : ce pourrait être Agni, vu la nature de l'invocation ; mais plutôt, ici, c'est le poète inspiré, capable de séduire et d'attirer les Dieux.

VII. 1. — a) Combinaison elliptique de deux formules consacrées qui reviennent souvent dans le Véda :

Indra a été accru | en buvant le soma...
Indra a bu le soma | pour s'enivrer.

Le terme moyen supprimé, les extrêmes restent en présence.

ási hí vīra sényó 'si bhúri parādadíḥ |
ási dabhrásya cid vṛdhó yájamānāya çikṣasi
sunvaté bhúri te vásu || 2 ||

yád udīrata ājáyo dhṛṣṇáve dhīyate dhánā |
yukṣvá madacyútā hárī káṃ hánaḥ káṃ vásau dadho
'smā́ñ indra vásau dadhaḥ || 3 ||

krátvā mahā́ñ anuṣvadhám bhīmá ā́ vāvṛdhe çávaḥ |
çriyá ṛṣvá upākáyor ní çiprī́ hárivān dadhe
hástayor vájram āyasám || 4 ||

ā́ paprau pā́rthivaṃ rájo badbadhé rocanā́ diví |
ná tvā́vāñ indra káç caná ná jātó ná janiṣyaté
'ti víçvaṃ vavakṣitha || 5 ||

yó aryó martabhójanaṃ parādádāti dāçúṣe |
índro asmábhyaṃ çikṣatu ví bhajā bhúri te vásu
bhakṣīyá táva rā́dhasaḥ || 6 ||

máde-made hí no dadír yūthā́ gávām ṛjukrátuḥ |
sáṃ gṛbhāya purú çatóbhayāhastyā́ vásu
çiçīhi rāyá ā́ bhara || 7 ||

mādáyasva suté sácā çávase çūra rā́dhase |
vidmá hí tvā purūvásum úpa kā́mān sasṛjmáhé
'thā no 'vitá bhava || 8 ||

etó ta indra jantávo víçvaṃ puṣyanti vā́ryam |
antár hí khyó jánānām aryó védo ádāçuṣām
téṣāṃ no véda ā́ bhara || 9 ||

2. — b) Cf. II 10 d. — c) Suppléer *asti*.

3. — b) *dhṛṣṇáve* = *indrāya*. Verbe au singulier avec sujet au pluriel, défaut d'accord fort rare.

5. — b) A cause de sa stature colossale.

6. — d) Cf. supra 2 c.

7. — c) Après *çiçīhi* suppléer *nas*.

9. — c d) Construction paratactique : littéralement « des gens, de l'ennemi, des impies » = « des gens impies qui sont nos ennemis ».

(III. 47.) VIII

A Indra

(Triṣṭubh)

marútvāñ indra vṛṣabhó ráṇāya
píbā sómam anuṣvadhám mádāya |
ā́ siñcasva jaṭháre mádhva ūrmíṃ
tváṃ rā́jāsi pradivaḥ sutā́nām || 1 ||

sajóṣā indra ságaṇo marúdbhiḥ
sómaṃ piba vṛtrahā́ çūra vidvā́n |
jahí çátrūñr ápa mṛ́dho nudasvā́-
-thā́bhayaṃ kṛṇuhi viçváto naḥ || 2 ||

utá ṛtúbhir ṛtupāḥ pāhi sómam
índra devébhiḥ sákhibhiḥ sutáṃ naḥ |
yā́ñ ā́bhajo marúto yé tvā́nv
áhan vṛtrám ádadhus túbhyam ójaḥ || 3 ||

yé tvāhihátye maghavann ávardhan
yé çāmbaré harivo yé gáviṣṭau |
yé tvā nūnám anumádanti víprāḥ
píbendra sómaṃ ságaṇo marúdbhiḥ || 4 ||

marútvantaṃ vṛṣabháṃ vāvṛdhānám
ákavāriṃ divyáṃ çāsám índram |
viçvāsā́ham ávase nū́tanāyo-
-gráṃ sahodā́m ihá táṃ huvema || 5 ||

VIII. 2. — b) Après *vidvā́n* suppléer le régime « le moment où tu dois boire », et cf. 3 a.

3. — b) Les instrumentaux dépendent de *pāhi*. — c) Le relatif *yā́n* peut dépendre des instrumentaux qui précèdent, ou du sujet sous-entendu de *ádadhus* (en mettant *áhan vṛtrám* comme entre parenthèses), ou bien enfin l'incise peut former anacoluthe : c'est le plus probable. — La préposition *ā́na* suppose un verbe sous-entendu, à un temps passé comme corrélatif de *ā́bhajo*.

4. — c) Ce *yé* ne dépend pas de *marúdbhis*. L'incise fait allusion à l'hymne même que chantent en ce moment les prêtres (*víprās*), et en conséquence le pronom relatif équivaut ici à une simple conjonction, « puisque » ou « maintenant que ».

(VII. 32.) IX

A Indra

(1 bṛhatī, 2 satobṛhatī, 3 dvipadā virāj, 4-27 bṛhatī et satobṛhatī alternées)

mó ṣú tvā vāghátaç caṇáró asmán ní rīraman |
ārā́ttāc cit sadhamā́daṃ na ā́ gahī-
-há vā sánn úpa çrudhi || 1 ||

imé hí te brahmakṛ́taḥ sutó sácā
mádhau ná mákṣa ā́sate |
índre kā́maṃ jaritā́ro vasūyávo
ráthe ná pā́dam ā́ dadhuḥ || 2 ||

rāyáskāmo vájrahastaṃ sudákṣiṇaṃ
putró ná pitáraṃ huve || 3 ||

imá índrāya sunvire sómāso dádhyāçiraḥ |
tā́ñ ā́ mádāya vajrahasta pītáye
háribhyāṃ yāhy óka ā́ || 4 ||

çrávac chrútkarṇa īyate vásūnāṃ
nú cin no mardhiṣad giraḥ |
sadyáç cid yáḥ sahásrāṇi çatā́ dádan
nákir ditsantam ā́ minat || 5 ||

sá vīró ápratiṣkuta índreṇa çūçuve nṛ́bhiḥ |
yás te gabhīrā́ sávanāni vṛtrahan
sunóty ā́ ca dhā́vati || 6 ||

IX. 2. — d) Indra est le char qui conduit l'homme au but désiré.

4. — b) Les autres offrandes sont cuites sur le feu ; mais le soma est considéré comme cuit par son seul mélange avec le lait, parce que le lait est censé déjà cuit dans le pis de la vache d'où il sort chaud. — d) Les offrandes sont comme la demeure d'Indra, parce qu'elles l'attirent et le retiennent.

6. — d) Les tiges d'herbe à soma déjà pressurées sont soumises à un lavage pour être pressurées une seconde fois.

bhávā várūthaṃ maghavan maghónāṃ
yát samájāsi çárdhataḥ |
vi tvā́hatasya védanaṃ bhajemahy
ā́ dūṇā́ço bharā gáyam || 7 ||

sunótā somapā́vne sómam índrāya vajríṇe |
pácatā paktī́r ávase kṛṇudhvám ít
pṛṇánn ít pṛṇaté máyaḥ || 8 ||

mā́ sredhata somino dákṣatā mahé
kṛṇudhvám rāyá ātúje |
taráṇir íj jayati kṣéti púṣyati
ná devā́saḥ kavatnávo || 9 ||

nákiḥ sudā́so ráthaṃ páry āsa ná rīramat |
índro yásyāvitā́ yásya marúto
gámat sá gómati vrajé || 10 ||

gámad vā́jaṃ vājáyann indra mártyo
yásya tvám avitā́ bhúvaḥ |
asmā́kaṃ bodhy avitā́ ráthānām
asmā́kaṃ çūra nṛṇā́m || 11 ||

úd ín nv àsya ricyaté 'ṃço dhánaṃ ná jigyúṣaḥ |
yá índro hárivān ná dabhanti táṃ rípo
dákṣaṃ dadhāti somíni || 12 ||

mántram ákharvaṃ súdhitaṃ supéçasaṃ
dádhāta yajñíyeṣv ā́ |
pūrvíç caná prásitayas taranti táṃ
yá índre kármaṇā bhúvat || 13 ||

7. — d) Lire *dūḷā́ço*, correction presque certaine.

8. — c) *ávase* dépend de *pácata* et est ensuite sous-entendu avec *kṛṇudhvám* (autrement le verbe serait atone), lequel suppose également un régime direct sous-entendu (*tám*). — d) Suppléer *ásti tásmai*.

9. — b) Même tournure que 8 c.

11. — a) Lire probablement *vājayán* plutôt que *vājáyan*.

12. — a) *asya* = *somínas* exprimé plus bas.

13. — d) *bhúvat*, « a trouvé un refuge ».

kás tám indra tvā́vasum ā́ mártyo dadharṣati |
çraddhā́ ít te maghavan pā́ryo divi
vājī́ vā́jaṃ siṣāsati || 14 ||

maghónaḥ sma vṛtrahátyeṣu codaya
yé dádati priyā́ vásu |
táva práṇītī haryaçva sūríbhir
víçvā tarema duritā́ || 15 ||

távéd indrāvamáṃ vásu tváṃ puṣyasi madhyamám |
satrā́ víçvasya paramásya rājasi
nákiṣ ṭvā góṣu vṛṇvate || 16 ||

tváṃ víçvasya dhanadā́ asi çrutó
yá īm bhávanty ājáyaḥ |
távāyáṃ víçvaḥ puruhūta pā́rthivo
'vasyúr nā́ma bhikṣate || 17 ||

yád indra yā́vatas tvám etā́vad ahám íçīya |
stotā́ram íd didhiṣeya radāvaso
ná pāpatvā́ya rāsīya || 18 ||

çíkṣeyam ín mahayaté divé-dive
rāyá ā́ kuhacidvíde |
nahí tvád anyán maghavan na ā́pyaṃ
vásyo ásti pitā́ caná || 19 ||

taráṇir ít siṣāsati vā́jaṃ púraṃdhyā yujā́ |
ā́ va índraṃ puruhūtáṃ name girā́
nemíṃ táṣṭeva sudrvàm || 20 ||

14. — c) *çraddhā́*, instrumental probable ; cf. le lexique.

16. — a b c) La terre, l'atmosphère et le ciel. — d) *góṣu*, « dans [la conquête de] les vaches ».

17. — a) *víçvasya dhanadā́s*, cf. IV 1. — b) *yé* n'a pas d'antécédent, ou bien il faut suppléer *ājíṣu* (attraction).

18. — a) *yád*, « si », et les optatifs traduits par des conditionnels. — d) *pāpatvā́ya* = *pāpébhyas*.

20. — c d) Comparaison frisant le jeu de mots.

ná duṣṭutī́ mártyo vindate vásu
ná srédhantaṃ rayír naçat |
suçáktir ín maghavan túbhyaṃ mávate
deṣṇáṃ yát páryo diví || 21 ||

abhí tvā çūra nonumó 'dugdhā iva dhenávaḥ |
íçānam asyá jágataḥ svardṛ́çam
íçānam indra tasthúṣaḥ || 22 ||

ná tvā́vāñ anyó divyó ná pā́rthivo
ná jātó ná janiṣyate |
açvāyánto maghavann indra vājíno
gavyántas tvā havāmahe || 23 ||

abhí ṣatás tád ā́ bharéndra jyā́yaḥ kánīyasaḥ |
purūvásur hí maghavan sanā́d ási
bháre-bhare ca hávyaḥ || 24 ||

párā ṇudasva maghavann amítrān
suvédā no vásū kṛdhi |
asmā́kaṃ bodhy avitā́ mahādhané
bhávā vṛdháḥ sákhīnām || 25 ||

índra krátuṃ na ā́ bhara pitā́ putrébhyo yáthā |
çíkṣā no asmín puruhūta yámani
jīvā́ jyótir açīmahi || 26 ||

mā́ no ájñātā vṛjánā durādhyò
mā́çivāso áva kramuḥ |
tváyā vayáṃ praváataḥ çáçvatīr apó
'ti çūra tarāmasi || 27 ||

21. — c d) *túbhyam* dépend de *suçáktis*, et *mávate* dépend de *deṣṇám*.

24. — a) *tád* = *vásu* ou *bálam* ; suppléer *nas* comme complément du participe. — b) *kánīyasas* est en quelque façon explétif, simple pendant de *jyā́yas*.

27. — a) Le texte pada porte *vṛjánāḥ*, qui semble impossible puisque *vṛjána* est neutre : il faut donc très probablement lire *vṛjinā́* = *vṛjinā́s*.

(VIII, 65.) X

A Indra

(Gāyatrī)

yád indra prā́g ápāg údaṅ nyàg vā hūyáse nṛ́bhiḥ |
ā́ yāhi tū́yam āçúbhiḥ || 1 ||

yád vā prasrávaṇe divó mādáyāse svàrṇare |
yád vā samudré ándhasaḥ || 2 ||

ā́ tvā gīrbhír mahā́m urúṃ huvé gā́m iva bhójase |
índra sómasya pītáye || 3 ||

ā́ ta indra mahimā́naṃ hárayo deva te máhaḥ |
rátho vahantu bíbhrataḥ || 4 ||

índra gṛṇīṣá u stuṣé mahā́ñ ugrá īçānakṛ́t |
éhi naḥ sutáṃ piba || 5 ||

sutā́vantas tvā vayáṃ práyasvanto havāmahe |
idáṃ no barhír āsáde || 6 ||

yác cid dhí çáçvatām ásīndra sā́dhāraṇas tvám |
táṃ tvā vayáṃ havāmahe || 7 ||

idáṃ te somyáṃ mádhv ádhukṣann ádribhir náraḥ |
juṣāṇá indra tát piba || 8 ||

X. 1. — a b) Ces neutres adverbiaux s'emploient à la question *ubi* aussi bien qu'à la question *quo*. — c) Suppléer probablement *áçvais* (ou *marúdbhis* ?).

2. — c) *samudré*, cf. I 3-4.

7. — Il y a opposition et non corrélation entre les deux membres de phrase : « tu es, il est vrai..... (mais) c'est nous qui..... (donc, en ce moment, sois à nous seuls) ».

8. — b) *ádhukṣan*, métaphore courante.

viçvāñ aryó vipaçcitó 'ti khyas tū́yam ā́ gahi |
asmé dhehi çrávo bṛhát || 9 ||

dātā́ me pṛ́ṣatīnāṃ rā́jā hiraṇyavī́nām |
mā́ devā́ maghávā riṣat || 10 ||

sahásre pṛ́ṣatīnām ádhi çcandrám bṛhát pṛthú |
çukrám híraṇyam ā́ dade || 11 ||

nápāto durgáhasya me sahásreṇa surā́dhasaḥ |
çrávo devéṣv akrata || 12 ||

(IX. 104.) XI

A Soma Pavamāna

(Uṣṇih)

sákhāya ā́ ní ṣīdata punānā́ya prá gāyata |
çíçuṃ ná yajñaíḥ pári bhūṣata çriyé || 1 ||

sám ī vatsáṃ ná mātṛ́bhiḥ sṛjátā gayasā́dhanam |
devāvyàṃ mádam abhí dvíçavasam || 2 ||

punā́tā dakṣasā́dhanaṃ yáthā çárdhāya vītáye |
yáthā mitrā́ya váruṇāya çáṃtamaḥ || 3 ||

asmábhyaṃ tvā vasuvídam abhí vā́ṇīr anūṣata |
góbhiṣ ṭe várṇam abhí vāsayāmasi || 4 ||

9. — a) Les ennemis, eux aussi, ont des prêtres et des poètes inspirés qui invoquent Indra au même instant : il ne faut pas qu'il se laisse séduire par eux.

10-12. — L'hymne se termine par une *dānastuti*, i. e. un « éloge des dons » que le prêtre a reçus pour son hymne, et, par conséquent, du donateur.

XI. 2. — a) Le soma mêlé au lait est conçu, tantôt comme un taureau qui s'unit aux vaches, tantôt comme un veau qui cherche ses (?) mères. Cf. infra 4 c.

3. — b c) La proposition *yáthā*..... « de la façon dont [il est]... » se rapporte au verbe *punā́ta*.

sá no madānāṃ pata indo devápsarā asi |
  sákheva sákhye gātuvíttamo bhava || 5 ||

sánemi kṛdhy àsmád ā́ rakṣásaṃ káṃ cid atríṇam |
  á‚ádevaṃ dvayúm áṃho yuyodhi naḥ || 6 ||

(IX. 108.)　　　　XII

A Soma Pavamāna

(1-12 et 14-16 kakubh et satobṛhati alternées, 13 gāyatri yavamadhyā)

pávasva mádhumattama
indrāya soma kratuvíttamo mádaḥ |
  máhi dyukṣátamo mádaḥ || 1 ||

yásya te pītvā́ vṛṣabhó vṛṣāyáte
  'syá pītā́ svarvídaḥ |
sá suprāketo abhy ā̀kramīd íṣo
  'chā vā́jaṃ naitaçaḥ || 2 ||

tváṃ hy àṅgá daívyā
pávamāna jánimāni dyumáttamaḥ |
  amṛtatváya ghoṣáyaḥ || 3 ||

yénā návagvo dadhyáṅṅ aporṇuté
  yéna víprāsa āpiré |
devā́nāṃ sumnó amṛ́tasya cā́ruṇo
  yéna çrávāṃsy ānaçúḥ || 4 ||

XII. 2. — a) *vṛṣabhás* = Indra. — Anacoluthe : Soma est interpellé à la deuxième personne dans a, et à la troisième dans b c d ; car le choix des expressions et la comparaison avec Etaça font bien voir que cette fin de stance s'applique à Soma et non à Indra.

3. — c) *ghoṣáyas*, allusion au bruit de la pierre du pressoir ou à celui des hymnes qui accompagnent le pressurage.

4. — c) *amṛ́tasya*, génitif partitif. L'*amṛ́ta* est le soma céleste, qui a répondu à l'appel du soma terrestre.

eṣá syá dhárayā sutó
'vyo várebhiḥ pavate madintamaḥ |
kríḷann ūrmir apáṃ iva || 5 ||

yá usriyā ápyā antár áçmano
nír gá ákṛntad ójasā |
abhí vrajáṃ tatniṣe gávyam áçvyaṃ
varmíva dhṛṣṇav á ruja || 6 ||

á sotā pári ṣiñcatá-
-çvaṃ ná stómam aptúraṃ rajastúram |
vanakrakṣám udaprútam || 7 ||

sahásradhāraṃ vṛṣabháṃ payovṛ́dhaṃ
priyáṃ devā́ya jánmane |
ṛténa yá ṛtájāto vivāvṛdhó
rájā devá ṛtáṃ bṛhát || 8 ||

abhí dyumnáṃ bṛhád yáça
íṣas pate didihí deva devayúḥ |
ví kóçaṃ madhyamáṃ yuva || 9 ||

á vacyasva sudakṣa camvòḥ sutó
viçáṃ váhnir ná viçpátiḥ |
vṛṣṭiṃ diváḥ pavasva rītím apáṃ
jínvā gáviṣṭaye dhíyaḥ || 10 ||

6. — b) *Cf.* supra 2 : anacoluthe inverse.

7. — b) *stómam*, lire plutôt *sómam*. — c) Le sens de *vanakrakṣá* est inconnu : c'est probablement « bruissant dans le bois » (i. e. dans la cuve de bois), allusion évidente à Agni qui, lui aussi, crépite dans le bois (qu'il brûle).

8. — d) *ṛtám* est à l'accusatif, bien que complément d'un verbe intransitif dont il ne fait en quelque sorte que préciser la signification. On pourrait traduire approximativement « qui s'est accru... développant la grande loi ».

9. — a) *abhí*, « pour [atteindre et nous donner]... » — c) L'atmosphère, cf. IX 16.

etám u tyám madacyútam
sahásradhāram vṛṣabhám divó duhuḥ |
viçvā vásūni bíbhratam || 11 ||

vṛ́ṣā ví jajñe janáyann ámartyaḥ
pratápañ jyótiṣā támaḥ |
sá súṣṭutaḥ kavíbhir nirṇíjam dadhe
tridhā́tv asya dáṃsasā || 12 ||

sá sunve yó vásūnāṃ
yó rāyā́m ānetā́ yá íḷānām |
sómo yáḥ sukṣitīnā́m || 13 ||

yásya na índraḥ píbād yásya marúto
yásya vāryamáṇā bhágaḥ |
ā́ yéna mitrā́váruṇā kárāmaha
éndram ávase mahó || 14 ||

índrāya soma pā́tave
nṛ́bhir yatáḥ svāyudhó madíntamaḥ |
pávasva mádhumattamaḥ || 15 ||

índrasya hā́rdi somadhā́nam ā́ viça
samudrám iva síndhavaḥ |
júṣṭo mitrā́ya váruṇāya vāyáve
divó viṣṭambhá uttamáḥ || 16 ||

10. — c) Encore un accusatif construit avec un verbe intransitif : « clarifie-toi en pluie du ciel », i. e. « que le résultat de la clarification soit la pluie du ciel », qui est une des manifestations du soma céleste.

14. — a) *yásya píbāt* = cujus [partem] bibat, « pour qu'il en boive » ; *nas*, « [l'accepte] de nous ».

15. — b) Suite de la comparaison de Soma à un cheval.

(I. 157.)

XIII

Aux Açvins

(1-4 jagatī, 5-6 triṣṭubh)

ábodhy agnír jmá úd eti sū́ryo
vy ùṣā́ç candrā́ mahy ā̀vo arciṣā |
áyukṣātām açvinā yā́tave rátham
prā́sāvīd deváḥ savitā́ jágat pṛ́thak || 1 ||

yád yuñjā́the vṛ́ṣaṇam açvinā rátham
ghṛténa no mádhunā kṣatrám ukṣatam |
asmā́kam bráhma pṛ́tanāsu jinvatam
vayáṃ dhánā çū́rasātā bhajemahi || 2 ||

arvā́ñ tricakró madhuvā́hano rátho
jīrā́çvo açvínor yātu súṣṭutaḥ |
trivandhuró maghávā viçvásaubhagaḥ
çáṃ na ā́ vakṣad dvipáde cátuṣpade || 3 ||

ā́ na ū́rjaṃ vahatam açvinā yuváṃ
mádhumatyā naḥ káçayā mimikṣatam |
prā́yus tā́riṣṭaṃ ní rápāṃsi mṛkṣataṃ
sédhataṃ dvéṣo bhávataṃ sacābhúvā || 4 ||

yuváṃ ha gárbhaṃ jágatīṣu dhattho
yuváṃ víçveṣu bhúvanesv antáḥ |
yuvám agníṃ ca vṛṣaṇāv apáç ca
vánaspátīñr açvināv aírayethām || 5 ||

XIII. 1. — a) *jmás* dépend de *ábodhi* : « [se levant] de terre ». — d) *prā́sāvīt* par allusion au nom de Savitar ; *pṛ́thak* = « [chaque être] à part ».

2. — b) *ghṛtá* et *mádhu* désignent par métaphore la pluie, puis par extension tous les dons du ciel.

4. — b) « Unissez-nous au... » i. e. « donnez-nous le... »

5. — d) Corriger probablement *airayethām*.

yuváṃ ha stho bhiṣájā bheṣajébhir
átho ha stho rathyā̀ ráthyebhiḥ |
átho ha kṣatrám ádhi dhattha ugrā
yó vāṃ havíṣmān mánasā dadā́ça || 6 ||

(VII. 68.) XIV

Aux Açvins

(1-7 virāj, 8-9 triṣṭubh)

ā́ çubhrā yātam açvinā sváçvā
gíro dasrā jujuṣāṇā́ yuvā́koḥ |
havyā́ni ca prátibhṛtā vītáṃ naḥ || 1 ||

prá vām ándhāṃsi mádyāny asthur
áraṃ gantaṃ havíṣo vītáye me |
tiró aryó hávanāni çrutáṃ naḥ || 2 ||

prá vāṃ rátho mánojavā iyarti
tiró rájāṃsy açvinā çatótiḥ |
asmábhyaṃ sūryā̀vasū iyānáḥ || 3 ||

ayáṃ ha yád vāṃ devayā́ u ádrir
ūrdhvó vívakti somasúd yuvábhyām |
ā́ valgú vípro vavṛtīta havyaíḥ || 4 ||

citráṃ ha yád vāṃ bhójanaṃ nv ásti
ny átraye máhiṣvantaṃ yuyotam |
yó vām omā́naṃ dádhate priyáḥ sán || 5 ||

6. — d) Cf. II 4, IX 17, etc.

XIV. 1. — b) *dasrā*, épithète presque exclusivement réservée aux Açvins.

2. — c) Lire peut-être *çrutaṃ* et traduire « écoutez-nous à travers... », i. e. « sans vous laisser arrêter par... » Cf. IX 1, X 9, etc. V. pourtant au lexique *tirás*.

5. — b) En supposant que l'on sût avec quoi construire l'acc. msc. *máhiṣvantam*, le sens même du mot est inconnu et introuvable : ne vaudrait-il pas mieux lire l'acc. neutre *máhiṣvat* accordé avec *bhójanam* (V. au lexique) ? Il est vrai qu'il n'est dit nulle part ailleurs que les Açvins aient procuré une épouse à Atri ; mais ce trait figure dans d'autres légendes de protégés des Açvins. — c) Lorsqu'Atri était dans la fosse brûlante (trait caractéristique de sa légende).

utá tyád vāṃ juraté açvinā bhūc
cyávānāya pratī́tyaṃ havirdé |
ádhi yád várpa itáūti dhatthā́ḥ || 6 ||

utá tyáṃ bhujyúm açvinā sákhāyo
mádhye jahur durévāsaḥ samudré |
nír īṃ parṣad árāvā yó yuvā́kuḥ || 7 ||

vṛ́kāya cid jásamānāya çaktam
utá çrutaṃ çayáve hūyámānā |
yā́v aghnyā́m ápinvatam apó ná
staryàṃ cic chakty àçvinā çácībhiḥ || 8 ||

eṣá syá kārúr jarate sūktaír
ágre budhāná uṣásāṃ sumánmā |
iṣā́ táṃ vardhad aghnyā́ páyobhir
yūyáṃ pāta svastíbhiḥ sádā naḥ || 9 ||

(V. 55.) XV

Aux Maruts

(1-9 jagatī, 10 triṣṭubh)

práyajyavo marúto bhrā́jadṛṣṭayo
bṛhád váyo dadhire rukmávakṣasaḥ |
ī́yante áçvaiḥ suyámebhir āçúbhiḥ
çúbhaṃ yātā́m ánu ráthā avṛtsata || 1 ||

svayáṃ dadhidhve táviṣīṃ yáthā vidá
bṛhán mahānta urviyā́ ví rājatha |
utā́ntárikṣaṃ mamire vy ójasā
çúbhaṃ yātā́m ánu ráthā avṛtsata || 2 ||

6. — b) Cyavāna rajeuni a inspiré des désirs à sa fiancée.

7. — c) *árāvā* : ce mythe est très obscur.

8. — a) *vṛ́kāya* : même observation. Ce loup paraît être aussi un « avare », et pourtant la protection des Açvins s'étend même (*cid*) sur lui. — c) Avec *aghnyā́m* suppléer *çayós*; *apás*, cf. I 3-4.

XV. 1. — d) Suppléer *áçvān* ; mais ce refrain est répété partout ailleurs sans rapport avec ce qui précède.

2. — Cf. XII 2 et 6, et ainsi dans tout l'hymne.

sākáṃ jātā́ḥ subhvàḥ sākám ukṣitā́ḥ
çriyé cid ā́ pratarā́ṃ vāvṛdhur náraḥ |
virokínaḥ sū́ryasyeva raçmáyaḥ
çúbhaṃ yātā́m ánu ráthā avṛtsata || 3 ||

ābhūṣéṇyaṃ vo maruto mahitvanáṃ
didṛkṣéṇyaṃ sū́ryasyeva cákṣaṇam |
utó asmā́ñ amṛtatvé dadhātana
çúbhaṃ yātā́m ánu ráthā avṛtsata || 4 ||

úd īrayathā marutaḥ samudrató
yūyáṃ vṛṣṭíṃ varṣayathā purīṣiṇaḥ |
ná vo dasrā úpa dasyanti dhenávaḥ
çúbhaṃ yātā́m ánu ráthā avṛtsata || 5 ||

yád áçvān dhūrṣú pṛ́ṣatīr áyugdhvaṃ
hiraṇyáyān práty átkāñ ámugdhvam |
víçvā ít spṛ́dho maruto vy àsyatha
çúbhaṃ yātā́m ánu ráthā avṛtsata || 6 ||

ná párvatā ná nadyò varanta vo
yátrā́cidhvaṃ maruto gachathéd u tát |
utá dyā́vāpṛthiví yāthanā pári
çúbhaṃ yātā́m ánu ráthā avṛtsata || 7 ||

yát pūrvyáṃ maruto yác ca nū́tanaṃ
yád udyáte vasavo yác ca çasyáte |
víçvasya tásya bhavathā návedasaḥ
çúbhaṃ yātā́m ánu ráthā avṛtsata || 8 ||

mṛḷáta no maruto mā́ vadhiṣṭanā-
-smábhyaṃ çármа bahuláṃ ví yantana |

5. — a) *samudratás*, cf. X 1. — b) Le *purīṣa* ne paraît pas tout à fait identique au *samudrá* : c'est peut-être le réservoir supérieur et invisible des eaux célestes, connu des seuls Maruts et du « Père » (R. V. I. 164. 12.). — c) *dasrās*, cf. XIV 1.

7. — b) *ácidhvam* : par la prière, cf. infra 8.

8. — a) Suppléer *vádanam* et *çástram* suggérés par les verbes du pāda b.

ádhi stotrásya sakhyásya gātana
çúbhaṃ yātā́m ánu ráthā avṛtsata || 9 ||

yūyám asmā́n nayata vásyo áchā
nír aṃhatíbhyo maruto gṛṇānā́ḥ |
juṣádhvaṃ no havyádātiṃ yajatrā
vayáṃ syāma pátayo rayīṇā́m || 10 ||

(V. 57.)

XVI

Aux Maruts

(1-6 jagatī, 7-8 triṣṭubh)

ā́ rudrāsa índravantaḥ sajóṣaso
híraṇyarathāḥ suvitā́ya gantana |
iyáṃ vo asmát práti haryate matís
tṛṣṇáje ná divá útsā udanyáve || 1 ||

vā́çīmanta ṛṣṭimánto manīṣíṇaḥ
sudhánvāna íṣumanto niṣaṅgíṇaḥ |
sváçvā stha surátháḥ pṛçnimātaraḥ
svāyudhā́ maruto yāthanā çúbham || 2 ||

dhūnuthá dyā́ṃ párvatān dāçúṣe vásu
ní vo vánā jihate yā́mano bhiyā́ |
kopáyatha pṛthivī́ṃ pṛçnimātaraḥ
çubhé yád ugrāḥ pṛ́ṣatīr áyugdhvam || 3 ||

vā́tatviṣo marúto varṣánirṇijo
yamā́ iva súsadṛçaḥ supéçasaḥ |
piçáṅgāçvā aruṇā́çvā arepásaḥ
prátvakṣaso mahinā́ dyaúr ivorávaḥ || 4 ||

XVI. 2. — d) « Vous allez [déployer votre] parure. »

3. — a) *párvatān*, « les montagnes du ciel », les nuages. Le vb. *dhū* est construit avec un double accusatif. — d) *çubhé*, cf. 2 d.

4. — a) Les vents et la pluie s'accompagnent d'éclairs. — Série d'épithètes sans verbe, comme souvent dans le Véda.

purudrapsā́ añjimántaḥ sudā́navas
tveṣásaṃdṛço anavabhrárādhasaḥ |
sujātā́so janúṣā rukmávakṣaso
divó arkā́ amṛ́taṃ nā́ma bhejire || 5 ||

ṛṣṭáyo vo maruto áṃsayor ádhi
sáha ójo bāhvór vo bálaṃ hitám |
nṛmṇā́ çīrṣásv ā́yudhā rátheṣu vo
víçvā vaḥ çrī́r ádhi tanū́ṣu pipiçe || 6 ||

gómad áçvāvad ráthavat suvī́raṃ
candrávad rā́dho maruto dadā naḥ |
práçastiṃ naḥ kṛṇuta rudriyāso
bhakṣīyá vó 'vaso daívyasya || 7 ||

hayé náro máruto mṛḷátā nas
túvīmaghāso ámṛtā ṛ́tajñāḥ |
sátyaçrutaḥ kávayo yúvāno
bṛ́hadgirayo bṛhád ukṣámāṇāḥ || 8 ||

(I. 89.) XVII

A Tous les Dieux

(1-5 jagatī, 6 triṣṭubh irrégulière, 7 jagatī, 8-10 triṣṭubh)

ā́ no bhadrā́ḥ krátavo yantu viçvátó
'dabdhāso áparītāsa udbhídaḥ |
devā́ no yáthā sádam íd vṛdhé ásann
áprāyuvo rakṣitā́ro divé-dive || 1 ||

5. — b) Le don des Maruts est hors de la portée des hommes, parce qu'ils sont trop haut placés sur le pilier du ciel : s'ils en gratifient la terre, c'est qu'ils le veulent bien. — c) *janúṣā* dépend de *sujātā́sas* : pléonasme pur et simple.

7. — b) *candrávat* : de l'or, par exemple. — c) *práçastim* : s'il s'agit des hommes en général, célèbres par les richesses que vous nous donnerez; s'il s'agit des prêtres, célèbres auprès des sūris par le succès assuré à nos sacrifices.

devā́nāṃ bhadrā́ sumatír ṛjūyatā́ṃ
devā́nāṃ rātír abhí no ní vartatām |
devā́nāṃ sakhyám úpa sedimā vayáṃ
devā́ na ā́yuḥ prá tirantu jīváse || 2 ||

tā́n pū́rvayā nivídā hūmahe vayáṃ
bhágaṃ mitrám áditiṃ dákṣam asrídham |
aryamáṇaṃ váruṇaṃ sómam açvínā
sárasvatī naḥ subhágā máyas karat || 3 ||

tán no vā́to mayobhú vātu bheṣajáṃ
tán mātā́ pṛthivī́ tát pitā́ dyaúḥ |
tád grā́vāṇaḥ somasúto mayobhúvas
tád açvinā çṛṇutaṃ dhiṣṇyā yuvám || 4 ||

tám ī́çānaṃ jágatas tasthúṣas pátiṃ
dhiyaṃjinvám ávase hūmahe vayám |
pūṣā́ no yáthā védasām ásad vṛdhé
rakṣitā́ pāyúr ádabdhaḥ svastáye || 5 ||

svastí na índro vṛddháçravāḥ
svastí naḥ pūṣā́ viçvávedāḥ |
svastí nas tā́rkṣyo áriṣṭanemiḥ
svastí no bṛ́haspátir dadhātu || 6 ||

pṛ́ṣadaçvā marútaḥ pṛ́çnimātaraḥ
çubhaṃyā́vāno vidátheṣu jágmayaḥ |
agnijihvā́ mánavaḥ sū́racakṣaso
víçve no devā́ ávasā gamann ihá || 7 ||

XVII. 2. — a) Les deux génitifs ne dépendent pas l'un de l'autre ; suppléer *asti*. — d) Pléonasme pur et simple.

4. — d) Le 4e *tád* n'a pas le même sens que les trois autres ; *dhiṣṇyā*, épithète de signification inconnue, presque exclusivement réservée aux Açvins.

5. — a) *tám* = *pūṣáṇam*, cf. c.

7. — c) *mánavas*, « les Manus », ici « les fils de Manu », i. e. « les Mânes » (*pitáras*), qui reçoivent les offrandes par l'intermédiaire d'Agni et habitent le soleil.

bhadráṃ kárṇebhiḥ çṛṇuyāma devā
bhadráṃ paçyemākṣábhir yajatrāḥ |
sthiraír áṅgais tuṣṭuvā́ṃsas tanúbhir
vy àçema deváhitaṃ yád ā́yuḥ || 8 ||

çatám ín nú çarádo ánti devā
yátrā naç cakrā́ jarásaṃ tanū́nām |
putráso yátra pitáro bhávanti
mā́ no madhyā́ rīriṣatā́yur gántoḥ || 9 ||

áditir dyaúr áditir antárikṣam
áditir mātā́ sá pitā́ sá putráḥ |
víçve devā́ áditiḥ páñca jánā
áditir jātám áditir jánitvam || 10 ||

(VII. 35.) XVIII

A Tous les Dieux

(Triṣṭubh)

çáṃ na indrāgnī́ bhavatām ávobhiḥ
çáṃ na índrāváruṇā rātáhavyā |
çám índrāsómā suvitā́ya çáṃ yóḥ
çáṃ na índrāpūṣáṇā vā́jasātau || 1 ||

çáṃ no bhágaḥ çám u naḥ çáṃso astu
çáṃ naḥ púraṃdhiḥ çám u santu ráyaḥ |
çáṃ naḥ satyásya suyámasya çáṃsaḥ
çáṃ no aryamā́ purujātó astu || 2 ||

8. — c) Une seule épithète pour deux substantifs. — d) Le terme normal de la vie, cf. 9 a.

9. — c) Jeu de mots sur *pitáras*, cf. 7.

10. — Énergique expression du panthéisme primitif hindou.

XVIII. 2. — a) *çáṃsas*, personnification de l'hymne considéré dans son action magique et bienfaisante : ainsi de plusieurs autres entités divines énumérées dans ce morceau.

çáṃ no dhātá çám u dhartá no astu
çáṃ na urūcī́ bhavatu svadhā́bhiḥ |
çáṃ ródasī bṛhatī́ çáṃ no ádriḥ
çáṃ no devā́nāṃ suhávāni santu || 3 ||

çáṃ no agnír jyótiranīko astu
çáṃ no mitrā́váruṇāv açvínā çám |
çáṃ naḥ sukṛ́tāṃ sukṛtā́ni santu
çáṃ na iṣiró abhí vātu vā́taḥ || 4 ||

çáṃ no dyā́vāpṛthivī́ pūrváhūtau
çám antárikṣaṃ dṛçáye no astu |
çáṃ na óṣadhīr vaníno bhavantu
çáṃ no rájasas pátir astu jiṣṇúḥ || 5 ||

çáṃ na índro vásubhir devó astu
çám ādityébhir váruṇaḥ suçáṃsaḥ |
çáṃ no rudró rudrébhir jálāṣaḥ
çáṃ nas tváṣṭā gnā́bhir ihá çṛṇotu || 6 ||

çáṃ naḥ sómo bhavatu bráhma çáṃ naḥ
çáṃ no grā́vāṇaḥ çám u santu yajñā́ḥ |
çáṃ naḥ svárūṇāṃ mitáyo bhavantu
çáṃ naḥ prasvàḥ çám v astu védiḥ || 7 ||

çáṃ naḥ sū́rya urucákṣā úd etu
çáṃ naç cátasraḥ pradíço bhavantu |
çáṃ naḥ párvatā dhruváyo bhavantu
çáṃ naḥ síndhavaḥ çám u santv ā́paḥ || 8 ||

çáṃ no áditir bhavatu vratébhiḥ
çáṃ no bhavantu marútaḥ svarkā́ḥ |
çáṃ no víṣṇuḥ çám u pūṣā́ no astu
çáṃ no bhavítraṃ çám v astu vāyúḥ || 9 ||

3. — b) *urūcī́*, épithète d'Aditi; mais, comme Aditi est nommée plus loin, il faut entendre ici sans doute une certaine manifestation de la vache céleste, et traduire *Urūcī*.

5. — b) *dṛçáye*, « pour que nous voyions [la lumière] », i. e. « pour que nous vivions », sens suggéré. — d) Très probablement Bṛhaspati, qui sans cela manquerait dans l'hymne.

çáṃ no deváḥ savitā́ trā́yamāṇaḥ
çáṃ no bhavantūṣáso vibhātī́ḥ |
çáṃ naḥ parjányo bhavatu prajā́bhyaḥ
çáṃ naḥ kṣétrasya pátir astu çambhúḥ || 10 ||

çáṃ no devā́ viçvádevā bhavantu
çáṃ sárasvatī sahá dhībhír astu |
çáṃ abhiṣā́caḥ çám u rātiṣā́caḥ
çáṃ no divyā́ḥ pā́rthivāḥ çáṃ no ápyāḥ || 11 ||

çáṃ naḥ satyásya pátayo bhavantu
çáṃ no árvantaḥ çám u santu gā́vaḥ |
çáṃ na ṛbhávaḥ sukṛ́taḥ suhástāḥ
çáṃ no bhavantu pitáro háveṣu || 12 ||

çáṃ no ajá ékapād devó astu
çáṃ nó 'hir budhnyàḥ çáṃ samudráḥ |
çáṃ no apā́ṃ nápāt perúr astu
çáṃ naḥ pṛ́çnir bhavatu devágopā || 13 ||

ādityā́ rudrā́ vásavo juṣante-
-dáṃ bráhma kriyámāṇaṃ návīyaḥ |
çṛṇvántu no divyā́ḥ pā́rthivāso
gójātā utá yé yajñíyāsaḥ || 14 ||

yé devā́nāṃ yajñíyā yajñíyānāṃ
mánor yájatrā amṛ́tā ṛtajñā́ḥ |
té no rāsantām urugāyám adyá
yūyáṃ pāta svastíbhiḥ sádā naḥ || 15 ||

10. — d) Dieu de l'agriculture.

11. — c) Les deux termes *abhiṣā́cas*, « ceux qui [nous] recherchent » et *rātiṣā́cas*, « ceux qui recherchent l'offrande », opposés l'un à l'autre, paraissent désigner deux groupes de *pitáras* ou Mânes, comme l'indique le pâda d, où les Mânes ne sont pas non plus nommés, mais clairement désignés par leur triple habitation. — Les Mânes sont *rātiṣā́cas*, en tant qu'ils se pressent aux repas que leur offrent les vivants ; ils sont *abhiṣā́cas*, en tant qu'ils nous visitent sous forme de revenants, ou qu'ils viennent nous chercher pour nous conduire à notre demeure éternelle.

12. — d) Locatif absolu : « quand nous les invoquons ».

14. — d) *gójātās* : les Maruts en particulier.

15. — b) « de Manu », et, par suite, des hommes ses descendants.

(I. 113.)

XIX

A l'Aurore

(Triṣṭubh)

idáṃ çréṣṭhaṃ jyótiṣāṃ jyótir ágāc
citráḥ praketó ajaniṣṭa víbhvā |
yáthā prásūtā savitúḥ saváyañ
evā́ rā́try uṣáse yónim āraik || 1 ||

rúçadvatsā rúçatī çvetyā́gād
ā́raig u kṛṣṇā́ sádanāny asyāḥ |
samānábandhū amŕ̥te anūcī
dyā́vā várṇaṃ carata āmināné || 2 ||

samānó ádhvā svásror anantáḥ
tám anyā́nyā carato deváçiṣṭe |
ná methete ná tasthatuḥ suméke
náktoṣā́sā sámanasā vírūpe || 3 ||

bhā́svatī netrī́ sūnŕ̥tānām
áceti citrā́ vi dúro na āvaḥ |
prā́rpyā jágad vy ù no rāyó akhyad
uṣā́ ajīgar bhúvanāni víçvā || 4 ||

XIX. 1. — a) *jyótis*, l'aurore. — b) *praketás*, « le signe [de l'aurore] », le feu du sacrifice, Agni. — c) Littéralement « selon qu'elle [l'aurore] est amenée dehors en vue du *sava* de *Savitar* », ou, autrement dit, « en vue de son action de *savitar* », les trois mots ayant même racine : série d'allitérations et de jeux de mots intraduisibles. On peut comprendre : « selon que Savitar la fait sortir en vue d'accomplir la loi qui lui est propre ».

2. — a) L'aurore est la vache, et Agni le veau. — d) *dyā́vā* : dans ces formules, « jour » et « aurore » s'équivalent; *várṇam āminānḗ*, suppléer « tour à tour ».

4. — a) « Conductrice des vigueurs » (V. au lexique), i. e. « ramenant aux hommes (reposés par le sommeil) la vigueur de la jeunesse ». — b) « Les portes » du ciel, des ténèbres, de la richesse, et aussi des demeures humaines (qui se ferment pendant la nuit) : tous ces concepts, exprimés ailleurs, sont probablement confondus dans cette formule elliptique.

jihmaçyè cáritave maghóny
ābhogáya iṣṭáye rāyá u tvam |
dabhrám páçyadbhya urviyá vicákṣa
uṣá ajīgar bhúvanāni víçvā || 5 ||

kṣatráya tvaṃ çrávase tvaṃ mahīyá
iṣṭáye tvam ártham iva tvam ityaí |
vísadṛçā jīvitábhipracákṣa
uṣá ajīgar bhúvanāni víçvā || 6 ||

eṣá divó duhitá práty adarçi
vyuchántī yuvatíh çukrávāsāḥ |
víçvasyéçānā párthivasya vásva
úṣo adyéhá subhage vy ùcha || 7 ||

parāyatīnám ánv eti páthа
āyatīnáṃ prathamá çáçvatīnām |
vyuchántī jīvám udīráyanty
uṣá mṛtáṃ káṃ caná bodháyantī || 8 ||

úṣo yád agníṃ samídhe cakártha
ví yád ávaç cákṣasā súryasya |
yán mánuṣān yakṣyámāṇāñ ájīgas
tád devéṣu cakṛṣe bhadrám ápnaḥ || 9 ||

5. — a) « Pour le gisant pour marcher », i. e. « pour que le gisant marche » : cette construction paratactique de deux cas semblables, dont l'un est un infinitif, est d'un usage absolument courant dans le Véda. — c) Idem. — b) *tvam*, « tel autre », serait au datif si on le déclinait.

6. — a b) Cf. 5 b; *iva* semble une cheville.

8. — a) Suppléer *uṣásām* : « des [aurores] qui s'en vont, passées ». — b) Idem « des [aurores] qui viennent, futures ». — d) *mṛtám*, « mort », i. e. « endormi ».

9. — d) *tád*, [« que tu nous apportes »].

kíyāty á yát samáyā bhávāti
yā́ vyūṣúr yā́ç ca nūnáṃ vyuchán |
ánu pū́rvāḥ kṛpate vāvaçānā́
pradī́dhyānā jóṣam anyā́bhir eti || 10 ||

īyúṣ ṭé yé pū́rvatarām ápaçyan
vyuchántīm uṣásaṃ mártyāsaḥ |
asmā́bhir ū nú praticákṣyābhūd
ó té yanti yé aparī́ṣu páçyān || 11 ||

yāvayáddveṣā ṛtapā́ ṛtejā́ḥ
sumnāvárī sūnṛ́tā īráyantī |
sumaṅgalír bíbhratī devávītim
ihā́dyóṣaḥ çréṣṭhatamā vy ùcha || 12 ||

çáçvat puróṣā́ vy ùvāsa devy
átho adyédáṃ vy àvo maghónī |
átho vy ùchād úttarāñ ánu dyū́n
ajárāmṛ́tā carati svadhā́bhiḥ || 13 ||

vy àñjíbhir divá ā́tāsv adyaud
ápa kṛṣṇā́ṃ nirṇíjaṃ devy ā̀vaḥ |
prabodháyanty aruṇébhir áçvair
óṣā́ yāti suyújā ráthena || 14 ||

āváhantī póṣyā váryāṇi
citráṃ ketúṃ kṛṇute cékitānā |
īyúṣīṇām upamā́ çáçvatīnāṃ
vibhātīnā́ṃ prathamóṣā́ vy àçvait || 15 ||

---

10. — Stance difficile. Point d'interrogation après *á* : « en quel temps [s'est passé ce qu'on vient de dire] ? », autrement dit : « quand donc a brillé la première aurore ? » Question insoluble, à laquelle le poète ne répond pas : il se contente de faire voir qu'elle est insoluble, en ce que les aurores se succèdent indéfiniment : « Tout le temps qu'elle demeurera entre celles qui ont lui et celles qui luiront, — i. e. « tant que luit une aurore » — elle languit, pleine de désir, pour [rejoindre] les anciennes, et, pensant d'avance à [son union avec] elles, elle passe gaiment suivie des autres. »

12. — c) Parce qu'elle marque l'heure du sacrifice.

15. — d) *vibhātīnām*, cf. 8 b.

úd īrdhvaṃ jīvó ásur na ágād
ápa prágāt táma á jyótir eti |
áraik pánthāṃ yátave súryāyá-
-ganma yátra pratiránta áyuḥ || 16 ||

syúmanā vācá úd iyarti váhni
stávāno rebhá uṣáso vibhātíḥ |
adyá tád ucha gṛṇaté maghony
asmé áyur ní didīhi prajávat || 17 ||

yá gómatīr uṣásaḥ sárvavīrā
vyuchánti dāçúṣe mártyāya |
vāyór iva sūnṛ́tānām udarké
tá açvadá açnavat somasútvā || 18 ||

mātá devánām áditer ánīkaṃ
yajñásya ketúr bṛhatí ví bhāhi |
praçastikṛ́d bráhmaṇe no vy ùchá
no jáne janaya viçvavāre || 19 ||

yác citrám ápna uṣáso váhantī-
-jānáya çaçamānáya bhadrám |
tán no mitró váruṇo māmahantām
áditiḥ síndhuḥ pṛthiví utá dyaúḥ || 20 ||

16. — d) *yátra*, « au moment où » : nous avons un jour de plus à vivre.

17. — a) Comparaison courante des prières aux chevaux. — c) « Brille cela », cf. XII 8 d, 10 c, i. e. « apporte-le-nous, en brillant, dans tes rayons ». — d) Idem.

18. — c) Rafraichissantes, fortifiantes comme le vent, cf. les épithètes du vent, XVII 4, XVIII 4, etc. — d) *tás* = *uṣásas* : « qu'il vive de longs jours ».

19. — c) En l'exauçant. — d) I. e. « distingue-nous entre tous les hommes par une nombreuse postérité ».

20. — c d) Clausule commune à tous les hymnes de Kutsa.

(X. 37.)

XX

A Sūrya

(1-9 jagati, 10 triṣṭubh, 11-12 jagati)

námo mitrásya váruṇasya cákṣase
mahó deváya tád ṛtáṃ saparyata |
dūredŕçe devájātāya ketáve
divás putráya súryāya çaṃsata || 1 ||

sá mā satyóktiḥ pári pātu viçváto
dyávā ca yátra tatánann áhāni ca |
víçvam anyán ní viçate yád éjati
viçváhápo viçváhód eti súryaḥ || 2 ||

ná te ádevaḥ pradívo ní vāsate
yád étaçebhiḥ pataraí ratharyási |
prācínam anyád ánu vartate rája
úd anyéna jyótiṣā yāsi sūrya || 3 ||

yéna sūrya jyótiṣā bádhase támo
jágac ca víçvam udiyárṣi bhānúnā |
ténāsmád víçvām ánirām ánāhutim
ápámīvām ápa duṣvápnyaṃ suva || 4 ||

víçvasya hí préṣito rákṣasi vratám
áheḷayann uccárasi svadhá ánu |
yád adyá tvā sūryopabrávāmahai
táṃ no devá ánu maṃsīrata krátum || 5 ||

XX. 1. — b) Suppléer *divás*. cf. II 6 a.

2. — d) Après *ápas* suppléer *úd yanti*.

3. — b) Les *etaças* sont les chevaux diurnes du soleil; les *harits*, au contraire, paraissent être ses chevaux nocturnes, au moins quand ceux-ci sont distingués des autres (R. V. I. 115. 4-5.). — c) *anyád* [*jyótis*] : la splendeur noire du soleil nocturne.

4. — d) Les mauvais rêves, en tant qu'ils présagent des catastrophes ou qu'ils font commettre des péchés.

5. — c d) *yád... táṃ krátum* : anacoluthe.

táṃ no dyā́vāpṛthivī́ tán na ā́pa
índraḥ çṛṇvantu marúto hávaṃ vácaḥ |
mā́ çúne bhūma sū́ryasya saṃdṛ́çi
bhadráṃ jī́vanto jaraṇā́m açīmahi || 6 ||

viçvā́hā tvā sumánasaḥ sucákṣasaḥ
prajā́vanto anamīvā́ ánāgasaḥ |
udyántaṃ tvā mitramaho divé-dive
jyóg jīvā́ḥ práti paçyema sūrya || 7 ||

máhi jyótir bíbhrataṃ tvā vicakṣaṇa
bhā́svantaṃ cákṣuṣe-cakṣuṣe máyaḥ |
āróhantaṃ bṛhatáḥ pā́jasas pári
vayáṃ jīvā́ḥ práti paçyema sūrya || 8 ||

yásya te víçvā bhúvanāni ketúnā
prá cérate ní ca viçánte aktúbhiḥ |
anāgāstvéna harikeça sūryā́-
-hnāhnā no vásyasā-vasyasód ihi || 9 ||

çáṃ no bhava cákṣasā çáṃ no áhnā
çáṃ bhānúnā çáṃ himā́ çáṃ ghṛṇéna |
yáthā çám ádhvañ chám ásad duroṇé
tát sūrya dráviṇaṃ dhehi citrám || 10 ||

asmā́kaṃ devā ubháyāya jánmane
çárma yachata dvipáde cátuṣpade |
adát píbad ūrjáyamānam ā́çitaṃ
tád asmé çáṃ yór arapó dadhātana || 11 ||

yád vo devāç cakṛmá jihváyā gurú
mánaso vā práyutī devahéḷanam |
árāvā yó no abhí duchunāyáte
tásmin tád éno vasavo ní dhetana || 12 ||

6. — a b) *tám... hávam, tád... vácas.*

9. — b) *aktúbhis*, instrumental de temps. — c) « En [constatant notre] innocence » : Sūrya est l'œil des Dieux.

11. — c) Le sujet des verbes est *ubháyaṃ jánma*, et les deux neutres qui suivent sont pris adverbialement.

12. — La prière de faire retomber sur l'impie le péché que le fidèle a commis est fréquente dans le Véda, et cette idée revient souvent aussi dans la littérature postérieure.

(II. 35.)

XXI

A Apāṃ Napāt

(Triṣṭubh)

úpem asṛkṣi vājayúr vacasyā́ṃ
cáno dadhīta nādyó giro me |
apā́ṃ nápād āçuhémā kuvit sá
supéçasas karati jóṣiṣad dhi || 1 ||

imā́ṃ sv àsmai hṛdá ā́ sútaṣṭaṃ
mántraṃ vocema kuvid asya védat |
apā́ṃ nápād asuryàsya mahnā́
viçvāny aryó bhúvanā jajāna || 2 ||

sám anyā́ yanty úpa yanty anyā́ḥ
samānám ūrváṃ nadyàḥ pṛṇanti |
tám ū çúciṃ çúcayo dīdivā́ṃsam
apā́ṃ nápātaṃ pári tasthur ā́paḥ || 3 ||

tám ásmerā yuvatáyo yúvānaṃ
marmṛjyámānāḥ pári yanty ā́paḥ |
sá çukrébhiḥ çíkvabhī revád asmé
dīdā́yānidhmó ghṛtánirṇig apsú || 4 ||

asmai tisró avyathyā́ya nā́rīr
devā́ya devī́r didhiṣanty ánnam |
kṛ́tā ivópa hí prasarsré apsú
sá pīyū́ṣaṃ dhayati pūrvasū́nām || 5 ||

XXI. 1. — c d) L'interrogation porte sur les deux verbes.

2. — a) *hṛdā́s*. — b) *kuvíd*, « [pour voir] si... ».

3. — b) Confusion du concept des rivières (des eaux célestes) et de celui des vaches.

4. — a) *ásmerās* : par opposition à l'aurore, qui est une vierge « souriante », cf. R. V. I. 92.6, I. 123.10. — c) *çíkvabhis* : les flammes, qui fendent le bois comme des bûcherons; *revát*, « richement », i. e. « en nous apportant la richesse ». — d) *anidhmás*, à la différence du feu terrestre; mais *ghṛtánirṇij*, comme lui.

5. — a) *tisrás* : dans les trois mondes? ou bien les trois déesses Sarasvatī, Hotrā et Iḷā? — c) *kṛ́tās...* : passage obscur; ce mot équivaut peut-être à *kṛtyā́s*. V. au lexique.

áçvasyátra jánimāsyá ca svàr
druhó riṣáḥ sampṛ́caḥ pāhi sūrī́n |
āmā́su pūrṣú paró apramṛṣyáṃ
nárātayo vi naçan nā́nṛtāni || 6 ||

svá ā́ dáme sudúghā yásya dhenúḥ
svadhā́ṃ pīpāya subhv ánnam atti |
só apā́ṃ nápād ūrjáyann apsv àntár
vasudéyāya vidhaté vi bhāti || 7 ||

yó apsv ā́ çúcinā daívyena
ṛtā́vā́jasra urviyā́ vibhā́ti |
vayā́ íd anyā́ bhúvanāny asya
prá jāyante vīrúdhaç ca prajā́bhiḥ || 8 ||

apā́ṃ nápād ā́ hy ásthād upásthaṃ
jihmā́nām ūrdhvó vidyútaṃ vásānaḥ |
tásya jyéṣṭhaṃ mahimā́naṃ váhantīr
híraṇyavarṇāḥ pári yanti yahvī́ḥ || 9 ||

híraṇyarūpaḥ sá híraṇyasaṃdṛg
apā́ṃ nápāt séd u híraṇyavarṇaḥ |
hiraṇyáyāt pári yóner niṣádyā
hiraṇyadā́ dadaty ánnam asmai || 10 ||

6. — c) La vache est dite *crue*, par opposition au lait *cuit* (cf. IX 4) qu'elle porte ; d'autre part, la vache et la nuée sont identiques : par combinaison de deux métaphores, l'épithète de la vache est transportée ici à la *forteresse*, autre nom de la nuée. — *apramṛṣyám*, « qu'on ne doit pas oublier, [bien que tu y sois caché] ». — d) « Les avares ne te manquent pas », i. e. « te retiennent », en d'autres termes : « non seulement tu es caché, mais tu es même tenu captif dans les forteresses par les puissances malfaisantes », jusqu'à ce que nos prières les forcent à te rendre la liberté. C'est tout ce qu'on peut tirer de cette stance obscure.

7. — a b) Plutôt peut-être accentuer *pīpáya*, et traduire : « Celui pour qui, dans sa demeure, une bonne vache laitière se gonfle... »

8. — a) *daivyena*, « par [sa propre] forme céleste ».

10. — d) Les « donneurs d'or » sont les riches généreux qui donnent aux prêtres la *dákṣiṇā* (salaire du sacrifice).

tád asyā́nīkam utá cā́ru nā́mā-
-pīcyàṃ vardhate nápτur apā́m |
yám indhā́te yuvatáyaḥ sám itthā́
híraṇyavarṇaṃ ghṛtám ánnam asya || 11 ||

asmai bahūnā́m avamā́ya sákhye
yajñaír vidhema námasā havírbhiḥ |
sáṃ sā́nu mā́rjmi dídhiṣāmi bílmair
dádhāmy ánnaiḥ pári vanda ṛgbhíḥ || 12 ||

sá īṃ vṛ́ṣājanayat tā́su gárbhaṃ
sá īṃ çíçur dhayati táṃ rihanti |
só apā́ṃ nápād ánabhimlātavarṇo
'nyásyevehá tanvā̀ viveṣa || 13 ||

asmín padé paramé tasthivā́ṃsam
adhvasmábhir viçvā́hā dīdivā́ṃsam |
ā́po náptre ghṛtám ánnaṃ váhantīḥ
svayám átkaiḥ pári dīyanti yahvī́ḥ || 14 ||

áyāṃsam agne sukṣitíṃ jánāyā́-
-yāṃsam u maghávadbhyaḥ suvṛktím |
víçvaṃ tád bhadráṃ yád ávanti devā́
bṛhád vadema vidáthe suvī́rāḥ || 15 ||

11. — c) Au ciel les « jeunes femmes » sont les nuées ou les eaux célestes; mais il est question maintenant du sacrifice terrestre, où les « jeunes femmes » sont les doigts du prêtre.

12. — a) Suppléer *sákhīnām*. — c) Le sommet [d'Apāṃ Napāt] est, en d'autres termes, la tête d'Agni, tête invisible qui est cachée au plus haut du ciel; sous-entendre *sám* avec le second verbe; *bílmais*, le casque est amené ici par l'idée d'une parure de tête.

13. — a) *tā́su* = *apsú*. — d) « Le corps d'un autre », i. e. le feu du sacrifice; *iva*, car les deux ne font qu'un.

14. — b) Suppléer [*yā́mabhis*]. — d)... « volent en lui servant elles-mêmes de vêtements ».

15. — d) Clausule commune à tous les hymnes de Gṛtsamada.

(X. 125.)   XXII .

A Vāc

(1 triṣṭubh, 2 jagatī, 3-8 triṣṭubh)

aháṁ rudrébhir vásubhiç carāmy
ahám ādityair utá viçvádevaiḥ |
aháṁ mitrávárunobhá bibharmy
ahám indrāgní ahám açvínobhá || 1 ||

aháṁ sómam āhanásaṁ bibharmy
aháṁ tváṣṭāram utá pūṣáṇaṁ bhágam |
ahám dadhāmi dráviṇaṁ havíṣmate
suprāvyè yájamānāya sunvaté || 2 ||

ahám ráṣṭrī saṁgámanī vásūnāṁ
cikitúṣī prathamá yajñíyānām |
tāṁ mā devā vy ádadhuḥ purutrá
bhúristhātrāṁ bhúry āveçáyantīm || 3 ||

máyā só ánnam atti yó vipáçyati
yáḥ prāṇiti yá īṁ çṛṇóty uktám |
amantávo mā́ṁ tá úpa kṣiyanti
çrudhí çruta çraddhivā́ṁ te vadāmi || 4 ||

ahám evá svayám idáṁ vadāmi
júṣṭaṁ devébhir utá mā́nuṣebhiḥ |
yáṁ kāmáye tám-tam ugráṁ kṛṇomi
tám brahmā́ṇaṁ tám ṛ́ṣiṁ tám sumedhā́m || 5 ||

XXII. 1. — c) « Je nourris » comme une mère. Peut-être pourrait-on encore entendre « je porte dans mon sein »; mais, dans ce sens, « j'enfante » serait plus juste, puisqu'ils sont nés, cf. 7.

2. — d) Le sacrificateur le plus matinal est le plus méritant.

3. — d) Il faut lire *āveçáyantaḥ*, correction empruntée à l'Atharva-Véda, où la stance est reproduite mot pour mot, sauf cette seule variante (IV. 30. 2.).

4. — d) Remarquer l'allitération.

ahám̥ rudrā́ya dhánur ā́ tanomi
brahmadviṣe çárave hántavā́ u |
ahám̥ jánāya samádam̥ kṛṇomy
ahám̥ dyā́vāpṛthivī́ ā́ viveça || 6 ||

ahám̥ suve pitáram asya mūrdhán
máma yónir apsv àntáḥ samudré |
táto vi tiṣṭho bhúvanā́nu viçvo-
-tā́múm̥ dyā́m̥ vā́rṣmáṇópa spṛçāmi || 7 ||

ahám evá vā́ta iva prá vāmy
ārábhamāṇā bhúvanāni viçvā |
paró divā́ pará enā́ pṛthivyai-
-tā́vatī mahinā́ sám̥ babhūva || 8 ||

(I. 114.) XXIII

A Rudra

(1-9 jagatī, 10-11 triṣṭubh)

imā́ rudrā́ya taváse kapardíne
kṣayádvīrāya prá bharāmahe matī́ḥ |
yáthā çám ásad dvipáde cátuṣpade
víçvam̥ puṣṭám̥ grā́me asmínn anāturám || 1 ||

mṛḷā́ no rudrotá no máyas kṛdhi
kṣayádvīrāya námasā vidhema te |
yác chám̥ ca yóç ca mánur āyejé pitā́
tád açyāma táva rudra práṇītiṣu || 2 ||

açyā́ma te sumatím̥ devayajyáyā
kṣayádvīrasya táva rudra mīḍhvaḥ |
sumnāyánn íd víço asmā́kam ā́ cará-
-riṣṭavīrā juhavāma te havíḥ || 3 ||

7. — a) Énigme qui paraît signifier : « j'enfante le ciel au sommet du ciel ». Comparez les devinettes astronomiques et météorologiques si en faveur encore chez les peuples enfants. Vāc est ici plus particulièrement le bruit du tonnerre, cf. XXV 1.

tveṣáṃ vayáṃ rudráṃ yajñasā́dhaṃ
vaṅkúṃ kavím ávase ní hvayāmahe |
āré asmád daívyaṃ héḷo asyatu
sumatím íd vayám asyā́ vṛṇīmahe || 4 ||

divó varāhám aruṣáṃ kapardínaṃ
tveṣáṃ rūpáṃ námasā ní hvayāmahe |
háste bíbhrad bheṣajā́ vā́ryāṇi
çárma várma chardír asmábhyaṃ yaṃsat || 5 ||

idáṃ pitré marútām ucyate vácaḥ
svādóḥ svā́dīyo rudrā́ya várdhanam |
rā́svā ca no amṛta martabhójanaṃ
tmáne tokā́ya tánayāya mṛḷa || 6 ||

mā́ no mahā́ntam utá mā́ no arbhakáṃ
mā́ na úkṣantam utá mā́ na ukṣitám |
mā́ no vadhīḥ pitáraṃ mótá mātáraṃ
mā́ naḥ priyā́s tanvò rudra rīriṣaḥ || 7 ||

mā́ nas toké tánaye mā́ na āyaú
mā́ no góṣu mā́ no áçveṣu rīriṣaḥ |
vīrā́n mā́ no rudra bhāmitó vadhīr
havíṣmantaḥ sádam ít tvā havāmahe || 8 ||

úpa te stómān paçupā́ ivā́karaṃ
rā́svā pitar marutāṃ sumnám asmé |
bhadrā́ hí te sumatír mṛḷayáttamā́-
-thā vayám áva ít te vṛṇīmahe || 9 ||

āré te goghnám utá pūruṣaghnáṃ
kṣáyadvīra sumnám asmé te astu |
mṛḷā́ ca no ádhi ca brūhi devā́-
-dhā ca naḥ çárma yacha dvibárhāḥ || 10 ||

XXIII. 4. — b) *vaṅkúm*, épithète védique des chevaux et de tout ce qu'on leur compare. — c) *daivyam*, la sienne propre.

7. — d) *priyā́s tanvàs*, cf. gr. φίλον ἦτορ.

8. — a) *āyaú*, terme mythique de sens inconnu, qui paraît impliquer ici l'idée de « fils », par allusion à Āyu, le fils de Purūravas.

9. — a) « ... comme un berger [son troupeau] ».

árocāma námo asmā avasyávaḥ
çṛṇótu no hávaṃ rudró marútvān |
tán no mitró váruṇo māmahantām
áditiḥ sindhuḥ pṛthiví utá dyaúḥ || 11 ||

(VI. 71.)

XXIV

A Savitar

(1-3 jagatī, 4-6 triṣṭubh)

úd u ṣyá deváḥ savitá hiraṇyáyā
bāhú ayaṃsta sávanāya sukrátuḥ |
ghṛténa pāṇí abhí pruṣṇute makhó
yúvā sudákṣo rájaso vídharmaṇi || 1 ||

devásya vayáṃ savitúḥ sávīmani
çréṣṭhe syāma vásunaç ca dāváne |
yó víçvasya dvipádo yáç cátuṣpado
nivéçane prasavé cási bhúmanaḥ || 2 ||

ádabdhebhiḥ savitaḥ pāyúbhiṣ ṭváṃ
çivébhir adyá pári pāhi no gáyam |
híraṇyajihvaḥ suvitáya návyase
rákṣā mákir no aghácaṃsa īçata || 3 ||

úd u ṣyá deváḥ savitá dámūnā
híraṇyapāṇiḥ pratidoṣám asthāt |
áyohanur yajató mandrájihva
á dāçúṣe suvati bhúri vāmám || 4 ||

XXIV. 1. — b) *sávanāya*, « pour le pressurage » : dans tout cet hymne, Savitar joue le rôle d'un sacrificateur céleste; de plus, on a déjà fait remarquer que les poètes védiques se plaisent à jouer sur son nom; on n'y reviendra plus.

2. — c) Passage de la 3ᵉ à la 2ᵉ personne.

3. — c) Épithète qui convient surtout à Agni.

4. — a c) Même observation : il semble que l'hymne tende à confondre ces deux entités divines.

úd ū ayāñ upavaktéva bāhū
hiraṇyáyā savitā suprátīkā |
divó róhāṃsy aruhat pṛthivyā́
árīramat patáyat kác cid ábhvam || 5 ||

vāmám adyá savitar vāmám u çvó
divé-dive vāmám asmábhyaṃ sāvīḥ |
vāmásya hí kṣáyasya deva bhū́rer
ayā́ dhiyā́ vāmabhā́jaḥ syāma || 6 ||

(VII. 101.)   XXV

A Parjanya

(Triṣṭubh)

tisró vācaḥ prá vada jyótiragrā
yā́ etád duhré madhudoghám ū́dhaḥ |
sá vatsáṃ kṛṇván gárbham óṣadhīnāṃ
sadyó jātó vṛṣabhó roravīti || 1 ||

yó várdhana óṣadhīnāṃ yó apā́ṃ
yó víçvasya jágato devá íçe |
sá tridhā́tu çaraṇáṃ çárma yaṃsat
trivártu jyótiḥ svabhiṣṭy àsmé || 2 ||

6. — c) Au lieu de *kṣáyasya*, lire *kṣáyasi* : correction certaine.

XXV. 1.— a) C'est la voix du tonnerre, que précède l'éclair, cf. XXII 7 : l'épithète est ensuite transportée aux prières, que précède d'ailleurs aussi la lueur du feu du sacrifice. — b) La pluie tombe avec plus de violence après le coup de tonnerre. — c) Le veau peut être Agni (qui jaillit du bois de l'araṇi) ou Soma (qui découle de la plante *ándhas*) et qui par suite semblent tous deux enfermés dans les plantes. — d) Ne pas oublier que Parjanya est un mâle, bien qu'il ait un pis. Ailleurs il est question du sperme qu'il répand sur les plantes.

2. — c d) Vague allusion aux trois mondes.

starír u tvad bhavati súta u tvad
yathāvaçáṃ tanvàṃ cakra eṣáḥ |
pitúḥ páyaḥ práti gṛbhṇāti mātá
téna pitá vardhate téna putráḥ || 3 ||

yásmin víçvāni bhúvanāni tasthús
tisró dyávas tredhá sasrúr ápaḥ |
tráyaḥ kóçāsa upaséċanāso
mádhva çcotanty abhíto virapçám || 4 ||

idám vácaḥ parjányāya svaráje
hṛdó astv ántaraṃ táj jujoṣat |
mayobhúvo vṛṣṭáyaḥ santv asmé
supippalá óṣadhīr devágopāḥ || 5 ||

sá retodhá vṛṣabháḥ çáçvatīnāṃ
tásminn ātmá jágatas tasthúṣaç ca |
tán ma ṛtáṃ pātu çatáçāradāya
yūyáṃ pāta svastíbhiḥ sádā naḥ || 6 ||

(VII. 86.) XXVI

A Varuṇa

(Triṣṭubh)

dhírā tv àsya mahiná janúṃṣi
ví yás tastámbha ródasī cid urví |

3. — Énigme paradoxale d'un bout à l'autre, *cf.* XXII 7 a : — a) le mâle se fait femelle stérile, ou bien il met bas; — c d) la mère est la terre ou la plante nourrie par la pluie; le fils est Agni ou Soma; le père est Parjanya, à qui la nourriture qu'il a fournie doit un jour retourner sous forme d'offrande convoyée par Agni.

4. — b) *tredhá*, « dans les trois mondes ». — c) Sur les « trois seaux », *cf.* XII 9.

5. — a) Épithète habituelle d'Indra, transportée à Parjanya. — d) *devágopās* : cette épithète, à la fin d'un pāda, se rapporte ordinairement aux suppliants; c'est donc aussi aux suppliants qu'elle doit se rapporter ici, mais avec une anacoluthe (la construction exigerait *devágopebhyas*).

6. — c) *tád*, « que j'observe, que j'accomplis ». — d) Clausule adressée à tous les Dieux.

prá nā́kam ṛṣvám̐ nunude bṛhántam̐
dvitā́ nákṣatram̐ papráthac ca bhū́ma || 1 ||

utá sváyā tanvā̀ sám̐ vade tát
kadā́ nv àntár váruṇe bhuvāni |
kím̐ me havyám áhṛṇāno juṣeta
kadā́ mṛḷīkám̐ sumánā abhí khyam || 2 ||

pṛché tád éno varuṇa didṛ́kṣú-
-po emi cikitúṣo vipṛ́cham |
samānám ín me kaváyaç cid āhur
ayám̐ ha túbhyam̐ váruṇo hṛṇīte || 3 ||

kím ā́ga āsa varuṇa jyéṣṭham̐
yát stotā́ram̐ jíghām̐sasi sákhāyam |
prá tán me voco dūḷabha svadhāvó
'va tvānená námasā turá iyām || 4 ||

áva drugdhā́ni pítryā sṛjā nó
'va yā́ vayám̐ cakṛmā́ tanū́bhiḥ |
áva rājan paçutṛ́pam̐ ná tāyúm̐
sṛjā́ vatsám̐ ná dā́mno vásiṣṭham || 5 ||

ná sá svó dákṣo varuṇa dhrútiḥ sā́
súrā manyúr vibhídako ácittiḥ |
ásti jyā́yān kánīyasa upāré
svápnaç canéd ánṛtasya prayotā́ || 6 ||

XXVI. 1. — c d) « Il a écarté [de la terre, en les élevant au-dessus d'elle,] le ciel et l'astre (le soleil)... »

2. — b) *bhuvāni* : cf. IX 13.

3. — a) Lire *didṛ́kṣur ūpo?* ou bien neutre adverbial?

4. — d) Lire *tureyām* au lieu de *turá iyām*, qui fausse le vers.

5. — a) « Délie... », i. e. « délie-nous de... », cf. IV 4. — c) Par une conjecture ingénieuse, mais bien hardie, M. Pischel (*Ved. Stud.*, p. 106) admet que *paçutṛ́pam̐ tāyúm̐* n'est à l'accusatif que par attraction de *vásiṣṭham* et doit être rendu par un nominatif : la supposition n'est pas nécessaire, mais il est vrai qu'elle fournit un sens plus satisfaisant.

6. — c) « Le sommeil est plus fort dans la transgression du plus faible » (cf. IX 24), autrement dit « le sommeil est plus fort que l'homme et lui fait commettre des péchés sans qu'il le veuille ». Pour les moralistes védiques, les fautes commises durant le sommeil n'en sont pas moins des fautes ; mais le sommeil est une excuse, en ce qu'il « rend inadvertant à l'illégalité » (infra d), cf. LXXIII.

áraṃ dāsó ná mīḷhúṣe karāṇy
ahám devā́ya bhū́rṇayé 'nāgāḥ |
ácetayad acíto devó aryó
gṛ́tsaṃ rāyé kavítaro junāti || 7 ||

ayáṃ sú túbhyaṃ varuṇa svadhāvo
hṛdí stóma úpaçritaç cid astu |
çáṃ naḥ kṣéme çám u yóge no astu
yūyáṃ pāta svastíbhiḥ sádā naḥ || 8 ||

(I. 185.) XXVII

Au Ciel et à la Terre

(Triṣṭubh)

katarā́ pū́rvā katarā́parāyóḥ
kathā́ jāté kavayaḥ kó ví veda |
víçvaṃ tmánā bibhṛto yád dha nā́ma
ví vartete áhanī cakríyeva || 1 ||

bhū́riṃ dvé ácarantī cárantaṃ
padvántaṃ gárbham apádī dadhāte |
nítyaṃ ná sūnúṃ pitrór upásthe
dyā́vā rákṣataṃ pṛthivī no ábhvāt || 2 ||

anehó dātrám áditer anarváṃ
huvé svàrvad avadhám námasvat |
tád rodasī janayataṃ jaritré
dyā́vā rákṣataṃ pṛthivī no ábhvāt || 3 ||

7. — d) *kavítaras* : suppléer *gṛ́tsāt*.

XXVII. 1. — a) *ayós* « de l'aurore et de la nuit », cf. XIX 1 sq.

2. — a) Dans tout l'hymne, sauf les deux dernières stances (surajoutées), le Ciel et la Terre sont considérés comme un couple de femelles. — c) En conséquence, l'expression *pitrór upásthe* doit être interprétée comme simplement amenée par le terme *sūnúm*, et non comme appliquée par comparaison au Ciel et à la Terre.

3. — a b) Ce don est l'*anāgāstvá* (cf. XXVI 7).

átapyamāne ávasā́vantī
ánu ṣyāma ródasī devápùtre |
ubhé devā́nām ubháyebhir áhnāṃ
dyā́vā rákṣataṃ pṛthivī no ábhvāt || 4 ||

saṃgáchamāne yuvatī́ sámante
svásārā jāmí pitrór upásthe |
abhijíghrantī bhúvanasya nā́bhiṃ
dyā́vā rákṣataṃ pṛthivī no ábhvāt || 5 ||

urvī́ sádmanī bṛhatī́ ṛténa
huvé devā́nām ávasā jánitrī |
dadhā́te yé amṛ́taṃ suprátīke
dyā́vā rákṣataṃ pṛthivī no ábhvāt || 6 ||

urvī́ pṛthvī́ bahulé dūréante
úpa bruve námasā yajñé asmín |
dadhā́te yé subháge suprátūrtī
dyā́vā rákṣataṃ pṛthivī no ábhvāt || 7 ||

devā́n vā yác cakṛmá kác cid ā́gaḥ
sákhāyaṃ vā sádam íj jáspatiṃ vā |
iyáṃ dhī́r bhūyā avayā́nam eṣāṃ
dyā́vā rákṣataṃ pṛthivī no ábhvāt || 8 ||

ubhā́ çáṃsā náryā mā́m aviṣṭām
ubhé mā́m ūtī́ ávasā sacetām |
bhū́ri cid aryáḥ sudā́starāye-
-ṣā́ mádanta iṣayema devāḥ || 9 ||

5. — b) Ici on voit mieux encore que l'expression est une sorte de cheville, amenée par le mot *svásārā* : le Ciel et la Terre ne sauraient être « les parents », puisqu'ils sont « les deux sœurs ».

7. — c) Les deux épithètes paraissent suppléer le complément sous-entendu du vb. *dadhā́te*, cf. 6 c.

9. — a) « Les deux *çaṃsas* humains » signifie « le *çaṃsa* des hommes (*nárāçáṃsa*) et le *çaṃsa* des Dieux », tout comme *váruṇā* signifie « Mitra et Varuṇa ». V. au lexique le mot *çáṃsa*.

ṛtáṃ divé tád avocaṃ pṛthivyā́
abhiçrāvā́ya prathamáṃ sumedhā́ḥ |
pātā́m avadyā́d duritā́d abhī́ke
pitā́ mātā́ ca rakṣatām ávobhiḥ || 10 ||

idáṃ dyāvāpṛthivī satyám astu
pítar mā́tar yád ihópabruvé vām |
bhūtáṃ devā́nām avamé ávobhir
vidyā́meṣáṃ vṛjánaṃ jīrádānum || 11 ||

(VI. 59.)   XXVIII

A Indra et Agni

(1-6 bṛhatī, 7-10 anuṣṭubh)

prá nú vocā sutéṣu vāṃ vīryā̀ yā́ni cakráthuḥ |
hatā́so vāṃ pitáro devá çatrava
indrāgnī jī́vatho yuvám || 1 ||

báḷ itthā́ mahimā́ vām índrāgnī pániṣṭha ā́ |
samānó vāṃ janitā́ bhrā́tarā yuvám
yamā́v ihéhamātarā || 2 ||

okivā́ṃsā suté sácāñ áçvā sáptī ivā́dane |
índrā nv àgnī ávasehá vajríṇā
vayáṃ devā́ huvāmahe || 3 ||

---

10. — b) *prathamā́m* qualifie *abhiçrāodya* : « pour qu'ils m'écoutent les premiers ». — c) Le locatif *abhī́ke* qualifie les deux ablatifs qui précèdent.

11. — d) Clausule commune à tous les hymnes d'Agastya.

XXVIII. 1. — a) *sutéṣu*, locatif absolu; *vām* porte sur *vīryā̀*. — c) Dans la conception védique, les « pères » des Dieux sont souvent des puissances avares, qui retenaient les dons célestes, et les Dieux eux-mêmes les ont tués afin d'épandre ces dons sur l'humanité : cf. les mythes grecs d'Ouranos, Kronos et Zeus.

2. — d) Entre les deux adjectifs suppléer l'idée de « quoique ».

yá indrāgnī sutéṣu vāṃ stávat tésv ṛtāvṛdhā |
joṣavākáṃ vádataḥ pajrahoṣiṇā
ná devā bhasáthaç caná || 4 ||

indrāgnī kó asyá vāṃ dévau mártaç ciketati |
víṣūco áçvān yuyujāná īyata
ékaḥ samāná á ráthe || 5 ||

indrāgnī apád iyáṃ pū́rvāgāt padvátībhyaḥ |
hitví çíro jihváyā vávadac cárat
triṃçát padá ny ákramīt || 6 ||

indrāgnī á hí tanvaté náro dhánvāni bāhvóḥ |
má no asmín mahādhané párā varktaṃ gáviṣṭiṣu || 7 ||

indrāgnī tápanti māghá aryó árātayaḥ |
ápa dvéṣāṃsy á kṛtaṃ yuyutáṃ sū́ryād ádhi || 8 ||

indrāgnī yuvór ápi vásu divyáni pártivā |
á na ihá prá yachataṃ rayíṃ viçváyupoṣasam || 9 ||

indrāgnī ukthavāhasā stómebhir havanaçrutā
víçvābhir gīrbhír á gatam asyá sómasya pītáye || 10 ||

4. — d) Le verbe ne convient proprement qu'à Agni, qui dévore les *rakṣás* ou démons impurs.

5. — c d) Énigme sur laquelle on peut exercer son imagination.

6. — Galimatias dont on n'entend guère que le mot à mot ; mais le mythe de la tête coupée qui parle et qui marche (le soleil) se retrouve sous des formes diverses dans tout le folk-lore.

8. — a) *tápanti* : par leurs incantations malfaisantes. — d) Autrement dit « faites-les rentrer à jamais dans les ténèbres ».

(VI. 72.) XXIX

A Indra et Soma

(Triṣṭubh)

índrāsomā máhi tád vāṃ mahitváṃ
yuváṃ mahā́ni prathamā́ni cakrathuḥ |
yuváṃ sū́ryaṃ vividáthur yuváṃ svàr
víçvā támāṃsy ahataṃ nidáç ca || 1 ||

índrāsomā vāsáyatha uṣā́sam
út sū́ryaṃ nayatho jyótiṣā sahá |
úpa dyā́ṃ skambháthu skámbhanenā́-
-prathatam pṛthivī́ṃ mātáraṃ ví || 2 ||

índrāsomāv áhim apáḥ pariṣṭhā́ṃ
hathó vṛtrám ánu vāṃ dyaúr amanyata |
prā́rṇāṃsy airayataṃ nadī́nām
ā́ samudrā́ṇi paprathuḥ purū́ṇi || 3 ||

índrāsomā pakvám āmā́sv antár
ní gávām íd dadhathur vakṣáṇāsu |
jagṛbháthur ánapinaddham āsu
rúçac citrā́su jágatīṣv antáḥ || 4 ||

índrāsomā yuvám aṅgá tárutram
apatyasā́caṃ çrútyaṃ rarāthe |
yuváṃ çúṣmaṃ náryaṃ carṣaṇíbhyaḥ
sáṃ vivyathuḥ pṛtanāṣā́ham ugrā || 5 ||

XXIX. 1. — a) *tád* : ce qui suit.

4. — a b) Cf. supra XXI 6. — c d) Le (lait) « brillant » est la lumière; les (vaches) « brillantes » sont les aurores; elles sont devenues « mobiles » quand elles ont été délivrées.

5. — a b) Suppléer [*rayím*].

(IV. 50.) XXX

A Indra et Bṛhaspati

(1-9 triṣṭubh, 10 jagatī, 11 triṣṭubh)

yás tastámbha sáhasā ví jmó ántān
bṛ́haspátis triṣadhasthó rávena |
táṃ pratnása ṛ́ṣayo dídhyānāḥ
puró víprā dadhire mandrájihvam || 1 ||

dhunétayaḥ supraketáṃ mádanto
bṛ́haspate abhí yé nas tatasré |
pṛ́ṣantaṃ sṛprám ádabdham ūrváṃ
bṛ́haspate rákṣatād asya yónim || 2 ||

bṛ́haspate yā́ paramā́ parāvád
áta ā́ ta ṛtaspṛ́ço ní ṣeduḥ |
túbhyaṃ khātā́ avatā́ ádridugdhā
mádhva çcotanty abhíto virapçám || 3 ||

bṛ́haspátiḥ prathamáṃ jā́yamāno
mahó jyótiṣaḥ paramé vyòman |
saptā́syas tuvijātó rávena
ví saptáraçmir adhamat támāṃsi || 4 ||

sá suṣṭúbhā sá ṛ́kvatā gaṇéna
valáṃ ruroja phaligáṃ rávena |
bṛ́haspátir usríyā havyasū́daḥ
kánikradad vā́vaçatīr úd ājat || 5 ||

XXX. 1. — a) En même temps que le ciel, cf. XXIX 2.

2. — a b) Suite de la phrase précédente; *supraketáṃ mádantas*, alliance de mots, proprement « étant ivres d'une façon perspicace »; les ṛṣis divins sont venus au-devant des hommes pour leur offrir le modèle du sacrifice. — c) Le nuage.

3. — b) *ṛtaspṛ́ças*, toujours les premiers sages; *ní ṣedur*, dans le sacrifice céleste. — c) Le soma céleste.

4. — c d) Par allusion aux sept prières. Cf. III 5, XIX 17.

evá pitré viçvádevāya vṛ́ṣṇe
yajñaír vidhema námasā havírbhiḥ |
bṛ́haspate suprajá vīrávanto
vayáṃ syāma pátayo rayīṇám || 6 ||

sá íd rájā prátijanyāni víçvā
çúṣmeṇa tasthāv abhí vīryèṇa |
bṛ́haspátiṃ yáḥ súbhṛtaṃ bibhárti
valgūyáti vándate pūrvabhájam || 7 ||

sá ít kṣeti súdhita ókasi své
tásmā íḷā pinvate viçvadánīm |
tásmai víçaḥ svayám evá namante
yásmin brahmá rájani púrva éti || 8 ||

ápratīto jayati sáṃ dhánāni
prátijanyāny utá yá sájanyā |
avasyáve yó várivaḥ kṛṇóti
brahmáṇe rájā tám avanti deváḥ || 9 ||

índraç ca sómaṃ pibataṃ bṛhaspate
'smín yajñé mandasāná vṛṣaṇvasū |
á vāṃ viçantv índavaḥ svābhúvo
'smé rayíṃ sárvavīraṃ ní yachatam || 10 ||

bṛ́haspata indra várdhataṃ naḥ
sácā sá vāṃ sumatír bhūtv asmé |
aviṣṭáṃ dhíyo jigṛtáṃ púraṃdhīr
jajastám aryó vanúṣām árātīḥ || 11 ||

7. — a) Suppléer *dhánāni*, infra 9. — c) *súbhṛtam* est une épithète qui qualifie en quelque sorte le vb. *bibhárti*. Pour un roi, nourrir Bṛhaspati, c'est combler de dons le prêtre (*brahmán*) qui le représente sur terre. — d) Sur *pūrvabhájam* même observation que sur *súbhṛtam*.

8. — b) « Gonflée [de lait] ». — d) *yásmin*, « chez qui ».

10. — a) *índras* : ce nominatif en fonction de vocatif ne se rencontre que devant *ca*.

(VI. 69.)

XXXI

A Indra et Viṣṇu

(Triṣṭubh)

sáṃ vāṃ kármaṇā sám iṣā́ hinomí-
-ndrāviṣṇū ápasas pāré asyá |
juṣéthāṃ yajñáṃ dráviṇaṃ ca dhattam
áriṣṭair naḥ pathíbhiḥ pāráyantā || 1 ||

yā́ víçvāsāṃ janitā́rā matīnā́m
índrāviṣṇū kaláçā somadhā́nā |
prá vāṃ gíraḥ çasyámānā avantu
prá stómāso gīyámānāso arkaíḥ || 2 ||

índrāviṣṇū madapatī madānām
ā́ sómaṃ yātaṃ dráviṇo dádhānā |
sáṃ vām añjantv aktúbhir matīnā́ṃ
sáṃ stómāsaḥ çasyámānāsa ukthaíḥ || 3 ||

ā́ vām áçvāso abhimātiṣā́ha
índrāviṣṇū sadhamā́do vahantu |
juṣéthāṃ víçvā hávanā matīnā́m
úpa bráhmāṇi çṛṇutaṃ gíro me || 4 ||

índrāviṣṇū tát panayā́yyaṃ vāṃ
sómasya máda urú cakramāthe |
ákṛṇutam antárikṣaṃ várīyó
'prathataṃ jīváse no rájāṃsi || 5 ||

XXXI. 1. — b) Locatif employé avec un verbe de mouvement : cette construction indique le but atteint, en opposition à l'accusatif qui implique plutôt le but à atteindre. — d) *pāráyantā* : remarquez la réciprocité de bons offices entre les hommes et les Dieux.

3. — b) *dádhānā* : suppléer *háste* ou *hástayos*.

5. — b) Les trois enjambées gigantesques par lesquelles Viṣṇu a franchi les trois mondes sont attribuées ici au couple Indra-Viṣṇu. — d) *jīváse nas*, cf. XVIII 5 et XIX 5.

índrāviṣṇū haviṣā vāvṛdhānā-
-grādvānā námasā rātahavyā |
ghṛtāsutī dráviṇaṃ dhattam asmé
samudrá sthaḥ kaláçaḥ somadhánaḥ || 6 ||

índrāviṣṇū pibataṃ mádhvo asyá
sómasya dasrā jaṭháraṃ pṛṇethām |
ā́ vām ándhāṃsi madirāṇy agmann
úpa bráhmāṇi çṛṇutaṃ hávaṃ me || 7 ||

ubhā́ jigyathur ná párā jayethe
ná párā jigye kataráç canáinoḥ |
índraç ca viṣṇo yád ápaspṛdhethāṃ
tredhā́ sahásraṃ ví tád airayethām || 8 ||

(VI. 57.)

XXXII

A Indra et Pūṣan

(Gāyatrī)

índrā nú pūṣáṇā vayáṃ sakhyā́ya svastáye |
huvéma vā́jasātaye || 1 ||

sómam anyá úpāsadat pā́tave camvòḥ sutám |
karambhám anyá ichati || 2 ||

ajā́ anyásya váhnayo hárī anyásya sámbhṛtā |
tā́bhyāṃ vṛtrā́ṇi jighnate || 3 ||

yád índro ánayad rito mahīr apó vṛ́ṣantamaḥ |
tátra pūṣā́bhavat sácā || 4 ||

8. — Sorte d'énigme : « deux combattants, deux vainqueurs. » Le mot est : « c'est qu'ils ne se battaient pas l'un contre l'autre », mais, par exemple, contre les forteresses du ciel, d'où ils ont fait sortir trois mille (vaches, trésors, bienfaits, etc.).

XXXII. 1. — b) « Pour qu'étant nos amis ils nous donnent le bien-être ».

2. — c) La bouillie est l'offrande spécifiquement réservée à Pūṣan.

tā́ṃ pūṣṇáḥ sumatíṃ vayáṃ vṛkṣásya prá vayā́m iva |
índrasya cā́ rabhāmahe || 5 ||

út pūṣáṇaṃ yuvāmahe 'bhī́çūñr iva sā́rathiḥ |
mahyā́ índraṃ svastáye || 6 ||

(IV. 46.) XXXIII

A Indra et Vāyu

(Gāyatrī)

ágraṃ pibā mádhūnāṃ sutáṃ vāyo diviṣṭiṣu |
tváṃ hí pūrvapā́ ási || 1 ||

çaténā no abhíṣṭibhir niyútvāñ índrasārathiḥ |
vā́yo sutásya tṛmpatam || 2 ||

ā́ vāṃ sahásraṃ háraya índravāyū abhí práyaḥ |
váhantu sómapītaye || 3 ||

ráthaṃ híraṇyavandhuram índravāyū svadhvarám |
ā́ hí sthátho divispṛ́çam || 4 ||

ráthena pṛthupā́jasā dāçvā́ṃsam úpa gachatam |
índravāyū ihā́ gatam || 5 ||

índravāyū ayáṃ sutás táṃ devébhiḥ sajóṣasā |
píbataṃ dāçúṣo gṛhé || 6 ||

ihá prayā́ṇam astu vām índravāyū vimócanam |
ihá vāṃ sómapītaye || 7 ||

6. — a) « Nous le lâchons », i. e. « nous le faisons partir [à la conquête de la richesse, du butin] ».

XXXIII. 2. — c) « O Vāyu, buvez tous deux », semi-anacoluthe : Indra n'est nommé que dans l'épithète de Vāyu.

3. — a) *hárayaḥ* : ici sans doute les prières.

(VII. 84.)

XXXIV

A Indra et Varuṇa

(Triṣṭubh)

á vāṃ rājānāv adhvaré vavṛtyāṃ
havyébhir indrāvaruṇā námobhiḥ |
prá vāṃ ghṛtā́cī bāhvór dádhānā
pári tmánā víṣurūpā jigāti || 1 ||

yuvó rāṣṭráṃ bṛhád invati dyaúr
yaú setṛ́bhir arajjúbhiḥ sinītháḥ |
pári no héḷo váruṇasya vṛjyā
urúṃ na índraḥ kṛṇavad u lokám || 2 ||

kṛtáṃ no yajñáṃ vidátheṣu cā́ruṃ
kṛtáṃ bráhmāṇi sūríṣu praçastā́ |
úpo rayír devájūto na etu
prá ṇa spārhā́bhir ūtíbhis tiretam || 3 ||

asmé indrāvaruṇā viçvávāraṃ
rayíṃ dhattaṃ vásumantaṃ purukṣúm |
prá yá ādityó ánṛtā mināty
ámitā çū́ro dayate vásūni || 4 ||

iyám índraṃ váruṇam aṣṭa me gíḥ
prā́vat toké tánaye tū́tujānā |
surátnāso devávītiṃ gamema
yūyáṃ pāta svastíbhiḥ sádā naḥ || 5 ||

XXXIV. 1. — c) *ghṛtā́cī*, « la [cuiller] pleine de beurre ». — d) Ses formes sont diverses, parce qu'elle va versant, tantôt la pluie, tantôt toute espèce de biens.

2. — b) Ailleurs il est dit que Varuṇa a des espions qui surveillent toutes les actions des hommes, et qu'il enveloppe le coupable de lacets invisibles. Cf. LIX.

3. — b) Cf. XVI 7 c.

4. — c d) *ādityás*, Varuṇa; *çū́ras*, Indra : en conséquence, *yás* n'a pas d'antécédent et signifie tout simplement « si, tandis que », cf. VIII 4.

(V. 63.)

XXXV

A Mitra et Varuṇa

(Jagatī)

ṛtasya gopāv ádhi tiṣṭhatho rátham
sátyadharmāṇā paramé vyòmani |
yám átra mitrāvaruṇávatho yuvám
tásmai vṛṣṭír mádhumat pinvate diváḥ || 1 ||

samrájāv asyá bhúvanasya rájatho
mitrāvaruṇā vidáthe svardṛ́çā |
vṛṣṭím vām rádho amṛtatvám īmahe
dyávāpṛthiví ví caranti tanyávaḥ || 2 ||

samrájā ugrá vṛṣabhá divás pátī
pṛthivyá mitrávárunā vícarṣaṇī |
citrébhir abhraír úpa tiṣṭhatho rávam
dyám varṣayatho ásurasya māyáyā || 3 ||

māyá vām mitrāvaruṇā diví çritá
súryo jyótiç carati citrám áyudham |
tám abhréṇa vṛṣṭyá gūhatho diví
párjanya drapsá mádhumanta īrate || 4 ||

rátham yuñjate marútaḥ çubhé sukhám
çúro ná mitrāvaruṇā gáviṣṭiṣu |

XXXV. 2. — b) *vidáthe* : ici « l'assemblée, la cour des Ādityas », dont Mitra et Varuṇa sont les deux rois. — c) Ce rapprochement vient de ce que les eaux de la pluie contiennent le soma céleste, qui est le breuvage d'immortalité.

3. — b) C'est-à-dire, sans doute, « qu'aucun obstacle n'arrête ». — c) Vague allusion à la légende de Saramā, qui, elle aussi, a retrouvé les vaches volées en se dirigeant vers le lieu d'où partaient leurs mugissements (le bruit du tonnerre). — d) L'Asura en question n'est point un personnage différent de Mitra-Varuṇa.

4. — d) Lire plutôt en un mot *parjanyadrapsá*.

rájāṃsi citrā́ ví caranti tanyávo
diváḥ samrā́jā páyasā na ukṣatam || 5 ||

vā́caṃ sú mitrāvaruṇāv írāvatīṃ
parjányaç citrā́ṃ vadati tvíṣīmatīm |
abhrā́ vasata marútaḥ sú māyáyā
dyā́ṃ varṣayatam aruṇā́m arepásam || 6 ||

dhármaṇā mitrāvaruṇā vipaçcitā
vratā́ rakṣethe ásurasya māyáyā |
ṛténa víçvaṃ bhúvanaṃ ví rājathaḥ
sū́ryam ā́ dhattho divi citryaṃ rátham || 7 ||

(IV. 35.)

XXXVI

Aux Ṛbhus

(Triṣṭubh)

ihópa yāta çavaso napātaḥ
saúdhanvanā ṛbhavo mā́pa bhūta |
asmín hí vaḥ sávane ratnadhéyaṃ
gámantv índram ánu vo mádāsaḥ || 1 ||

ā́gann ṛbhūṇā́m ihá ratnadhéyam
ábhūt sómasya súṣutasya pītíḥ |
sukṛtyáyā yát svapasyáyā caṅ
ékaṃ vicakrá camasáṃ caturdhā́ || 2 ||

vy àkṛṇota camasáṃ caturdhā́
sákhe ví çikṣéty abravīta |
áthaita vājā amṛ́tasya pánthāṃ
gaṇáṃ devā́nām ṛbhavaḥ suhastāḥ || 3 ||

5. — d) Lire peut-être *samrājā*.
XXXVI. 1. — a) « Fils de la force », i. e. « forts, héros ». — c) *ratnadhéyam* peut signifier « le fait de donner des trésors », soit que les hommes les offrent aux Ṛbhus, ou réciproquement; mais le pāda suivant indique le premier sens. — d) *vas* dépend de *gámantu*, et *índram* de *ánu*.
2. — d) Mythe cosmogonique célèbre.
3. — b) Ils s'adressent sans doute à Indra, qui est, avec Agni (cf. II 10), le grand « distributeur ». — c d) Le verbe intransitif est construit avec deux accusatifs, celui du chemin et celui du but.

kimmáyaḥ svic camasá eṣá āsa
yáṃ kā́vyena catúro vicakrá |
áthā sunudhvaṃ sávanaṃ mádāya
pātá ṛbhavo mádhunaḥ somyásya || 4 ||

çácyākarta pitárā yúvānā
çácyākarta camasáṃ devapánam |
çácyā hárī dhánutarāv ataṣṭe-
-ndravā́hāv ṛbhavo vājaratnāḥ || 5 ||

yó vaḥ sunóty abhipitvé áhnāṃ
tīvráṃ vājāsaḥ sávanaṃ mádāya |
tásmai rayím ṛbhavaḥ sárvavīram
ā́ takṣata vṛṣaṇo mandasānā́ḥ || 6 ||

prātáḥ sutám apibo haryaçva
mā́dhyaṃdinaṃ sávanaṃ kévalaṃ te |
sám ṛbhúbhiḥ pibasva ratnadhébhiḥ
sákhīn̐r yā́n̐ indra cakṛṣé sukṛtyā́ || 7 ||

yé devā́so ábhavata sukṛtyā́
çyenā́ ivéd ádhi diví niṣedá |
té rátnaṃ dhāta çavaso napātaḥ
saúdhanvanā ábhavatāmṛ́tāsaḥ || 8 ||

yát tṛtī́yaṃ sávanaṃ ratnadhéyam
ákṛṇudhvaṃ svapasyā́ suhastāḥ |
tád ṛbhavaḥ páriṣiktaṃ va etát
sáṃ mádebhir indriyébhiḥ pibadhvam || 9 ||

5. — a) Autre mythe caractéristique des Ṛbhus : « le père et la mère » sont sans doute « le Ciel et la Terre ». — b) En la divisant en quatre : comme coupe unique elle ne pouvait servir qu'à l'Asura, c'est-à-dire probablement à Tvaṣṭar; cf. R. V. I. 110. 3., I. 161. 2, 4 et 5. — d) *vājaratnās* : jeu de mots.

7. — c) *pibasva* : au pressurage du soir ; sur les trois pressurages et les Dieux qu'on y invite, cf. A. V. VI. 47. — d) *sukṛtyā́* : même sens ici que 8 a.

9. — a) *ratnadhéyam* : cf. 1 c. — d) « ... de concert avec les ivresses d'Indra », i. e. « en même temps qu'Indra s'enivre ».

(VII. 51.) XXXVII

Aux Âdityas

(Triṣṭubh)

ādityā́nām ávasā nū́tanena
sakṣīmáhi çármaṇā çáṃtamena |
anāgāstvé adititvé turā́sa
imáṃ yajñáṃ dadhatu çróṣamāṇāḥ || 1 ||

ādityā́so áditir mādayantāṃ
mitró aryamā́ váruṇo rájiṣṭhāḥ |
asmā́kaṃ santu bhúvanasya gopā́ḥ
píbantu sómam ávase no adyá || 2 ||

ādityā́ víçve marútaç ca víçve
devā́ç ca víçva ṛbhávaç ca víçve |
índro agnír açvínā tuṣṭuvānā́
yūyáṃ pāta svastíbhiḥ sádā naḥ || 3 ||

(X. 154.) XXXVIII

Hymne funéraire

(Anuṣṭubh)

sóma ékebhyaḥ pavate ghṛtám éka úpāsate |
yébhyo mádhu pradhā́vati tā́ṃç cid evā́pi gachatāt || 1 ||

tápasā yé anādhṛṣyā́s tápasā yé svàr yayúḥ |
tápo yé cakriré máhas tā́ṃç cid evā́pi gachatāt || 2 ||

XXXVII. 1.— c) L'adititvá est la conséquence de l'anāgāstvá, puisque la faute est « un lien ». — d) « Placer le sacrifice dans un objet » revient à « accorder cet objet aux mérites du sacrifice ». Cf. VII 3.
3. — d) Anacoluthe avec clausule toute faite.
XXXVIII. 1. — d) L'apostrophe s'adresse au défunt.

yé yúdhyante pradháneṣu çúrāso yé tanūtyájaḥ |
yé vā sahásradakṣiṇās táṃç cid evápi gachatāt || 3 ||

yé cit púrva ṛtasápa ṛtávāna ṛtāvṛ́dhaḥ |
pitṛ́n tápasvato yama táṃç cid evápi gachatāt || 4 ||

sahásraṇīthāḥ kaváyo yé gopāyánti súryam |
ṛ́ṣīn tápasvato yama tapojáñ ápi gachatāt || 5 ||

(X. 14.)

XXXIX

A Yama

(1-12 triṣṭubh, 13-14 anuṣṭubh, 15 bṛhati, 16 anuṣṭubh)

pareyivấṃsaṃ praváto mahír ánu
bahúbhyaḥ pánthām anupaspaçānám |
vaivasvatáṃ saṃgámanaṃ jánānāṃ
yamáṃ rájānaṃ havíṣā duvasya || 1 ||

yamó no gātúṃ prathamó viveda
naíṣā gávyūtir ápabhartavá u |
yátrā naḥ púrve pitáraḥ pareyúr
ená jajñānáḥ pathyà ánu sváḥ || 2 ||

mátalī kavyaír yamó áṅgirobhir
bṛ́haspátir ṛ́kvabhir vāvṛdhānáḥ |
yáṃç ca devá vāvṛdhúr yé ca deván
sváhānyé svadháyānyé madanti || 3 ||

5. — b) C'est une des fonctions des *pitáras*.

XXXIX. 1. — a) Allusion au soleil qui se couche, première origine du mythe de Yama.

2. — b) Suppléer *nas*, cf. a et c. — d) L'accusatif est à la fois le complément du verbe et de la préposition.

3. — a b) Les instrumentaux ont le sens de « avec » plutôt que celui de « par ». — c) « Les Dieux qu'ils (nos pères) ont fortifiés, et eux-mêmes qui ont fortifié les Dieux ».

imáṃ yama prastarám á hi sídá-
-ṅgirobhiḥ pitṛ́bhiḥ saṃvidānáḥ |
á tvā mántrāḥ kaviçastā́ vahantv
enā́ rājan havíṣā mādayasva || 4 ||

áṅgirobhir á gahi yajñíyebhir
yáma vairūpaír ihá mādayasva |
vivasvantaṃ huve yáḥ pitā́ te
'smin yajñé barhíṣy á niṣádya || 5 ||

áṅgiraso naḥ pitáro návagvā
átharvāṇo bhṛ́gavaḥ somyā́saḥ |
téṣāṃ vayáṃ sumataú yajñíyānām
ápi bhadré saumanasé syāma || 6 ||

préhi préhi pathíbhiḥ pūrvyébhir
yátrā naḥ pū́rve pitáraḥ pareyúḥ |
ubhā́ rā́jānā svadháyā mádantā
yamáṃ paçyāsi váruṇaṃ ca devám || 7 ||

sáṃ gachasva pitṛ́bhiḥ sáṃ yaméne-
-ṣṭāpūrténa paramé vyòman |
hitvā́yāvadyáṃ púnar ástam éhi
sáṃ gachasva tanvā̀ suvárcāḥ || 8 ||

ápeta víta ví ca sarpatā́to
'smā́ etáṃ pitáro lokám akran |
áhobhir adbhír aktúbhir vyàktaṃ
yamó dadāty avasā́nam asmai || 9 ||

áti drava sārameyaú çvā́nau
caturakṣaú çabálau sādhúnā pathā́ |
áthā pitṝ́n suvidátrāñ úpehi
yaména yé sadhamā́daṃ mádanti || 10 ||

5. — c) Ce pāda est comme entre parenthèses.

7. — a) Invocation adressée au défunt. — c) Jeu de mots probable sur *svadhā́*. V. au lexique.

8. — c) *avadyám* : «[les] imperfections».— d) Cf. la formule chrétienne « revêtir un corps glorieux ».

yaú te çvánau yama rákṣitárau
caturakṣaú pathirákṣī nṛcákṣasau |
tábhyām enaṃ pári dehi rājan
svasti cāsmā anamīváṃ ca dhehi || 11 ||

urūṇasáv asutṛ́pā udumbalaú
yamásya dūtaú carato jánāñ ánu |
táv asmábhyaṃ dṛçáye súryāya
púnar dātām ásum adyéhá bhadrám || 12 ||

yamáya sómaṃ sunuta yamáya juhutā haviḥ |
yamáṃ ha yajñó gachati agnídūto áraṃkṛtaḥ || 13 ||

yamáya ghṛtávad dhavír juhóta prá ca tiṣṭhata |
sá no devéṣv á yamad dīrghám áyuḥ prá jīváse || 14 ||

yamáya mádhumattamaṃ rájñe havyáṃ juhotana |
idáṃ náma ṛ́ṣibhyaḥ pūrvajébhyaḥ
púrvebhyaḥ pathikṛ́dbhyaḥ || 15 ||

tríkadrukebhiḥ patati ṣáḷ urvír ékam íd bṛhát |
triṣṭúb gāyatrí chándāṃsi sárvā tá yamá áhitā || 16 ||

12. — d) *púnar* : les parents du mort sont sous une influence funeste qu'il leur faut conjurer.

15. — c d) Suppléer un verbe suggéré par *juhotana*.

16. — a b) A peu près inintelligible. Je donne ma traduction pour ce qu'elle vaut, mais je crois qu'elle vaut les autres : « Il (Yama) vole (var. *pavate*, qui s'appliquerait à Soma) avec les *trikadrukas* (à travers ce qui suit) : six (cieux et terres) sont larges; un seul (le *svàr*, neutre) est sublime. »

(X. 130.) XL

L'institution du sacrifice

(1 jagatī, 2-7 triṣṭubh)

yó yajñó viçvátas tántubhis tatá
ékaçataṃ devakarmébhir ā́yataḥ |
imé vayanti pitáro yá āyayúḥ
prá vayā́pa vayéty āsate taté || 1 ||

púmāñ enaṃ tanuta út kṛṇatti
púmān vi tatne ádhi nā́ke asmín |
imé mayū́khā úpa sedur ū sádaḥ
sā́māni cakrus tásarāṇy ótave || 2 ||

kā́sīt pramā́ pratimā́ kíṃ nidā́nam
ā́jyaṃ kím āsīt paridhíḥ ká āsīt |
chándaḥ kím āsīt práügaṃ kím ukthám
yád devā́ devám áyajanta víçve || 3 ||

agnér gāyatry àbhavat sayúgvo-
-ṣṇíhayā savitā́ sáṃ babhūva |
anuṣṭúbhā sóma ukthaír máhasvān
bṛ́haspáter bṛhatī́ vā́cam āvat || 4 ||

XL. 1. — a) La comparaison du sacrifice et d'une étoffe tendue sur le métier est courante dans la poésie védique. — b) Les services divins sont comme les fils de chaîne. — c) Ces « pères » ou Mânes, que le poète voit par les yeux de l'imagination et qu'il entend parler, sont les ṛṣis ou premiers sages, cf. 5 d. — d) Suppléer [*yajñé*] *taté*.

2. — a) Ce que « le mâle » tend, c'est peut-être lui-même; car, dans d'autres passages, il est lui-même le sacrifice, ou du moins l'offrande du sacrifice. Ces conceptions mythiques et liturgiques sont nécessairement très obscures pour nous; mais ce qu'on peut affirmer, c'est que le concept du sacrifice en tant que tissu vient du tissu sans fin que déroulent au ciel (b) le jour et la nuit. *Cf.* le mythe d'Arachné et celui de Pénélope.

3. — d) *devám* = « le *púruṣa*, le mâle », que les Dieux ont offert en oblation dans le sacrifice premier.

4. — a) Agni est le chantre par excellence, et le vb. *gā* « chanter » se trouve dans *gāyatrī*. — b) Peut-être parce que Savitar opère au lever de

virā́n mitrā́váruṇayor abhiçrī́r
indrasya triṣṭúb ihá bhāgó áhnaḥ |
víçvān devā́ñ jágaty ā́ viveça
téna cāk|pra ṛ́ṣayo manuṣyā̀ḥ || 5 ||

cāk|pré téna ṛ́ṣayo manuṣyā̀
yajñé jāté pitáro naḥ purāṇé |
páçyan manye mánasā cákṣasā tā́n
yá imáṃ yajñám áyajanta pū́rve || 6 ||

sahástomāḥ sahá̄chandasa āvṛ́taḥ
sahápramā ṛ́ṣayaḥ saptá daívyāḥ |
pū́rveṣāṃ pánthām anudṛ́çya dhī́rā
anvā́lebhire rathyò ná raçmī́n || 7 ||

(X. 107.) XLI

La Dakṣiṇā

(1-3 triṣṭubh, 4 jagatī, 5-11 triṣṭubh)

āvír abhūn máhi mā́ghonam eṣāṃ
víçvaṃ jīváṃ támaso nír amoci |
máhi jyótiḥ pitṛ́bhir dattám ā́gād
urúḥ pánthā dákṣiṇāyā adarçi || 1 ||

l'aurore (*uṣā́s*) : jeu de mots. — c) Jeu de mots probable : *anuṣṭúbh* signifie « louange qui suit », et il est dit de Soma qu'il précède toutes les prières, parce que les prières ne commencent en effet que quand le soma pressuré s'est mis à couler dans la cuve. — d) Jeu de mots évident.

5. — a) Évidemment parce que Mitra-Varuṇa gouverne (cf. XXXV 7 c) l'univers : jeu de mots. — b) Indra est loué trois fois par jour, aux trois pressurages, et *triṣṭúbh* signifie « triple louange ». — c) Double jeu de mots : la jagatī « pénètre » parce qu'elle est « mobile » (*jágat-ī*), et l'emploi du vb. *viç* amène ensuite l'allitération *viçvān*.

6. — c d) *tā́n*, complément de *páçyan*, n'est pas l'antécédent de *yé* ; cet antécédent est sous-entendu et complément de *manye* : toujours l'opposition des ṛṣis divins et humains.

XLI. 1. — a) *eṣām* = *pitṛ́ṇām*, cf. c. — c d) Il s'agit de la dakṣiṇā première, qui, offerte par les Dieux et par les *pitaras* à leur suite, a fait luire l'aurore et frayé la voie à l'ordre universel.

uccā́ diví dákṣiṇāvanto asthur
yé açvadā́ḥ sahá té sū́ryeṇa |
hiraṇyadā́ amṛtatvám bhajante
vāsodā́ḥ soma prá tiranta ā́yuḥ || 2 ||

daívī pūrtír dákṣiṇā devayajyā́
ná kavāríbhyo nahí té pṛṇánti |
áthā náraḥ práyatadakṣiṇāso
'vadyabhiyā́ bahávaḥ pṛṇanti || 3 ||

çatádhāraṃ vāyúm arkám svarvídaṃ
nṛcákṣasas té abhí cakṣate havíḥ |
yé pṛṇánti prá ca yáchanti saṃgamé
té dákṣiṇāṃ duhate saptámātaram || 4 ||

dákṣiṇāvān prathamó hūtá eti
dákṣiṇāvān grāmaṇī́r ágram eti |
tám evá manye nṛpátiṃ jánānāṃ
yáḥ prathamó dákṣiṇām āvivā́ya || 5 ||

tám evá ṛ́ṣiṃ tám u brahmā́ṇam āhur
yajñanyàṃ sāmagā́m ukthaçā́sam |
sá çukrásya tanvò veda tisró
yáḥ prathamó dákṣiṇayā rarā́dha || 6 ||

dákṣiṇā́çvaṃ dákṣiṇā gā́ṃ dadāti
dákṣiṇā candrám utá yád dhíraṇyam |
dákṣiṇā́nnaṃ vanute yó na ātmā́
dákṣiṇāṃ várma kṛṇute vijānán || 7 ||

3. — a) *dákṣiṇā* : ici la dakṣiṇā que donnent les Dieux (leurs bienfaits de toute espèce) en retour de celle que les *sūris* généreux ont offerte aux prêtres.

4. — a) *arkám* : l'hymne des premiers *pitáras* (ils le voient parce qu'ils vont les rejoindre). — b) Ils contemplent les hommes, comme le soleil, parce qu'ils y résident (cf. XXXVIII 5 b); par la même raison, ils contemplent l'offrande [et en ont leur part]. — d) Allusion aux sept rivières célestes.

6. — c) *çukrásya* = *sómasya*?

ná bhojā́ mamrur ná nyarthám īyur
ná riṣyanti ná vyathante ha bhojā́ḥ |
idáṃ yád víçvaṃ bhúvanaṃ svàç cai-
-tát sárvaṃ dákṣiṇaibhyo dadāti || 8 ||

bhojā́ jigyuḥ surabhíṃ yónim ágre
bhojā́ jigyur vadhvàṃ yá suvā́sāḥ |
bhojā́ jigyur antaḥpéyaṃ súrāyā
bhojā́ jigyur yé áhūtāḥ prayánti || 9 ||

bhojā́yā́çvaṃ sáṃ mṛjanty āçúṃ
bhojā́yāste kanyā̀ çúmbhamānā |
bhojásyedáṃ puṣkariṇīva véçma
páriṣkṛtaṃ devamānéva citrám || 10 ||

bhojám áçvāḥ suṣṭhuvā́ho vahanti
suvṛ́d rátho vartate dákṣiṇāyāḥ |
bhojáṃ devāso 'vatā bháreṣu
bhojáḥ çátrūn samanīkéṣu jétā || 11 ||

(I. 13.) XLII

Hymne āprī

(Gāyatrī)

súsamiddho na ā́ vaha devā́ñ agne havíṣmate |
hótaḥ pāvaka yákṣi ca || 1 ||

mádhumantaṃ tanūnapād yajñáṃ devéṣu naḥ kave |
adyā́ kṛṇuhi vītáye || 2 ||

9. — d) *yé áhūtāḥ prayánti*, i. e. « des serviteurs zélés ».

10. — a) La 3ᵉ pers. du pl. dans le sens de « on ».

XLII. — On désigne sous le nom général de *āpriyas* (placationes) certaines formules de propitiation assez peu variées qui précèdent l'immolation d'une victime : la racine est celle de *priyá* « cher » avec préfixe.

nárāçáṃsam ihá priyám asmín yajñá úpa hvaye |
mádhujihvaṃ haviṣkṛ́tam || 3 ||

ágne sukhátame ráthe deváñ īḷitá á vaha |
ási hótā mánurhitaḥ || 4 ||

stṛṇītá barhír ānuṣág ghṛtápṛṣṭhaṃ manīṣiṇaḥ |
yátrāmṛ́tasya cákṣaṇam || 5 ||

ví çrayantām ṛtāvṛ́dho dváro devír asaçcátaḥ |
adyá nūnáṃ ca yáṣṭave || 6 ||

náktoṣásā supéçasāsmín yajñá úpa hvaye |
idáṃ no barhír āsáde || 7 ||

tá sujihvá úpa hvaye hótārā daívyā kaví |
yajñáṃ no yakṣatām imám || 8 ||

íḷā sárasvatī mahí tisró devír mayobhúvaḥ |
barhíḥ sīdantv asrídhaḥ || 9 ||

ihá tváṣṭāram agriyáṃ viçvárūpam úpa hvaye |
asmákam astu kévalaḥ || 10 ||

áva sṛjā vanaspate déva devébhyo havíḥ |
prá dātúr astu cétanam || 11 ||

sváhā yajñáṃ kṛṇotanéndrāya yájvano gṛhé |
tátra deváñ úpa hvaye || 12 ||

5. — c) *amṛ́tasya* : Indra, ou les immortels, les Dieux en général, plus particulièrement les Adityas.

8. — a) *sujihvaú*. — b) Agni et Soma.

11. — Invocation au poteau du sacrifice, qui lui aussi devient une entité divine. — c) Peut-être *dátur*.

ATHARVA - VÉDA

(I. 3.)   XLIII

○ Conjuration contre la rétention d'urine

(1-5 paṅkti, 6-9 anuṣṭubh)

vidmā́ çarásya pitáraṃ parjányaṃ çatávr̥ṣṇyam |
ténā te tanvè çáṃ karaṃ pr̥thivyā́ṃ te niṣécanaṃ
bahíṣ ṭe astu bā́l íti || 1 ||

vidmā́ çarásya pitáraṃ mitráṃ çatávr̥ṣṇyam |
ténā te tanvè çáṃ karaṃ pr̥thivyā́ṃ te niṣécanaṃ
bahíṣ ṭe astu bā́l íti || 2 ||

vidmā́ çarásya pitáraṃ váruṇaṃ çatávr̥ṣṇyam |
ténā te tanvè çáṃ karaṃ pr̥thivyā́ṃ te niṣécanaṃ
bahíṣ ṭe astu bā́l íti || 3 ||

vidmā́ çarásya pitáraṃ candráṃ çatávr̥ṣṇyam |
ténā te tanvè çáṃ karaṃ pr̥thivyā́ṃ te niṣécanaṃ
bahíṣ ṭe astu bā́l íti || 4 ||

vidmā́ çarásya pitáraṃ sū́ryaṃ çatávr̥ṣṇyam |
ténā te tanvè çáṃ karaṃ pr̥thivyā́ṃ te niṣécanaṃ
bahíṣ ṭe astu bā́l íti || 5 ||

XLIII. 1. — a) *çarásya.* On ne voit pas trop bien ce que vient faire ici le « roseau » ou la « flèche ». C'est parfois une expression qui désigne le « membre viril », et elle pourrait convenir ici; mais elle est employée ailleurs dans une conjuration d'une nature toute différente. Le « roseau » jouait-il quelque rôle dans la conjuration? ou la « flèche » est-elle suggérée par la comparaison de la stance 9? ou enfin est-ce une formule toute faite que les guérisseurs ont utilisée sans autre raison déterminante?

yád āntréṣu gavīnyór yád vastā́v ádhi sáṃçrutam |
evā́ te mū́traṃ mucyatāṃ bahír bā́l íti sarvakám || 6 ||

prá te bhinadmi méhanaṃ vártraṃ veçantyā́ iva |
evā́ te mū́traṃ mucyatāṃ bahír bā́l íti sarvakám || 7 ||

viṣitaṃ te vastibiláṃ samudrásyodadhér iva |
evā́ te mū́traṃ mucyatāṃ bahír bā́l íti sarvakám || 8 ||

yátheṣukā́ parā́patad ávasṛṣṭā́dhi dhánvanaḥ |
evā́ te mū́traṃ mucyatāṃ bahír bā́l íti sarvakám || 9 ||

(I. 7.) XLIV

Conjuration contre les sorciers

(1-4 anuṣṭubh, 5 triṣṭubh, 6-7 anuṣṭubh)

stuvānám agna ā́ vaha yātudhā́naṃ kimīdínam |
tváṃ hí deva vanditó hantā́ dásyor babhū́vitha || 1 ||

ā́jyasya parameṣṭhiñ jā́tavedas tánūvaçin |
ágne tailásya prā́çāna yātudhā́nān vi lāpaya || 2 ||

vi lapantu yātudhā́nā atríṇo yé kimīdínaḥ |
áthedám agne no havír índraç ca práti haryatam || 3 ||

agníḥ pū́rva ā́ rabhatāṃ préndro nudatu bāhumā́n |
brávītu sárvo yātumā́n ayám asmíty étya || 4 ||

6. — b) *sáṃsrutam*, correction certaine.

XLIV. Les sorciers et les démons sont des êtres nocturnes et mystérieux, dont le principal pouvoir consiste à répandre leurs maléfices sans se faire voir : les forcer à se montrer, à annoncer leur présence, c'est déjà les avoir à demi vaincus.

1. — a) *stuvānám* : non pas simplement « sich kündend » (Weber), mais bien « vantard » (V. au lexique) : « amène-le ici, le vantard, [et qu'il vienne se vanter de ce qu'il a fait] », cf. XLV 1 : après quoi on lui rabattra son orgueil.

2. — a) Joindre probablement *ā́jyasya* à *prā́çāna*.

páçyāma te vīryàṃ jātavedaḥ
prá ṇo brūhi yātudhā́nān nr̥cakṣaḥ |
tváyā sárve páritaptāḥ purástāt
tá ā́ yantu prabruvāṇā́ úpedám || 5 ||

ā́ rabhasva jātavedo 'smā́kā́rthāya jajñiṣe |
dūtó no agne bhūtvā́ yātudhā́nān ví lāpaya || 6 ||

tvám agne yātudhā́nān úpabaddhāñ ihá vaha |
áthaiṣām índro vájreṇā́pi çīrṣā́ṇi vr̥çcatu || 7 ||

(I. 8.)   XLV

Conjuration contre les sorciers

(1-3 anuṣṭubh, 4 triṣṭubh)

idáṃ havír yātudhā́nān nadī́ phénam ivā́ vahat |
yá idáṃ strī́ púmān ákar ihá sá stuvatāṃ jánaḥ || 1 ||

ayáṃ stuvānā́ ā́gamad imáṃ sma práti haryata |
br̥haspate vā́çe labdhvā́gnīṣomā ví vidhyatam || 2 ||

yātudhā́nasya somapa jahi prajā́ṃ náyasva ca |
ní stuvānásya pātaya páram ákṣy utā́varam || 3 ||

5. — b) Ici c'est Agni qui dénonce le sorcier (cf. R. V. X. 87. 8, et A. V. VIII. 3. 8.); plus haut (4 c d) et plus bas (5 d), c'est le sorcier qui se dénonce lui-même, et sans doute encore « en se vantant ». Il serait superflu de demander quelque suite dans les idées à des compilations de formules telles que celles-ci.

XLV. 1. — a) *idám* = « ce maléfice ».

2. — b) S'adresse à l'assistance : « faites-lui bon accueil » (au moins en apparence, afin qu'il n'hésite pas à se vanter de ses méfaits?). — c) Sous-ent. *ví vidhya*.

3. — d) Nos peintures du moyen âge aussi représentent le diable avec un ou deux yeux au bas de l'échine.

yátraiṣām agne jánimāni véttha
gúhā satā́m atríṇāṃ jātavedaḥ |
tā́ṃs tváṃ bráhmaṇā vāvṛdhānó
jahy èṣāṃ çatatárham agne || 4 ||

(I. 10.) XLVI

Rémission des péchés

(1-2 jagatī-triṣṭubh, 3-4 anuṣṭubh)

ayáṃ devā́nām ásuro vi rājati
vā́çā hi satyā́ váruṇasya rā́jñaḥ |
tátas pári bráhmaṇā çā́çadāna
ugrásya manyór úd imáṃ nayāmi || 1 ||

námas te rājan varuṇāstu manyáve
víçvaṃ hy ùgra nicikéṣi drugdhám |
sahásram anyā́n prá suvāmi sākáṃ
çatáṃ jīvāti çarádas távāyám || 2 ||

yád uvákthā́nṛtaṃ jihváyā vṛjináṃ bahú |
rā́jñas tvā satyádharmaṇo muñcámi váruṇād ahám || 3 ||

muñcā́mi tvā vaiçvānarā́d arṇavā́n mahatás pári |
sajātā́n ugrehā́ vada bráhma cā́pa cikīhi naḥ || 4 ||

4. — d) *çatatárham* est le complément direct de *jahī*, qu'il qualifie comme il pourrait qualifier un verbe neutre (supra XII 8) : « frappe le broiement de cent d'eux », i. e. « frappe-les de manière à les broyer par centaines ».

XLVI. 2. — d) *táva* : ce génitif équivaut à un locatif ou à un datif, « tibi vivat », i. e. « par ta grâce ».

3. — a) *yád* sans antécédent, supra VIII 4.

(I. 19.) XLVII

Conjuration contre l'atteinte des flèches

(1 anuṣṭubh, 2 triṣṭubh-anuṣṭubh, 3 paṅkti, 4 anuṣṭubh)

má no vidan vivyādhíno mó abhivyādhíno vidan |
ārác charavyà asmád viṣūcīr indra pātaya || 1 ||

víṣvañco asmác cháravaḥ patantu
yé astá yé cāsyàḥ |
daívīr manuṣyeṣavo mámāmítrān ví vidhyata || 2 ||

yó naḥ svó yó áraṇaḥ sajātá utá níṣṭyo
yó asmáñ abhidásati |
rudráḥ çaravyàyaitán mámāmítrān ví vidhyatu || 3 ||

yáḥ sapátno yó 'sapatno yáç ca dviṣáñ chápāti naḥ |
devás tám sárve dhūrvantu bráhma várma mámántaram
|| 4 ||

(I. 22.) XLVIII

Conjuration contre la jaunisse

(Anuṣṭubh)

ánu súryam úd ayatām hṛdyotó harimá ca te |
gó róhitasya várṇena téna tvā pári dadhmasi || 1 ||

XLVII. 3-4. — R. V. VI. 75. 19. on lit *yó naḥ svó árano yáç ca níṣṭyo jíghāṃsati | devás tám sárve dhūrvantu bráhma várma mámántaram* ||.

XLVIII. 1 — a) Jeu de mots : l'éclat jaune de la maladie est invité à s'en aller (litt. à se lever) à la suite du soleil, qui est aussi jaune et brillant. — b) *hṛdyotás* = *hṛd-dyotá-* « éclat [provenant] du cœur » ou de tout autre désordre intérieur, cf. lat. *splendida bilis*. — c) Le taureau rouge (cf. l'Aurore, vache rouge) est un être mythologique auquel est consacré tout le kāṇḍa XIII de l'A. V. : ici il est censé prêter sa couleur pour qu'on en revête le malade.

pári tvā róhitair várṇair dīrghāyutvā́ya dadhmasi |
yáthāyám arapā́ ásad átho áharito bhuvat || 2 ||

yā́ róhiṇīr devatyā̀ gā́vo yā́ utá róhiṇīḥ |
rūpáṃ-rūpaṃ vā́yo-vayas tā́bhiṣ ṭvā pári dadhmasi || 3 ||

śúkeṣu te harimā́ṇaṃ ropaṇā́kāsu dadhmasi |
átho hā́ridraveṣu te harimā́ṇaṃ ní dadhmasi || 4 ||

(I. 23.) XLIX

Conjuration contre la lèpre blanche

(Anuṣṭubh)

naktaṃjātā́sy oṣadhe rā́me kŕ̥ṣṇe ásikni ca |
idáṃ rajani rajaya kilā́saṃ palitáṃ ca yát || 1 ||

kilā́saṃ ca palitáṃ ca nír itó nāçayā pŕ̥ṣat |
ā́ tvā svó viçatāṃ várṇaḥ párā çuklā́ni pātaya || 2 ||

ásitaṃ te pralā́yanam āsthā́nam ásitaṃ táva |
ásikny asy oṣadhe nír itó nāçayā pŕ̥ṣat || 3 ||

2. — Anacoluthe déjà observée.

3. — a) Le texte doit être corrompu. La correction la plus anodine consisterait à écrire *rohiṇīdevatyā̀* et à suppléer *ŕ̥cas* : puisqu'on revêt le malade de « vaches », on peut bien aussi le revêtir de « vers ». On lit des vers adressés à la déesse Rohiṇī (la Rouge), par exemple, A. V. XIII. 1. 22 sq.

4. — Se lit R. V. I. 50. 12. avec la variante *çúkeṣu*.

XLIX. 1. — c) *rajanī* et tous les mots signifiant « nuit » désignent aussi une plante, le *curcuma longa*. Ici, évidemment, le sens primitif n'est pas oublié. Il y a de plus un jeu de mots entre *rajani* et *rajaya*.

2. — c) Adressé au malade signifierait « reprends ton teint naturel »; mais il est peu vraisemblable que ce pâda seul ne soit pas adressé à la plante. Traduire *svás* par « [la couleur] du malade » n'est pas moins forcé. Mieux vaut entendre : « prends ta couleur propre, [ô plante, dans le corps du malade] », i. e. « sois-y foncée, et par suite rends-le foncé ».

3. — a) *prá lī* signifie « se dissoudre » : il semble donc bien que *pralā́yana* doive signifier « solution », ici « décoction », et ce sens

asthijásya kilā́sasya tanūjásya ca yát tvací |
dū́ṣyā kṛtásya bráhmaṇā lákṣma çvetám anīnaçam || 4 ||

(I. 25.) L.

Conjuration contre une fièvre maligne

(Triṣṭubh, sauf 4)

yád agnir ā́po ádahat praviçya
yátrā́kṛṇvan dharmadhṛ́to námāṃsi |
tátra ta āhuḥ paramám janítraṃ
sá naḥ saṃvidvā́n pári vṛndhi takman || 1 ||

yády arcír yádi vā́si çocíḥ
çakalyeṣí yádi vā te janítram |
hrū́ḍur nā́māsi haritasya deva
sá naḥ saṃvidvā́n pári vṛndhi takman || 2 ||

yádi çokó yádi vābhiçokó
yádi vā rā́jño váruṇasyā́si putráḥ |
hrū́ḍur nā́māsi haritasya deva
sá naḥ saṃvidvā́n pári vṛndhi takman || 3 ||

s'oppose convenablement à celui de *ā́sthāna* (b) : « noire est ta décoction noire est ta station (sur tige) », i. e. « morte ou vivante tu es toujours noire ».

L. 1. — a) Allusion possible à l'origine miasmatique de la fièvre, la pénétration des eaux (marécageuses) par les feux (du soleil). — b) Double sens : on s'incline devant Agni par vénération, et devant la fièvre par épouvante.

2. — b) *çakalyeṣí* peu clair : peut-être « le feu qui couve » (V. au lexique), par opposition au feu éclatant et flambant (*arcís*, *çocís*). Si le mot *çakalín* existait en tant qu'adjectif, on serait tenté de lire *çakaly èṣi yádi vā janítram*, « soit que tu te rendes à un lieu natal fourni de copeaux », ce qui cadrerait avec Agni nommé plus haut, mais assez peu avec la fièvre. L'incohérence semble d'ailleurs la règle de ces formules destinées à n'être pas comprises des profanes. — c) *haritasya* pris substantivement.

námaḥ çītā́ya takmáne
námo rūrā́ya çociṣe kṛṇomi |
yó anyedyúr ubhayadyúr abhyéti
tṛ́tīyakāya námo astu takmáne || 4 ||

(II. 9.) LI

Conjuration contre une maladie grave

(Anuṣṭubh irrégulière)

dáçavṛkṣa muñcémám rákṣaso grā́hyā ádhi
yaínaṃ jagrā́ha párvasu |
átho enaṃ vanaspate jīvā́nāṃ lokám ún naya || 1 ||

ā́gād úd agād ayám jīvā́nāṃ vrā́tam ápy agāt |
ábhūd u putrā́ṇāṃ pitā́ nṛṇā́ṃ ca bhágavattamaḥ || 2 ||

ádhītir ádhy agād ayám ádhi jīvapurā́ agan |
çatáṃ hy àsya bhiṣájaḥ sahásram utá vīrúdhaḥ || 3 ||

devā́s te cītím avidan brahmā́ṇa utá vīrúdhaḥ |
cītíṃ te víçve devā́ ávidan bhū́myām ádhi || 4 ||

4. — Même formule (avec variantes), A. V. VII. 116.

LI. 1.— a) Le *daçavṛkṣa* peut être, soit une certaine plante (*vanaspate* d), soit une brindille ou un copeau qu'on partage en dix dans la conjuration magique (d'après les sūtras), soit enfin une amulette composée de dix brindilles d'arbres différents, à laquelle on attribue une vertu magique. — c) Paraît être une glose passée dans le texte.

2. — Le sujet est « le malade ». Le conjurateur suppose atteint le résultat qu'il souhaite.

3. — c d) *asya* : est-ce toujours le malade? Il est difficile de construire autrement, bien que la formule convienne mieux au médecin. Et toutefois, à moins de traduire *bhiṣájas* par « remèdes » (?), il est également difficile de comprendre comment « le médecin » pourrait avoir « cent médecins ». Ce médecin serait-il le *sūbhiṣaktamas* de la st. 5? Somme toute, mieux vaut entendre que le malade possède, sous les espèces du *daçavṛkṣa*, l'équivalent de cent médecins et de mille plantes.

4. — a) *citi*, « cueillette » (?) s'il s'agit d'une plante, « action d'amasser, de réunir en bouquet » s'il s'agit d'une amulette. — d) *bhúmyām*, « sur le sol » ou « sur terre » (même distinction).

yáç cakā́ra sá níṣ karat sá evá súbhiṣaktamaḥ |
sá evá túbhyaṃ bheṣajā́ni kṛṇávad bhiṣájā çúciḥ || 5 ||

(II. 26.)   LII

Conjuration des bestiaux égarés

(Mètres divers)

éhá yantu paçávo yé pareyúr
vāyúr yéṣāṃ sahacārā́ṃ jujóṣa |
tváṣṭā yéṣāṃ rūpadhéyāni védā-
-smín tā́n goṣṭhé savitā́ ni yachatu || 1 ||

imáṃ goṣṭhā́ṃ paçávaḥ sáṃ sravantu
bṛhaspátir ā́ nayatu prajānā́n |
sinīvalī́ nayatv ágram eṣām
ājagmúṣo anumate ní yacha || 2 ||

sáṃ sáṃ sravantu paçávaḥ sáṃ áçvāḥ sáṃ u púruṣāḥ |
sáṃ dhānyàsya yā́ sphātíḥ
saṃsrāvyèṇa havíṣā juhomi || 3 ||

sáṃ siñcāmi gávāṃ kṣīráṃ sáṃ ā́jyena bálaṃ rásam |
sáṃsiktā asmā́kaṃ vīrā́ dhruvā́ gā́vo máyi gópatau || 4 ||

5. — Dans les idées védiques le génie qui cause la maladie est aussi celui qui amène la guérison : c'est celui-là qui est le « prince des médecins »; mais il n'agit qu'avec ou de par le médecin conjurateur qui l'invoque (bhiṣájā), et à condition d'avoir été apaisé par une formule propitiatoire telle que çúciḥ (ici « tout doux, tout beau »). Cette interprétation rend inutile la correction bhiṣájām. Cf. infra LXIII 2.

LII. 1. — b) « Vāyu s'est plu à suivre leur marche », sans doute parce qu'elle a été vagabonde comme celle du vent.

3. — d) Comme l'indique le contexte (4-5), le saṃsrācyà est une libation de lait, de beurre et de suc extrait du blé, destinée sans doute à symboliser l'union de toutes les richesses de la maison. Le chef de famille, le soir venu, fait rentrer ainsi tous ses bestiaux à l'étable et sa famille sous son toit.

4. — b) Métonymie = balínaṃ rásam. — c) sáṃsiktās, ici « réunis »; mais l'expression est métaphorique, par allusion au « mélange liquide » qui symbolise la réunion. Toutefois on peut également entendre « aspergés ».

á harāmi gávāṃ kṣīrám áhārṣaṃ dhānyàṃ rásam |
áhṛtā asmā́kaṃ vīrā́ ā́ pátnīr idám ástakam || 5 ||

(III. 2.) LIII

Conjuration contre les ennemis

(Mètres divers)

agnír no dūtáḥ práty etu vidvā́n
pratidáhann abhíçastim árātim |
sá cittā́ni mohayatu páreṣāṃ
nírhastāṃç ca kṛṇavaj jātávedāḥ || 1 ||

ayám agnír amūmuhad yā́ni cittā́ni vo hṛdí |
ví vo dhamatv ókasaḥ prá vo dhamatu sarvátaḥ || 2 ||

índra cittā́ni moháyann arvā́ṅ ā́kūtyā cara |
agnér vā́tasya dhrā́jyā tā́n víṣūco ví nāçaya || 3 ||

vy ā̊kūtaya eṣām itā́tho cittāni muhyata |
átho yád adyaíṣāṃ hṛdí tád eṣāṃ pári nír jahi || 4 ||

amī́ṣāṃ cittā́ni pratimoháyantī
gṛhāṇā́ṅgāny apve párehi |
abhí préhi nír daha hṛtsú çókair
grā́hyāmítrāṃs támasā vidhya çátrūn || 5 ||

asaú yā́ sénā marutaḥ páreṣām
asmā́n aíty abhy ójasā spárdhamānā |
tā́ṃ vidhyata támasā́pavratena
yáthaiṣām anyó anyáṃ ná jānā́t || 6 ||

5. — Autre métaphore; ou vague jeu de mots entre *ā́ har* « amener en vue d'offrir » et « ramener, réunir » (dans la maison) : *idám ástakam* est accusatif.

LIII. 2. — a) Peut-être faut-il lire *ámūmuhad*. — c) *ókasas*, « de [votre] demeure », ou métaphoriquement « hors de vous ».

5. — Se lit avec variantes R. V. X. 103. 12.

(III. 3.) LIV

Conjuration pour la restauration d'un chef proscrit

(Mètres divers et irréguliers)

ácikradat svapá ihá bhuvad
ágne vy àcasva ródasī urūcī |
yuñjántu tvā marúto viçvávedasa
ámúṃ naya námasā rātáhavyam || 1 ||

dūré cit sántam aruṣása índraṃ
á cyāvayantu sakhyáya vípram |
yád gāyatrím bṛhatím arkám asmai
sautrāmaṇyá dádhṛṣanta deváḥ || 2 ||

adbhyás tvā rájā váruṇo hvayatu
sómas tvā hvayatu párvatebhyaḥ |
índras tvā hvayatu viḍbhyá ābhyáḥ
çyenó bhūtvá víça á patemáḥ || 3 ||

LIV. Cet hymne et le suivant se composent de stances compilées, qui à l'origine n'avaient certainement aucun rapport avec l'objet particulier auquel on les a adaptées.

1. — d) Dans la conjuration *amúm* est à remplacer par le nom du chef en faveur duquel on fait la prière.

2. — La stance vise bien Indra, comme le montre l'épithète *vipra*, mais avec une allusion détournée au « roi » proscrit (en classique *indra* a pris complètement ce sens), que l'on se propose de ramener dans sa tribu. Cf. aussi A. V. VI. 98. — d) *dádhṛṣanta* : le sens est très obscur. On croit comprendre que « par l'offrande sautrāmaṇī les Dieux doivent dépasser (?) tous les autres hommages qu'on pourrait rendre à Indra », et, avec l'allusion ci-dessus, que « par cette même offrande les Dieux terrestres (les prêtres) doivent triompher (?) de toutes les prières que pourraient proférer ceux du parti opposant ». Mais l'interprétation est bien compliquée.

3. — a) *tvā*, « le chef déchu ». — b) Il s'est enfui dans la montagne, d'où doivent le rappeler Soma (en qualité de Dieu suc des plantes qui croissent sur les montagnes) et Varuṇa comme roi des eaux (qui découlent de la montagne). — c) *viḍbhyás* : « ces tribus-ci » (où il s'est réfugié), cf. *imás*.

çyenó havyáṃ nayatv á párasmād
anyakṣetré áparuddhaṃ cárantam |
açvínā pánthāṃ kṛṇutāṃ sugáṃ ta
imáṃ sajātā abhi sáṃ viçadhvam || 4 ||

hváyantu tvā pratijanā́ḥ práti mitrá avṛṣata |
indrāgnī́ víçve devā́s té viçí kṣémam adīdharan || 5 ||

yás te hávaṃ vivádat sajātó yáç ca niṣṭyaḥ |
ápāñcam indra táṃ kṛtváthemám ihā́va gamaya || 6 ||

(III. 4.) LV

Conjuration pour l'élection d'un chef

(Triṣṭubh et jagatī)

á tvā gan rāṣṭráṃ sahá várcasód ihi práṅ
viçáṃ pátir ekarā́ṭ tváṃ ví rāja |
sárvās tvā rājan pradíço hvayantū-
-pasádyo namasyò bhavehá || 1 ||

tvā́ṃ víço vṛṇatāṃ rājyā̀ya
tvā́m imā́ḥ pradíçaḥ páñca devī́ḥ |
várṣman rāṣṭrásya kakúdi çrayasva
táto na ugró ví bhajā vásūni || 2 ||

4. — a) Lire probablement *hávyam* « vocandum », mais le passage peut avoir été pris à un hymne où « le faucon » transporte en effet « l'offrande ». — d) L'allégorie se continue : les « congénères » du prince proscrit doivent se réunir autour de lui, comme ceux d'Indra (les Dieux) autour d'Indra. Anacoluthe entre c et d.

5. — c) Lire plutôt *te*.

6. — Anacoluthe entre a b et c d, si, comme tout l'indique, *te hávam* signifie ici « ton rappel ».

LV. 1. — a) Le pâda est complètement faux : lire probablement *sáhasód ihi práṅ*. — c) *pradíças*, « les régions célestes », métaphoriquement pour « les hommes dans toutes les directions ». Observons ici, une fois de plus et pour la dernière fois, le continuel mélange des souvenirs mythiques et des réalités terrestres.

2. — b) *páñca* : les points cardinaux et le nadir. — d) Le nouveau chef doit récompenser ceux qui l'ont élu.

ácha tvā yantu havínaḥ sajātā́
agnír dūtó ajiráḥ sám̧ carātai |
jāyā́ḥ putrā́ḥ sumánaso bhavantu
bahúm̧ balím̧ práti paçyāsā ugráḥ || 3 ||

açvínā tvā́gre mitrā́váruṇobhā́
víçve devā́ marútas tvā hvayantu |
ádhā máno vasudéyāya kṛṇuṣva
táto na ugró ví bhajā vásūni || 4 ||

ā́ prá deva paramásyāḥ parāvátaḥ
çivé te dyā́vāpṛthivī́ ubhé stām |
tád ayám̧ rā́jā váruṇas táthāha
sá tvāyám ahvat sá úpedám éhi || 5 ||

índrendra manuṣyā̀ḥ párehi
sám̧ hy ájñāsthā váruṇaiḥ sam̧vidānáḥ |
sá tvāyám ahvat své sadhásthe
sá devā́n yakṣat sá u kalpayād víçaḥ || 6 ||

pathyā̀ revátīr bahudhā́ vírūpāḥ
sárvāḥ sam̧gátya várīyas te akran |
tā́s tvā sárvāḥ sam̧vidānā́ hvayantu
daçamím ugráḥ sumánā vaçehá || 7 ||

3. — c) Les femmes et les enfants n'ont pas pris part à l'élection, mais s'associent à la fête qui la suit.

5. — c) Varuṇa est invoqué ici par une allusion évidente à l'élection (*caraṇa*) d'où est sorti le nouveau chef. — d) A la fin du pâda il faut suppléer [*iti*].

6. — a) *manuṣyās* : suppléer [*viças*]. Ou bien *manuṣyās* avec pluti (? Weber). — b) Le surnom de Varuṇa est parfois attribué à chacun des autres Dieux : donc *vāruṇais* = *devais* (ou simplement la triade Mitra-Varuṇa-Aryaman ?), mais avec la même allusion que plus haut. — d) Suppléer encore *iti*.

7. — d) La correction *vaçehā* est au moins probable.

(III. 13.) LVI

Conjuration pour faire dériver les eaux

(Mètres divers)

yád adáḥ samprayatír áhāv ánadatā haté |
tásmād ā́ nadyò nā́ma stha tā́ vo nā́māni sindhavaḥ || 1 ||

yát préṣitā váruṇenā́c chíbhaṃ samávalgata |
tád āpnotíndro vo yatís tásmād āpo ánu ṣṭhana || 2 ||

apakāmáṃ syándamānā ávīvarata vo hí kam |
índro vaḥ çáktibhir devīs tásmād vā́r nā́ma vo hitám || 3 ||

éko vo devó 'py atiṣṭhat syándamānā yathāvaçám |
úd āniṣur mahī́r íti tásmād udakám ucyate || 4 ||

ā́po bhadrā́ ghṛtám íd ā́pa āsann
agnī́ṣómau bibhraty ā́pa ít tā́ḥ |
tīvró ráso madhupṛ́cām araṃgamá
ā́ mā prāṇéna sahá várcasā gamet || 5 ||

ā́d ít paçyāmy utá vā çṛṇomy
ā́ mā ghóṣo gachati vā́ṅ māsām |
mánye bhejānó amṛ́tasya tárhi
híraṇyavarṇā átṛpaṃ yadā́ vaḥ || 6 ||

idáṃ va āpo hṛ́dayaṃ ayáṃ vatsá ṛtāvarīḥ |
ihétthám éta çakvarīr yátredáṃ veçáyāmi vaḥ || 7 ||

LVI. — Les stances 1-4 sont des exemples curieux de l'étymologie par jeux de mots où se complaît souvent l'exégèse brâhmanique.

3. — a) *apakāmám* : « contre le gré [d'Indra] ».

4. — b) *yathāvaçám* : « au gré [d'Indra] ». — c) Les eaux ont « haleté » sous la charge.

7. — b) Se réfère à la comparaison connue des eaux et des vaches. Il paraît qu'en prononçant ces paroles on place une grenouille à l'embranchement où l'on veut faire dériver les eaux.

(III. 25.) LVII

Incantation amoureuse

(Anuṣṭubh)

uttudás tvót tudatu mā́ dhṛthāḥ çáyane své |
íṣuḥ kā́masya yā́ bhīmā́ táyā vidhyāmi tvā hṛdí || 1 ||

ādhī́parṇāṃ kā́maçalyām íṣuṃ saṃkalpákulmalām |
tā́ṃ súsaṃnatāṃ kṛtvā́ kā́mo vidhyatu tvā hṛdí || 2 ||

yā́ plīhā́naṃ çoṣáyati kā́masyéṣuḥ súsaṃnatā |
prācī́napakṣā vyòṣā táyā vidhyāmi tvā hṛdí || 3 ||

çucā́ viddhā́ vyòṣayā çúṣkāsyābhí sarpa mā |
mṛdúr nímanyuḥ kévalī priyavādíny ánuvratā || 4 ||

ā́jāmi tvā́janyā pári mātúr átho pitúḥ |
yáthā máma krátāv áso máma cittám upā́yasi || 5 ||

vy àsyai mitrāvaruṇau hṛdáç cittā́ny asyatam |
áthainām akratúṃ kṛtvā́ mámaivá kṛṇutaṃ váçe || 6 ||

LVII. 1. — a) Il est inutile de supposer que l'*uttudá* est un instrument de conjuration : l'épithète « tourmenteur » ou mieux « aiguillonneur » convient parfaitement à l'Amour.

2. — a b) *kā́ma* est le désir charnel, et *saṃkalpá*, la « résolution » de s'y abandonner.

4. — c) Le préfixe *ní* a parfois, bien que rarement, soit par lui-même, soit par une confusion aisée à concevoir entre monosyllabes homophones, la même valeur en composition que le préfixe *nís*.

5. — c d) Même formule dans deux autres incantations amoureuses (A. V. I. 34. 2, VI. 9. 2).

(IV. 6.) LVIII

Conjuration contre le poison des flèches

(Anuṣṭubh, sauf 2 a b)

brāhmaṇó jajñe prathamó dáçaçīrso dáçāsyaḥ |
sá sómaṃ prathamáḥ papau sá cakārārasáṃ viṣám || 1 ||

yā́vatī dyā́vāpṛthivī́ varimṇā́
yā́vat saptá síndhavo vitaṣṭhiré |
vā́caṃ viṣásya dū́ṣaṇīṃ tā́m itó nír avādiṣam || 2 ||

suparṇás tvā garútmān viṣa prathamám āvayat |
námīmado nā́rūrupa utásmā abhavaḥ pitúḥ || 3 ||

yás ta ā́syat páñcāṅgurir vakrā́c cid ádhi dhánvanaḥ |
apaskambhásya çalyā́n nír avocam aháṃ viṣám || 4 ||

çalyā́d viṣáṃ nír avocaṃ prā́ñjanād utá parṇadhéḥ |
apāṣṭhā́c chṛ́ṅgāt kúlmalān nír avocam aháṃ viṣám || 5 ||

arasás ta iṣo çalyó 'tho te arasáṃ viṣám |
utā́rasásya vṛkṣásya dhánuṣ ṭe arasārasám || 6 ||

yé ápīṣan yé ádihan yá ā́syan yé avā́sṛjan |
sárve te vádhrayaḥ kṛtā́ vádhrir viṣagiríḥ kṛtā́ḥ || 7 ||

vádhrayas te khanitā́ro vádhris tvám asy oṣadhe |
vádhriḥ sá párvato girír yáto jātám idáṃ viṣám || 8 ||

LVIII. 1. — Ce brāhmane est vraisemblablement un personnage mythique (cf. infra LXXV), destiné ici à symboliser la formule (*bráhman*) qui doit annuler l'effet du poison.

8. — a) *khanitā́ras* : plutôt « ceux qui ont déterré » que « ceux qui ont planté », la plante étant sans doute sauvage.

(IV. 16.) LIX

Hymne à Varuṇa

avec conjuration contre un ennemi

(Triṣṭubh, sauf 1)

bṛhánn eṣām adhiṣṭhātā́ntikā́d iva paçyati |
yá stāyán mányate cárant sárvaṃ devā́ idáṃ viduḥ || 1 ||

yás tíṣṭhati cárati yáç ca váñcati
yó nilā́yaṃ cárati yáḥ pratáṅkam |
dvaú saṃniṣádya yán mantráyete
rā́jā tád veda váruṇas tṛtī́yaḥ || 2 ||

utéyáṃ bhū́mir váruṇasya rā́jña
utā́saú dyaúr bṛhatī́ dūréantā |
utó samudraú váruṇasya kukṣī́
utā́sminn álpa udaké nílīnaḥ || 3 ||

utá yó dyā́m atisárpāt parástān
ná sá mucyātai váruṇasya rā́jñaḥ |
divá spáçaḥ prá carantīdám asya
sahasrākṣā́ áti paçyanti bhū́mim || 4 ||

sárvaṃ tád rā́jā váruṇo ví caṣṭe
yád antarā́ ródasī yát parástāt |
sáṃkhyātā asya nimíṣo jánānām
akṣā́n iva çvaghnī́ ní minoti tā́ni || 5 ||

LVIII. 1. — a) *eṣām* = *devā́nām* (d).

2. — a) Lire peut-être *váñcan*, qui rétablit le vers et force moins la syntaxe.

3. — c) *samudraú*, « les deux mers » (céleste et terrestre).

5. — c) *asya*, cf. supra XLVI 2. — d) Le sens n'est pas clair. D'abord le pluriel neutre ne se rapporte à rien, mais une semblable anacoluthe est normale (cf. 1 c d), et l'on peut fort bien traduire *tā́ni* par « [tous] ces [objets] », i. e. « toutes les créatures ». Ce qui est plus grave, c'est que le verbe *ní minoti* ne présente aucune signification précise, et que les diverses corrections proposées (*ní mināti*, *ci cinoti*, V. au lexique) ne sont guère plus satisfaisantes ; toutefois (A. V. IV. 38. 2.) une Apsarā

yé te pā́çā varuṇa saptá-sapta
tredhā́ tíṣṭhanti víṣitā rúçantaḥ |
sinántu sárve ánṛtaṃ vádantaṃ
yáḥ satyavādy áti táṃ sṛjantu || 6 ||

çaténa pā́çair abhí dhehi varuṇainaṃ
mā́ te mocy anṛtavā́n nṛcakṣaḥ |
ā́stāṃ jālmá udáraṃ çraṃçayitvā́
kóça ivābandhráḥ parikṛtyámānaḥ || 7 ||

yáḥ samāmyò váruṇo yó vyāmyò
yáḥ saṃdeçyò váruṇo yó videçyàḥ |
yó daivó váruṇo yáç ca mā́nuṣaḥ | 8 ||

taís tvā sárvair abhí ṣyāmi pā́çair
asāv āmuṣyāyaṇāmuṣyāḥ putra |
tā́n u te sárvān ánu sáṃ diçāmi || 9 ||

invoquée pour faire gagner aux dés reçoit l'épithète de *vicincatî*, et ailleurs (A. V. VII. 50. 6.) on lit le pāda *kṛtáṃ iva çvaghnī vi cinoti kālé* (var. R. V. X. 42. 9.), « comme un joueur son gain, il accumule au moment opportun ». On entrevoit ici le sens probable « il les escamote comme un tricheur au jeu escamote les dés », mais sans trouver un contexte qui le réalise absolument. La corruption est sans doute plus profonde qu'on ne l'a conjecturé jusqu'à présent.

6. — b) *tredhā́* (dans les trois mondes); *viṣitās*, « ouverts », i. e. « prêts à se refermer » (sur le coupable); *rúçantas* = *rúṣantas*.

7. — a) Supprimer *varuṇa* qui fausse le vers. — c d) Il est question ici de l'hydropisie, dite « maladie de Varuṇa » (Dieu des eaux).

8. — Pour comprendre cette stance et la faire dépendre de la suivante, on peut : 1° supprimer *váruṇo*; 2° le lire *varuṇa*; 3° le lire *vāruṇó* adjectif « de Varuṇa ». Mais aucun de ces expédients ne paraît indispensable : le dédoublement de la personne de Varuṇa et la confusion du « lien de Varuṇa » avec Varuṇa lui-même, n'ont rien de particulièrement choquant, surtout dans une conjuration visiblement surajoutée à l'hymne primitif. — b) L'opposition *sáṃdeçyà videçyà* est obscure. Si *videçyà* signifie « étranger, extérieur », on ne voit guère comment *saṃdeçyà* peut avoir le sens de « hiesig » (P. W.). Que si l'on interprète ce dernier mot par *sáṃ diçāmi* (9 c) « qui doit ou peut être assigné », *videçyà* ne peut que bien difficilement équivaloir à **asaṃdeçya*; toutefois, l'opposition constante des deux particules *sám* et *ví* et leur opposition ici même (a), ont pu suggérer cette équivalence à un faiseur de formules.

9. — b) Cf. supra LIV 1.

(V. 23.) LX

Conjuration contre les vers parasitaires

(Anuṣṭubh)

óte me dyā́vāpṛthivī́ ótā deví sárasvatī |
ótau ma índraç cāgníç ca krímiṃ jambhayatām íti || 1 ||

asyéndra kumārásya krímīn dhanapate jahi |
hatā́ víçvā árātaya ugréṇa vácasā mama || 2 ||

yó akṣyaù parisárpati yó nā́se parisárpati |
datā́ṃ yó mádhyaṃ gáchati táṃ krímiṃ jambhayāmasi || 3 ||

sárūpau dvaú vírūpau dvaú kṛṣṇaú dvaú róhitau dvaú |
babhrúç ca babhrúkarṇaç ca gṛ́dhraḥ kókaç ca te hatā́ḥ || 4 ||

yé krímayaḥ çitikákṣā yé kṛṣṇā́ḥ çitibā́havaḥ |
yé ké ca viçvárūpās tā́n krímīñ jambhayāmasi || 5 ||

út purástāt sū́rya eti viçvádṛṣṭo adṛṣṭahā́ |
dṛṣṭā́ṃç ca ghnánn adṛ́ṣṭāṃç ca sárvāṃç ca pramṛṇán krímīn || 6 ||

yévāṣāsaḥ káṣkaṣāsa ejatkā́ḥ çipavitnukā́ḥ |
dṛṣṭáç ca hanyátāṃ krímir utā́dṛ́ṣṭaç ca hanyatām || 7 ||

ható yévāṣaḥ krímīṇāṃ ható nadanimótá
sárvān ní maṣmaṣā́karaṃ dṛṣádā khálvāñ̐ iva || 8 ||

triçīrṣā́ṇaṃ trikakúdaṃ krímiṃ sāráṅgam árjunam |
çṛṇā́my asya pṛṣṭī́r ápi vṛçcāmi yác chíraḥ || 9 ||

LX. 6. — a b) Le soleil tue les « invisibles » (les démons des ténèbres), et dans cette conjuration les vers leur sont entièrement assimilés : ils ont même quelques-uns de leurs attributs (9 a), et il n'est pas sûr que ces noms propres de vers n'aient pas été, en partie du moins, des noms d'espèces de démons. Cf. A. V. VI. 52. 1, R. V. I. 191, etc.

atrivád vaḥ krimayo hanmi kaṇvaváj jamadagnivát |
agástyasya bráhmaṇā sáṃ pinaṣmy aháṃ krímīn || 10 ||

ható rā́jā krímīṇām utaíṣāṃ sthapátir hatáḥ |
ható hatámātā krímir hatábhrātā hatásvasā || 11 ||

hatā́so asya veçáso hatā́saḥ páriveçasaḥ |
átho yé kṣullakā́ iva sárve te krímayo hatā́ḥ || 12 ||

sárveṣāṃ ca krímīṇāṃ sárvāsāṃ ca krimī́ṇām |
bhinádmy áçmanā çíro dáhāmy agnínā múkham || 13 ||

(VI. 12.) LXI

Conjuration contre le venin du serpent

(Anuṣṭubh, sauf 1 c)

pári dyā́m iva sū́ryó 'hīnāṃ jánimāgamam |
rā́trī jágad ivānyád dhaṃsā́t ténā te vāraye viṣám || 1 ||

yád brahmábhir yád ṛ́ṣibhir yád devaír viditáṃ purā́ |
yád bhūtáṃ bhávyam āsanvát ténā te vāraye viṣám || 2 ||

mádhvā pṛñce nadyò párvatā giráyo mádhu |
mádhu páruṣṇī çī́pālā çám āsné astu çáṃ hṛdé || 3 ||

10. — Atri, Kaṇva, Jamadagni et Agastya sont des sages mythiques, auxquels sont censés remonter un grand nombre d'hymnes et de formules. Leur nom intervient pour accroître le pouvoir du conjurateur.

12. — c) Ce sont les plus difficiles à atteindre. — Les st. 10-12 se retrouvent sans variante A. V. II. 32. 3-5, et A. V. II. 31. est une conjuration de même genre.

LXI. 1. — c) *haṃsá*, « le flamant », est sans doute ici « le soleil » (cette métaphore se rencontre ailleurs), qui ne se repose point pendant la nuit, puisqu'il retourne d'occident en orient sous sa forme noire et invisible. — d) *ténā* = *mádhvā* (3 a).

2. — a) *yád*, « le remède » ou « la formule ». — c) Joindre *āsanvát* à *viṣám* : la métaphore n'a rien de trop hardi.

(VI. 21.) LXII

Conjuration pour faire pousser les cheveux

(Anuṣṭubh irrégulière)

imā́ yā́s tisrā́ḥ pṛthivī́s tā́sāṃ ha bhū́mir uttamā́ |
tā́sām ádhi tvacó aháṃ bheṣajáṃ sám u jagrabham || 1 ||

çréṣṭham asi bheṣajā́nāṃ vásiṣṭhaṃ vīrudhānām |
sómo bhága iva yā́meṣu devéṣu váruṇo yáthā || 2 ||

révatīr ánādhṛṣaḥ siṣāsávaḥ siṣāsatha |
utá stha keçadṛ́ṃhaṇīr átho ha keçavárdhanīḥ || 3 ||

LXII. 1. — b) Des trois terres, celle sur laquelle nous vivons est naturellement « la supérieure », comme le ciel visible est l'inférieur des trois cieux. Le sol est « l'épiderme » (c) de ces trois terres. Cf. A. V. VI. 136.

2. — c) Obscur. On suppose *yā́māś* « planètes » (rac. *yā*), et l'on traduit « comme la lune, la dispensatrice, parmi les astres errants »; mais ce sens de *yā́mās* n'est imaginé que pour cet unique passage, le nom du Dieu Bhaga est trop connu pour qu'on en fasse ici une simple épithète, et l'identification complète du Dieu Soma avec la lune est d'une époque postérieure au védisme (cf. cependant A. V. VII. 81. 3.). Que si on lit « comme Soma (et) Bhaga parmi les Yâmas », le résultat n'est guère plus satisfaisant; car la comparaison n'exige qu'*un seul* supérieur, et cette supériorité de Soma et Bhaga sur une classe de Dieux qu'on ne voit également développée que dans une période post-védique, n'est pas moins problématique. Ne pourrait-on pas lire par hasard *somabhā́g iva yā́meṣu*, « comme celui qui a part au soma (Indra) parmi les Dieux qui marchent (les Dieux actifs, guerriers) », par contraste avec d « comme Varuṇa parmi les Dieux (souverains, immobiles, en repos, etc.) »?

3. — a b) Ces épithètes banales et de pur ornement (V. au lexique) n'ont rien à voir à la croissance des cheveux, et le vb. *san* en particulier ne paraît pas signifier en lui-même « faire un don, accorder une faveur » : ce sens est simplement suggéré partout où il s'agit de l'action des Dieux, qui en effet « conquièrent » en vue de « donner aux hommes ».

(VI. 30.)

LXIII

Même sujet

(Mètres divers)

devā́ imáṃ mádhunā sáṃyutaṃ yávaṃ
sárasvatyām ádhi maṇā́v acakṛṣuḥ |
índra āsīt sī́rapatiḥ çatákratuḥ
kīnā́çā āsan marútaḥ sudā́navaḥ || 1 ||

yás te mádo 'vakeçó vikeçó
yénābhihásyaṃ púruṣaṃ kṛṇóṣi |
ārā́t tvád anyā́ vánāni vṛkṣa
tvā́ṃ çami çatábalçā ví roha || 2 ||

bṛ́hatpalāçe súbhage várṣavṛddha ṛ́tāvari |
mātéva putrébhyo mṛḍa kéçebhyaḥ çami || 3 ||

(VI. 44.)

LXIV

Conjuration en appliquant un remède

(Anuṣṭubh et prose)

ásthād dyaúr ásthāt pṛthivy ásthād víçvam idáṃ jágat |
ásthur vṛkṣā́ ūrdhvásvapnās tíṣṭhād rógo ayáṃ táva || 1 ||

LXIII. 1. — a) « Pourvue de miel » = « douce, nourricière ». — b) *maṇaú*, « dans l'amulette », i. e. « grâce à l'amulette ». Cf. XLVI 2.

2. — La plante magique peut faire à volonté du mal ou du bien (cf. supra LI 5) : elle peut rendre l'homme « ridicule » (b) en lui faisant « tomber les cheveux » (a), ou au contraire « en favoriser la croissance » (3 d) : c'est pourquoi il faut envoyer « dans d'autres arbres » (c) son influence malfaisante.

3. — c d) Corriger *mṛḍá* pour avoir deux pâdas réguliers.

LXIV. 1. — c) Corriger peut-être *ūrdhvásvapnas* et construire avec *rógas*. V. au lexique.

çatáṃ yā́ bheṣajā́ni te sahásraṃ sáṃgatāni ca |
çréṣṭham āsrāvabheṣajáṃ vásiṣṭhaṃ roganā́çanam || 2 ||

rudrásya mū́tram asy amṛ́tasya nā́bhiḥ |
viṣāṇakā́ nā́ma vā́ asi pitṝṇā́ṃ mū́lād útthitā
vātīkṛtanā́çanī || 3 ||

(VI. 71.) LXV

Bénédiction de la dakṣiṇā

(Triṣṭubh-jagatī)

yád ánnam ádmi bahudhā́ vírūpaṃ
híraṇyam áçvam utá gā́m ajā́m ávim |
yád evá kíṃ ca pratijagrā́hāhám
agníṣ ṭád dhótā súhutaṃ kṛṇotu || 1 ||

yán mā hutám áhutam ājagā́ma
dattáṃ pitṛ́bhir ánumataṃ manuṣyaìḥ |
yásmān me mána úd iva rā́rajīty
agníṣ ṭád dhótā súhutaṃ kṛṇotu || 2 ||

yád ánnam ádmy ánṛtena devā
dāsyánn ádāsyann utá saṃgṛṇā́mi |
vaiçvānarásya maható mahimnā́
çiváṃ máhyaṃ mádhumad astv ánnam || 3 ||

2. — a) *te*, « à ta disposition », s'adresse sans doute au malade (cf. supra LI 3). — c) Suppléer *idám asti*.

LXV. 2. — Que la nourriture soit ou non une offrande (ou acquise au brâhmane à l'occasion d'un sacrifice, ce qui revient au même) (a), on prie Agni (d) de la transformer en une offrande régulière, et, par suite, d'en assurer les mérites au brâhmane, ainsi qu'aux donateurs (b), y compris leurs « pères » décédés.

3. — a) Suppléer « même ». — b) Même idée que 2 a.

(VI. 81.) LXVI

Conjuration pour obtenir un enfant mâle

(Anuṣṭubh)

yantā́si yáchase hástāv ápa rákṣāṃsi sedhasi |
prajā́ṃ dhánaṃ ca gṛhṇānā́ḥ parihastó abhūd ayám || 1 ||

párihasta ví dhāraya yóniṃ gárbhāya dhā́tave |
máryāde putrám ā́ dhehi táṃ tvám ā́ gamayāgame || 2 ||

yáṃ parihastám ábibhar áditiḥ putrakāmyā́ |
tváṣṭā tám asyā ā́ badhnād yáthā putráṃ jánād íti || 3 ||

(VI. 100.) LXVII

Conjuration contre le poison

(Anuṣṭubh)

devā́ aduḥ sū́ryo adād dyaúr adāt pṛthivy àdāt |
tisráḥ sárasvatīr aduḥ sácittā viṣadū́ṣaṇam || 1 ||

yád vo devā́ upajī́kā ā́siñcan dhánvany udakám |
téna devā́prasūtenedáṃ dūṣayatā viṣám || 2 ||

LXVI. 1. — a) C'est le geste qu'on prête à Savitar « le générateur » (cf. XXIV 1), et il est possible que cette demi-stance s'adresse à lui.

2. — d) La banale épithète *āgame* est évidemment amenée par l'allitération. Si elle a un sens quelconque, elle doit se traduire comme *ā́gamiṣṭha*, superlatif qui implique l'idée de « favorable, secourable », etc.

LXVII. 1. — c) Sarasvatī fait partie d'une triade de Déesses (supra II 11).

2. — a) *upajī́kās* : ce terme paraît désigner certains Génies des eaux. Mais, comme les manuscrits donnent *upajī́kā*, on a proposé récemment (Bloomfield) de rétablir cette lecture et d'identifier le mot à *upadī́kā* (fourmis dont on emploie la sécrétion pour neutraliser les effets du venin).

ásurāṇāṃ duhitási sá devánām asi svásā |
divás pṛthivyáḥ sámbhūtā sá cakarthārasáṃ viṣám || 3 ||

(VI. 109.) LXVIII

Conjuration contre les blessures

(Anuṣṭubh)

pippalí kṣiptabheṣajy ùtátividdhabheṣají |
táṃ deváḥ sám akalpayann iyáṃ jívitavá álam || 1 ||

pippalyàḥ sám avadantāyatír jánanād ádhi |
yáṃ jīvám açnávāmahai ná sá riṣyāti púruṣaḥ || 2 ||

ásurās tvā ny ákhanan devás tvód avapan púnaḥ |
vātíkṛtasya bheṣajím átho kṣiptásya bheṣajím || 3 ||

(VI. 113.) LXIX

Conjuration contre une maladie grave

(Jagatī-triṣṭubh)

tṛté devá amṛjataitád énas
tṛtá enaṃ manuṣyèsu mamṛje |
táto yádi tvā gráhir ānaçé
táṃ te devá bráhmaṇā nāçayantu || 1 ||

LXIX. 1. — a) « C'est sur Trita que les Dieux se sont essuyés de ce péché » et, par suite, de la malédiction, de la maladie qui en procède. — Trita est une entité mythique extrêmement obscure et, originairement au moins, démoniaque : c'est pourquoi l'on rejette sur lui les souillures qui atteignent les Dieux. — b) Lire *enan*. — c d) Allitération ou jeu de mots.

márīcīr dhūmā́n prá viçā́nu pāpmann
udārā́n gachotá vā nihārā́n |
nadī́nām phénāñ ánu tā́n ví naçya
bhrūṇaghní pūṣan duritā́ni mṛkṣva || 2 ||

dvādaçadhā́ níhitam tṛtásyā́-
-pamṛṣṭam manuṣyainasā́ni |
táto yádi tvā gráhir ānaçé
tā́m te devā́ bráhmaṇā nāçayantu || 3 ||

(VI. 125.) LXX

Bénédiction du char

(Triṣṭubh-jagatī)

vánaspate vīḍvàṅgo hí bhūyā́
asmátsakhā pratáraṇaḥ suvī́raḥ |
góbhiḥ sáṃnaddho asi vīḍáyasvā-
-sthātā́ te jayatu jétvāni || 1 ||

divás pṛthivyā́ḥ páry ója údbhṛtam
vánaspátibhyaḥ páry ā́bhṛtam sáhaḥ |
apā́m ojmā́nam pári góbhir ā́bhṛtam
índrasya vájram havíṣā rátham yaja || 2 ||

índrasyaújo marútām ánīkam
mitrásya gárbho váruṇasya nā́bhiḥ |
sá imā́m no havyádātim juṣāṇó
déva rátha práti havyā́ gṛbhāya || 3 ||

3. — a b) Très obscur. Probablement : « Ce [péché] de Trita qui douze fois a été déposé [en lui par les Dieux] et [douze fois] effacé, [ce sont là] les péchés des hommes ». Le pluriel est motivé par l'adverbe *dvādaçadhā́* qui implique une pluralité.

LXX. Se lit avec deux variantes R. V. VI. 47. 26-28. L'hymne repose sur une confusion entre le char des guerriers et le char céleste d'Indra qui porte la foudre.

1. — c) Le char d'Indra est uni aux vaches (les nuées, les eaux du ciel). Pour le char terrestre, cf. LXXX 31.

3. — a) R. V. *índrasya vájro*. — c) R. V. *sémā́m*.

(VI. 126.)

LXXI

Bénédiction du tambour

(Triṣṭubh-jagatī)

úpa çvāsaya pṛthivím utá dyā́ṃ
purutrā́ te vanvatāṃ víṣṭhitaṃ jágat |
sá dundubhe sajū́r índreṇa devaír
dūrā́d dávīyo ápa sedha çátrūn || 1 ||

ā́ krandaya bálam ójo na ā́ dhā
abhí ṣṭana duritā́ bā́dhamānaḥ |
ápa sedha dundubhe duchúnām itá
índrasya muṣṭír asi vīḍáyasva || 2 ||

prā́múñ jayābhī́mé jayantu
ketumád dundubhír vāvadītu |
sám áçvaparṇāḥ patantu no náro
'smā́kam indra rathíno jayantu || 3 ||

(VI. 142.)

LXXII

Bénédiction du blé

(Anuṣṭubh)

úc chrayasva bahúr bhava svéna máhasā yava |
mṛṇīhí víçvā pā́trāṇi mā́ tvā divyā́çánir vadhīt || 1 ||

LXXI. Se lit avec variantes R. V. VI. 47. 29-31 ; repose sur une confusion entre le tambour de guerre et le poing sonore d'Indra qui manœuvre la foudre. Même sujet, A. V. V. 20 et 21.

1. — b) R. V. *manutāṃ*, « fasse attention à ».

2. — b) *ní ṣṭanihi* R. V. — c) R. V. *ápa protha*, « chasse par ton souffle sonore » ; *duchúnā*.

3. — a) *āmū́r aja pratyā́ vartayemā́ḥ* R. V. [*sénās*] sans doute. — b) *vāvadīti* R. V. — c) *-ç caranti* R. V.

LXXII. 1. — c) La correction *pṛṇīhí* semble inutile.

āçṛṇvántaṃ yávaṃ deváṃ yátra tvāchāvádāmasi |
tád úc chrayasva dyaúr iva samudrá ivaidhy ákṣitaḥ || 2 ||

ákṣitās ta upasádó 'kṣitāḥ santu rāçáyaḥ |
pṛṇánto ákṣitāḥ santv attā́raḥ santv ákṣitāḥ || 3 ||

(VII. 101.) LXXIII

Conjuration au sujet d'un aliment mangé en rêve

(Anuṣṭubh)

yát svápne ánnam açnā́mi ná prātár adhigamyáte |
sárvaṃ tád astu me çiváṃ nahí tád dṛçyáte dívā || 1 ||

(XI. 2.) LXXIV

Hymne à Bhava et Çarva

(Mètres divers)

bhávāçarvau mṛḍátaṃ mā́bhí yātaṃ
bhū́tapatī páçupatī námo vām |
prátihitām ā́yatāṃ mā́ ví srāṣṭaṃ
mā́ no hiṃsiṣṭaṃ dvipádo mā́ cátuṣpadaḥ || 1 ||

çúne kroṣṭré mā́ çárīrāṇi kártam
alíklavebhyo gṛ́dhrebhyo yé ca kṛṣṇā́ aviṣyávaḥ |
mákṣikās te paçupate váyāṃsi te
vighasé mā́ vidanta || 2 ||

krándāya te prāṇáya yā́ç ca te bhava rópayaḥ |
námas te rudra kṛṇmaḥ sahasrākṣā́yāmṛtya || 3 ||

2. — a) Le blé est divinisé et on lui adresse des prières.

LXXIV. 1. — c) Suppléer [*iṣum*].

2. — a) *kártam*, accent irrégulier. — c) Suppléer le *mákṣikās* du pāda d.

3. — a) Le mètre et le sens exigent également la restitution de *te* à la fin du pāda. — b) Sens indécis : si *rópayas* veut dire « douleurs », *te* signifie « que tu causes ». — c) Lire *kṛṇmasi*.

purástāt te námaḥ kṛṇmaḥ uttarád adharád utá |
abhīvargád divás páry antárikṣāya te námaḥ || 4 ||

múkhāya te paçupate yáni çákṣūṃṣi te bhava |
tvacé rūpáya saṃdṛ́çe pratīcīnāya te námaḥ || 5 ||

áṅgebhyas ta udárāya jihváyā āsyàya te |
dadbhyó gandháya te námaḥ || 6 ||

ástrā nīlaçikhaṇḍena sahasrākṣéṇa vājínā |
rudréṇārdhakaghātínā téna má sám arāmahi || 7 ||

sá no bhaváḥ pári vṛṇaktu viçváta
ápa ivāgníḥ pári vṛṇaktu no bhaváḥ |
má no 'bhí māṃsta námo astv asmai || 8 ||

catúr námo aṣṭakṛ́tvo bhaváya
dáça kṛ́tvaḥ paçupate námas te |
távemé páñca paçávo víbhaktā
gávo áçvāḥ púruṣā ajāváyaḥ || 9 ||

táva cátasraḥ pradíças táva dyaús
táva pṛthiví távedám ugrorv àntárikṣam |
távedáṃ sárvam ātmanvád yát prāṇát pṛthivím ánu || 10 ||

4. — d) Peut-être *antárikṣasya*. Le datif est amené ici par assimilation au pâda 5 d.

7. — c) *ardhaka-*, interprété étymologiquement, pourrait signifier « le croît (des troupeaux) » (rac. *ardh ṛdh*). Mais il vaut mieux lire *andhaka-* (nom propre d'un démon tué par Çiva). Que si l'on s'en fait scrupule par le motif que la légende d'Andhaka n'apparaît nulle part dans les Védas, il reste encore la ressource de lire *adhvaga-*, « voyageur », qui cadre assez bien avec le verbe du pâda d : cette stance serait dès lors la prière d'une caravane en marche.

8. — b) Faut-il lire *ivāgnīṃ*? Mais alors, si l'expression est plus exacte, la comparaison est moins concordante.

9. — a) *aṣṭakṛ́tvas* est l'unique exemple védique de la fusion du pl. *kṛ́tvas* (b) avec le nom de nombre qui le précède, fusion qui au contraire est de règle en classique.

urúḥ kóço vasudhā́nas távāyāṃ
yásminn imā́ víçvā bhúvanāny antáḥ |
sá no mṛḍa paçupate námas te
paráḥ kroṣṭā́ro abhibhā́ḥ çvā́naḥ
paró yantv agharúdo vikeçyàḥ || 11 ||

dhánur bibharṣi háritaṃ hiraṇyáyaṃ
sahasraghníṃ çatávadhaṃ çikhaṇḍín |
rudrásyéṣuç carati devahetís
tásyai námo yatamásyāṃ diçitáḥ || 12 ||

yó 'bhíyāto niláyate tvā́ṃ rudra nicikīrṣati |
paçcád anu prá yuṅkṣe táṃ viddhásya padanír iva || 13 ||

bhavārudraú sayújā saṃvidānā́v
ubhā́v ugraú carato vīryā̀ya |
tā́bhyāṃ námo yatamásyāṃ diçitáḥ || 14 ||

námas te astv āyaté námo astu parāyaté |
námas te rudra tíṣṭhata ā́sīnāyotá te námaḥ || 15 ||

námaḥ sāyáṃ námaḥ prātár námo rā́tryā námo dívā |
bhavā́ya ca çarvā́ya cobhā́bhyām akaraṃ námaḥ || 16 ||

sahasrākṣám atipaçyáṃ purástād
rudráṃ ásyantaṃ bahudhā́ vipaçcítam |
mópārāma jihváyéyamānam || 17 ||

çyāvā́çvaṃ kṛṣṇám ásitaṃ mṛṇántaṃ
bhīmáṃ ráthaṃ keçínaḥ pādáyantam |
pū́rve prátimo námo astv asmai || 18 ||

mā́ no 'bhí srā matyā̀ṃ devahetíṃ
mā́ naḥ krudhaḥ paçupate námas te |
anyátrāsmád divyáṃ çákhāṃ ví dhūnu || 19 ||

11. — a) *kóças*. Cf. XXV 4.
12. — b) Lire *sahasraghnī́* pour avoir un neutre régulier.
13. — d) *padanī́*, non pas « qui conduit les pas [du blessé] », mais « qui conduit *sur* ses pas », et par suite « la trace qu'il laisse ». La comparaison est bizarre, mais d'une rare énergie. Cf. *ciddhásyeca padáṃ naya*, A. V. X. 1. 26.
19. — a c) Métaphores désignant la foudre

má no hiṃsīr ádhi no brūhi pári ṇo vṛndhi má krudhaḥ |
má tváyā sám arāmahi || 20 ||

má no góṣu púruṣeṣu má gṛdho no ajāviṣu |
anyátrogra vi vartaya píyārūṇāṃ prajáṃ jahi || 21 ||

yásya takmá kásikā hetír ékam
áçvasyeva vŕ̥ṣaṇaḥ kránda éti |
abhipūrváṃ nirṇáyate námo astv asmai || 22 ||

yò 'ntárikṣe tíṣṭhati víṣṭabhitó
'yajvanaḥ pramṛṇán devapīyún |
tásmai námo daçábhiḥ çákvarībhiḥ || 23 ||

túbhyam āraṇyáḥ paçávo mṛgá váne hitá
haṃsáḥ suparṇáḥ çakuná váyāṃsi |
táva yakṣáṃ paçupate apsv àntás
túbhyaṃ kṣaranti divyá ápo vṛdhé || 24 ||

çiṃçumárā ajagaráḥ purīkáyā
jaṣá mátsyā rajasá yébhyo ásyasi |
ná te dūráṃ ná pariṣṭhásti te bhava
sadyáḥ sárvāṃ pári paçyasi bhúmiṃ
púrvasmād dhaṃsy úttarasmin samudré || 25 ||

má no rudra takmánā má viṣéṇa
má naḥ sáṃ srā divyénāgnínā |
anyátrāsmád vidyútaṃ pātayaitám || 26 ||

21. — c) Suppléer [*rátham*].

22. — b) La comparaison porte sur *éti* dans le sens d' « aller », et non dans celui d' « assaillir », qu'il ne tient que de son régime. — c) Suppléer le *ékam* du páda a.

24. — a) *váne* est une glose de *āraṇyás*, qui a passé dans le texte, peut-être parce qu'on a pris *hitás* dans le sens de « placés », où il requérait un complément, au lieu du sens d' « assignés, attribués », où il a pour complément *túbhyam*. Quoi qu'il en soit, en supprimant *váne* on rétablit le vers. — c) Non seulement les êtres, mais leur « reflet » appartient à Bhava.

bhavó divó bhavá īçe pṛthivyā́
bhavá ā́ papra urv àntárikṣam |
tásyai námo yatamásyāṃ diçitáḥ || 27 ||

bhā́va rājan yájamānāya mṛḍa
paçūnā́ṃ hí paçupátir babhū́tha |
yáḥ çraddádhāti sánti devā́ íti
cátuṣpade dvipáde 'sya mṛḍa || 28 ||

mā́ no mahā́ntam utá mā́ no arbhakā́ṃ
mā́ ṅo váhantam utá mā́ no vakṣyatā́ḥ |
mā́ no hiṃsiḥ pitáraṃ mātáraṃ ca
svā́ṃ tanvàṃ rudra mā́ rīriṣo naḥ || 29 ||

rudrásyailabakārébhyo 'saṃsūktagilébhyaḥ |
idā́ṃ mahā́syebhyaḥ çvábhyo akaraṃ námaḥ || 30 ||

námas te ghoṣíṇībhyo námas te keçínībhyaḥ |
námo námaskṛtābhyo námaḥ sambhuñjatī́bhyaḥ |
námas te deva sénābhyaḥ svastí no ábhayaṃ ca naḥ
|| 31 ||

(XI. 5.) LXXV

Puissance de l'ascétisme

(Mètres divers)

brahmacārī́ṣṇā́ṃç carati ródasī ubhé

27. — c) *tásyai* [*vidyúte*? 26 c, *īçace*? 12 c d]; mais plutôt corriger *tásmai*.

29. — Cf. supra XXIII 7.

LXXV.— Cet hymne est un exemple curieux des spéculations mythico-mystiques auxquelles le brâhmanisme s'est abandonné dans l'exaltation de sa supériorité sur les autres castes : ici, le brâhmane, ou plutôt le novice qui observe le vœu de chasteté, n'est plus seulement le premier-né de la création; il en est l'auteur, ou tout au moins le premier moteur (1), le régulateur suprême (20), il y préside sous la forme du soleil (26), et les Dieux eux-mêmes lui doivent leur naissance (5). C'est la conséquence paradoxale et dernière de cette idée essentiellement hindoue, que le sacrifice et l'œuvre pie (*bráhma*) sont nécessaires pour maintenir l'ordre de l'univers. Cette conception domine tout l'hymne et permet de le comprendre en gros, bien que certaines stances ne paraissent présenter qu'un pur galimatias : pour le débrouiller il faut toujours se souvenir que le « novice » et le soleil ne font qu'un.

tásmin devā́ḥ sámmanaso bhavanti |
sá dādhāra pṛthivī́ṃ divaṃ ca
sá ācāryàṃ tápasā piparti || 1 ||

brahmacāríṇaṃ pitáro devajanā́ḥ
pṛ́thag devā́ anu sáṃ yanti sárve |
gandharvā́ enam ánv āyan
tráyastriṃçat triçatā́ḥ ṣaṭsahasrā́ḥ
sárvānt sá devā́ṃs tápasā piparti || 2 ||

ācāryà upanáyamāno
brahmacāríṇaṃ kṛṇute gárbham antáḥ |
táṃ rā́trīs tisrá udáre bibharti
táṃ jātáṃ drā́ṣṭum abhi sáṃ yanti devā́ḥ || 3 ||

iyáṃ samít pṛthivī́ dyaúr dvitī́yo-
-tā́ntárikṣaṃ samídhā pṛṇāti |
brahmacārī́ samídhā mékhalayā
çrámeṇa lokā́ṃs tápasā piparti || 4 ||

pū́rvo jātó bráhmaṇo brahmacārī́
gharmáṃ vásānas tápasód atiṣṭhat |
tásmāj jātáṃ brā́hmaṇaṃ bráhma jyeṣṭháṃ
devā́ç ca sárve amṛ́tena sākám || 5 ||

1. — b) Les Dieux sont divisés par des rivalités jalouses, qui neutralisent leurs puissances : c'est le *brahmacārín* qui les concilie « en sa personne » et les rend ainsi capables d'agir. — d) Il fait passer ses mérites sur son maître d'abord, puis, comme on le verra, sur le monde entier.

2. — c) On peut corriger par hypothèse *sárve* | *sárve gandharvā́ ánu enam āyan* (l'un des deux *sárve* omis).

4. — a b) Les trois bûches du sacrifice sont censées étayer le ciel et la terre. On doit donc comprendre : « Cette bûche-ci (la plus proche) est la terre, le ciel est la deuxième, et [le novice] pourvoit aussi d'une bûche l'espace intermédiaire », de façon que le ciel et la terre demeurent respectivement séparés et étayés (cf. III 10).

5. — b) La chaleur (solaire?) doit être le symbole de la vie universelle ; mais il y a de plus ici, bien évidemment, un rapprochement voulu entre *gharmá* et *tápas* (V. au lexique). — c) *bráhma* est l'œuvre pie; *brā́hmaṇa* (adj.), ce qui s'y rapporte, l'ensemble du culte, du rituel : ici, le *brā́hmaṇa* à son tour est divinisé, et devient l'œuvre pie suprême ou première-née, « l'aîné du *bráhma* » puisqu'il le règle et l'ordonne. La suite des idées paraît être (autant qu'on peut parler de suite dans un pareil morceau) : « sans *brahmacārín*, pas de *bráhma*, puisque c'est lui qui l'accomplit; sans *brā́hmaṇa*, pas de *bráhma*, puisque c'est lui seul qui le rend régulier; or, sans le *bráhma*, rien n'existerait : donc... ».

brahmacāry èti samídhā sámiddhaḥ
kā́rṣṇaṃ vásāno dīkṣitó dīrgháçmaçruḥ |
sá sadyá eti pū́rvasmād úttaraṃ samudráṃ
lokā́nt saṃgṛ́bhya múhur ācárikrat || 6 ||

brahmacārī́ janáyan bráhmāpó lokáṃ
prajā́patiṃ parameṣṭhínaṃ virā́jam |
gárbho bhūtvā́mṛ́tasya yónāv
índro ha bhūtvā́surāṃs tatarha || 7 ||

ācāryàs tatakṣa nábhasī ubhé imé
urvī́ gambhīré pṛthivī́ṃ dívaṃ ca |
té rakṣati tápasā brahmacārī́
tásmin deváḥ sámmanaso bhavanti || 8 ||

imā́ṃ bhū́mim pṛthivī́ṃ brahmacārī́
bhikṣā́m ā́ jabhāra prathamó dívaṃ ca |
té kṛtvā́ samídhāv úpāste
táyor árpitā bhúvanāni víçvā || 9 ||

arvā́g anyáḥ paró anyó divás pṛṣṭhā́d
gúhā nidhī́ níhitau bráhmaṇasya |
taú rakṣati tápasā brahmacārī́
tát kévalaṃ kṛṇute bráhma vidvā́n || 10 ||

arvā́g anyá itó anyáḥ pṛthivyā́
agnī́ sam éto nábhasī antarémé |
táyoḥ çrayante raçmáyó 'dhi dṛḍhā́s
tā́n ā́ tiṣṭhati tápasā brahmacārī́ || 11 ||

6. — a) *samídhā* dépend de *eti*. — b) *kā́rṣṇam* : c'est le vêtement distinctif de l'ascète. — d) *ācárikrat* : le mot semble devoir être interprété par son substantif *ā́kṛti*, qui en védique signifie « les parties d'un tout ». Le *brahmacārin* a divisé les mondes en plusieurs parties, ordonné le chaos primitif (?).

9. — b) On serait tenté de lire *prathamā́m*. Tout à l'heure le ciel et la terre étaient les « bûches » et ils vont le redevenir; maintenant ils sont la « première aumône » que « s'est procurée » (où?) le novice. En effet il ne doit vivre que d'aumônes : par suite, voilà l'aumône à son tour qui joue un rôle cosmogonique.

10. — b) « Les deux réservoirs », conception mythique, cf. supra les trois seaux, XXV 4. — d) « Il se rend cette œuvre pie exclusivement propre par la connaissance parfaite qu'il en a » (?).

11. — b) « Les deux feux » paraissent être ici l'éclair et le feu terrestre. — d) *tā́n*, « les rênes » pour « le char », métonymie.

abhikrándan stanáyann aruṇáḥ
çitiṅgó bṛhác chépó 'nu bhúmau jabhāra |
brahmacārí siñcati sā́nau rétaḥ pṛthivyā́ṃ
téna jīvanti pradíçaç cátasraḥ || 12 ||

agnaú sū́rye candrámasi mātaríçvan
brahmacāry àpsú samídham ā́ dadhāti |
tā́sām arcíṃṣi pṛ́thag abhré caranti
tā́sām ā́jyaṃ púruṣo varṣám ā́paḥ || 13 ||

ācāryò mṛtyúr váruṇaḥ sóma óṣadhayaḥ páyaḥ |
jīmū́tā āsant sátvānas taír idáṃ svàr ā́bhṛtam || 14 ||

amā́ ghṛtáṃ kṛṇute kévalam ācāryò bhūtvā́ váruṇaḥ |
yád-yad aíchat prajā́patau tád brahmacārí prā́yachat
svā́n mitró ádhy ātmánaḥ || 15 ||

ācāryò brahmacārí brahmacārí prajā́patiḥ |
prajā́patir ví rājati virā́ḍ índro 'bhavad vaçí || 16 ||

brahmacáryeṇa tápasā rā́jā rāṣṭráṃ ví rakṣati |
ācāryò brahmacáryeṇa brahmacāríṇam ichate || 17 ||

brahmacáryeṇa kanyā̀ yúvānaṃ vindate pátim |
anaḍvā́n brahmacáryeṇā́çvo ghāsáṃ jigīṣati || 18 ||

brahmacáryeṇa tápasā devā́ mṛtyúm ápāghnata |
índro ha brahmacáryeṇa devébhyaḥ svàr ā́bharat || 19 ||

óṣadhayo bhūtabhavyám ahorātré vánaspátiḥ |
saṃvatsaráḥ sahá ṛtúbhis té jātā́ brahmacāríṇaḥ || 20 ||

pā́rthivā divyā́ḥ paçáva āraṇyā́ grāmyā́ç ca yé |
apakṣā́ḥ pakṣíṇaç ca yé té jātā́ brahmacāríṇaḥ || 21 ||

pṛ́thak sárve prājāpatyā́ḥ prāṇā́n ātmásu bibhrati |
tā́nt sárvān bráhma rakṣati brahmacāríṇy ā́bhṛtam || 22 ||

12. — c) On peut considérer le dernier mot comme une glose et lire *sā́nau rétaḥ siñcati brahmacārī*.

13. — d) Ailleurs encore (R. V. X. 51. 8.), l'homme (?) ou Puruṣa (?) semble rapproché du « beurre des eaux »; mais ce rapprochement très obscur ne saurait éclaircir notre vers.

17. — a) *brahmacáryeṇa*, « grâce aux [mérites des] pratiques du *brahmacārin* » qui se répandent sur tous les êtres.

devā́nām etā́t pariṣūtám
ánabhyārūḍhaṃ carati rócamānam |
tásmāj jātáṃ brā́hmaṇaṃ bráhma jyeṣṭháṃ
devā́ç ca sárve amŕ̥tena sākám || 23 ||

brahmacārī́ bráhma bhrā́jad bibharti
tásmin devā́ ádhi víçvā samótāḥ |
prāṇāpānaú janáyann ā́d vyānáṃ
vā́caṃ máno hŕ̥dayaṃ bráhma medhā́m || 24 ||

cákṣuḥ çrótraṃ yáço asmā́su dhehy
ánnaṃ réto lóhitam udáram || 25 ||

tā́ni kálpad brahmacārī́ salilásya pr̥ṣṭhé
tápo 'tiṣṭhat tapyámānaḥ samudré |
sá snātó babhrúḥ piṅgaláḥ pr̥thivyā́ṃ bahú rocate || 26 ||

(XIX. 46.) LXXVI

Conjuration en remettant une amulette

(Mètres divers)

prajā́patiṣ ṭvābadhnāt prathamám
ástr̥taṃ vīryā̀ya kám |
táṃ te badhnāmy ā́yuṣe várcasa ójase ca bálāya cā́-
-str̥tas tvābhí rakṣatu || 1 ||

ūrdhvás tiṣṭhan rakṣā́pramādam astr̥temáṃ
mā́ tvā dabhan paṇáyo yātudhā́nāḥ |
índra iva dásyūn áva dhūnuṣva pr̥tanyatáḥ
sárvāñ chátrūn ví ṣahasvā́str̥tas tvābhí rakṣatu || 2 ||

23. — a) *etát*, « ce [principe divin] ». Le pāda est trop court : on peut le compléter par *asti*, ou lire plutôt *devā́nām ágre pariṣūtám etád*.
24. — Anacoluthe entre b et c, mais liaison entre c d et st. 25.
25. — b) On peut corriger *lóhitaṃ codáraṃ ca*.
26. — c d) Comme le soleil lorsqu'il sort de la mer.
LXXVI. 1. — Anacoluthe entre les deux parties de la stance, et de même dans la stance suivante. — Même sujet, A. V. IV, 10, où l'*ástr̥ta* est probablement une perle (*karçanā* ou plutôt *kārçanā*).

çatáṃ caná prahárantо nighnánto yáṃ ná tastriré |
tásminn índraḥ páry adatta cákṣuḥ prāṇám átho bálam
ástṛtas tvābhí rakṣatu || 3 ||

índrasya tvā vármaṇā pári dhāpayāmo
yó devā́nām adhirājó babhū́va |
púnas tvā devā́ḥ prá ṇayantu sárvó
'stṛtas tvābhí rakṣatu || 4 ||

asmin maṇā́v ékaçataṃ vīryā̀ṇi
sahásraṃ prāṇā́ asmínn ástṛte |
vyāghráḥ çátrūn abhí tiṣṭha sárvān
yás tvā pṛtanyā́d ádharaḥ só astv
ástṛtas tvābhí rakṣatu || 5 ||

ghṛtā́d úllupto mádhumān páyasvānt
sahásraprāṇaḥ çatáyonir vayodhā́ḥ |
çambhū́ç ca mayobhū́ç córjasvāṃç ca páyasvāṃç cá-
-stṛtas tvābhí rakṣatu || 6 ||

yáthā tvám úttaró 'so asapatnā́ḥ sapatnahā́ |
sajātā́nām aso vaçī́ táthā tvā savitā́ karad
ástṛtas tvābhí rakṣatu || 7 ||

ÇATAPATHA-BRÂHMANA

(III. 1. 1.) **LXXVII**

L'emplacement du sacrifice

om | devayájanaṃ joṣayanto | sa yád eva várṣiṣṭhaṃ syāt táj joṣayeran yád anyad bhū́mer nā̀bhiçáyītáto vaí devā́ dívam upódakrāman devā́n vā́ eṣá upótkrāmati yo dī́kṣate sa sádeve

6. — On a plongé l'amulette dans le beurre du sacrifice, pour la consacrer : de là toutes les épithètes dont on la décore.

7. — c) Le contexte irait mieux avec *ā́so*.

LXXVII. — Une des grandes difficultés de la traduction d'un texte de prose, c'est la restitution de la ponctuation. A cet effet on observera

devayájane yajate sa yád dhānyad bhúmer abhiçáyītávaratara iva heṣṭvá syāt tásmād yád eva várṣiṣṭhaṃ syāt táj joṣayeran || 1 ||

tad várṣma sát samáṃ syāt | samaṃ sad ávibhraṃçi syād ávibhraṃçi sat prákpravaṇaṃ syāt prácī hí devánāṃ dig átho údakpravaṇam údicī hí manuṣyàṇāṃ díg dakṣiṇatáḥ pratyúcchritam iva syād eṣā vai dik pitṝṇāṃ sa yád dakṣiṇápravaṇaṃ syát kṣipró ha yájamāno 'múṃ lokám iyāt tátho ha yájamāno jyóg jīvati tásmād dakṣiṇatáḥ pratyúcchritam iva syāt || 2 ||

ná purástād devayajanamātram átiricyeta | dviṣántaṃ hāsya tad bhrátṛvyam abhy átiricyate kámaṃ ha dakṣiṇataḥ syád evám uttaratá etád dha tv èva sámṛddhaṃ devayájanaṃ yásya devayajanamātráṃ paçcát pariçiṣyáte kṣipró ha 'vainam úttarā devayajyópanamatíti nú devayájanasya || 3 ||

tád u hovāca yájñavalkyaḥ | vārṣṇyáya devayájanaṃ jóṣayitum aima tát sātyayajñò 'bravīt sárvā vá iyáṃ pṛthiví deví devayájanaṃ yátra vá asyai kvà ca yájuṣaivá parigṛ́hya yājayed iti || 4 ||

ṛtvijo haivá devayájanam | yó brāhmaṇáḥ çuçruváṃso 'nūcāná vidváṃso yājáyanti saiváhvalaitán nediṣṭhatamám iva manyāmaha iti || 5 ||

surtout la place des particules *ha*, *vai*, *hi*, etc., qui jouent un rôle très important dans la syntaxe brâhmanique, et qui, en général, ne se placent qu'après le premier mot de la proposition soit principale soit secondaire : on placera donc à coup sûr une interponction devant ce mot, et la pratique enseignera le reste.

1. — *ávaratara iva* : l'enclitique *iva* ne fait qu'un mot avec celui qu'il modifie.

2. — *prácī... dig, údicī... dig* : ces deux incises sont comme entre parenthèses. — *tátho ha* : « ainsi, de cette façon », non pas « de la façon qu'on vient de dire et qui est contre-indiquée », mais « de celle qui est recommandée plus haut ».

3. — *...mātrá*, « un espace vide de la dimension d'un *devayájana*, assez grand pour qu'on pût y établir un autre emplacement de sacrifice ». — *paçcát, úttarā* : comme l'emplacement est en pente vers le levant, tout service divin qui s'accomplit ou s'accomplirait au couchant s'inclinerait nécessairement (en suivant la pente) vers le sacrifiant, que désigne toujours le pronom de 3ᵉ personne lorsqu'il n'y a pas un autre substantif plus rapproché qu'il soit susceptible de représenter.

5. — *ṛtvíjas...* : suppléer [*santi*]. — Avec *etát* il faut suppléer un mot comme *devayájanam*, ou bien l'entendre comme pronom neutre « cela »,

tac chálāṃ vā vimitaṃ vā prācīnavaṃçaṃ minvanti | prā́cī hí devā́nāṃ dík purástād vaí devā́ḥ pratyáñco manuṣyā̀n upā́vṛttās tásmāt tébhyaḥ prā́ṅ tíṣṭhan juhoti || 6 ||

tásmād u ha ná pratīcī́naçirāḥ çayīta | néd devā́n abhiprasā́rya çáyā íti yā dákṣiṇā dík sā́ pitṝṇā́ṃ yā́ pratīcī sā́ sarpā́ṇāṃ yáto devā́ uccakramuḥ saiṣā́hīnā yódīcī dík sā́ manuṣyā̀ṇāṃ tásmān mānuṣā́ udīcī́navaṃçām eva çā́lāṃ vā vimitaṃ vā minvanty údīcī hí manuṣyā̀ṇāṃ díg dīkṣitásyaivá prācī́navaṃçā nā́dīkṣitasya || 7 ||

tā́ṃ vā́ etā́ṃ páriçrayanti | néd abhivárṣād íti nv èvā́ varṣā́ devā́n vā́ eṣá upā́vartate yo dī́kṣate sā́ devátānām éko bhavati tirá iva vai devā́ manuṣyèbhyas tirá ivaitad yat páriçritaṃ tásmāt páriçrayanti || 8 ||

tan na sárva ivā̀bhiprápadyeta | brā́hmaṇó vaivá rājanyò vā vaíçyo vā te hí yajñíyāḥ || 9 ||

sa vai na sárveṇeva sáṃvadeta | devā́n vā́ eṣá upā́vartate yo dī́kṣate sá devátānām éko bhavati na vaí devā́ḥ sárveṇeva sáṃvadante brā́hmaṇéna vaivá rājanyèna vā vaíçyena vā te hí yajñíyās tásmād yády enaṃ çūdréṇa saṃvādó vindéd etéṣām ekaíkaṃ brūyād imam íti vicakṣvemam íti vicakṣvéty eṣá u tátra dīkṣitásyopacārā́ḥ || 10 ||

áthārā́ṇī pā́ṇaú kṛtvā́ | çā́lām adhyávasyati sá pūrvārdhyàṃ sthū́ṇārājā́m abhipádyaitad yájur áhedám aganma devayájanaṃ pṛthivyā́ yátra deváso ájuṣanta víçva íti tád asya víçvaiç ca devair jú̇ṣṭaṃ bhávati yó cemé brāhmaṇā́ḥ çuçruvā́ṃso 'nūcānā yad áhāsya tó 'kṣibhyām ī́kṣante brāhmaṇā́ḥ çuçruvā́ṃsas tad áhāsya tair jú̇ṣṭaṃ bhavati || 11 ||

yad vā́ha | yátra deváso ájuṣanta víçva íti tád asya víçvair devair jú̇ṣṭaṃ bhavaty ṛksāmā́bhyāṃ saṃtáranto yájurbhir íty ṛksāmā́bhyāṃ vai yájurbhir yajñásyodṛ́caṃ gáchanti

ce qui d'ailleurs revient au même : le mot à mot rigoureux n'est pas toujours possible pour le style des Brâhmaṇas.

7. — *çayīta* : sujet indéterminé, « on ». — *néd... íti* : « scilicet ne... ».

8. — *devátānām ékas* : défaut d'accord entre les deux mots, parce que le sujet masculin *sá* régit *ékas*.

10. — *etéṣām* : « des gens nommés plus haut ».

11. — *idám... víçve* : en supprimant *idám*, on a une demi-triṣṭubh régulière. — *yátra pṛthivyā́s* = ubi terrarum.

yajñásyodṛ́çaṃ gachānity evaitád āha rāyas póṣeṇa sám iṣā́ mademéti bhūmā vai rāyas póṣaḥ çrīr vai bhūmā́çiṣam evaitad ā́çāste sám iṣā́ mademetīṣaṃ madatīti vai tā́m āhur yaḥ çriyam açnute yā́ḥ paramā́tāṃ gáchati tásmād āha sám iṣā́ mademéti || 12 ||

AITAREYA-BRÂHMAṆA

(I. 27-29.) LXXVIII

La cérémonie de l'agnipraṇayana

(I) somo vai rājā gandharveṣv āsīt taṃ devāç ca ṛṣayaç cābhyadhyāyan katham ayam asmān somo rājā gached iti | sā vāg abravīt strīkāmā vai gandharvā mayaiva striyā bhūtayā paṇadhvam iti | neti devā abruvan kathaṃ vayaṃ tvad ṛte syāmeti | sābravīt krīṇītaiva yarhi vāva vo mayārtho bhavitā tarhy eva vo 'haṃ punar āgantāsmīti | tatheti | tayā mahānagnyā bhūtayā somaṃ rājānam akrīṇaṃs 1 tām anukṛtim askannāṃ vatsatarīm ājanti somakrayaṇīṃ tayā somaṃ rājānaṃ krīṇanti 2 tāṃ punar niṣkrīṇīyāt punar hi sā tān

12. — *ṛk...* : pāda de triṣṭubh. — Sans qu'il y ait de conjonction qui l'indique, le verbe *gáchanti* est censé être en proposition subordonnée par rapport à *āha*, verbe de proposition principale. — *rāyás póṣeṇa sám iṣā́ mádanto mā́ te agne prátiveçā riṣāma*. A. V. III. 15. 8. — *īṣaṃ madatīti vai tā́m āhur* : « *īṣaṃ madati*, dit-on de celui... ».

LXXVIII. — L'Aitareya-Brāhmaṇa, étant le rituel du hotar qui se rattache à l'école du Rig-Véda, est émaillé de citations de ce recueil : en les relevant on omettra comme superflues les lettres R. V. — La cérémonie de l'*agnipraṇayana* comprend trois phases essentielles : *agnipraṇayana* proprement dit, qui consiste à amener Agni ou le feu du sacrifice à l'autel (*uttarā vedi*) spécialement affecté au sacrifice du soma; *havirdhānapravartana*, qui consiste à y amener les deux chariots contenant les offrandes consacrées; *agnīṣomapraṇayana* enfin, ou transport au même autel d'Agni et de Soma. On n'a donné ici que les passages qui se réfèrent aux deux premières phases, avec le préambule qui peut servir de type des légendes éparses dans les Brāhmaṇas.

I. 1. — *krīṇītaiva*, « achetez toujours ». — 2. *anukṛtim* : « [en] imitation ». Dans l'usage, le sacrifiant donne le prix d'une telle génisse

āgachat 3 tasmād upāṃçu vācā caritavyaṃ some rājani krīte gandharveṣu hi tarhi vāg bhavati sāgnāv eva praṇīyamāne punar āgachati 4 ||

(II) agnaye praṇīyamānāyānubrūhīty āhādhvaryuḥ 1 pra devaṃ devyā dhiyā bharatā jātavedasam | havyā no vakṣad ānuṣag iti gāyatrīṃ brāhmaṇasyānubrūyād 2 gāyatro vai brāhmaṇas tejo vai brahmavarcasaṃ gāyatrī tejasaivainaṃ tad brahmavarcasena samardhayati- 3 -maṃ maho vidathyāya çūṣam iti triṣṭubhaṃ rājanyasyānubrūyāt 4 traiṣṭubho vai rājanya ojo vā indriyaṃ vīryaṃ triṣṭub ojasaivainaṃ tad indriyeṇa vīryeṇa samardhayati 5 çaçvat kṛtva īḍyāya pra jabhrur iti 6 svānām evainaṃ tac chraiṣṭhyaṃ gamayati 7 çṛṇotu no damyebhir anīkaiḥ çṛṇotv agnir divyair ajasra ity 8 ājarasaṃ hāsminn ajasro dīdāya ya evaṃ vedā- 9 -yam iha prathamo dhāyi dhātṛbhir iti jagatīṃ vaiçyasyānubrūyāj 10 jāgato vai vaiçyo jāgatāḥ paçavaḥ paçubhir evainaṃ tat samardhayati 11 vaneṣu citraṃ vibhvaṃ viçe-viça ity abhirūpā | yad yajñe 'bhirūpaṃ tat samṛddham 12 ayam u ṣya pra devayur ity 13 anuṣṭubhi vācaṃ visṛjate 14 vāg vā anuṣṭub vācy eva tad vācaṃ visṛjate 15 'yam u ṣya iti yad āhāyam u syāgamaṃ yā purā gandharvesv avāksam ity eva tad vāk prabrūte 16 'yam agnir uruṣyatīty 17 ayaṃ vā agnir uruṣyaty 18 amṛtād iva janmana ity amṛtatvam evāsmiṃs tad dadhāti 19 sahasaç cit sahīyān devo jīvātave kṛta iti 20 devo hy eṣa etaj jīvātave kṛto yad agnir 21 iḷāyās tvā pade

au brâhmane qui apporte le soma. — 3. *niṣkriṇīyāt* est un potentiel, ordinairement les objets donnés en dakṣiṇā ne sont pas rachetables; *sā* = *vāc*; *tān* = *devān*.

II. — 1. C'est l'adhvaryu qui avertit le hotar officiant de toutes les phases du sacrifice, et l'invite à prononcer les *mantras* ou formules de prières qui y sont appropriées. — 2. (X. 176. 2.) *brāhmaṇasya* : « pour un brâhmane », c'est-à-dire « si celui qui fait les frais du sacrifice est un brâhmane ». — 4. (III. 51. 1.) Les trois autres pâdas, infra 6 et 8. — 10. (IV. 7. 1.) La stance complète est *ayám... hótā yájiṣṭho adhvaréṣv íḍyaḥ | yám ápnavāno bhṛ́gavo virurucúr vánesu...* infra 12. — 11. *jāgatās* : parce qu'ils se meuvent. — 12. *abhirūpā* [ṛc] à cause du mot *viç*, qui est censé contenir une allusion au vaiçya sacrifiant. — 13. (X. 176. 3.) Le pâda b est *hótā yajñā́ya nīyate*. — 14-16. Série de demi-jeux de mots sur *vāc* (parole, voix et Vâc); *avākṣam*, au lexique, sous *3 vas*. — 17. (X. 176. 4.) Le reste de la stance, infra 19 et 20. — 21. *etad yad* « id quod » établit une équivalence entre les deux termes ainsi rapprochés.

vayaṃ nābhā pṛthivyā adhīty 22 etad vā iḷāyās padaṃ yad uttaravedīnābhir 23 jātavedo ni dhīmahīti nidhāsyanto hy enaṃ bhavanty 24 agne havyāya voḷhava iti havyaṃ hi vakṣyan bhavaty 25 agne viçvebhiḥ svanīka devair ūrṇāvantaṃ prathamaḥ sīda yoniṃ iti 26 viçvair evainaṃ tad devaiḥ sahāsādayati 27 kulāyinaṃ ghṛtavantaṃ savitra iti kulāyam iva hy etad yajño kriyate yat paitudāravāḥ paridhayo gulgulūrṇāstukāḥ sugandhitejanānīti | yajñaṃ naya yajamānāya sādhv iti yajñam eva tad ṛjudhā pratiṣṭhāpayati 28 sīda hotaḥ sva u loke cikitvān ity agnir vai devānāṃ hotā tasyaiṣa svo loko yad uttaravedīnābhiḥ 29 sādayā yajñaṃ sukṛtasya yonāv iti yajamāno vai yajño yajamānāyaivaitām āçiṣam āçāste 30 devāvīr devān haviṣā yajāsy agne bṛhad yajamāne vayo dhā iti prāṇo vai vayaḥ prāṇam eva tad yajamāne dadhāti 31 ni hotā hotṛṣadane vidāna ity agnir vai devānāṃ hotā tasyaitad dhotṛṣadanaṃ yad uttaravedīnābhis 32 tveṣo dīdivāñ asadat sudakṣa ity āsanno hi sa tarhi bhavaty 33 adabdhavratapramatir vasiṣṭha ity agnir vai devānāṃ vasiṣṭhaḥ 34 sahasrambharaḥ çucijihvo agnir ity eṣā ha vā asya sahasrambharatā yad enam ekaṃ santaṃ bahudhā viharanti 35 pra ha vai sāhasraṃ poṣam āpnoti ya evaṃ veda 36 tvaṃ dūtas tvam u naḥ paraspā ity uttamayā paridadhāti 37 tvaṃ vasya ā vṛṣabha praṇetā | agne tokasya nas tane tanūnām aprayuchan dīdyad bodhi gopā ity 38 agnir vai devānāṃ gopā agnim eva tat sarvato goptāraṃ paridatta ātmane ca yajamānāya ca yatraivaṃ vidvān etayā paridadhāty atho saṃvatsarīṇāṃ evaitāṃ svastiṃ kurute 39 tā etā aṣṭāv anvāha rūpasamṛddhā | etad vai yajñasya samṛddhaṃ yad rūpasamṛddhaṃ yat karma kriyamāṇam ṛg abhivadati 40 tāsāṃ triḥ prathamām anvāha trir uttamāṃ tā dvādaça sampadyante dvādaça vai māsāḥ saṃvatsaraḥ saṃvatsaraḥ prajāpatiḥ | prajāpatyāyatanābhi r evābhī rādhnoti ya evaṃ veda | triḥ prathamāṃ trir uttamām anvāha yajñasyaiva tad barsau nahyati sthemne balāyāvisraṃsāya 41 ||

— 22 (III. 29. 4.) La fin, 24 et 25. — 26. (VI. 15. 16.) La fin, 28. — 28. Dans une cavité quadrangulaire (*uttaravedīnābhi*), ménagée au milieu de l'autel, on dispose les objets ci-mentionnés, qui composent le « nid » d'Agni. — 29. (III. 29. 8.) La fin, 30 et 31. — 32. (II. 9. 1.) La suite, 33-35. — 37-38. (II. 9. 2.) *uttamayā* [*ṛcā*]. — 41. Spécimen de l'arithmétique fantaisiste et mystique des Brāhmaṇas.

(III) havirdhānābhyāṃ prohyamāṇābhyām anubrūhīty āhā-dhvaryur 1 yujo vāṃ brahma pūrvyaṃ namobhir ity anvāha | brahmaṇā vā ete devā ayuñjata yad dhavirdhāne brahma-ṇaivaine etad yuṅkte na vai brahmaṇvad riṣyati 2 pretāṃ yajñasya çambhuveti tṛcaṃ dyāvāpṛthivīyam anvāha 3 tad āhur yad dhavirdhānābhyāṃ prohyamāṇābhyām anu vācāhātha kasmāt tṛcaṃ dyāvāpṛthivīyam anvāheti | dyāvāpṛthivī vai devānāṃ havirdhāne āstāṃ te u evādyāpi havirdhāne te hīdam antareṇa sarvaṃ havir yad idaṃ kiṃ ca | tasmāt tṛcaṃ dyāvā-pṛthivīyam anvāha 4 yame iva yatamāne yad aitam iti yame iva hy ete yatamāne prabāhug itaḥ 5 pra vāṃ bharan mānuṣā devayanta iti devayanto hy ene mānuṣāḥ prabharanty 6 ā sīdataṃ svam u lokaṃ vidāne svāsasthe bhavatam indave na iti somo vai rājenduḥ somāyaivaine etad rājña āsade 'cīkḷpad 7 adhi dvayor adadhā ukthyaṃ vaca iti 8 dvayor hy etat tṛtīyaṃ chadir adhinidhīyata 9 ukthyaṃ vaca iti yad āha yajñiyaṃ vai karmokthyaṃ vaco yajñam evaitena samardhayati 10 yatasrucā mithunā yā saparyataḥ | asaṃyatto vrate te kṣeti puṣyatīti 11 yad evādaḥ pūrvaṃ yattavat padam āha tad evaitena çāntyā çamayati 12 bhadrā çaktir yajamānāya sunvata ity āçiṣam āçāste 13 viçvā rūpāṇi prati muñcate kavir iti viçvarūpām anvāha 14 sa rarāṭyām īkṣamāṇo 'nubrūyād 15 viçvam iva hi rūpaṃ rarāṭyāḥ çuklam iva ca kṛṣṇam iva ca 16 viçvaṃ rūpam avarunddha ātmane ca yajamānāya ca yatraivaṃ vidvān etāṃ rarāṭyām īkṣamāṇo 'nvāha 17 pari tvā

III. — 2. (X. 13. 1.) Si, dans le texte védique, *yujé* a le sens d' « atteler », il l'a complètement perdu dans la pensée de l'auteur ritualiste. — 3. (II. 41. 19-21.) *prétāṃ yajñásya çambhúvā yuvā́m íd ā́ vṛṇīmahe | agním ca havyavā́hanam || dyā́vā naḥ pṛthivī́...* etc. — 4. *tad āhur*, formule par laquelle on introduit une objection; *vai* annonce la réponse. — 5. (X. 13. 2.) La suite 6 et 7; le sujet de *itas* est « les deux chariots ». — 8. (I. 83. 3.) La suite, 11 et 13. Dans le texte védique, *dvayos* vise les deux sacrificateurs; mais le commentateur l'applique aux chariots, en même temps qu'il prend *ádhi dhā* dans le sens matériel « placer dessus », — 9. et assimile l'*ukthyàm vácas* du texte védique à la « couverture » qu'on étend sur les chariots d'offrandes. — 12. Dans un de ses sens, le mot *yata* signifie « cruel » : en conséquence il est de mauvais augure; mais l'effet en est censé annulé par la répétition d'un mot identique précédé de la négation au pâda suivant. — 14. (V. 81. 2.) Cette *ṛc* est dite *viçvarūpā* simplement à cause des mots par lesquels elle débute; elle s'adresse à Savitar. — 16. Les chariots sont placés

girvaṇo gira ity uttamayā paridadhāti 18 sa yadaiva havirdhāne sampariçrite manyetātha paridadhyād 19 anagnambhāvukā ha hotuç ca yajamānasya ca bhāryā bhavanti yatraivaṃ vidvān etayā havirdhānayoḥ sampariçritayoḥ paridadhāti 20 yajuṣā vā ete pariçriyete yad dhavirdhāne yajuṣaivaine etat pariçrayanti 21 tau yadaivādhvaryuç ca pratiprasthātā cobhayato methyau nihanyātām atha paridadhyād 22 atra hi te sampariçrite bhavatas 23 tā etā aṣṭāv anvāha rūpasamṛddhā | etad vai yajñasya samṛddhaṃ yad rūpasamṛddhaṃ yat karma kriyamāṇam ṛg abhivadati | tāsāṃ triḥ prathamām anvāha trir uttamāṃ tā dvādaça sampadyante dvādaça vai māsāḥ saṃvatsaraḥ saṃvatsaraḥ prajāpatiḥ | prajāpatyāyatanābhir evābhī rādhnoti ya evaṃ veda | triḥ prathamāṃ trir uttamām anvāha yajñasya tad barsau nahyati sthemne balāyāvisraṃsāya 24 ||

GOBHILA-GṚHYA-SÛTRA

(II. 1. 1-9.) LXXIX

Le choix d'une épouse

puṇye nakṣatre dārān kurvīta || 1 ||
lakṣaṇapraçastān kuçalena || 2 ||
tadalābhe piṇḍān || 3 ||
vedyāḥ sitāyā hradād goṣṭhāc catuṣpathād ādevanād ādahanād iriṇāt || 4 ||

entre deux poteaux (*methyau*), et le front de ces poteaux (*rarāṭi*) est orné d'emblèmes qui symbolisent l'aspect clair (jour) et l'aspect noir (nuit). — 18. (I. 10. 12.)... *imā bhavantu viçvātaḥ*. — 21. *pariçrayanti* [*adhvaryavas*].

LXXIX. Ce qui déconcerte, au premier abord, dans le style des Sûtras, ce sont les versets très courts, souvent sans verbe, réduits parfois à un seul mot, qui semblent former chacun une proposition détachée et par cela même inintelligible. Cet inconvénient disparait, si on les lit comme une prose continue, qui a été simplement hachée en menus morceaux pour les besoins de l'enseignement mécanique et de la récitation orale. Ainsi le *piṇḍān* du verset 3 et tous les accusatifs qui suivent dépendent des deux verbes *ādhāya* et *upanāmayet* qu'on ne lira qu'au verset 7.

sarvebhyaḥ sambhāryaṃ navamam || 5 ||
samān kṛtalakṣaṇān || 6 ||
pāṇāv ādhāya kumāryā upanāmayed ṛtam eva prathamam ṛtaṃ nātyeti kaçcana rta iyaṃ pṛthivī çritā sarvam idam asau bhūyād iti tasyā nāma gṛhītvaiṣām ekaṃ gṛhāṇeti brūyāt || 7 ||
pūrveṣāṃ caturṇāṃ gṛhṇantīm upayacchet || 8 ||
sambhāryam api tv eke || 9 ||

(III. 4.) LXXX

La sortie de l'école

brahmacārī vedam adhītya || 1 ||
upanyāhṛtya gurave || 2 ||
anujñāto dārān kurvīta || 3 ||
asagotrān || 4 ||
mātur asapiṇḍān || 5 ||
nagnikā tu çreṣṭhā || 6 ||
athāplavanam || 7 ||
uttarataḥ purastād vācāryakulasya parivṛtaṃ bhavati || 8 ||
tatra prāgagreṣu darbheṣūdaṅṅ ācārya upaviçati || 9 ||
prāg brahmacāry udagagreṣu darbheṣu || 10 ||
sarvauṣadhiviphāṇṭābhir adbhir gandhavatībhiḥ çītoṣṇābhir ācāryo 'bhiṣiñcet || 11 ||

7. — *asau* sera remplacé par le nom de la jeune fille.

9. — *eke*, « qu·lques [autres commentateurs] », formule par laquelle l'auteur introduit une opinion « probable ».

LXXX. 4. — Le *gotra* est la famille légale fondée sur la parenté paternelle : comme la *gens* romaine, il comprend tous les individus de même nom, sans distinction de degrés.

5. — Les *sapiṇḍas* (étymologiquement « ceux qui ont part au *piṇḍa* ou gâteau funèbre offert à un défunt ») sont les parents d'une personne jusques et y compris la sixième génération.

6. — L'ensemble de la doctrine de Gobhila est en contradiction formelle avec cette étrange prescription, que l'on retrouve d'ailleurs dans d'autres écrits : il y a donc lieu, soit de corriger en *anagnikā*, soit (ce qui vaut mieux encore) de considérer le verset comme postérieurement interpolé (Knauer).

svayam iva tu || 12 ||

mantravarṇo bhavati || 13 ||

yo apsv antar agnayaḥ praviṣṭā ity apām añjalim avasiñcati || 14 ||

yad apāṃ ghoraṃ yad apāṃ krūraṃ yad apām açāntam iti ca || 15 ||

yo rocanas tam iha gṛhṇāmīty ātmānam abhiṣiñcati || 16 ||

yaçase tejasa iti ca || 17 ||

yena striyam akṛṇutam iti ca || 18 ||

tūṣṇīṃ caturtham || 19 ||

upotthāyādityam upatiṣṭhetodyan bhrājabhṛṣṭibhir ity etatpra-bhṛtinā mantreṇa || 20 ||

yathāliṅgaṃ vā viharan || 21 ||

cakṣur asīty anubadhnīyāt || 22 ||

mekhalām avamuñcata ud uttamaṃ varuṇa pāçam iti || 23 ||

brāhmaṇān bhojayitvā svayaṃ bhuktvā keçaçmaçruromana-khāni vāpayīta çikhāvarjam || 24 ||

snātvālaṃkṛtyāhate vāsasī paridhāya srajam ābadhnīta çrīr asi mayi ramasveti || 25 ||

netryau stho nayataṃ mām ity upānahau || 26 ||

12-13. — C'est-à-dire que le texte (*varṇa*) de la prière ou formule (*mantra*) qui accompagne cette aspersion est conçu dans les mêmes termes (*iva*) que si l'élève s'aspergeait lui-même (*svayam*) au lieu d'être aspergé par son précepteur.

15. — *iti ca* indique que ce mantra accompagne le précédent et se récite durant le même acte deux fois répété.

20. — Le pāda complet est *udyan bhrājabhṛṣṭibhir indro marudbhiḥ*. Cf. *bhrājadṛṣṭayas*, XV 1.

21. — Verset difficile. On croit comprendre que l'élève a à réciter un mantra qui comporte trois variantes, le mot *udyan* pouvant être remplacé par deux autres mots suivant l'heure de la journée (matin, midi, soir). Or il dépend de lui, soit de réciter ce mantra avec ses trois variantes (20), soit (*vā*) de n'en réciter qu'une, appropriée à l'heure à laquelle s'accomplit la cérémonie, en répartissant (*viharan*), pour ainsi dire, le mantra total conformément au mot caractéristique (*yathāliṅgam*) qui indique la position du soleil à ce moment.

22. — *cakṣur asi cakṣuṣ ṭvam asi*. Cf. A. V. II. 17. 6. *cákṣur asi cákṣur me dāḥ svāhā.*

23. — *pāçam*, cf. LIX 6 sq., et A. V. VII. 83. 3. *úd uttamáṃ varuṇa pā́çam asmád ávādhamáṃ ví madhyamáṃ çrathāya | ádhā vayám āditya vraté távā́nāgaso áditaye syāma.*

26. — Le substantif suggère le verbe *upanahyati*, « il attache » sous-entendu

gandharvo 'siti vaiṇavaṃ daṇḍaṃ gṛhṇāti || 27 ||

ācāryaṃ sapariṣatkam abhyetyācāryapariṣadam īkṣate yakṣam iva cakṣuṣaḥ priyo vo bhūyāsam iti || 28 ||

upopaviçya mukhyān prāṇān sammṛçann oṣṭhāpidhānā nakulīti || 29 ||

atrainam ācāryo 'rhayet || 30 ||

goyuktaṃ ratham upasaṃkramya pakṣasī kūbarabāhū vābhimṛçed vanaspate vīḍvaṅgo hi bhūyā iti || 31 ||

āsthātā te jayatu jetvānīty ātiṣṭhati || 32 ||

prāṅ vodaṅ vābhiprayāya pradakṣiṇam āvṛtyopayāti || 33 ||

upayātāyārghyam iti kauhalīyāḥ || 34 ||

27. — *gandharvo 'sy upāvopa mām ava.*

29. — Le mantra contient une métaphore énigmatique, dont le mot est évidemment « la langue ».

31-32. — Cf. LXX 1.

33. — *upayāti*, suppléer [*ācāryam*].

34. — Se réfère à 30 : l'école de Kohala professe une opinion divergente touchant l'instant où doit intervenir la cérémonie de l'arghya. On voit, par ces exemples, combien le rituel des Brāhmaṇas et des Sūtras est à la fois minutieux et compliqué.

LEXIQUE

LEXIQUE

Toutes les abréviations qu'on trouvera au lexique s'expliqueront d'elles-mêmes. Une seule mérite mention : quand nous avons donné un sens qui n'est point adopté par les autres interprètes, et qu'il nous a paru impossible, à moins de nous perdre dans le détail, de le justifier ou de discuter les autres sens proposés, nous l'avons fait précéder des lettres pb. qui indiquent que nous le considérons comme « probable » et préférable à tous autres.

Sous les racines verbales, on a relevé, non toutes les formes qui apparaissent dans le recueil, mais seulement, à titre d'exemple, les plus intéressantes et les plus difficiles à reconnaître.

C'est également à titre d'exemple qu'on a, pour chaque mot, renvoyé au moins à un passage du texte qui le contient : il faut bien se garder de voir dans ces renvois sommaires un relevé complet, qui d'ailleurs ne rentre nullement dans le type d'une simple chrestomathie.

Tous les composés sont relevés, sauf les copulatifs dont la décomposition est aisée.

a, th. démonstr., instr. msc.-nt. *enā́* et *enā́* (*anenā́* XXVI 4), fm. *ayā́*, gén. du. *ayós* XXVII 1, les autres cas comme en classique (B 176), cf. *i* et *imá*. — 1. Celui-ci, celle-ci, lui, elle; instr. advb. *enā́* XXXIX 2, « ainsi », ou bien « là » en corrélation avec *yátra*; *parā́ enā́* XXII 8 « au delà de », cf. *parā́s*. — 2. Ce, cette.

a (devant voyelle *an*, gr. ἀ- ἀν-, lat. *in-*), préfixe négatif.

áṃça, s. m. (rac. *1 aç*). — 1. Part, lot, IX 12. — 2. La part qu'un homme peut prétendre aux biens terrestres ou célestes. — 3. Cette part personnifiée et divinisée, Aṃça, nom d'un des Âdityas : appliqué à Agni, II 4.

aṃçú, s. m., un des noms de la plante d'où l'on extrait le soma, IV 19.

áṃsa, s. m. (gr. *ὦμος* = * *ὄμσος*, lat. *umerus* = * *omesos*), épaule, loc. du. *áṃsayos* XVI 6.

aṃhatí, s. f., XV 10 et } (rac. *ah aṃh* « étreindre,
áṃhas, s. nt., XI 6, } serrer », gr. *ἄγχω*, lat. *angō*), angoisse, tourment, danger.

á-kavāri, adj., VIII 5, non avare, généreux.

aktú, s. m. (rac. *añj* « oindre »). — 1. Onguent, fard, XXXI 3. — 2. La nuit, en tant qu'elle « oint » le ciel de sa couleur noire (1) : instr. pl. de temps, XX 9; sens indécis XXXIX 9, pb. « nuit sereine » (Hillebrandt).

a-kratú, adj., sans volonté, sans force, LVII 6.

akṣá, s. m., dé à jouer, LIX 5.

akṣán, s. nt., cf. *ákṣi* : œil, *akṣábhis* XVII 8.

ákṣi et akṣí, s. nt. (gr. *ὄσσε* = * *ὀκy-ε*, lat. *oc-ulus*, etc.) : œil; acc. du. irrégulier dans l'A. V., *akṣyaú* LX 3, instr. du. *ákṣibhyām* LXXVII 11.

á-kṣita, adj., LXXII 2 (rac. *kṣi* « détruire », cf. gr. *φθίνω*) : indestructible, inépuisable, éternel.

á-kharva, adj., IX 13 : non mutilé, sans défaut.

agástya, n. pr., LX 10 : Agastya, chantre mythique, cf. *ṛṣi*.

agní, s. m. (cf. lat. *ignis*). — 1. Feu (en général), v. g. XIII 5, LIII 3. — 2. Le feu sacré, soit en tant qu'il brille sur l'autel et, s'élevant vers le ciel, porte aux Dieux l'offrande des hommes, soit en tant qu'il se manifeste dans les nuées sous forme d'astre, de météore ou d'éclair (cf. A. V. III. 21. 7.), v. g. LXXV 11. — 3. Ordinairement ce même feu personnifié et divinisé, Agni, le Dieu par excellence des chantres védiques, messager (*dūtá*) des hommes et sacrificateur (*hótar*) suprême, cf. I-V et passim dans tout le recueil. — 4. Parfois le sens demeure indécis entre le nom commun et le nom propre, v. g. LX 13, ou plutôt l'un et l'autre sont suggérés à la fois.

agni-jihvá, adj. : qui a pour langue Agni, XVII 7. (A. est la langue des Dieux, c'est par lui qu'ils goûtent l'offrande.)

(1) Peut-être *aktá* = *νύκτωρ* et *aktaú* = lat. *noctū* contiennent-ils une forme faible (à nasale vocalique) de la racine du mot * *noqt-* (J. Schmidt).

agni-dūta, adj., XXXIX 13 : qui a pour messager Agni.

agnídh, s. m. (= *agni-idh*) : le prêtre védique dont la fonction consiste à allumer le feu sacré, II 2.

ágra, s. nt. — 1. Ce qui va en avant, ce qui est en tête : *ágre* « avant tous les autres » XLI 9; *ágram* « tête du troupeau » LII 2; *ágram i* « marcher en tête, commander » XLI 5; *ágre uṣásām* « à la pointe des aurores, dès l'aube » XIV 9.— 2. Sommet, III 5.— 3. Prémices (d'une offrande), XXXIII 1, cf. le suivant.

ágrādvan, adj. (rac. *ad*) : qui mange le premier, qui goûte les prémices d'une oblation, XXXI 6.

agriyá, adj. dér. : qui marche en tête, premier, XLII 10.

aghá, adj. (cf. *áṃhas*?) : méchant, malfaisant, XXVIII 8.

agha-rúd, adj. (rac. *rud* « hurler, pleurer »), LXXIV 11 : aux hurlements affreux, hurlant des incantations malfaisantes.

aghá-çaṃsa, adj., XXIV 3 : qui prononce des incantations malfaisantes, enchanteur perfide.

ághnyā, s. f., d'un adj. disparu * *á-ghnya* (rac. *han*), « inviolable, sacré » : vache, surtout la vache céleste ou mythique, emblème de l'aurore et de tous les biens, IV 6, XIV 8.

áṅga, s. nt. : membre du corps, pl. *áṅgāni* « le corps », XVII 8, LIII 5.

aṅgá, particule qui insiste avec force sur le mot qui la précède et commence la proposition : XII 3 « car c'est toi qui... »

áṅgiras, s. m., n. pr., pl. *áṅgiras-as* : Aṅgiras, sorte de demi-dieux, associés à Yama XXXIX 3 (cf. gr. ἄγγελος).

ac, cf. *añc*.

á-carant, adj., XXVII 2 : qui ne marche pas.

a-cít, adj., XXVI 7 : qui ne comprend pas, inintelligent.

á-citti, s. f., XXVI 6 : ignorance, inadvertance.

ácha et **áchā**, prép. : (acc.) vers, dans la direction de (avec mouvement), IV 2, XII 2, etc.

áchokti, s. f. (*ácha-ukti*, cf. *vac*), VI 3, invocation.

aj, vb. act., sg. 1 ind. pr. *ájāmi* (gr. ἄγω, lat. *agō*), sg. 2 subj. pr. *ájāsi*, pl. 3 impf. *ájan*, etc. : pousser, conduire.
á : amener, LVII 5, LXXVIII (I) 2.
úd : faire sortir, IV 13.
sám : pousser en masse, mettre en fuite, vaincre, IX 7.

1 a-já (qui n'est pas né, incréé), s. m., n. pr., XVIII 13 : Aja Ekapād, personnalité mythique assez obscure, que les commentateurs, avec raison probablement, identifient au Soleil (1). Cf. *ékapad*.

2 ajá, s. m. (gr. αἴξ ?), bouc, XXXII 3.

aja-gará (qui dévore les boucs), s. m., boa, LXXIV 25.

a-jára, adj. (rac. *jar* « vieillir »), éternellement jeune, XIX 13.

á-jasra, adj. (cf. *jas*), infatigable, éternel, XXI 8.

ajá́, s, f. (cf. *2 ajá*), chèvre, LXV 1.

ajirá, adj. dér. (rac. *aj*), rapide, impétueux, LV 3.

á-jñāta, adj. (cf. *jñā*), inconnu, IX 27.

ájman, s. nt. (rac. *aj*) : marche, chemin, carrière, I 6.

ájra, s. m. (gr. ἀγρός, lat. *ager*), champ, plaine, IV 17.

añc, vb. act. : courber, fléchir, sg. 2 impér. pr. moy. *ácasva*.
ví : séparer [deux objets] en les infléchissant en sens inverse l'un de l'autre, LIV 1, cf. *stambh*.

añj, vb. act., sg. 1 ind. pr. moy. *añjé*, vbl *aktá* : oindre, parer.
ví : mêmes sens, XXXIX 9.
sám : mêmes sens, VI 5.

añjalí, s. m. : les deux mains réunies en forme de creux ; *apām* LXXX 14 « le creux des deux mains rempli d'eau ».

añjí, s. m. f. nt. (rac. *añj*), onguent, fard, XIX 14.

añji-mánt, adj. dér. : oint d'onguents, (et par suite simplement) luisant, brillant, XVI 5.

á-tapyamāna, adj. (rac. *tap*) : qui ne connaît pas la souffrance, XXVII 4.

átas, advb., abl. du th. démonst. *a* : de là, XXX 3, LXXVII 1.

(1) Il n'y a aucune raison d'admettre, pour expliquer A. E., un 3ᵉ *ajá* (rac. *aj*) signifiant « meneur, qui chasse ».

átithi, s. m. : hôte (celui qui est reçu chez une personne), IV 20, V 1.

ati-paçyá, adj. (rac. *paç*) : qui voit au travers, à l'extrême lointain, très clairvoyant, LXXIV 17.

atividdha-bheṣajá, adj., fm. *ī*, LXVIII 1, de *átividdha* « blessure faite par la pointe d'une arme », cf. *vyadh*.

átka, s. m., voile, vêtement, XV 6.

attár, s. m. (rac. *ad*) : mangeur, qui mange, LXXII 3.

átya, s. m. (rac. *at* « aller, courir ») : coursier, cheval, I 6.

átra, advb., loc. du th. démonstr. *a* : ici, II 15, (par suite) sur terre, XXI 6 (opposé à *svàr*); alors, à ce moment, LXXX 30.

átri, s. m., n. pr. : Atri, chantre mythique, protégé des Açvins, XIV 5 et la note, cf. *ṛ́ṣi*.

atrín, adj. (= * *attr-ín-*, dér. de *attár*) : dévorant, XI 6.

atri-vant, adj., nt. advb. *atrivát*, LX 10, cf. *átri*.

átha et **áthā**, particule d'introduction et de liaison : souvent unie à *u*, *átho* XIII 6, et; en outre, LXXVII 2; donc, VII 8; en conséquence, XLI 3; alors, à ce moment-là, LXXVIII (III) 19, LXXX 7; *athā kasmāt* LXXVIII (III) 4 « mais alors pourquoi... ? ».

átharvan, s. m. — 1. Prêtre du feu, au pl. famille de prêtres qui a donné son nom à l' A. V. — 2. Prêtre mythique, le premier qui fit descendre le feu du ciel, au pl. les Atharvans, prêtres mythiques, demi-dieux parmi les Mânes, XXXIX 6.

1 ad, vb. act., ind. pr. sg. 1 *ádmi* LXV 1, sg. 3 *átti* I 8, pl. 3 *ádanti* II 13, sg. 3 subj. *adát* XX 11, etc. (gr. ἔδω, lat. *edō*) : manger, dévorer.

2 ad. V. sous *2 āp*.

ádana, s. nt. (rac. *ad*) : nourriture, fourrage, XXVIII 3.

á-dabdha, adj. (rac. *dabh*) : infaillible, V 7, XVII 5.

ádabdhavrata-pramati, adj. : qui donne son attention, ses soins (*prámati*) à l'ordre infaillible, LXXVIII (II) 34, cf. *vratá*.

adás, pron. nt., cf. *asaú* et *amú*; nt. advb. indiquant un lieu ou un temps relativement éloigné, « là, plus haut » LXXVIII (III) 12, « en ce temps-là » LVI 1.

á-dāçvas, adj. (cf. *dāç*) : qui n'adore pas, impie, VII 9.

á-dāsyant, opposé à *dāsyán*, LXV 3.

á-diti, s. f. (rac. *3 dā* « lier », par suite primitivement « indépendance, liberté absolue »), n. pr., Aditi, Déesse mystérieuse, souvent définie comme le principe unique et infini, qui se confond avec Agni, II 11, et enferme tous les Dieux en son essence, XVII 10, mère des sept Ādityas. V. ce mot.

aditi-tvá, s. nt., XXXVII 1 : le fait d'être sans liens, la liberté qui résulte de l'absence de péché, cf. *áditi*, *pāça*, etc.

á-dīkṣita, adj., LXXVII 7, cf. *dīkṣ*.

á-dugdha, adj. (rac. *duh*) : qu'on n'a pas traite, IX 22.

a-dṛṣṭa, adj. (rac. *darç*) : invisible, LX 6.

adṛṣṭa-hán, adj., LX 6, cf. *han*.

á-deva, adj. : impie, ennemi des Dieux, XI 6.

adyá, advb., aujourd'hui, XVIII 15, opp. à *çvás* XXIV 6.

á-dri, s. m. (rac. *dar*, par suite primitivement « impossible à fendre »). — 1. Roche, montagne (en général), VI 7. — 2. La roche ou la montagne mythique où sont enfermées les eaux, les vaches, les trésors, etc., IV 14, XVIII 3, etc. — 3. La pierre du pressoir à soma assimilée à cette roche, X 8, XIV 4.

ádri-dugdha, adj., XXX 3 : trait par les pierres du pressoir (épithète du soma et de ses récipients).

a-drúh, adj. (cf. *drúh*) : non trompeur, bienveillant, II 14.

ádha et **ádhā**, advb., XXIII 10, LV 4 : ensuite.

ádhara, adj., compar. (lat. *inferus*). — 1. Inférieur (matériellement) : *adharát*, abl. advb., « d'en bas », LXXIV 4. — 2. Inférieur, plus faible, vaincu, LXXVI 5.

ádhi, prép. — 1. (loc.) Sur, dans, III 9, V 6, X 11, XVI 6. — 2. (abl.) De, hors de, LI 1, XLIII 9; loin de, XXVIII 8; depuis, LXVIII 2.

adhi-rājá, s. m. (cf. *raj*), souverain suprême, LXXVI 4.

adhi-ṣṭhātár, s. m. (cf. *sthā*), chef, roi, LIX 1.

ádhīti, s f. (*ádhi-iti*, rac. *i*) : connaissance, souvenir : (acc. pl.) *ádhi gā* LI 3, « revenir à soi, reprendre connaissance ».

á-dhri-gu, adj., épithète d'Indra, VI 1 (rac. *dhar*) : pb. dont la vache ne retient pas [son lait], dont la vache est généreuse; cf. les cas obliques, et la flexion de *gó*.

ádhvan, s. m., chemin, XIX 3, XX 10.

adhvará, s. m., dér. de *ádhvan* (les phases d'une solennité religieuse étant assimilées à celles d'un chemin parcouru, cf. IX 26, XXXI 1, LXXVII 12) : sacrifice, solennité religieuse, v. g. II 13, V 2, etc.

adhvarīy, vb. dénom. dér. du suivant : faire l'office d'adhvaryu dans le sacrifice (appliqué à Agni, II 2).

adhvaryú, s. m. : prêtre dont la fonction consiste essentiellement à préparer le mélange de soma et de lait et à assister le hotar dans le sacrifice solennel du soma, cf. LXXVIII (II) 1, (III) 1, etc. (nom appliqué à Agni, III 4).

a-dhvasmán, adj. : sans souillure, sans poussière (épithète des chemins du ciel, XXI 14).

an, préfixe négatif, cf. *a*.

an, vb. (cf. gr. ἄνεμος, lat. *animus*), sg. 3 ind. pr. *ániti*, part. pr. *anánt*, pl. 3 pf. *āniṣúr*, etc. : respirer.

úd : chercher sa respiration en l'air, être haletant, LVI 4.

prá : inspirer, respirer, vivre, XXII 4, LXXIV 10.

anagnam-bhāvuka, adj. (cf. *á-nagna* « non nu) : qui n'est pas nu, bien vêtu, paré, LXXVIII (III) 20.

anaḍ-váh, s. m. (*ánas* « chariot » et rac. *vah*), nomin. irrég. *anaḍvān* LXXV 18, cas faibles *anaḍúh* : bête de trait, bœuf, taureau.

an-antá, adj. : sans fin, sans bornes, infini, XIX 3, IV 7.

án-apinaddha, adj. (rac. *nah*) : qui n'est pas lié, qui a cessé d'être retenu, XXIX 4.

án-abhimlāta-varṇa, adj., comp. dér. (rac. *mlā*, « se faner, se ternir »), XXI 13.

án-abhyārūḍha, adj. (rac. *ruh*) : sur lequel on n'est pas monté, on ne saurait monter, inviolable, LXXV 23.

an-amīvá, adj. : sans maladie, sans malaise, bien portant, XX 7; subst. nt., bien-être, bonheur, XXXIX 11.

an-arvá, adj. (cf. pb. *árus*, « blessé, blessure ») : pb. sans blessure, invulnérable, inviolable, XXVII 3.

an-avabhrá-rādhas, adj. (rac. *bhar*) : pb. disposant de dons qu'on ne peut lui enlever, XVI 5 et la note.

án-āgas, adj. : sans péché, innocent, XX 7.

anāgās-tvá, s. nt. : exemption de péché, innocence, XX 9.

an-āturá, adj. : non malade, bien portant, sain, XXIII 1.

án-ādhṛṣ, adj., LXII 3, et **an-ādhṛṣyá**, adj., XXXVIII 2 } (rac. *dharṣ*) : inattaquable, irrésistible, tout-puissant.

án-āhuti, s. m. (rac. *hu*) : omission de l'offrande, XX 4.

an-idhmá, adj. (rac. *idh*) : sans combustible, XXI 4.

án-irā, s. f. : disette d'aliments, famine, XX 4.

ánīka, s. nt. (rac. *an*) : visage, XIX 19.

ánu, prép. — 1. (acc.) A la suite de, VIII 3; le long de, en suivant, XXXIX 1; selon, XX 5; à travers, II 15. — 2. (abl.) A cause de, LVI 2.

anu-kṛti, s. f. (*ánu kar*) : imitation, LXXVIII (I) 2.

ánu-mati, s. f. (rac. *man*) : consentement, bon vouloir; n. pr., Anumati, divinité bienfaisante, LII 2.

ánu-vrata, adj. : qui suit le vœu [d'un autre], obéissant, tout dévoué, LVII 4.

anu-ṣṭúbh, s. f. (rac. *stubh* « louer »), XL 4, LXXVIII (II) 14 : anuṣṭubh, sorte de vers védique. V. la prosodie.

anu-ṣvadhám, nt. advb. (cf. *svadhā́* et XX 5) : en vertu de sa propre nature, conformément à son essence propre, VII 4, VIII 1.

ānūcāná, adj., cf. *vac*.

án-ṛta, adj., non vrai, non juste, non pieux, etc.; le plus souvent pris substantivement : mensonge, XLVI 3; fraude, XXI 6; injustice (*ánṛtena* « à tort » LXV 3); péché (en général), XXVI 6. Cf. *ṛtá*, « l'ordre divin ».

anṛta-vā́c, adj. (cf. *vac* et *vā́c*) : menteur, LIX 7.

a-nehás, adj. (cf. pb. *nīh*, « ennemi ») : à l'abri de la haine, XXVII 3 (ou bien « inoffensif », cf. A. V. VI. 84. 3., et par suite « salutaire, bienfaisant »).

ánta, s. m. : extrémité (*ántā*, « les deux extrémités [du corps], la tête et les pieds », IV 11); limite, horizon, XXX 1.

antaḥ-péya, s. nt. (cf. *antár* et *2 pā*), boisson, XLI 9.

antár, prép. — 1. (loc.) A l'intérieur de, dans, IV 7, 13, XIII, 5. — 2. (abl.) De l'intérieur de, hors de, XII 6.

ántara, adj., compar. (gr. ἔντερον, lat. *inter-ior*) : intérieur, XLVII 4; qui est à l'intérieur de (gén.), *ántaram as*, « pénétrer dans », XXV 5. Cf. *ántareṇa*.

antará, prép. (acc.) : entre [deux objets], LIX 5, LXXV 11.

antári-kṣa, s. nt. (cf. rac. *kṣi*) : l'espace intermédiaire [entre ciel et terre], l'atmosphère, VI 9, LXXIV 10, etc.

ántareṇa, instr. primitif de *ántara*, employé isolément comme prép. (acc.) : entre, dans, à l'intérieur de, LXXVIII (III) 4.

ánti, adv. (gr. ἀντί, lat. *ante*) : auprès, devant, XVII 9.

antiká, adj. : rapproché : *antikát*, « de près », LIX 1.

ándhas, s. nt. (gr. ἄνθος) : plante ; spécialement la plante à soma, et la liqueur qui en découle ; le soma, IV 19, pl. *ándhāṃsi* XIV 2, etc.

ánna, vbl de rac. *ad*, s. nt., nourriture, VI 7, LXV 1.

anyá, th. pronomin. : quelque, autre, nomin. pl. *anyé* IV 14 ; autre que (abl.), IX 19 ; *anyá... anyá...* l'un... l'autre..., LXXV 10 ; *anyányā* (crase et réunion sous un accent unique) XIX 3, « l'une après l'autre ».

anya-kṣetrá, s. nt. : terre étrangère, LIV 4.

anyátra, advb. dér., ailleurs [que, abl.], LXXIV 19.

anye-dyús, advb. : le lendemain, L 4.

anv-áñc, adj., fm. *anūcī* : qui suit (*ánu*) la direction (*añc*) [d'un autre], duel XIX 2 « se suivant l'une l'autre ».

áp, s. f., eau. V. sous *2 āp*.

apa-kāmá, s. m., mauvais gré, acc. adv. LVI 3.

a-pakṣá, adj. : sans ailes (opp. à *pakṣín* LXXV 21).

apatya-sác, adj. (*ápatya* « descendance ») : accompagné de postérité, consistant en postérité, XXIX 5.

a-pád, adj. : sans pieds, apode, IV 11, XXVII 2.

ápara, adj. (de *ápa* = *ἀπό ab*) : qui vient après, second (de deux), opposé à *púrva* XXVII 1.

aparí, fm. du précédent, employé substantivement au pl. : l'avenir, les temps futurs, XIX 11.

á-parīta, adj. (*pári i*) : qu'on ne peut entraver, XVII 1.

ápa-vrata, adj. : contraire à la loi, contraire à l'ordre, abominable, démoniaque, LIII 6.

apás, s. nt. (lat. *opus*) : œuvre, et spécialement œuvre pie, sacrifice, service divin, XXXI 1.

apa-skambhá, s. m. (rac. *skambh*) : pb. la partie de la flèche où la pointe est maintenue, unie au fût, l'extrémité antérieure de la flèche, LVIII 4. Cf. pourtant *apāṣṭha*.

ápāñc, adj. (*ápa añc*) : qui est tourné à l'opposé, qui tourne le dos ; *ápāñcam kar* LIV 6, « faire tourner le dos, chasser »; *ápāk*, nt. advb., X 1, du côté opposé [au levant], à l'occident, cf. *práñc*.

apāná, s. m. (*ápa an*) : expiration (opposée à l'inspiration LXXV 24), cf. *prāṇá*.

apāṣṭhá, s. m. (*ápa á sthā* ?) : le croc en retour, les barbes de la pointe d'une flèche, LVIII 5.

ápi, adv. et prép. (gr. ἐπί) : en outre, aussi, LXXIX 9 ; (loc.) chez, en, à, XXVIII 9.

api-dhána, s. nt. (rac. *dhā*), couvercle, LXXX 29.

apicyà, adj. dér. (*ápi añc*), caché, mystérieux, XXI 11.

ap-túr, adj. (pb. rac. *tar*) : pb. qui traverse les eaux, XII 7.

ápnas, s. nt. (rac. *1 āp*) : acquisition, richesse, XIX 9.

ápya, adj. dér. : aquatique, XII 6.

á-pratiṣkuta, adj. (*práti sku*, « arrêter, entraver »), IX 6.

á-pratīta, adj. (*práti i*) : irrésistible, XXX 9.

á-pramāda, s. m. (*prá mad* « être négligent ») : acc. advb. LXXVI 2, sans négligence, avec vigilance.

a-pramṛṣyá, adj. (rac. *marṣ* « oublier »), XXI 6 et la note.

á-prayuchant, adj. *prá* et *2 yu*, « négliger »), vigilant, III 6.

á-prāyu, adj., ut supra : vigilant, infatigable, XVII 1.

apvá, s. f. (rac. inconnue, peut-être *a* et *pū*, soit « impureté »):

nom d'une certaine maladie (?); paraît plutôt signifier « panique, déroute », LIII 5.

a-bandhrá, adj. : sans liens, décerclé, LIX 7.

á-bhaya, adj. (rac. *bhī* « craindre ») ; s. nt., sécurité, LXXIV 31.

abhí, prép. (lat. *ob*) : (acc.) vers, XXXIII 3 ; contre, XX 12 ; en vue de, XI 2, XII 9 ; suggérant un verbe de mouvement, VI 10.

abhítas, advb., abl. du précédent ou d'un homonyme (cf. gr. ἀμφί) : de toutes parts, IV 14, XXV 4.

abhi-pitvá, s. nt. : gîte, arrivée au gîte, l'heure de l'arrivée au gîte ; *áhnām* XXXVI 6, « le soir ».

abhi-pūrvá, adj., nt. advb. LXXIV 22 : en suivant le premier, l'un après l'autre, à la file.

abhi-bhá, s. f., apparition, présage funeste, LXXIV 11.

abhimāti-ṣáh, adj. : qui triomphe de l'envie, V 3.

abhí-rūpa, adj. : conforme, approprié, LXXVIII (II) 12.

abhi-vyādhín, adj. : qui blessé, XLVII 1.

abhí-çasti, s. f. (rac. *çaṃs*) : malédiction ; maudisseur, sorcier, ennemi, démon, LIII 1.

abhi-çoká, s. m., chaleur brûlante, ardeur, L 3.

abhi-çrāvá, s. m. (rac. *çru*) : le fait d'entendre, XXVII 10.

abhi-çrí, s. f. (cf. *çrí*) : ornement, parure, XL 5.

abhi-ṣác, adj. (rac. *sac*), XVIII 11 et la note.

abhí-ṣṭi, s. f. (cf. *abhi as*) : supériorité, XXXIII 2.

abhi-hásya, adj. (rac. *has* « rire ») : ridicule, LXIII 2.

abhíka, adj. dér. ; loc. advb., en face, devant, XXVII 10.

abhi-vargá, s. m. (rac. *varj*) : étendue, LXXIV 4.

abhíçu, s. m., pl. les guides, les rênes, XXXII 6.

abhrá, s. nt. (gr. ἀφρός) : nuage, plus particulièrement les grosses nuées de pluie, XXXV 3. LXXV 13.

á-bhva, adj., s. nt. (rac. *bhū*, litt. « le non étant ») : monstrueux, monstre, XXIV 5, mal, XXVII 2.

ámatra, s. m., pb. cuve, grand vase (1) (appliqué à Indra, en

(1) Ce sens, admis pour la plupart des passages (cf. gr. ἄματρος), peut s'appliquer à tous et notamment au nôtre.

qui coule le soma, ou de qui découlent tous les biens, VI 9).

a-mantú, adj. (rac. *man*) : inconscient, sans le savoir, XXII 4.

á-martya, adj., immortel, IV 1, XII 12.

amá, advb., instr. primitif d'un th. démonstr. *amá* : au logis, chez soi, à soi propre, LXXV 15.

á-mita, adj. (rac. *mā*) : immense, XXXIV 4.

a-mítra, s. m., ennemi, IX 25, LIII 5.

ámīvā, s. f., angoisse, douleur, malheur, XX 4.

amú, th. démonstr., désignant de préférence un objet éloigné, XXII 7, et souvent opposé à ce titre au th. *imá*, LXXI 3 : celui-là, ce... là ; gén. pl. *amíṣām* LIII 5, « de ces gens-là, des ennemis » ; *amúṃ lokám* LXXVII 2, « l'autre monde ».

a-mṛ́ta, adj. : immortel, V 6, LXXVIII (II) 19 ; pl. les Dieux, II 14, IV 10 ; pris substantivement, s. nt., le principe immortel, l'immortalité, V 7, LXXV 5 ; s. nt., la liqueur d'immortalité, l'ambroisie ou soma céleste, XII 4, LVI 6.

amṛta-tvá, s. nt., immortalité, V 4, XII 3, LXXVIII (II) 19.

á-yajvan, adj. (rac. *yaj*), impie, LXXIV 23.

a-yantrá, adj., qui n'a pas de bride, cf. IV 14 et note.

ayám, pronom msc. V. sous *i*.

áyo-hanu, adj. (*áyas* = lat. *aes*, et *hánu* = gr. γένυς) : qui a une mâchoire d'airain, de fer, XXIV 4.

ar, vb. act. (gr. ὄρνυμι, lat. *or-ior*), sg. 3 ind. pr. redoublé *íyarti*, sg. 3 ind. aor, moy. *árta* (ὦρτο), autre aor. pl. 1 act. *árāma*, moy. *árāmahi* (inj.) ; caus. (avec insertion de *p*) *arpáyati*, vbl *árpita*, gérond. *árpya* : mouvoir, élever.

á : (caus.) appuyer sur, faire reposer sur (loc.), LXXV 9.

úd : (act.) faire monter, XIX 17, faire lever (accentué *iyárṣi* XX 4) ; moy., se lever, IV 17.

úpa : (act.) heurter, blesser, offenser, LXXIV 17.

prá : (act., sens moy.) s'avancer, XIV 3 ; (moy.) s'élever, IV 12 ; (caus.) faire lever, faire mouvoir, XIX 4.

sám : (moy.) se rencontrer avec, se heurter contre, LXXIV 7.

araṃ-kṛ́t, adj. : qui fait convenablement, rituellement, qui sert bien [un Dieu], II 7, cf. *áram*.

áraṃ-kṛta, adj., rituellement apprêté, XXXIX 13.

araṃ-gamá, adj., qui vient à point, salutaire, LVI 5.

a-rajjú, adj., qui n'a pas de cordes, XXXIV 2.

áraṇa, adj., étranger (opposé à *svá*, XLVII 3).

aráṇi, s. fm. : du., les deux morceaux de bois que l'on frotte l'un dans l'autre pour allumer le feu du sacrifice, LXXVII 11.

aratí, s. m., ordonnateur [du sacrifice], IV 1, V 1.

a-rapás, adj., sans maladie, sans dommage, XX 11.

áram, acc. advb. : tout près, sous la main, à point, lat. *praestō*, XIV 2 ; *áraṃ kar* (dat.), servir [un Dieu], XXVI 7.

a-rasá, adj., sans suc, sans sève, impuissant, LVIII 1, 6.

á-rāti, s. f. (rac. *rā*, soit « avarice ») : hostilité, inimitié, XXI 6, XXX 11 ; ennemi, démon, LIII 1, XXVIII 8.

á-rāvan, adj., s. m. (rac. *rā*, soit « avare », d'où « impie ») : ennemi, être malfaisant, démon, XX 12, XIV 7.

a-rí, adj., s. m. (rac. *rā*, soit « avare, qui ne donne rien aux Dieux, impie »), gén. sg. *aryás*, VII 6, 9, XIV 2, XXVII 9, nomin. pl. *aryás* XXVIII 8, acc. pl. *aryás*, X 9, XXX 11, peut-être XXVI 7 (ne pas confondre ces formes avec *aryás* nomin. sg.) : avare, impie, ennemi, démon.

á-riṣṭa, adj. (rac. *riṣ*), non endommagé, sain et sauf ; qu'on ne saurait endommager, XXXI 1.

áriṣṭa-nemi, adj., comp. dér., XVII 6.

áriṣṭa-vīra, adj., comp. dér., XXIII 3.

aruṇá, adj. : rouge, II 6 (les vents d'orage accompagnés d'éclairs) ; fm. *ī*, la rouge, la [vache] rouge, l'Aurore, IV 16.

aruṇáçva, adj., comp. dér., XVI 4.

aruṣá, adj. : rouge, XXIII 5 ; [cheval] rouge, LIV 2.

a-repás, adj., sans tache, sans souillure, XVI 4.

arká, s. m. (rac. *arc*). — 1. Chant, hymne de louange, VI 5, 8, XLI 4. — 2. Chantre (céleste, XVI 5).

arghya, s. nt. (rac. *arh*), hommage, marque d'honneur, présent honorifique (consistant à offrir un vase plein d'eau), LXXX 34.

arc, vb. act., sg. 3 ind. pr. *árcati* : briller, reluire ; chanter.
abhi : chanter [un hymne acc.] [à un Dieu dat.], ou célébrer [un Dieu acc.] [par un hymne instr.]; combinaison des deux constructions (?) IV 14 et note.

arcís, s. nt. (rac. *arc*), éclat, rayonnement, XIII 1, pl. *arcíṃṣi* LXXV 13 ; flamme brillante L 2.

árjuna, adj. (gr. ἀργός, lat. *argentum*) : blanc, LX 9.

arṇavá, s. m., mer, océan, XLVI 4.

árṇas, s. nt., flot, torrent, VI 12.

ártha, s. nt. m. : but, XIX 6 (*árthāya*, XLIV 6, en vue de, en faveur de) ; affaire, besoin, LXXVIII (I) 1, « quand vous aurez affaire de moi ».

ardh, vb., vbl *ṛddhá*, caus. *ardháyati* : prospérer.
sám : vbl, pourvu de, (sans rég.) parfait, complet, réussi, LXXVII 3, LXXVIII (II) 12 ; caus., pourvoir de, unir à, gratifier de (instr.), LXXVIII (II) 3, etc.

ardhaka-ghātin, adj., LXXIV 7 et la note.

árbha, adj., petit, VII 1.

arbhaká, adj. dér., petit, XXIII 7.

aryá, adj. (cf. *arí*), épithète louangeuse de sens indécis (gr. ἄριστος) ordinairement appliquée à un Dieu, IV 7, XXI 2, XXVI 7.

aryamán, s. m., n. pr. : Aryaman, Dieu bienfaisant, II 4, souvent nommé en même temps que Mitra et Varuṇa, XII 14, avec lesquels il forme triade, cf. LV 6.

árvant, s. m., coursier, cheval, XVIII 12.

arvāñc, adj. (* *arva añc*), nomin. sg. msc. *arvā́ṅ*, XIII 3, LIII 3, tourné vers [la personne qui parle]; nt. advb. *arvā́k*, LXXV 10, 11, de ce côté-ci, par ici.

arh, vb., caus. *arháyati* : (caus.) honorer, rendre un hommage, offrir un présent honorifique à (acc.), LXXX 30.

álam, acc. advb., i. q. *áram* : à point, convenablement, d'une façon appropriée ; joue le rôle d'attribut LXVIII 1 ; *álaṃ kar*, mettre à point, parer, orner, se parer, LXXX 25.

a-lābha, s. m. (rac. *labh*, cf. λαμβάνω εἴληφα), le fait de ne pas obtenir, de ne pas trouver, LXXIX 3.

aliklava, s. m., espèce d'oiseau qui se repait de cadavres, LXXIV 2.

álpa, adj., petit, tout petit, LIX 3.

av, vb. act., pl. 3 ind. pr. *ávanti*, sg. 3 impf. *ávat*, du. 3 aor. (inj.) *áviṣṭām*, sg. 3 subj. aor. *áviṣat*, etc., caus. (sg, 3 impf.) *ávayat* : (act.) aider, secourir, protéger, XXI 15, XXVII 9, (sans rég.) XXVII 4 ; (caus.) manger, dévorer, LVIII 3 (ce changement de sens paraît indiquer que le causatif repose sur une autre racine *av*, de sens différent, lat. *aveō* (?), ou plutôt qu'il résulte de la fusion du préf. *á* avec rac. *vī* infra, que l'homonymie a fait rapporter à *av*).

prá : (act.) aider, secourir, seconder, VI 15, VII 1.

ava-keçá, adj., pb. qui fait tomber les cheveux, LXIII 2.

avatá, s. m., puits, XXX 3.

a-vadyá, adj., blâmable ; s. nt., péché, XXVII 10.

avadya-bhí, s. f., crainte du péché, XLI 3.

a-vadhá, adj., qu'on ne peut tuer, invulnérable, XXVII 3.

aváni, s. f., rivière, VI 10.

avamá, adj., superl. de *áva*, « de haut en bas » : inférieur en situation, par opposition à « moyen » et « supérieur », IX 16 ; le plus bas [des Dieux], par suite le plus proche [des hommes], toujours prêt à leur porter secours, IV 5, avec jeu de mots XXVII 11.

ava-yána, s. nt. (cf. *áva yā*), apaisement, conciliation, propitiation, XXVII 8.

ávara, adj., compar., cf. *avamá* : inférieur [de deux], opp. à *pára* XLV 3 ; compar. *ávara-tara*, plus bas, LXXVII 1.

ávas, s. nt. (rac. *av*), secours, assistance, IV 20, VIII 5, etc.

ava-sána, s. nt. (*áva sā*, soit « lieu où on dételle »), gîte, demeure, lieu de repos, XXXIX 9.

avasyú, adj. dér., désireux de secours, IX 17.

ávi, s. m. f. (gr. *ὄϊς*, lat. *ovis*), mouton, brebis, LXV 1, LXXIV 21; gén. sg. *ávyas*, XII 5.

avitár, s. m. (rac. *av*), auxiliaire, protecteur, VII 8.

á-vibhraṃçin, adj. (*vi bhraṃç*, « tomber en miettes, se déliter ») : qui ne se délite pas, solide, LXXVII 2.

aviṣyú, adj. (cf. *av* caus.), glouton, dévorant, LXXIV 2.

a-visraṃsa, adj. (*vi sraṃs*), LXXVIII (II) 41, (III) 24.

avyathyá, p. s. nt., dér. de *á-vyathi* (rac. *vyath* « chanceler ») : le fait de ne point faire de faux pas, XXI 5.

1 aç, vb. act., avec insertion nasale *aṃç* (cf. gr. *ἐνεγκεῖν* et rac. *1 naç*), sg. 3 ind. pr. moy. *açnuté*, sg. 3 subj. pr. act. *açnávat*, pl. 1 moy. *açnávāmahai*, sg. 3 aor. moy. *aṣṭá*, pl. 1 opt. pr. ou aor. *açyáma áçema*, moy. *açīmáhi*, pl. 3 pf. act. *ānaçúr*, sg. 3 moy. *ānaçé*, etc. : (act. et moy.) atteindre, XII 4, saisir, LXIX 1, gagner, XXXIV 5, rencontrer, LXVIII 2, obtenir, posséder, jouir de, avoir en partage, IX 26, XIX 18, XXIII 2, LXXVII 12, etc.
vi : atteindre, XVII 8.

2 aç, vb. act., sg. 1 ind. pr. *açnámi*, sg. 2 impér. pr. *açāná* (B 217), vbl du caus. *áçita* : manger, LXXIII ; caus., rassasier, d'où *áçitam*, nt. advb., XX 11, « tout son soûl ».
prá : manger (gén. partitif), XLIV 2.

açáni, s. f., pierre (dans les poèmes védiques, désigne communément la foudre lancée par Indra, mais pourrait avoir pris le sens spécial de « grêle » dans la conjuration LXXII 1).

á-çānta, adj. (rac. *çam*) : inapaisé, fougueux, LXXX 15.

á-çiva, adj., malveillant, funeste, IX 27.

a-çīrṣán, adj., sans tête, IV 11.

áçman, s. m. (rac. *aç* « pointe », gr. *ἄκρος*, lat. *aciēs*), rocher, pierre, II 1, LX 13, plus spécialement la caverne rocheuse (le nuage) où les vaches sont enfermées, XII 6.

áçma-vraja, adj., ayant pour étable la pierre, IV 13, cf. le précédent et *vrajá*.

áçva, s. m. (gr. *ἵππος*, lat. *equos*), cheval, XII 7, XV 1.

açva-dá, s. m., qui donne des chevaux, XIX 18, XLI 2.

áçva-parṇa, adj., ayant pour ailes les chevaux, LXXI 3.

áçva-peças, adj., ayant pour parure des chevaux, II 16.

açvāy, vb. dénom., désirer des chevaux, IX 23.

áçvā-vant, adj. dér., consistant en chevaux, XVI 7.

açvín, s. m. (cavalier) : du., les Açvins, XIII, XIV, Dieux jumeaux, lumineux et bienfaisants.

áçvya, adj. dér., de cheval, des chevaux, XII 6.

aṣṭa-kṛ́tvas, acc. advb., LXXIV 9, et la note.

aṣṭaú, num. (gr. ὀκτώ, lat. *octō*), huit, LXXVIII (II) 40.

1 as, vb. (gr. ἐστί, lat. *est*), ind. pr. *ásmi ási sánti sthás stás*, impér. *edhí ástu stám* ; impf. *ā́sīt ástām*, pf. *ā́sa*, opt. pr. *syā́t*, part. pr. *sánt*, etc. — 1. (avec un attribut) Être, II 2. IV 7. LXXVIII (III) 4, etc. — 2. (avec un locatif ou un adv. de lieu) Être [quelque part], IX 1. LIV 2; être dans = avoir part à, XXIV 2. — 3. (sans attribut et absolument) Exister, LXXIV 28; part. pr., être, créature, II 3, cf. *sátpati*.

ánu : (acc.) être à la suite de, servir, XXVII 4.

ápi : (loc.) être dans, avoir part à, XXXIX 6.

abhí : l'emporter sur, IX 24 (le rég. *nas* est sous-entendu, et le part. pr. est à l'ablatif régi par le compar. *jyā́yas*).

pári : contenir, retenir, VI 8; renfermer, tenir captif, IV 15; cerner, arrêter, IX 10.

prá : être présent, adesse, XLII 11.

práti : (acc.) égaler, valoir, II 15, vb. sous-ent. II 8.

sám : (acc.) II 15 est un exemple unique de cette construction bizarre, qui ne s'explique que par l'attraction de *práti as* supra; le sens paraît être « tu les égales *tous* et chacun ».

2 as, vb. act., sg. 2 ind. pr. *ásyasi*, sg. 3 impf. *ā́syat*, vbl *astá*, etc. : jeter, lancer [un trait, une arme, métaphoriquement « la colère »], XXIII 4; (sans rég. dir.) [sur un objet, loc., dat.] LVIII 4, LXXIV 25. Cf. *2 ásyā*.

vi : lancer de côté et d'autre, disperser, XV 6, [hors de, abl.] LVII 6.

á-saṃyatta, adj. (*sáṃ yat*, « être en conflit »), sans lutte, jouissant de la paix, LXXVIII (III) 11.

asaṃsūkta-gilá, adj. (*á-saṃsūkta* « non mâché », et 2 *gar* « dévorer ») : qui dévore sans mâcher, vorace, LXXIV 30.

a-sagotra, adj., LXXX 4, et note.

á-sapatna, adj., non rival, ami, XLVII 4.

a-sapatná, adj. : sans rival, LXXVI 7.

a-sapiṇḍa, adj., LXXX 5, et la note.

a-saçcánt, adj. (rac. *sac*, soit « qui ne suit pas, qui va de l'avant par lui-même, qui prévient [la prière] ») : f. pl. *asaçcátas* pb. = « libentes » XLII 6.

ásita, adj., fm. *ásiknī* : noir, XLIX 1, 3.

ásu, s. m., souffle vital, vie, XIX 16, XXXIX 12.

asu-tṛ́p, adj. (rac. *tarp*) : pb. qui jouit du souffle vital, qui dispose des sources de la vie, XXXIX 12 (en tant que serviteur de Yama, le souverain du royaume mystérieux où la source de toute vie est enfermée. Bergaigne (1).)

ásura, dér. de *ásu*, « qui possède la vie, qui dispose des sources mystérieuses de la vie », cf. le précédent, s. m., n. pr. — 1. Asura : qualification donnée aux Dieux en général, ou individuellement à chacun d'eux, II 6, XXXV 3, XLVI 1. — 2. Asura, à raison du caractère mystérieux et sombre des divinités envisagées sous ce nom, est parfois dès l'époque védique devenu synonyme de « démon », LXXV 7, et n'a plus que ce sens en classique; cf. les « pères » des Dieux, XXVIII 1.

asuryà, s. nt. : nature d'Asura, divinité, XXI 2.

asaú, nom. msc. fm. rattaché au th. démonstr. *amú*, LIII 6; un tel, LIX 9.

á-skanna, adj. (rac. *skand* « saillir ») : [femelle] qui n'a pas encore connu le mâle, LXXVIII (I) 2.

asta, s. nt. : *ástam á i*, retourner au gîte, revenir à sa propre demeure, XXXIX 8.

ástaka, s. nt., maison, demeure, LII 5.

(1) Mais, si telle est peut-être la conception primitive, il faut bien reconnaître que, dès l'époque védique, on avait traduit « qui dévore les existences », *cf.* R. V. X. 87. 4, A. V. VIII. 3. 13, et le sens de *paçutṛ́p* (V. ce mot).

ástar, s. m. (rac. *2 as*), archer, VI 7, LXXIV 7.

á-stṛta, adj. (rac. *star*), invincible; s. m., nom d'une amulette protectrice dans les combats, LXXVI.

asthi-já, adj., né des os, XLIX 4.

asmát-sakhi, adj., qui nous a pour amis, LXX 1.

á-smera, adj. (rac. *smi* « rire »), sans sourire, XXI 4.

a-sridh, adj. (cf. *sridh*) : qui ne se trompe pas, qui ne commet pas d'irrégularités [dans le service divin], XVII 3.

ah, vb. act. (gr. ἦ δ' ὅς, lat. *āiō*), usité seulement au pf. *āha āhúr* : dire (suivi des paroles prononcées), XXVI 3, LV 5; objecter (id.), LXXVIII (III) 4; dire (précédé des paroles prononcées), LXXVIII (II) 1, (III) 1; déclarer, nommer, appeler, décerner un titre (2 acc.), XLI 6; réciter, LXXVII 11.

ánu : (liturg.) réciter, LXXVIII (II) 40, (III) 4, 24.

áha, particule qui insiste sur le mot précédent, LXXVII 11.

á-hata, adj. (cf. *han*) : qui n'a pas été battu [au lavage], [vêtement] neuf, LXXX 25.

áhan, s. nt. dont la flexion est complétée par celle de *áhar* infra : jour, V 5, etc; *áhāni*, la série indéfinie des jours, XX 2; *áhanī* du., XXVII 1, « le jour et la nuit ».

ahám, pronom de 1re personne, cf. Gr. 62.

áhar, s. nt., XXXIX 9, cf. *áhan*.

á-harita, adj., XLVIII 2.

áhi, s. m. (gr. ἔχις ὄφις?, lat. *anguis*?). — 1. Serpent (en général), LXI 1. — 2. Ahi, le démon-serpent qui retient les eaux captives : associé à Vṛtra, XXIX 3. — 3. Ahi Budhnya, XVIII 13, invoqué comme une divinité bienfaisante, en tant qu'il habite le « fond », le séjour du mystère où sont puisés tous les trésors (et c'est probablement là la conception primitive du mythe d'Ahi, cf. *ásura*).

ahi-hátya, s. nt., combat contre Ahi, VI 8, VIII 4.

á-hīna, adj. (rac. *2 hā*, vbl *hīná*, « délaissé, incomplet ») : complet, parfait, sans défauts, LXXVII 7.

á-huta, adj., opposé à *hutá*, LXV 2.

á-hūta, adj., non appelé, sans être appelé, XLI 9.

á-hṛṇāna, adj. (cf. 2 *har*), sans colère, apaisé, XXVI 2.
á-heḷayant, adj., non irrité, sans colère, XX 5.
á-hvalā, s. f. (rac. *hval*, « chanceler ») : fermeté, infaillibilité, LXXVII 5.

ā, prép. (gr. ὠ-, dans quelques composés primitifs, tels que ὠκεανός, du vb. κεῖ-ται). — 1. (acc.) Vers, à, II 16, IX 4. — 2. (abl.) Hors de, de, XXI 2 ; loin de, XI 6. — 3. (loc. sg.) Dans, II 8, 12, V 1, etc.; (loc. pl.) parmi, chez, IV 1. — 4. Emphatique, relevant le mot précédent XXVIII 2.
ā-kūti, s. f. (*ā kū* « projeter »), intention, résolution, LIII 3, 4.
ākė, loc. advb., à proximité, en présence, II 10.
ā-gama, adj., qui vient, LXVI 2 et note.
ágas, s. nt. (gr. ἄγος), crime, péché, XXVI 4.
āṅgūṣá, s. m., chant, hymne de fête, VI 2, 3.
ā-cāryà, s. m. (inconnu au R. V., rac. *car*, cf. *ācāra* « règle, observance ») : précepteur spirituel, instituteur, brâhmane qui accueille et instruit un novice, LXXV 1 sq., LXXX 9.
ācārya-kula, s. nt., LXXX 8.
ācārya-pariṣad, s. f., LXXX 28.
ájani, s. f. (*ā aj*), fouet, bâton, houlette, LVII 5.
ā-jarasám, acc. advb., jusqu'à l'extrême vieillesse, pour toute la vie, LXXVIII (II) 9.
ā-jí, s. m. (cf. *ji*), combat, VII 1, 3.
ájya, s. nt. (rac. *añj*), graisse, beurre ; le beurre d'offrande qu'on fond et verse dans le feu, XL 3, LII 4.
ā-táni, adj., s. m. (rac. *tan*) : qui tend [un objet, acc.], II 10 (comme la chaîne d'une étoffe, cf. XL).
átā, s. f., pb. seuil [du ciel], XIX 14.
ātmán, s. m. (cf. gr. ἀτμός) : souffle vital, vie, XXV 6 ; nature, essence propre, LXXV 15 ; (dans la langue postérieure, joue le rôle de pronom réfléchi) soi-même, LXXVIII (II) 39, LXXX 16.
ātman-vánt, adj. dér., LXXIV 10.

âd (abl. primitif du th. *a* ?), particule qui relie deux propositions, IV 18, ou qui insiste avec force sur une corrélation, LVI 2 : ensuite, à ce moment-là, aussitôt, en conséquence.

ā-dáhana, s. nt., lieu où l'on brûle [les morts], LXXIX 4.

ādityá (adj. dér. « relatif à Aditi »), s. m., n. pr., fils d'Aditi : pl. les Ādityas, XXXVII, groupe de Dieux au nombre de sept (en général), au premier rang desquels se place la triade Varuṇa-Mitra-Aryaman, puis Indra, Bhaga, Aṃça (V. ces mots), même Sūrya (cf. infra) ; les grands Dieux, II 13 ; sg. un Dieu de ce groupe (Varuṇa, IV 2), (dans la langue postérieure et en classique) le soleil, LXXX 20.

ā́-deva, adj., qui va vers les Dieux, qui les honore, IV 1.

ā-devana, s. nt. (rac. *div*, « jouer aux dés »), place de jeu, tripot, LXXX 4.

ādhī-parṇa, adj., comp. dér., (*ā-dhī*, s. f., souci, de *ā dhī*), LVII 2, cf. *áçvaparṇa*.

ānuṣák, advb. dér. (*ánu sac*), en suite continue, sans interruption, XLII 5, en série régulière, LXXVIII (II) 2.

ā-netár, s. m. (rac. *nī*), celui qui amène, XII 13.

āntrá, s. nt., pl. les entrailles, XLIII 6.

1 āp, vb. act. (lat. *apiscor aptus*), sg. 3 ind. pr. *āpnóti*, pf. act. sg. 3 *ā́pa*, moy. pl. 3 *āpiré* : acquérir, obtenir, conquérir, (acc.) LVI 2, (gén. partitif) XII 4 ; assumer [un office, acc.], IV 9, etc.

prá : mêmes sens, LXXVIII (II) 36.

2 āp, s. f., toujours pl., nomin. *ā́pas*, I 4, acc. *apás*, IX 27, et (rarement) *ā́pas*, L 1, LXXIV 8 (?), instr. *adbhís*, dat.-abl. *adbhyás*, gén. *apā́m*, étymologie LVI 2 : eaux (terrestres et célestes), souvent invoquées comme divinités.

ā́pya, s. nt. (*āpí* « ami »), amitié, IX 19.

ā-plavana, s. nt. (rac. *plu* « nager »), bain, LXXX 7.

ā-bhūṣéṇya, adj. dér., XV 4 (pb., de *bhūṣ*, désidér. de *bhū*, précédé du préf. *ā́*, soit « désirer être auprès », avec terminaison gérondive) : digne qu'on y cherche un appui.

ā-bhogí, s. f. (rac. *bhuj*), jouissance : XIX 5, « tel autre pour la richesse, soit pour en jouir, soit pour la chercher ».

āmá, adj. (gr. ὠμός), cru, XXI 6, XXIX 4.

āmuṣyāyaṇá, adj. (*-ayaná* suff. patronymique, rac. *i*), fils ou descendant d'un tel, LIX 9.

āyasá, adj. dér., de fer, d'airain, VII 4.

āyú, s. m., XXIII 8, cf. la note.

á-yudha, s. nt. (rac. *yudh*), arme, VI 13.

áyus, s. nt., vie, XIII 4, XVII 2, etc.

ārá, th. nominal usité seulement au loc., IX 1, et à l'abl., XLVII 1 : loin, au loin, de loin.

araṇyá, adj. dér. (*áraṇya* « forêt ») : de bois, sauvage, LXXIV 24.

āráttāt, abl. advb. (= *ārát* * *tát* ?), de très loin, IX 1.

ā-vis, advb. (rac. *1 vid*), visiblement, manifestement, coram ; *āvir bhū*, apparaître, se montrer, éclater, IV 16, XLI 1.

ā-vṛ́t, adj., tourné vers [les hommes], XL 7.

ā-çis, s. f. (cf. *á çāste* ibid.), prière, bénédiction, LXXVII 12, LXXVIII (II) 30.

āçú, adj. (gr. ὠκύς), rapide, fougueux, IV 3, X 1.

ā-çuçukṣáni, adj. (rac. *çuc* et dérivation désidérative) : désireux de briller, II 1.

āçu-héman, s. m. (rac. *hi*) : qui excite les [chevaux] rapides ; n. pr., Âçuheman, surnom d'Agni, II 5, XXI 1.

ās, vb. (cf. gr. ἧμαι = * ἧσ-μαι), toujours moy., ind. pr. sg. 3 *áste*, pl. 3 *ásate*, sg. 3 impér. *ástām*, part. *ásīna* : être assis, IX 2, XL 1, XLI 10, LIX 7, LXXIV 15.

úpa : s'asseoir auprès de, (d'où) s'occuper de, veiller à, XXXVIII 1, (et) honorer, adorer, LXXV 9.

ás, s. (lat. *ōs*), bouche, instr. *āsá* II 14.

āsán, s. nt., i. q. *ás*, dat. *āsné* LXI 3, loc. *āsán* V 1.

āsan-vánt, adj. dér., LXI 2 « qui a une gueule » (le venin, par opposition aux poisons ordinaires, qui n'en ont pas).

ā-suti, s. f. (rac. *su*) breuvage, II 14.

ā-sthātár, s. m., nom d'agent de *á sthā*, LXX 1.

ā-sthána, s. nt. (*á sthā*) : demeure (?), XLIX 3 et note.

1 āsyà, s. nt., dér. de *ás* : bouche, II 13, VI 3.

2 āsyà, adj. dér., gérond. de rac. *2 as* : jaciendus, XLVII 2.

āsrāva-bheṣajá, adj. : (*ā-srāvá*, de *á sru*, écoulement (?), nom d'une maladie, maladie en général), LXIV 2.

āhanás, adj. (étym. inconnue), pb. en rut, XXII 2.

ā-hāvá, s. m. (rac. *hu*) : vase à puiser, V 2 (Agni, parce que les hommes l'emploient à puiser pour eux les faveurs divines).

1 i, th. démonstr., nomin. msc. *ay-ám*, fm. *iy-ám*, nt. *id-ám*, les autres cas sous *a* et *imá* : ce, cette; celui-ci, celle-ci (en parlant d'objets rapprochés), IX 17, XXVII 8, X 6, etc.; *ayám asmi*, XLIV 4, « me voici »; *ayám* pour *iyám*, LXXVIII (II) 16, parce qu'on reprend une citation; *idám*, acc. advb., ici, XIX 13, LV 5, etc.

2 i, vb. (gr. εἶμι ἴμεν, lat. *īre*) : ind. pr., sg. 3 *éti*, pl. 1 *imás*, pl. 3 *yánti*; impf., pl. 1 *aima*, 2 *aita*, 3 *áyan*, du. 2 *aitam*; impér., sg. 1 *ihi*, 3 *étu*, du. 3 *itám*; autre impér. (th. *áya-*) sg. 3 moy. *áyatām*; subj., sg. 2 *áyasi*; opt., sg. 3 *iyát*; pf., pl. 3 *īyúr*; part. pr. act. *yánt*, fm. *yati*, moy. *iyānā́*, pf. act. *īyivás*, fm. *īyúṣī*; gérondif *itya*; infin. dat. *ityai*, etc. — 1. Aller, marcher, XIV 3, LVI 2. — 2. Prendre [un chemin, acc.], XXXVI 3. — 3. Aller à (acc.), V 4 (atteindre, obtenir), XIX 6, LXXVII 2; aller [faire, infin. acc.] LXXVII 4. — 4. Partir, s'en aller, XIX 11, 15, etc.

Thème dit intensif, *ī*, toujours au moyen : ind. pr., sg. 3 *īyate*, pl. 1 *īmahe*; part. *īyamāna*. — 1. Aller vite, avec fougue, XV 1, XXVIII 5, LXXIV 17. — 2. Aller vers, aborder [un Dieu, acc.] pour obtenir [une faveur, acc.], XXXV 2. — 3. (sens passif) Être imploré en vue de (gén.), IX 5.

ácha : (acc.) aller vers, à la rencontre, LV 3.
áti : (acc.) passer devant, omettre, transgresser, LXXIX 7.
ádhi : (acc., sens post-védique) étudier, LXXX 1.
ánu : (acc.) suivre, XIX 8, LXXV 2.
ápa : s'en aller, XXXIX 9.
abhí : (sans rég.) revenir, L 4.

áva : (acc.) échapper à (Bergaigne) (1), XXVI 4.

ā́ : (acc.) aller vers, aller à, X 5, XXXIX 8; (sans rég.) venir, XIX 8, 11, etc.

abhi ā́ : (acc.) aller vers, à la rencontre, LIII 6.

úpa ā́ : (acc.) venir à, XLIV 5, LV 5, obéir à, LVII 5.

sám ā́ : se rencontrer, se croiser, LXXV 11.

úd : sortir, s'en aller, se lever (le soleil), XIII 1, XLVIII 1, LXXX 20.

úpa : (acc.) aborder, XXVI 3; (rég. sous-entendu « lui ») aller vers, XXI 3.

párā : (sans rég.) passer, s'en aller, XIX 8; venir, LIII 5; (acc.) venir à, aller à, LV 6.

pári : (acc.) entourer, XXI 4.

prá : (sans rég.), s'avancer, XXXIX 7; venir, XLI 9, LXXVIII (III) 3.

abhi prá : s'avancer, venir, LIII 5.

ā́ prá : (vb. sous-ent.) s'avancer, LV 5.

sám prá : s'avancer ensemble, LVI 1.

práti : (acc.) aller vers, (pour secourir) LIII 1, (pour rendre hommage) LXXIV 18; gérond. adj *pratítya*, XIV 6, pb. vers lequel on est porté à se rendre, i. e. « attrayant ».

vi : se disperser, XXXIX 9, LIII 4.

sám : (rég. sous-entendu « lui ») aller avec, XXI 3.

ánu sám : (acc.) suivre ensemble, LXXV 2.

abhi sám : venir ensemble, LXXV 3.

ich, vb. act. V. sous *2 iṣ*.

iḷā, s. f., offrande : tant l'offrande terrestre, LXXVIII (II) 23, que le présent et les faveurs de toutes sortes que les Dieux assurent aux hommes en retour de cette offrande, III 11, XII 13; — n. pr., l'offrande personnifiée et divinisée, Iḍā, LXXVIII (II) 22 : identifiée à Agni, II 11; formant triade avec Sarasvatī et Mahī, XLII 9.

itáūti, adj. (*itás-ūti*), sens indécis, paraît signifier « jeune »

(1) Peut-être plutôt ici équivalant exceptionnellement à *áva yā* « détourner », cf. IV 4 et XXVII 8.

XIV 6 et dans d'autres passages : l'étymologie indique « dont le secours, le pouvoir est actuel », ou « dont le secours s'étend à partir d'ici [plus loin] », soit « durable ».

itás, abl. advb. (th. *i*) : d'ici, loin d'ici, LVIII 2; en partant, en s'éloignant d'ici, LXXV 11.

iti, particule qui vise la proposition qu'elle termine, insiste sur elle et la résume : clôt un discours rapporté textuellement, XXXVI 3, XLIV 4, LXXVII 4, etc.; remplace un discours supposé, *íti vicakṣva*, « dis telle chose », LXXVII 10; clôt une formule magique, XLIII 1; clôt une énumération, LXXVIII (II) 28; indique que l'auteur rapporte une opinion déjà exprimée et connue, qu'il prend d'ailleurs à son compte, LXXVII 5; vise l'idée qui précède, LVI 4, *íti krátvā*, « dans cette intention-là », IV 1; *íti nú* (gén.), LXXVII 3, « voilà pour ce qui concerne... »; id. LXXVII 8 (*varṣā́s* acc. pl.).

itthám, adv., ainsi, donc, LVI 7.

itthā́, adv., ainsi, XXI 11, (expl.) XXVIII 2.

id, acc. advb. (cf. lat. *id*) du th. *i* : particule qui insiste avec force sur le mot précédent, v. g. VI 1 sq.; *tád id* « voilà ce que... », III 6; « ne visite... qu'avec bienveillance », XXIII 3; cf. III 2, IV 1, 8, 18, V 6, etc.; *néd*, « pour que... ne... pas », LXXVII 8.

idám, nomin. acc. sg. nt., advb., cf. *i*.

idh, vb. act., pl. 3 ind. pr. moy. *indhále*, sg. 3 pf. moy. *īdhé*, vbl *iddhá*, infin. dat. *idhe* : allumer, enflammer, XXI 11.
sám : allumer, enflammer, III 1, 10, XIX 9.

indu, s. m., goutte; exclusivement employé au sens de « soma », cf. LXXVIII (III) 7; pl. XXX 10; n. pr., Indu = Soma, XI 5.

indra, s. m., n. pr., Indra, Dieu guerrier qui lutte contre les puissances des ténèbres et leur arrache, en faveur des hommes, les biens qu'elles tiennent renfermés, cf. VI-X, et passim; identifié à Agni, II 3.

indra-vant, adj. dér., compagnon d'Indra, XVI 1.

indra-váh, adj., XXXVI 5.

indra-sārathi, adj., qui a Indra pour cocher, XXXIII 2.

indriyá, adj. dér. : d'Indra, XXXVI 9 ; s. nt., force des sens, acuité des perceptions sensuelles, LXXVIII (II) 5.

inv (fausse racine, cf. *jinv*), vb. act., sg. 3 ind. pr. *invati* : pousser, seconder, (par suite) accepter, obéir à, XXXIV 2.

íbhya. adj. dér. (de *ibha*, « famille, train de maison »), riche, I 8. (Ce sens est classique, et il n'y a pas de raison pour qu'il ne soit pas aussi védique : un roi « dévore » les riches, en tant qu'il lève sur eux des tributs.)

imá, th. démonstr., cf. *a*, *i* et *amú*.

iyám, nomin. fm., cf. *i*.

iyar, vb. V. sous *ar*.

irā-vant, adj. dér. (*irā* « nourriture », cf. *iḷā*), XXXV 6.

íriṇa, s. nt., lande, terrain stérile, LXXIX 4.

iva, part. enclitique. — 1. (dans une comparaison simple, après le terme de comparaison, ou, s'il se compose de plusieurs mots, généralement après le premier de ces mots) Comme, I 8, III 8, IV 6, V 6, VI 2, IX 20, etc. ; (cumulé avec *ná*) VI 4.— 2. (visant toute une proposition) En quelque sorte, XXI 13. — 3. (dans la prose des Brāhmaṇas, simple atténuant) En quelque sorte, tant soit peu, LXXVII 1, 2, etc. — 4. (même simplement explétif, peut-être cheville) XIX 6, LXXVIII (II) 19.

1 **iṣ**, vb. act., part. pr. act. *iṣyant* et *iṣṇánt*, moy. *iṣṇāná*, vbl *iṣitá* : pousser avec force, mettre en mouvement, brandir [une arme], etc., VI 12, 13, LXXV 1.

prá : pousser en avant, lancer, XX 5, LVI 2.

2 **iṣ**, vb. act., sg. 3 ind. pr. *ichắti*, moy. *ichắte*, sg. 3 impf. *aichat* : désirer, XXXII 2, LXXV 15; chercher, rechercher (suggère l'idée de « trouver » LXXV 17).

íṣ, s. f. — 1. Suc, aliment, nourriture réconfortante, XIV 9, LXXVII 12. — 2. L'offrande (aliment des Dieux), XXXI 1. — 3. Vigueur, puissance corporelle (en tant qu'issue de l'aliment), XII 2, 9.

iṣá, adj. dér., succulent, nourricier (?), XXVII 11.

iṣay, vb. dénom., être vigoureux, XXVII 9.

iṣ-irá, adj. dér., vigoureux, actif, diligent, XVIII 4, III 4.
íṣu, s. f., flèche, LVII 1.
iṣu-ká, s. f. dér., flèche, XLIII 9.
íṣu-mant, adj. dér., XVI 2.
iṣṭā-pūrtá, s. nt., comp. copul., l'ensemble des sacrifices (rac. *yaj*) et des actions accomplies (rac. *par*), le trésor des bonnes œuvres [accomplies pendant la vie et retrouvées après la mort dans le royaume de Yama où elles se sont accumulées], XXXIX 8.
iṣṭi, s. f. (rac. *2 iṣ*) : désir, II 9; recherche, XIX 5.
ihá, advb. : ici, (sans mouvement) IX 1, LIV 1, etc., (avec mouvement) XVII 7, XXXVI 1, etc.
ihéha-mātar, adj. : du., ayant leurs deux mères de deux côtés différents (tout en étant jumeaux, énigme amphigourique), XXVIII 2.

ī, (très rare) substitué à *īm*, XI 2.
īkṣ, vb. act. (primitivement désidér. de rac. *ak*, cf. *ákṣi*), sg. 3 ind. pr. moy. *íkṣate* : diriger ses regards vers (loc.), regarder (acc.), LXXVIII (III) 15, LXXX 28; voir, LXXVII 11.
īḍ, vb. act., vbl *īḷitá* : invoquer, implorer, XLII 4.
íḍya, gérond. du précédent, adj. : digne d'être invoqué, adorable, II 4, III 6, 9, etc.
īm, encl. (primitivement acc. msc. fm. sg. du th. démonstr. *i ī*, cf. gr. acc. msc. fm. ἴν parfois avec ι long, lat. arch. *im* = *eum eam*) : lui, elle, eux (acc.), I 4, 6, VII 1 (pléonasme avec *tám íd*), etc.; parfois simple explétif, ou avec le sens extensif du lat. *-cumque*, v. g. IX 17.
īr, vb. act. (cf. *ar*), pl. 3 ind. pr. moy. *írate*, pl. 2 impér. moy. *īrdhvam*; caus., pl. 2 ind. pr. act. *īráyatha*, impf. du. 2 act. *airayatam*, du. 2 moy. *airayethām*, pl. 3 pf. moy. *īriré* : (act.) mettre en mouvement; (moy.) se mettre en mouvement, s'élancer, XXXV 4; (caus.) mettre en mouvement, XIII 5 (cf. infra).

á : (caus.) amener, faire sortir (peut-être XIII 5, à cause de l'accent, mais le texte pada a *airayethām* tout court).

ni á : (moy.) établir, constituer, IV 1.

úd : (moy.) se lever, XIX 16, surgir, VII 3; caus., faire lever, faire sortir, XV 5.

prá : (moy.) se mettre en mouvement, XX 9; (caus.) mettre en mouvement, lancer, XXIX 3.

vi : (caus.) faire surgir [des trésors enfermés], XXXI 8.

īç, vb. (cf. *1 aç*), toujours moy., ind. pr. sg. 2 *ī́çiṣe*, sg. 3 *ī́çe* (semblable à sg. 1), impf. (th. *īça-*) sg. 3 *ī́çata* (inj.), opt. sg. 1 *ī́çīya*, part. pr. *ī́çāna* : (gén., rarement acc., l'un et l'autre IX 18) être maître de, régner sur, II 6, IX 22, XXV 2, LXXIV 27, etc., triompher de, XXIV 3; (sans rég.) part., souverain VI 5, 12.

īçāna-kṛ́t, adj. (rac. *kar*), qui rend souverain, qui donne la souveraineté, VI 11, X 5.

1 u et ū, particule enclitique très fréquente, qui insiste sur le démonstratif ou le verbe auquel elle se joint; dans ce dernier cas, l'équivalent le plus approché serait l'allemand *nun;* mais, la plupart du temps, simple explétif; souvent cumulé avec d'autres particules, *íd u*, *átha u*, *utá u* (impliquant alors corrélation entre deux propositions consécutives), *u ṣú* (après *mā́* prohibitif IX 1), etc.; entre deux démonstratifs cumulés, XII 11, cf. gr. οὗτος =* σο υ το-.

2 u, vb. act. V. sous *1 vā*.

3 u (?), vb. act., racine d'existence douteuse imaginée pour expliquer quelques formes très rares et obscures : appeler (?).

á : invoquer (?), vbl *utá* (pourrait dépendre grammaticalement de *á vā*, si le sens s'y prêtait mieux), LX 1.

ukthá, s. nt. (rac. *vac*), parole religieuse, formule, hymne, prière, III 2, VI 13, XL 3, etc.

ukthá-vāhas, adj. (*vā́has*, pb. « char », cf. gr. ὄχος) : qui prend pour char les hymnes religieux, XXVIII 10.

uktha-çás, s. m., [prêtre] récitant l'hymne, XLI 6.

ukthyà, adj. dér. (*ukthyàm vácas* = *ukthám*), LXXVIII (III) 8, 10.

1 ukṣ, vb. act., pl. 3 impf. *ukṣán* (cf. gr. ὑγρός, lat. *ūvidus*) : répandre, verser, IV 10; asperger, arroser, XIII 2.

2 ukṣ, vb. V. sous *vakṣ*.

ugrá, adj. (rac. *2 ukṣ*), fort, vigoureux, puissant, VIII 5, X 5, LV 2, 4, etc.

uccá, instr. advb. (cf. *údañc*), en haut, XLI 2.

uch, vb., fausse racine. V. sous *1 vas*.

utá, conj. (reliant deux mots, III 4, etc., ou deux propositions, VIII 3, etc.) : et.

uttamá, adj., superl. de *úd* : supérieur entre plusieurs, (matériellement) LXII 1, (moralement), suprême, II 12, III 10; dernier (cf. gr. ὕστατος), LXXVIII (II) 37, (III) 18.

úttara, adj., compar. de *úd* (gr. ὕστερος) : supérieur (de deux), LXXVI 7; *uttarád*, « d'en haut », LXXIV 4; postérieur, futur, XIX 13; postérieur (opposé à *púrva* « antérieur »), LXXIV 25, LXXVII 3 (occidental, puisqu'on s'oriente en regardant l'orient).

uttaratás, abl. advb. de *úttara* (qui, dans la désignation technique des points cardinaux, signifie « septentrional », à cause du caractère montagneux (supérieur) de la région du Nord dans l'Inde) : au nord, LXXVII 3, LXXX 8.

uttara-vedí, s. f., terme technique : l'autel septentrional (dans la cérémonie du sacrifice du soma), LXXVIII (II) 23 sq.

uttaravedī-nábhi, s. f., ibid. et note.

ut-tudá, s. m., aiguillonneur, LVII 1 et note.

útsa, s. m., source, XVI 1.

uda-ká, s. nt. dér. de *udán* (gr. ὕδωρ ὕδατος, lat. *unda*), eau, masse d'eau, LIX 3 (étymologie LVI 4).

údak-pravaṇa, adj., en pente vers le nord, LXXVII 2.

údag-agra, adj., dont la pointe est tournée vers le nord, LXXX 10.

úd-añc, adj., fm. *údīcī* : tourné vers le haut; septentrional (cf. *uttaratás*), LXXVII 2, 7 ; *údak*, nt. advb., au nord, en se tournant vers le nord, X 1, LXXX 9.

uda-dhi, s. m. (rac. *dhā*), réservoir d'eau, masse d'eau quelconque, étang, rivière, XLIII 8.

udanyú, adj. dér., désireux d'eau, XVI 1.

uda-prút, adj. (rac. *pru*), qui nage dans l'eau, XII 7.

udára, s. nt., ventre, LIX 7, (comme symbole de santé et de force) LXXV 25, (comme séjour de l'embryon) LXXV 3.

ud-arká, s. m. (rac. *arc*), action de s'élever, de sortir par l'effet du chant (en classique, simplement « fin, conséquence »), XIX 18 « quand les chants [des hommes] ont fait lever... ».

udārá, s. m., brouillard qui s'élève, se dissipe, LXIX 2.

udīcīna-vaṃça, adj. (cf. *údañc*) : dont la maîtresse-poutre est tournée vers le nord, LXXVII 7.

udumbalá, adj., brun (?), XXXIX 12.

ud-ṛ́c, s. f. (cf. *udarká*), fin, conclusion, LXXVII 12.

ud-bhid, adj., qui éclate, triomphant, XVII 1.

upa-cārá, s. m. (rac. *car*), conduite, façon d'agir, LXXVII 10.

upajīka, s. m., Génie des eaux, LXVII 2, cf. la note.

upamá, adj., superl. de *úpa* : supérieur (entre plusieurs), suprême, VI 3; dernier, XIX 15.

upa-máda, s. m., délices, festin, III 5.

upa-vaktár, s. m., upavaktar (nom ancien d'un prêtre qui apparemment prononçait une formule de bénédiction en étendant les bras), XXIV 5.

upa-sád, s. f., engrangement, LXXII 3.

upa-sádya, adj., gérond., adorable, LV 1.

upa-sécana, adj. (rac. *sic*), qui se déverse, XXV 4.

upá-stha, s. m., giron, III 8, V 5, etc.

upāṃçú, nt. advb., à voix basse, LXXVIII (I) 4 (ce passage même rend raison de l'étymologie du mot, cf. *aṃçú*).

upākā́, adj. (cf. *āké*), rapproché, joint [les deux mains... pour serrer un objet], VII 4.

upā-náh, s. f., soulier, chaussure, LXXX 26.

upārá, s. m. (*úpa ar*), offense, péché, XXVI 6.

ubh, vb. act., vbl *ubdhá*, clore, enfermer, IV 15.

ubhá, adj. (gr. ἄμφω, lat. *ambō*), du., les deux, tous deux, II 15, XXII 1, etc.

ubháya, adj. dér., des deux sortes, XX 11, XXVII 4.

ubhayátas, abl. adv., des deux côtés, LXXVIII (III) 22.

ubhaya-dyús, adv., deux jours de suite, L 4.

ubhayā-hastyá, adj., qui remplit les deux mains, VII 7.

urú, adj., fm. *urvī́* (gr. εὐρύς), large, vaste, X 3, VI 8, etc.; *urviyā́*, instr. fm. advb., au large, au loin, XV 2.

uru-gāyá, adj. (rac. *1 gā*), au large pas, (ou) qui traverse le vaste [espace], II 3; s. nt., vaste espace, espace illimité (cf. *uruṣy* et *várivas*), XVIII 15.

uru-cákṣas, adj., comp. dér., XVIII 8.

uruṣy, vb. dénom. (cf. *várivas*), sg. 3 ind. pr. *uruṣyáti*, sg. 3 impf. *uruṣyát* (inj.) : élargir, mettre au large, protéger, sauver, III 8 (la comparaison du pāda c se rattache au pāda b), LXXVIII (II) 17, 18 (1).

urū-ṇasá, adj., aux larges naseaux, XXXIX 12.

urv-áñc, adj., fm. *urūcī́*, vaste, immense, LIV 1; s. f., Urūcī, une des incarnations de la vache céleste, XVIII 3.

uç, vb. act., vouloir. V. sous *vaç*.

uç-íj, s. m. (rac. *vaç* et *yaj*, soit « qui adore, qui sacrifie volontiers »), n. pr., Uçij, au pl. nom d'une race mythique de sacrificateurs célestes (cf. *átharvan*, *bhṛ́gu*, etc.), IV 15.

uṣar-búdh, adj., nomin. *uṣarbhúd*, I 10, matinal.

uṣás, s. f. (cf. rac. *vas*, et rac. *uṣ* « brûler » = lat. *ūrō*, gr. ἠώς, lat. *aurōra*, etc.) : aurore, III 1, 2, IV 5, 13, 17, etc.; divinisée, l'Aurore, cf. XIX.

uṣṇíhā, s. f., XL 4, uṣṇih, mètre védique. V. la prosodie.

usrá, adj., rouge; *usrá*, s. f., [vache] rouge, incarnation habituelle de l'aurore, IV 13.

usríya, adj., rouge, XII 6; *usríyā*, s. f., cf. *usrá*, XXX 5.

(1) Le sens intransitif « s'étendre (*das Weite suchen*, Grassmann) » n'est point nécessaire; mais le rédacteur de l'Ait.-Br. a bien pu l'avoir en vue.

ūti, s. f. (rac. *av*), secours, protection, faveur ; instr. sg. *ūtí*, IV 5, peut-être aussi XXVII 9 (parallèlement à *ávasā*).

ū́dhar, s. nt. (gr. οὖθαρ, lat. *ūber*), mamelle, IV 19, XXV 1.

ū́rj, s. f., liqueur ou nourriture réconfortante, XIII 4.

ūrjáy, vb., caus. d'une rac. inconnue, ou peut-être dénom. faussement accentué, cf. *iṣ* et *iṣay* : (act. et moy.) se nourrir, se fortifier, XX 11, devenir vigoureux, XXI 7.

ū́rjas-vant, adj. dér., riche en nourriture, LXXVI 6.

ū́rṇā-vant, adj. dér. (*ū́rṇā*, « laine, toison »), laineux, velu, LXXVIII (II) 26.

ūrṇā-stukā, s. f., touffe de laine, LXXVIII (II) 28.

ūrdhvá, adj. (gr. ὀρθός, lat. *arduus*), debout, dressé, XIV 4.

ūrdhvá-svapna, adj. : qui dort debout, (ou) qui fait lever le sommeil, qui cause l'insomnie, LXIV 1 et note.

ūrmí, s. m., onde, flot, VIII 1, XII 5.

ūrvá, s. m., étable, XXI 3.

ṛ́k-van, adj. dér. (cf. *ṛ́c*) : qui chante ; chantre, poète ; pl., les Ṛkvans, chantres mythiques qui accompagnent Bṛhaspati, XXXIX 3, cf. le suivant.

ṛ́k-vant, adj. dér., qui chante, chanteur, XXX 5.

ṛk-sāmá, s. nt., du. : vers et mélodie (comp. copul.); les *ṛ́c* et les *sā́man*, objet des deux collections dites le Rig-Véda et le Sāma-Véda, LXXVII 12.

ṛghāy, vb. dénom. (dérivation indécise) : s'agiter, frémir de colère (furere), part. moy. *ṛghāyámāṇa* VI 13.

ṛ́c, s. f. : chant, vers, XXI 12, LXXVII 12.

ṛ́cīṣama, adj. (épithète de nature exclusivement appliquée à Indra, sens inconnu), VI 1.

ṛjú, adj. : droit, non oblique; droit, juste, intègre, vertueux ; acc. pl. nt. *ṛjú* IV 17 (opposé à *vṛjiná*).

ṛju-krátu, adj., dont le vouloir est droit, VII 7.

ṛju-dhā, advb., tout droit, dans l'axe, LXXVIII (II) 28.

ṛjūy, vb. dénom., part. pr. *ṛjūyánt* : chercher, suivre la voie droite, être vertueux, XVII 2.

ṛñj, vb. act. (rac. *raj* nasalisée, cf. ὀρέγω), pl. 3 ind. pr. moy. *ṛñjate* : moy., se diriger vers (acc.), II 8.

ṛtá, s. nt. (primitivement vbl de rac. *ar*, cf. gr. ἀραρίσκω, soit « adapté, ajusté, ordonné »). — 1. L'ordre, tant l'ordre divin manifesté par la régularité des phénomènes célestes, que l'ordre terrestre incarné dans les phases du sacrifice qui y correspondent ; la loi (dans la plus large acception du mot), I 4, III 3, IV 13, V 1, etc. — 2. Cet ordre conçu en quelque sorte comme une entité mythique, en tant qu'il a un siège, des aspects, une matrice, etc., I 4, III 2, IV 12, etc. — 3. Tout ce qui fait partie de l'ordre ainsi conçu, vérité exprimée (cf. *ánṛta*), adoration, prière : *ṛtáṃ vac* XXVII 10, accomplir la loi en adressant une prière ; de même *ṛtáṃ sapary* XX 1, etc.

ṛtá-jāta, adj., né selon la loi, XII 8.

ṛta-jñá, adj., qui connaît la loi, XVI 8.

ṛta-pá, adj. (rac. *1 pā*), nomin. sg. fm. *ṛtapā́s* XIX 12.

ṛtá-prajāta, adj., engendré selon la loi, I 10.

ṛta-sáp, adj. (rac. *sap* « colere »), XXXVIII 4.

ṛta-spṛ́ç, adj. (rac. *sparç*) : qui embrasse la loi, fidèle à la loi, adorateur de l'ordre divin, XXX 3.

ṛtāy, vb. dénom., part. pr. *ṛtāyánt* : se conformer à la loi, suivre l'ordre divin, être pieux, II 2.

ṛtá-van, adj. dér., fm. *ṛtávarī* : fidèle à la loi, pieux, saint, sacré, IV 2, LVI 7.

ṛtā-vṛ́dh, adj., qui se plaît à la loi, XXVIII 4, XXXVIII 4.

ṛtú, s. m. ; temps marqué, temps réglé, époque régulière, VIII 3 (instr. de temps) ; saison, LXXV 20.

ṛtu-pá, adj. (rac. *2 pā*), VIII 3.

ṛté, loc. advb. : sans (abl.), LXXVIII (I) 1.

ṛte-já, adj., né dans, (ou) selon la loi, nomin. sg. fm. *ṛtejā́s* XIX 12.

ṛtv-íj, adj., s. m. (rac. *yaj*) . prêtre (appellation commune à l'adhvaryu, au hotar, au brahman et à l'udgātar), LXXVII 5.

ṛtvíya, adj. dér. de *ṛtú* : régulier, rituel. II 2.

ṛbhú, adj., s. m., n. pr. (rac. *rabh*). — 1. Ṛbhu, l'aîné des trois Dieux de ce nom : Agni lui est assimilé, II 10, III 6 (*ṛbhús*, « en tant que Ṛbhu »). — 2. (ordinairement pl.) Ṛbhus, XVIII 12, Dieux artisans et tutélaires, cf. XXXVI.

ṛ́ṣi, s. m., n. pr. : pl. *ṛ́ṣayas*, les premiers sages et chantres mythiques (au nombre de sept XL 7), qui ont institué le sacrifice et, par là, donné le branle à l'ordre tout entier des phénomènes célestes et terrestres (XXX 1), Agastya, Atri, Rebha, Vasiṣṭha, etc. (une tradition postérieure leur a attribué la composition des hymnes du R. V.) ; ṛṣi, sage, poète inspiré (qualification appliquée aux hommes pieux), XXII 5, XLI 6.

ṛṣṭi, s. f., lance, épieu (arme des Maruts), XVI 6.

ṛṣṭi-mánt, adj. dér., XVI 2.

ṛṣvá, adj., qui s'élève, haut, sublime, III 5, 7, 10, etc.

éka, adj. num. (rac. *i*, cf. lat. *ūnus* = *oi-no-*, gr. οἰνός) : un, unique, XXXVI 2 ; l'un [de plusieurs], LXXVII 8 ; le premier venu, LXXIV 22 ; seul, VI 15, XXVIII 5 ; pl. *éke*, quelques-uns, XXXVIII 1, LXXIX 9.

éka-pad, adj., qui n'a qu'un pied (Aja ou le «non-né », parce qu'il habite la « région unique », cf. *páda*, le séjour du mystère et de l'inconnu), XVIII 13.

eka-rā́j, s. m., unique souverain, LV 1.

éka-çata, s. nt., comp. copul., cent un, XL 1 (sans accord).

ej, vb., sg. 3 ind. pr. *éjati* : remuer, grouiller, XX 2.

ejat-ká, s. m. (cf. *ej*), sorte de ver ou d'insecte, LX 7.

etá, th. démonstr., nomin. msc. sg. *eṣá*, pl. *eté*, etc. : ce, cette, celui-ci, etc. ; nt. advb. *etád*, ce faisant, ainsi, LXXVII 12.

etat-prabhṛti, adj., qui commence par ceci, LXXX 20.

étaça, s. m., n. pr., Étaça (désigne tout à la fois un sacrificateur et un cheval qui lutte, aidé d'Indra, pour la conquête du Soleil), VI 15, XII 2 ; pl., les Étaças, XX 3 et note.

etá-vant, adj. dér. : tel, XXII 8 ; tel [que], nt. autant [que], IX 18.

enā́, instr. advb. V. sous *a*.

ena, th. démonstr., du. nomin. fm.-nt. *ene*, gén. msc.-nt. *enos* : lui, elle, eux, XXXI 8, XL 2, LXXVIII (III) 21.

énas, s. nt., crime, péché, XXVI 3, LXIX 1.

evá et **evā́**, particule : (au commencement de la proposition) ainsi, VI 16, XIX 1 (expl.) ; (après un mot) insiste sur le mot précédent, tout comme *íd*, souvent avec cumul, VI 9, 10, etc. ; dans la langue de la prose, l'insistance est beaucoup plus énergique, et *evá* se traduira souvent par « à condition que », LXXVII 4, ou par « ne..... que », LXXVII 1.

evám, advb. (un seul exemple dans le R. V., mais plusieurs dans l'A. V., et d'un usage courant en prose) : ainsi; *evám vid*, « savoir [les choses] ainsi, savoir cela », LXXVIII (II) 9, 36, 39, 41; de même, LXXVII 3.

eṣá, th. démonstr., cf. *etá*.

ailaba-kārá, adj., bruyant, hurlant, LXXIV 30.

ókas, s. nt., demeure, gîte, IX 1.

okivás (part. pf. de la rac. inconnue d'où dérive *ókas*), séjournant auprès de, (ou) habitué à, XXVIII 3.

ójas, s. nt. (cf. *vakṣ* et *ugrá*, lat. *augeō*), force, puissance, vigueur, VIII 3, XII 6, LXX 2, LXXVIII (II) 5, etc.

ojmán, s. m., i. q. *ójas*, LXX 2.

oṇí, s. m., coupe, vase à soma, VI 14.

om, monosyllabe mystique d'origine inconnue, parole de bénédiction par laquelle débutent les livres saints et chacune des grandes divisions de ces livres, LXXVII 1.

omán, s. m. (rac. *av*, cf. *óṣadhi*) : pb. remède rafraîchissant, (administré par les Açvins, guérisseurs divins, à leur protégé Atri exposé dans la fosse brûlante) XIV 5.

óṣa-dhi et **óṣa-dhī**, s. f. (rac. *ao* et *dhi* ?) : plante ; pl., les plantes, envisagées surtout au point de vue de leur efficacité comme nourriture et comme remède, souvent à demi divinisées; II 1, III 8, XVIII 5, XLIX 1, etc.

óṣṭha, s. m., lèvre, LXXX 29.

oṣṭhāpidhāna, adj., comp. dér., LXXX 29.

óha, s. m. (cf. *ūh* « méditer »), pensée pieuse, prière (?), VI 1.

ká, th. interrog. (gr. πό- κό-, goth. *hva-*) : qui ? I 6 ; quel ? XL 3 ; *káç caná* (en proposition négative, cf. *caná*), quelqu'un, personne, VII 5, LXXIX 7 ; *káç cid* (cf. *cid*), quelqu'un, quiconque, quelconque, XI 6, XXIV 5.

kakúd, s. f., sommet, LV 2.

kaṇva-vánt, adj. dér., LX 10 et note.

katará, compar. interrog. (gr. κότερος, cf. lat. *uter*) : lequel (de deux) ? XXVII 1 ; — *caná*, XXXI 8, cf. *ká*.

kathám, advb. interrog., comment ? LXXVIII (I) 1.

kathā́, i. q. *kathám*, et beaucoup plus usité en védique, XXVII 1.

kadā́, advb. interrog., quand ? XXVI 2.

kánīyas, adj., compar. (cf. *kam*, qui a un doublet *kan*, et *kanyā̀*) : plus jeune, cadet ; plus faible, XXVI 6 (abl. sg. IX 24).

kanyā̀, s. f., jeune fille, jeune épousée, XLI 10, LXXV 18.

kapardín, adj. (*kaparda* « coquille »), qui porte les cheveux tressés en forme de coquille (Rudra), XXIII 1.

kám (cf. *çám*), particule qui paraît avoir pour fonction de renforcer le datif du but et le datif commodi, LXXVI 1.

kam, particule enclitique (gr. κεν) qui insiste sur la proposition à laquelle elle sert de clausule, LVI 3.

kam, vb. act., caus. sg. 1 ind. pr. moy. *kāmáye* : act. et caus., aimer, chérir, XXII 5.

kar, vb. act. (lat. *cr-eāre*, gr. Κρέων = sk. part. aor. moy. *krāṇás*, « faisant, créateur ») : ind. pr., sg. 1 *kṛṇómi*, pl. 1 *kṛṇumás* et *kṛṇmás* ; impf. pl. 3 *ákṛṇvan* ; impér., pl.

2 act. *kṛṇutá* et *kṛṇótana* (1), pl. 2 moy. *kṛṇudhvám*; subj. sg. 3 *kṛṇávat*; ind. aor., sg. 3 *ákar kár*, pl. 3 *ákran*, pl. 3 moy. *ákrata*; impér. aor. sg. 2 *kṛdhi*; subj. aor. sg. 3 *kárati kárat*; pf. act. sg. 2 *cakártha*, moy. sg. 3 *cakré*, pl. 3 *cakriré*; part. pr. passif *kriyámāṇa*; vbl *kṛtá* et *skṛtá* (après *pári* et *sám*); intens., part. pr. *cárikrat*; désidér., sg. 3 ind. pr[illegible]*ati*, etc., etc. — 1. Faire (dans l'acception la plus large du mot), L 1. — 2. Faire, fabriquer, construire, VI 11; composer, VI 16; créer, IV 10. — 3. (moy.) Faire pour soi, se faire à soi-même, prendre, III 6. — 4. Faire, rendre [tel] (hominem beatum efficere), III 7; (moy.) rendre [tel] pour soi, à son propre usage, II 13. — 5. Approprier à un usage, à une fonction (dat.); (moy.) l'y approprier pour soi : *ávase kṛṇudhvam* IX 8, « faites-[le-]vous à secours, rendez-le-vous secourable ». — 6. Procurer (acc.) à (dat.), XVI 7; livrer (même construction), LXXIV 2; (moy.) se procurer, s'acquérir à soi-même (acc.) chez (loc.), X 12, XIX 9. — 7. Éloigner, écarter (acc.) de (abl.), XI 6 (lire *kṛdhi*). — 8. Faire (double acc., gr. ποιεῖν τινά τι), XXVII 8. — 9. Etablir, fixer, XVII 9. — 10. (et généralement tous les sens qui rentrent dans celui de « faire ».)

á : act. intens., cf. LXXV 6 et note; moy., attirer à soi en vue de (dat.), XII 14.

ápa á : repousser, écarter, XXVIII 8.

úpa á : pousser vers, XXIII 9.

ní : abaisser, vaincre, LX 8; (désidér.) LXXIV 13.

nís : défaire, LI 5.

pári : préparer, parer, orner, XLI 10.

ví : diviser [un objet acc.] de manière à en faire [plusieurs objets acc.], XXXVI 4, cf. 2 et 3.

karambhá, s. m., bouillie d'orge, XXXII 2.

kárṇa, s. m., oreille, XVII 8.

1 kart, vb. act. (cf. gr. κείρω, lat. *cur-tus*, la rac. sk. est amplifiée), sg. 3 ind. pr. *kṛntáti*, impf. *ákṛntat*, part. pr. passif *kṛtyámāna* : couper, tailler, fendre.

(1) Ces formes irrégulières à syllabe prédésinentielle non réduite sont peut-être des subjonctifs syncopés, soit *kṛṇóta* = * *kṛṇávata* (Bloomfield).

nís : faire sortir (acc.) d' [un lieu fermé abl.] en fendant l'enceinte de la prison, XII 6.

pári : taillader, déchirer, faire crever sur tout le pourtour, LIX 7. Cf. *2 kart*.

2 **kart**, vb. act., sg. 3 ind. pr. *kṛṇátti* : filer.

úd : filer d'un bout à l'autre, XL 2.

pári : *kṛtyámānas* LIX 7 « emmaillotté » (??? très douteux, bien plutôt *1 kart*).

kárman, s. nt. (rac. *kar*) : action (en général), acte, affaire, LXXVIII (III) 10; grande action, exploit, VI 13; action pieuse, œuvre pie, IX 13; acte, phase déterminée d'un ensemble de rites, d'un sacrifice, LXXVIII (II) 40, (III) 24.

karṣ, vb. act., pl. 3 plqpf. *ácakṛṣur* : labourer [une terre, acc.], labourer pour semer ou récolter [une graine, une plante, acc.], LXIII 1.

kaláça, s. m. (cf. gr. κύλιξ), vase, cuve, XXXI 2.

kalp, vb., part. pr. act. *kálpat* (?) : moy. *kálpate*, pl. 3 pf. *cākḷpré*; caus. *kalpáyati*, subj. sg. 3 *kalpáyāt*, aor. sg. 3 *ácīkḷpat* : (act.) au sens moyen ou au sens causatif, LXXV 26 (cette forme active, étant isolée, est obscure et douteuse); (moy.) être convenablement disposé, être bien réglé, réussir, prospérer, XL 5; (caus.) ajuster, disposer, LXXVIII (III) 7, régler, ordonner, gouverner, LV 6.

sám : (caus., mêmes sens) LXVIII 1.

kavatnú, IX 9, et } adj., s. m., avare (envers les Dieux
kavārí, XLI 3, } et les prêtres).

kaví, adj., s. m. : sage, d'une sagesse surnaturelle et divine (épithète très fréquente des Dieux), II 13, V 1, 7; sage, chantre inspiré (soit mythique, soit des temps actuels), III 1, XII 12; (les deux sens n'en font qu'un, XXVI 7, où l'on compare un Dieu et un homme.)

kavi-çastá, adj. (rac. *çaṃs*), XXXIX 4.

kavyá, s. m., n. pr., nom d'un ordre de Dieux ou de demi-Dieux, pl. les Kavyas, XXXIX 3.

káçā, s. f., fouet, XIII 4.

káṣkaṣa, s. m., sorte de ver ou d'insecte, LX 7.

kā, vb. act. (cf. *kan*, *kam* et *cánas*), rechercher, se plaire à : part. intensif ou pf. moy. *cakānā*, « cherchant à réaliser en soi-même »; III 2.

kā́ma, s. m. (rac. *kam*) : désir, VII 8, IX 2, (acc. advb.) « à volonté » LXXVII 3; désir sexuel, amour, LVII 1; Kāma, l'Amour divinisé, LVII 2.

kā́ma-çalya, adj., comp. dér., LVII 2.

kārá, s. m., hymne, IV 14.

kārú, s. m., chantre religieux, XIV 9.

kā́rṣṇa, adj., s. nt. (cf. *kṛṣṇá*), peau d'antilope noire, LXXV 6.

kā́vya, adj., s. nt. (cf. *kavi*) : sagesse, adresse divine, XXXVI 4.

kā́sikā, s. f., toux, LXXIV 22.

kí, th. interrog. dont la forme *kim* sert de neutre au th. interrog. *ká*, XXVI 2, XL 3; *kim ca*, quidquid, LXV 1.

kimīdín, s. m., sorte de démon, XLIV 1.

kim-máya, adj. interrog. (*-máya* suff. de matière), de quelle matière? de quoi fabriqué? XXXVI 4.

kíyant, adj. interrog., combien? loc. avec *á*, XIX 10 (allongement irrégulier de la pénultième), « combien [de temps] y a-t-il de cela? » question védique qui reporte à une époque toujours très ancienne et mystérieuse.

kiye-dhá́, s. m., VI 6, 12, et note.

kilā́sa, adj., moucheté, XLIX 1.

kīnā́ça, s. m., laboureur, LXIII 1.

kukṣí, s. m., sg. et du. (LIX 3), ventre.

kup, vb., frémir, trembler : caus. pl. 2 ind. pr. *kopáyatha*, XVI 3.

kumārá, adj., s. m., fm. *kumārī́* : enfant, jeune garçon, LX 2; jeune fille, LXXIX 7.

kúla, s. nt., famille, maison de famille, habitation, LXXX 8.

kulā́ya, s. nt., tressage, nid, LXXVIII (II) 28.

kulāyín, adj., en forme de nid, LXXVIII (II) 28.

kúlmala, s. nt., hampe, fût de la flèche, LVIII 5.

kuvíd, nt. advb. interrog., est-ce que? XXI 1, 2.

kúçala, adj. : prospère, de bon augure (en construisant LXXIX 2 comme s'il y avait *lakṣaṇena pra-*, mais une pareille construction n'est pas du style des Sūtras) ; habile, homme versé dans une connaissance salutaire, (nommément celle des signes de bon augure chez une femme) LXXIX 2.

kuhacid-víd, adj. (*kúha* « où? » cf. *cid* et *2 cid*), trouvant n'importe où : « je donnerais, à celui qui me loue chaque jour, les richesses, en quelque lieu qu'il dût les trouver », IX 19.

kūbara-bāhu, s. m., bras du timon, LXXX 31.

kṛta-lakṣaṇa, adj., où l'on a fait une marque [reconnaissable pour l'expérimentateur seul], LXXIX 6.

kṛ́tā, s. f., i. q. *kṛtyá*, magicienne, mauvaise fée (?), XXI 5. (Agni poursuit les eaux pour les rejoindre, cf. R. V. X. 95. 7-9, et les magiciens pour les châtier, cf. XLIV-XLV.) Grassmann rattache à *1 kart* et traduit « gouffre ».

kṛ́tu, s. m. (rac. *kar*), usité seulement à l'acc. pl. de temps : *fois* (avec un numéral ou un nt. advb.), LXXIV 9, LXXVIII (II) 6.

kṛṣṇá, adj., noir, XIX 2, XLIX 1.

ketú, s. m. (rac. *cit*), flamme, étendard, V 2, 5, 6.

ketu-mánt, adj. dér., nt. advb. LXXI 3, pb. « à la façon d'un étendard, en nous servant d'étendard ».

kévala, adj. : propre, essentiellement propre, XXXVI 7, LXXV 10 ; tout entier, XLII 10 ; tout dévoué, LVII 4.

kéça, s. m., chevelure, cheveu, LXIII 3.

keça-dṛ́ṃhaṇa, adj., fm. *ī* (rac. *darh*), LXII 3.

keça-várdhana, adj., fm. *ī* (rac. *vardh*), LXII 3.

keçín, adj., chevelu, échevelé, LXXIV 18, 31.

kóka, s. m., sorte de ver parasitaire, LX 4.

kóça, s. m. : seau, cuve, tonneau, LIX 7 ; (*tráyas*) XXV 4, les [trois] seaux d'où découlent toutes les richesses, celui d'en haut ou le ciel, celui du milieu ou l'atmosphère qui donne la pluie (XII 9), et celui d'en bas ou la terre qui contient tous les êtres (LXXIV 11).

kauhalīya, adj., s. m., élève, sectateur de Kohala, LXXX 34.

krátu, s. m. (cf. gr. κρατύς κράτος) : vouloir divin, volonté, énergie divine (se confondant avec la volonté puisqu'elle peut tout ce qu'elle veut), I 10, V 4, XVII 1, etc.; *krátvā*, IV 1, cf. *iti* ; volonté (humaine), pouvoir, LVII 5.

kratu-víd, adj. (2 *vid*), plein d'énergie divine, XII 1.

krand, vb., part. pr. act. *krándant*, aor. sg. 3 *ácikradat*, caus. *krandáyati*, intens. part. pr. *kánikradat* : bruire, tonner, XXX 5, LIV 1.

abhí : tonner au loin, LXXV 12.

ā́ : (caus.) donner, inspirer (acc.) en bruissant, LXXI 2.

kránda, s. m., bruit, mugissement, LXXIV 3, 22.

krap, vb., moy. sg. 3 ind. pr. *kṛ́pate*, moy. pl. 3 plqpf. *cakṛpánta* : prier, supplier (sans rég.), IV 14.

ánu : soupirer après, désirer, XIX 10.

kram, vb., sg. 3 ind. pr. *krámati*, aor. pl. 3 *ákramur*, autre aor. sg. 3 ind. pr. *ákramīt*, pf. pl. 3 act. *cakramúr*, du. 2 moy. *cakramā́the*, etc. : marcher, XXXI 5.

abhí : aller vers, à la conquête de, XII 2.

áva : fouler aux pieds, écraser, IX 27.

úd : monter, s'élever, LXXVII 7.

úpa úd : s'élever vers, LXXVII 1.

ní : visiter, traverser, XXVIII 6.

úpa sám : aller vers, LXXX 31.

krími, s. m. (aussi *kṛ́mi* = lat. *vermis*), ver, LX.

krimī́, s. f., ver femelle, LX 13.

krī, vb. act., pl. 3 ind. pr. *krīṇánti*, pl. 3 impf. *ákrīṇan*, pl. 2 impér. *krīṇītá*, sg. 3 opt. *krīṇīyā́t*, vbl *krītá* : acheter, LXXVIII (I) 1, 2, 4.

nís : racheter, LXXVIII (I) 3.

krīḍ, vb., part. pr. *krīḷant*, sauter, se jouer, XII 5.

krudh, vb., sg. 2 aor. *krudhás* (inj.) : s'irriter contre (dat.), être en colère, LXXIV 19, 20.

krūrá, adj., violent, redoutable, LXXX 15.

kroṣṭár, s. m. (rac. *kruç* « crier »), chacal, LXXIV 2, 11.

kvà, advb. interrog., où? ; *kvà ca*, ubicumque, LXXVII 4.

kṣatrá, s. nt. (rac. *kṣa*, cf. *kṣi*) : souveraineté, XIX 6, XIII 6 (dans ce dernier passage, et surtout XIII 2, il y a une vague allusion à la caste des kṣatriyas « seigneurs » ou « guerriers », opposée dans la même stance au *bráhman* ou caste des brâhmanes).

kṣáya, s. m. (rac. *kṣi*), demeure, XXIV 6, cf. la note.

kṣayád-vīra, adj., qui dispose des hommes, XXIII 1.

kṣar, vb., pl. 3 ind. pr. *kṣáranti* : couler, LXXIV 24.

kṣi, vb., ind. pr. sg. 3 *kṣéti*, *kṣáyati* et *kṣiyáti* : résider dans (loc.), IV 9 ; résider en paix, jouir de la paix, IX 9 ; disposer de, être maître de (gén.), XXIV 6.

úpa : (acc.) reposer sur, XXII 4.

kṣití, s. f., séjour, demeure, I 6.

kṣip, vb. act., lancer [un trait] : *kṣiptá*, vbl pris substantivement, LXVIII 3, ce qui est blessé d'une flèche.

kṣipta-bheṣajá, adj., fm. *ī*, LXVIII 1.

kṣiprá, adj., rapide ; loc. advb. LXXVII 2.

kṣīrá, s. nt. (rac. *kṣar* ?), lait, LII 4.

kṣu-mánt, adj. dér. (*kṣú*, s. nt., rac. *ghas*), fait de nourriture, riche en nourriture, II 10.

kṣullaká, adj., tout petit, LX 12.

kṣétra, s. nt. (rac. *kṣi*), champ, terre arable, XVIII 10.

kṣéma, s. m. (rac. *kṣi*) : paix, prospérité paisible, LIV 5; repos, inaction, XXVI 8.

kṣódas, s. nt. (rac. *kṣud* « agiter »), flot, vague, I 6.

khan, vb. act., pl. 3 impf. *ákhanan* : fouir, creuser.

ní : enfouir, LXVIII 3.

khanitár, s. m., fouisseur, LVIII 8.

khálva, s. m., nom d'une certaine graine, LX 8.

khā, vb. act., i. q. *khan*, vbl *khātá*, XXX 3.

khyā, vb. act., aor. *ákhyam*, *ákhyas* (*khyás* inj. X 9), *ákhyat*, *ákhyan*, vbl *khyātá* : voir.

áti : négliger, dédaigner, X 9.

antár : pb. découvrir, VII 9.

abhí : voir, apercevoir, contempler, XXVI 2.
ví : apercevoir, IV 18; découvrir, XIX 4.
sám : compter, nombrer, LIX 5.

gaṇá, s. m., troupe, XXX 5, XXXVI 3.
gandhá, s. m., odeur, parfum, LXXIV 6.
gandharvá, s. m. (cf. gr. Κένταυρος), nom d'une certaine classe de demi-Dieux, les Gandharvas, LXXV 2, LXXVIII (I) 1.
gandha-vant, adj. dér., LXXX 11.
gabhīrá, adj., profond, abondant, IX 6.
gam, vb. (cf. *1 gā*, gr. βαίνω, lat. *veniō*) : ind. pr. sg. 3 *gáchati*, impér. sg. 2 3 *gáchatāt*, subj. *gáchāni* (gr. βάσκω); aor. ind. pl. 3 *ágman*, impér. sg. 2 *gahí*, subj. sg. 3 *gámat*; pf. sg. 3 *jagáma*, opt. *jagamyā́t*; fut. (post-védique) sg. 1 *gantā́smi*, part. pr. *gáchamāna*, pf. *jagmivā́s* (acc. pl. *jagmúṣas*), vbl *gatá*; infin. (gén.) *gántos*, gérond. *gátya*; caus. *gamáyati*; passif *gamyáte*, etc. — 1. Aller, marcher, XVII 9. — 2. Venir, VI 16. — 3. Aller vers, atteindre, (acc.) XXXIX 13, LXXVII 12, (loc.) IX 10.
ádhi : aller vers, rencontrer; (pass.) se rencontrer, exister, LXXIII 1.
ánu : suivre (acc.), I 2.
ápi : aller vers, rejoindre (acc.), XXXVIII.
áva : descendre; (caus.) faire descendre [des montagnes], ramener [un chef exilé], restaurer (terme technique), LIV 6.
ā́ : venir, LII 2; venir à (acc.), IX 1, LXV 2, LXXVIII (I) 1; (caus.) faire venir, amener, LXVI 2.
úpa : venir à (acc.), XXXIII 5.
pári : faire le tour de, tourner, cerner, LXI 1.
sám : se réunir, être réuni, XXVII 5, LV 7, LXIV 2.
gambhīrá, adj., i. q. *gabhīrá*, LXXV 8.
gáya, s. m., fortune familiale, biens et gens, IX 7.
gaya-sā́dhana, adj., qui fait prospérer la maison, XI 2.
1 gar, vb. act. (gr. γηρύω, lat. *garriō*), sg. 3 ind. pr. act. *gṛṇā́ti*, sg. 2 ind. pr. moy. *gṛṇīṣé*, part. pr. act. *gṛṇánt*, moy.

gṛṇānā́ : (act. et moy.) chanter, célébrer (acc.), XIX 17; (moy., sens passif) X 5, XV 10.

2 **gar**, vb. act. (gr. βορά, lat. *vorō*), sg. 1 ind. pr. *gṛṇā́mi*, avaler, manger, dévorer.

sám : manger, LXV 3.

3 **gar**, vb. (gr. ἐγείρω), aor. caus. ind. sg. 3 *ájīgar*, impér. du. 2 *jigṛtám* : (caus.) éveiller, XIX 4, XXX 11.

garút-mant, adj. dér. (sens indécis), s. m., n. pr., Garutmant, nom d'un oiseau mythique (le Soleil, cf. le mythe du Phénix) ennemi des serpents, LVIII 3.

gardh, vb., aor. sg. 2 *gṛdhás* (inj.), être avide de, chercher à s'emparer de (loc.), LXXIV 21.

gárbha, s. m. (cf. gr. δελφύς et ἀδελφός) : matrice, I 4 (surtout métaphoriquement pour désigner le lieu du ciel et de la terre où naissent les incarnations d'Agni, cf. Δελφοί le séjour d'Apollon et le nombril du monde, et V. *nā́bhi*); embryon, II 14, III 3, XIII 5, LXXV 3.

gáv-iṣṭi, s. f. (2 *iṣ*), recherche des vaches, VIII 4, XII 10.

gavīní, s. f. du., les aines, XLIII 6.

gavy, vb. dénom., part. pr. *gavyánt* : désirer des vaches, IV 15, IX 23.

gávya, adj. dér., de vache, des vaches, XII 6.

gávy-ūti, s. f., pâturage, XXXIX 2.

1 **gā**, vb. (cf. *gam* et gr. ἔβα βᾶ), sg. 3 ind. pr. *jigāti*, aor. sg. 3 *ágāt*, pl. 3 *águr gúr*, etc. : aller, marcher.

ádhi : (acc.) venir à, revenir à, LI 3; (gén.) se souvenir de, songer à, XV 9.

ánu : suivre (acc.), I 4.

ápi : aller à (acc.), LI 2.

ā́ : venir, IV 7; venir à (acc.), XIX 16.

úd : se lever, LI 2.

prá pári : errer, vaguer, XXXIV 1.

ápa prá : s'en aller, XIX 16.

2 **gā**, vb. act., sg. 3 ind. pr. *gā́yati*, part. pr. pass. *gīyámāna* : chanter, XXXI 2.

prá : chanter (un hymne) à (dat.), XI 1.

gātú, s. m. (*1 gā*), chemin, XXXIX 2.

gātu-víd, adj. (*2 vid*), qui trouve le chemin; *-tama*, XI 5, « le meilleur guide ».

gādhá, s. nt., gué (cf. lat. *vadum*), VI 11.

gāyatrá, adj. dér., de la nature de la gāyatrī, LXXVIII (II) 3.

gāyatrí, s. f. (rac. *2 gā*), XXXIX 16, XL 4, LXXVIII (II) 2, 3 : gāyatrī, mètre védique. V. la prosodie.

gír, s. f. (rac. *1 gar*), nomin. sg. *gír*, et th. *gīr-* devant les désinences à consonne initiale : chant, hymne, II 11, VI 4, III 2, etc.

girí, s. m., montagne, I 6, VI 14, etc.

gír-vaṇas, adj. (*vánas*, s. nt., « agrément », cf. *van*) : qui se complait dans, qui agrée les hymnes, LXXVIII (III) 18.

gír-vāhas, adj., VI 4, cf. *ukthávāhas*.

gu, vb. act., part. pr. intens. moy. *jóguvāna*, annoncer (acc.) en présentant solennellement, VI 14.

gurú, adj. (gr. *βαρύς*, lat. *gravis*) : lourd; grave (péché), XX 12; respectable; s. m., précepteur spirituel, LXXX 2.

gúlgulu, s. nt., sorte de gomme parfumée, LXXVIII (II) 28.

guh, vb. act. (cf. gr. *κεύθω*), sg. 3 ind. pr. *gúhati*, part. aor. moy. *guhámāna* : cacher, voiler, dissimuler, IV 11, XXXV 4.

gúhā, instr. advb., en cachette, caché, I 2, III 10.

gūrtá-çravas, adj., comp. dér. (*gūrtá* vbl de *1 gar*), VI 5.

gṛ́tsa, adj., sage, habile, XXVI 7.

gṛ́dhra, adj. (rac. *gardh*), vorace; s. m., vautour, LXXIV 2; nom d'un ver parasitaire, LX 4.

gṛbhāy, vb. dénom. (de *gṛbh* « prise », cf. *grabh*).
práti : accueillir, agréer, LXX 3.
sám : saisir en masse, VII 7.

gṛhá, s. m. (rac. *grabh*), maison, demeure de famille, XLII 12.

gṛhá-pati, s. m., maître de maison, chef de famille, (spécialement en sa qualité de prêtre domestique) II 2.

gó, s. m. f. (gr. *βοῦς*, lat. *bōs*), nomin. sg. *gaús*, etc. (cf. Gr. 59) : bœuf ou vache, LXX 1; taureau, XLVIII 2; vache, III 11, IV 15, 16, 19, X 3, etc.

gó-agra, adj., en tête de quoi sont des vaches, II 16.

go-ghná, adj., s. nt. (rac. *han*), XXIII 10.

gó-jāta, adj., né de la vache [céleste], XVIII 14.

gótama, s. m., n. pr., Gotama, chantre mythique, et (pl.) ceux de sa race, VI 16.

gó-pati, s. m., possesseur de bétail, LII 4.

go-pā́, s. m. (rac. *1 pā*) : a passé du sens spécial de « gardien de vaches » à celui de « gardien, protecteur » en général, V 7, LXXVIII (II) 38, et a même, par la fréquence de son emploi, donné naissance à une fausse racine *gup* « garder ».

gopāy, vb. dénom., garder, XXXVIII 5.

gop-tár, s. m. (rac. *gup* sous *gopā́*), gardien, LXXVIII (II) 39.

gó-mant, adj. dér. : consistant en gros bétail, XVI 7; de vache, des vaches, IV 15, IX 10.

go-yukta, adj., attelé de bœufs, LXXX 31.

go-ṣṭhá, s. m., étable à vaches, LII 1, LXXIX 4.

gnā́, s. f. (gr. γυνή, rac. *jan*) : femme, (plus spécialement, pl.) les femmes célestes, VI 8, compagnes de Tvaṣṭar, XVIII 6.

gnā́-vant, adj. dér., accompagné de femmes, qui a des épouses célestes, Gnāvant (Agni assimilé à Tvaṣṭar), II 5.

grabh et **grah**, vb. act., sg. 3 ind. pr. *gṛbhṇā́ti* (véd.) et *gṛhṇā́ti*, impér. sg. 2 *gṛhāṇá*, pf. sg. 1 *jagrā́ha*, sg. 3 *jagrā́ha*, du. 2 *jagṛbhā́thur*, plqpf. sg. 1 *ájagrabham*, part. pr. act. *gṛhṇánt*, moy. *gṛhṇāná* et *gṛhāṇá*, gérond. *gṛ́bhya*, *gṛ́hya* et *gṛhītvā́*, etc. : saisir, LI 1, LIII 5; prendre, choisir, LXXIX 7, 8; recueillir, XXIX 4; conquérir [pour donner], LXVI 1; prendre en soi, concevoir, s'assimiler, LXXX 16; prononcer [un nom], LXXIX 7.

pári : choisir, fixer, limiter, LXXVII 4.

práti : recueillir, XXV 3; recevoir, LXV 1.

sám : cueillir, LXII 1; embrasser, enfermer en soi, LXXV 6 (ou peut-être synonyme du post-védique *sám har*, qui désigne l'absorption des êtres dans le sein de Çiva, la fin du monde suivie d'une nouvelle création).

grā́ma, s. m., clan, village, XXIII 1.

grāma-ṇí, s. m., chef de clan, XLI 5.

grāmyá, adj. dér., [animal] domestique, LXXV 21.

grā́van, s. m., pierre, meule; pl., les pierres du pressoir à soma, (personnifiées et divinisées) XVII 4, XVIII 7.

grā́hi, s. f. (rac. *grah*), démon femelle, LI 1, LXIX 1, et le trouble moral qu'elle cause, LIII 5.

gharmá, s. m. (gr. θερμός, lat. *formus*), chaleur, LXXV 5.

ghas, vb. act., infin. dat. (?) *ghas-é* (1) : manger.

vi : manger, dévorer, LXXIV 2.

ghāsá, s. m. (rac. *ghas*), nourriture, LXXV 18.

ghuṣ, vb. act., sg. 2 impf. caus. *ghoṣáyas* : caus., appeler (acc.) à (dat.), XII 3 (act., « bruire, crier, appeler »).

ghṛṇá, s. m. (cf. *gharmá*), été, XX 10.

ghṛtá, s. nt. (primitivement vbl de rac. *ghar*, soit « chauffé ») : le beurre fondu qu'on verse dans le feu ou dont on asperge la jonchée de l'autel, III 8, IV 6, souvent associé aux eaux comme nourricier d'Agni. V. les suivants.

ghṛtá-nirṇij, adj. (cf. *ghṛtá*), qui a pour vêtement le beurre fondu, XXI 4.

ghṛtá-pṛṣṭha, adj. (cf. *ghṛtá*), dont l'échine, la surface est aspergée, enduite de beurre fondu, XLII 5.

ghṛtá-vant, adj. dér., III 6, 7.

ghṛtā́ñc, adj. (soit « qui se dirige vers le beurre fondu »), fm. *ghṛtā́cī*, XXXIV 1 et note.

ghṛtā́suti, adj., comp. dér., XXXI 6.

ghorá, adj., terrible, effrayant, LXXX 15.

ghóṣa, s. m. (rac. *ghuṣ*), bruit, LVI 6.

ghoṣín, adj., bruyant, LXXIV 31.

(1) Ce peut être aussi (à cause de l'accent) le locatif de *vighasá*, « restes de nourriture » : en classique, *vighasáṃ kar* signifie « faire des restes » et, par suite, « manger ».

15

ghrā, vb. (gr. (ὀσ-)φραίνομαι), part. pr. *jighrant*.
abhi : flairer, caresser, XXVII 5.

ca, particule enclitique (gr. τε, lat. *que*), et, aussi.

cakrá, s. nt. (gr. κύκλος), roue, IV 3.

cakrí, s. f. (instr. sg. XXVII 1), roue.

cakṣ, vb. act., toujours au moy., ind. pr. sg. 3 *cáṣṭe*, pl. 3 *cákṣate*, impér. *cákṣva*, infin. datif *cákṣe*, gérond. *cákṣya* : voir, regarder (rarement sans préfixe).
abhi : regarder, contempler, XLI 4.
abhi prá : voir, considérer, XIX 6.
práti : *-cakṣya*, adj., visible, XIX 11.
vi : voir, (sans rég.) XIX 5, (acc.) LIX 5; interpeller, annoncer, dire (2 acc.), LXXVII 10.

cákṣaṇa, s. nt., aspect, apparition, XV 4, XLII 5.

cákṣas, s. nt. : regard, V 6; éclat, XIX 9.

cákṣus, s. nt., œil, XX 8 (« à tous les yeux »), LXXIV 5.

cat, vb., part. pr. *cátant*, se raser, se cacher, I 2.

catúr, nt. advb. (lat. *quater*), quatre fois, LXXIV 9.

catur-akṣá, adj., à quatre yeux, XXXIX 10.

cáturtha, adj. num., quatrième, LXXX 19.

catur-dhā́, advb., quadruplement, en quatre, XXXVI 2.

catuṣ-pathá, s. m., carrefour, LXXIX 4.

cátuṣ-pad, adj., quadrupède, XIII 3, XXIII 1, etc.

catvā́r, num., nom. msc. *catvā́ras*, fm. *cátasras*, acc. msc. *catúras*, gén. *caturṇā́m* : quatre, XVIII 8, XXXVI 4, etc.

caná, advb. (= *ca ná*) : pas même, IX 13; même pas (cumulé avec une autre négation), IX 1; (id.) du tout, jamais, XXVIII 4; même (dans une proposition affirmative), XXVI 6.

cánas, s. nt. (rac. *kan*, cf. *kā*) : *cáno dhā* (moy., acc.), prendre plaisir à, agréer, XXI 1.

candrá, adj. (rac. *cand* « briller ») : brillant, éclatant, XLI 7 (épithète ou synonyme fréquent de l'or); s. m., n. pr., Candra, la Lune divinisée, XLIII 4.

candrá-mas, s. m. (cf. *candrá* et μέα), lune, LXXV 13.

candrá-vant, adj. dér., consistant en choses brillantes, notamment en or (cf. *candrá*), XVI 7.

camasá, (rac. *cam* « siroter »), s. m., coupe, XXXVI 2.

camū́, s. f., vase, cuve; du., (spécialement) les deux cuves qui reçoivent le soma sortant du pressurage, ou peut-être les deux planches entre lesquelles il est pressuré (Geldner), XII 10, XXXII 2.

car, vb., sg. 3 ind. pr. act. *cárati*, sg. 3 subj. pr. moy. *cárātai*, infin. dat. *cáritave carádhyai*, gérond. *caritavyà*, etc. : aller, marcher, se mouvoir, VI 12, XIX 2, 13, etc.; se conduire, procéder; *rācā́* — (liturg.), « réciter », LXXVIII (I) 4.

    á : (acc.) aborder, XXIII 3.
    úd : se lever (un astre), XX 5.
    prá : (acc.) aller à, jusqu'à, LIX 4.
    ví : (acc.) traverser, XXXV 2, 5.
    sám : marcher avec, (sans rég.) LV 3.

cáraṇa, s. nt., marche, voie, III 5.

cárman, s. nt., peau (détachée du corps), III 6.

carṣaṇí, s. m. f. (rac. *car*?), homme, XXIX 5.

carṣaṇī-dhṛ́t, adj. (rac. *dhar*), IV 2.

cáru, adj. (cf. lat. *cārus*?), gén. sg. *cáruṇas*, acc. pl. nt. *cáru* : cher, beau, charmant, délicieux, III 6, VI 7, XII 4.

1 ci, vb. act., sg. 3 ind. pr. *cinóti* : entasser.

    ví : LIX 5 (? cf. la note), entasser en séparant et classant suivant les différences, distribuer.

2 ci, vb. act., sg. 2 ind. pr. *cikéṣi*, sg. 2 impér. *cikīhí*, pl. 2 aor. moy. *ácidhvam* : moy., observer, voir, porter son attention sur, *yátra* — XV 7, « là où votre attention a été attirée ».

    ápa : faire attention à, agréer, exaucer, XLVI 4.
    ní : observer, voir, XLVI 2.

cit, vb. act. (cf. *2 ci*), sg. 3 ind. pr. *cétati*, sg. 3 aor. moy. *áceti*, sg. 3 ind. pf. *cikéta*, subj. *cíketati*, part. *cikitvás*, part. intens. moy. *cékitāna*, caus. *cetáyati*, etc. — 1. (act.)

Voir, savoir, comprendre (gén.), XXVIII 5; part. pf., [le] connaissant, LXXVIII (II) 29, savant, XXVI 3, sage, XXII 3; (caus.) faire comprendre, rendre intelligent, IV 9, XXVI 7. — 2. (moy.) Se faire voir, apparaître, briller, éclater, III 1, XIX 4.

cittá, s. nt. (primitivement vbl de *cit*), pensée, LIII 1; intention, vouloir, LVII 5.

citrá, adj., IV 6, XIV 5, XIX 1, et
citrya, adj., XXXV 7 } (rac. *cit*), brillant, éclatant.

cid, particule enclitique (gr. τι, lat. *quid*) : même, IX 1, VI 6, etc.; souvent presque explétive, VI 8, etc.

citi, s. f., cf. LI 4 et note (*1 ci* ?).

cud, vb. act.; caus. *codáyati*, pousser en avant, IX 15.

cétana, s. nt. (rac. *cit*), apparition, fait de se montrer, XLII 11.

cétiṣṭha, adj., superl. de rac. *cit* (cf. *citrá*), très brillant, le brillant par excellence, I 10.

cyávāna, s. m., n. pr. (rac. *cyu*, soit « le fougueux » ?) : Cyavāna, protégé des Açvins, rajeuni par eux, XIV 6 (incarnation du soleil).

cyu, vb. act. (gr. σεύω); cauṣ. *cyāváyati*.
á : mettre en mouvement rapide et amener, LIV 2.

chadís, s. nt. (rac. *chad* = * *skad* « couvrir »), couverture, bâche [d'un chariot], LXXVIII (III) 9.

chándas, s. nt., vers, XXXIX 16, mètre [d'un hymne], XL 3.

chardís, s. nt. (corrompu pour *chadís* qu'on peut partout y substituer), protection, abri, XXIII 5.

jágat, adj., fm. *jágatī* (primitivement forme participiale de *gam gā* : qui va, mobile, XXIX 4 ; nt., « le mobile » opposé à « l'immobile », i. e. l'ensemble des êtres vivants, IX 22, XVII 5, etc. ; s. nt. f., être vivant, XIII 1, femelle vivante, XIII 5 ; s. f., jagatī, mètre védique, XL 5, LXXVIII (II) 10, cf. la prosodie.

jágmi, adj. (rac. *gam*), qui va, XVII 7.

jaṭhára, s. nt., ventre, VIII 1.

jan, vb. (cf. *jā*, gr. ἐγένοντο, lat. *genuī*, etc.) : act., pl. 2 impér. *jánata*, sg. 3 subj. pr. *jánāt*, sg. 3 pf. *jajána* ; moy., sg. 3 aor. *ájaniṣṭa*, sg. 3 fut. *janiṣyáte*, sg. 3 pf. *jajñé* ; caus. *janáyati* : (act. et caus. moy.) engendrer, IV 1, XXI 2, LXVI 3, IV 12, V 1 ; (moy.) naître, cf. *gīgnō* et γίγνομαι, II 14, VII 5, XIX 1.

á : (caus.) faire engendrer, rendre père, XIX 19.

ví : (moy.) naître, XII 12.

jána, s. m. : sg., être humain, homme ou femme, XLV 1 ; pl., hommes, gens, V 1, race, XVII 10 ; loc. sg., *jáne*, « parmi les hommes », XIX 19.

jánana, s. nt., naissance, LXVIII 2.

janitár, s. m., générateur, IV 10.

janítra, s. nt., lieu de naissance, IL 1.

jánitrī, s. f., mère, XXVII 6.

jánitva, gérond., s. nt., ce qui doit naître, XVII 10.

jániman, s. nt. : naissance, (d'où) manière d'être, forme, essence, IV 7 ; race (divine ou humaine), XII 3.

janús, s. nt. : naissance, VI 14 ; essence, XXVI 1.

jantú, s. m., pl. hommes, gens, VII 9.

jánman, s. nt. : essence, LXXVIII (II) 10 ; espèce, XX 11 ; race, XII 8.

jamadagni-vánt, adj. dér., LX 10 et note.

jambh, vb. act., caus. *jambháyati*, engouffrer, broyer dans sa gueule, broyer, LX 1, 3.

jar, vb., toujours moyen (cf. *1 gar*), sg. 3 ind. pr. *járate* : bruire, chanter, XIV 9.

jaraṇá, s. f., XX 6, et } (rac. *jar* « vieillir », cf. γέρων γῆρας),
jarás, s. m., XVII 9 } vieillesse, décrépitude.

jaritár, s. m., chanteur, chantre, IX 2.

jálāṣa, adj., guérisseur, XVIII 6.

jaṣá, s. m., sorte d'animal aquatique, LXXIV 25.

jas, vb. (cf. *das*), part. pr. moy. *jásamāna*, du. 2 impér. aor caus. *jajastám* ; être épuisé, XIV 8 ; (caus.) épuiser, réduire, XXX 11.

jā, vb. (cf. *jan*), toujours au moy., sg. 3 ind. pr. *jāyate*, part. *jāyamāna*, vbl *jātá* : naître, II 1, III 8, V 1, etc.

prá : se propager, XXI 8.

jágata, adj. dér., cf. *gāyatrá*, LXXVIII (II) 11.

jātá-vedas, adj., s. m., n. pr., qui a la connaissance de ce qui est né, qui connaît [tous] les êtres (1), Jātavedas (surnom spécifique d'Agni), III 4, IV 20, XLIV 2, etc.

jān, V. sous *jñā* et ne pas confondre avec les formes de *jan*.

jāmí, adj., frère ou sœur, I 8, XXVII 5.

jāyá, s. f. (rac. *jan jā*), femme, LV 3.

jālmá, adj., méchant (subst. LIX 7).

jás-pati, s. m. (*já* « postérité »), chef de famille, XXVII 8.

ji, vb. act. (cf. gr. βία), sg. 3 ind. pr. *jáyati*, du. 2 pf. act. *jigyáthur*, sg. 3 pf. moy. *jigyé*, part. pf. *jigīvás jigyúṣ*, gérond. passif *jétva*, désidér. sg. 3 ind. pr. *jigīṣati*, etc. : vaincre, IX 9, XXXI 8 ; conquérir, obtenir, XLI 9, LXX 1, désidér. LXXV 18.

abhi : vaincre, (sans rég.) LXXI 3.

párā : (moy.) être vaincu, XXXI 8.

prá : vaincre, LXXI 3.

sám : conquérir en masse, XXX 9.

jinv, vb. act. (fausse racine, se ramène à une rac. *2 ji* conjuguée avec suff. *-nu-*, soit sg. 3 ind. pr. **jinóti* et pl. 3 **jinvánti*), sg. 3 ind. pr. *jinvati* : faire mouvoir rapidement, inciter, exciter, imprimer une vitesse impétueuse à (acc.), XII 10, XIII 2.

jiṣṇú, adj. (rac. *ji*), victorieux, XVIII 5.

jihmá, adj., en travers, horizontal, couché, XXI 9.

jihma-çí, adj., couché en travers, couché, XIX 5.

jihvá, s. f. (pour **dihvá*, cf. lat. *lingua* = **dingua*), langue,

(1) Parmi les nombreuses traductions de cette épithète aussi obscure que commune, citons encore : « qui a pour richesse (2 *vid*) les êtres » ; « à qui la science est connue » (*jātá* pris comme vbl de *jñā*, Bartholomae) ; enfin, « en qui la science est née, savant, sage » (Pischel). Cette dernière paraît la meilleure.

XLVI 3, (par laquelle les Dieux goûtent le sacrifice, Agni incarné dans le feu terrestre) II 13.

jīmúta, s. m., nuée d'orage, LXXV 14.

jīrá-dānu, adj., abondant en gouttes rapides, bien arrosé par la pluie, XXVII 11.

jīráçva, adj., comp. dér., XIII 3 (*jīrá* « fougueux »).

jīv, vb. (cf. gr. βίος, lat. *vīvō*), sg. 3 ind. pr. *jīvati*, subj. *jīvāti*, infin. dat. *jīvâse jīvitavaí*, etc. : vivre, XVII 2, LXVIII 1, (un certain temps, acc.) XLVI 2, etc.

jīvá, adj. (lat. *vīvos*), vivant, IX 26 « être en vie et jouir de la lumière », (subst.) XLI 1, LI 1.

jīva-purá, s. f., demeure des vivants, LI 3.

jīvâtu, s. f., fait de vivre, vie, LXXVIII (II) 20.

jīvitá, s. nt., vie, genre de vie, XIX 6.

jur, vb. (cf. *jaraṇá*), part. pr. *juránt*, être vieux, XIV 6.

juṣ, vb. act. (gr. γεύω, lat. *gustus*), sg. 3 ind. pr. moy. *juṣáte*, pl. 2 impér. *juṣádhvam*, pl. 3 impf. *juṣánta* (inj.), sg. 3 opt. *juṣéta*, sg. 3 subj. aor. act. *jóṣiṣat*, sg. 3 pf. *jujóṣa*, sg. 3 subj. pf. *jūjoṣat*, part. aor. moy. *juṣāṇá*, pf. moy. *jujuṣāṇá*, vbl *juṣṭá*, etc., caus. *joṣáyati*, opt. moy. pl. 3 *joṣáyeran* : goûter, agréer, X 8, XIV 1, XV 10, etc.; *júṣṭa* (γευστός), agréable à (instr., dat.), XXII 5, XII 16; (caus. moy.) agréer, choisir, LXXVII 1.

juhú, s. f. (rac. *hu*), cuilier à offrande, VI 5.

jū, vb. act., sg. 3 ind. pr. *junâti* : conduire, pousser (cf. *jinv*), XXVI 7.

jétar, s. m. (rac. *ji*), vainqueur, XLI 11.

jóṣa, s. m., agrément, joie; acc. advb., XIX 10.

joṣa-vāká, s. m., parole qui plaît, XXVIII 4.

jñā, vb. act. (gr. γνωτός, lat. *nōtus*), sg. 3 ind. pr. *jānâti*, sg. 3 subj. ou impf. *jānât* (inj.), sg. 2 aor. moy. *ájñāsthās*, part. pr. *jānánt*, pf. moy. *jajñāná*, vbl *jñātá*, etc. : savoir, connaître, IV 16, XXXIX 2, LIII 6.

ánu : autoriser, congédier (« avec le congé de son précepteur » LXXX 3).

prá : connaître à fond, être sage, IV 10.
ví : connaître, XLI 7.
sám : (moy.) être d'accord avec, LV 6.

jmā́, s. f. (gén. *jmás*), terre, sol, XIII 1, XXX 1.

jyā́yas, adj. compar. (rac. *ji*), plus fort, plus puissant, IX 24.

jyéṣṭha et jyeṣṭhá, adj. superl. : très puissant, suprême, XXI 9; très grave, XXVI 4; aîné [de plusieurs], IV 2.

jyók, advb., longtemps, XX 7, LXXVII 2.

jyótir-agra, adj., que précède la lueur, XXV 1.

jyótir-anīka, adj., au visage de lumière, XVIII 4.

jyótis, s. nt. (cf. *dyut*), lueur, lumière, éclat, (en général) IX 26, XII 12, (plus spécialement) lueur de l'éclair, cf. XXV 1, lumière des aurores, IV 14, XIX 1.

tá, th. démonstr. (cf. *sá*, gr. *τό*, lat. *is-te*) : ce, cette, IV 14 (*té* ne doit jamais être confondu avec *te* de *tvám*), II 15, 16, etc.; *tád*, nt., ceci, cela, III 6, IV 14, etc.; advb., alors, XXXI 8, LXXVII 4, ainsi, ce faisant, LXXVIII (II) 3; *tásmād*, abl. advb., en conséquence, LXXVII 1.

taṃs, vb. (rac. de signification indécise et d'un usage assez rare), pl. 3 pf. moy. *tatasré*.
abhí : (moy.) venir à (? acc.), XXX 2.

takmán, s. m. (rac. *taṅk*?), violente et dangereuse fièvre éruptive, L 1, LXXIV 22, 26.

takṣ, vb. act. (gr. *τίκτων τέχνη*, lat. *texō*), sg. 3 impf. *átakṣat*, pl. 2 impf. (autre thème) *átaṣṭa*, sg. 3 pf. *tatákṣa*, vbl *taṣṭá* : charpenter, fabriquer, VI 6, XXXVI 5, LXXV 8 (c'est le concept qui répond en védique à celui de « créer » dans les langues d'Europe).
ā́ : fabriquer à l'usage de (dat.), XXXVI 6.

taṅk, vb. (faible *tak*), gérond. advb. (1) *táṅkam*.

(1) Le gérondif adverbial, qui aurait dû être relevé dans la Grammaire puisqu'il ne l'est pas dans celle de Bergaigne, est une forme très rare dans les Védas et en classique, mais assez commune dans les Brāhmaṇas, et dont le sens est essentiellement le même que celui des gérondifs ordinaires : ainsi *pratáṅkam* « en courant ».

prá : s'élancer avec impétuosité (pour s'enfuir? plutôt pour attaquer), LIX 2.

tátas, abl. advb. (a encore nettement le sens d'abl. de *tá* dans *tátas pári*, XLVI 1) : de là, de cet endroit, XXII 7; ensuite, de là, en conséquence, LV 2, 4.

tátra, loc. advb. : là, ici, XLII 12; alors, L 1; dans ce cas, en pareil cas, LXXVII 10.

tát-sina, adj. (épithète d'Indra, rac. *sā*), pb. qui a cela pour lien, qui se laisse captiver par cela [*stóma*], VI 4.

táthā, advb. : ainsi, (de ce qui suit) LV 5, (de ce qui précède) LXXVII 2; bon, soit, oui, LXXVIII (I) 1.

tad-alābhe, loc. abs., LXXIX 3.

tan, vb. act. (gr. τείνω, lat. *tendō*), sg. 3 ind. pr. *tanóti*, moy. *tanuté*, sg. 3 pf. moy. *tatné*, pl. 3 subj. pf. *tatánan*, vbl *tatá* (τατός), etc. : (act. et moy.) tendre [v. g. une chaîne de tisserand], XL 1, 2; (act.) s'étendre, XX 2.

abhí : (moy.) pb. se diriger vers, XII 6.

á : (act., moy.) tendre [l'arc], XXII 6, XXVIII 7.

vi : (moy.) tendre, XL 2.

tán, s. f. (rac. *tan*), continuation, maintien, LXXVIII (II) 38.

tánaya, adj. dér., qui prolonge la race, III 11, XXIII 6 (*tokáṃ tánayam* « enfants et petits-enfants »).

tanú, s. f., corps, personne, XVI 6, etc., (souvent avec le sens du pronom réfléchi « soi-même ») XXVI 5, LXXVIII (II) 38, *sváyā tanvà* « en moi-même » XXVI 2.

tanū-já, adj., issu du corps, XLIX 4.

tanū-tyáj, adj., qui abandonne son corps, qui a fait le sacrifice de sa vie, XXXVIII 3.

tanū-nápāt, s. m., n. pr., Tanūnapāt (fils de lui-même, en tant que feu terrestre qui se multiplie à l'infini), surnom d'Agni dans les āprīs, XLII 2.

tanū-rúc, adj., qui brille par son corps, au corps brillant, (ou) pb. resplendissant par lui-même, II 9.

tanū-vaçín, adj., qui dispose des personnes à sa volonté, souverain seigneur des êtres vivants, XLIV 2.

tántu, s. m. (rac. *tan*), fil de chaîne, XL 1.

tanyú, adj. (cf. *stan*), tonitruant, (les Maruts) XXXV 2, 5.

tap, vb. act. (lat. *tepeō*), pl. 3 ind. pr. *tápanti*, part. pr. act. *tápant*, pass. *tapyámāna*, vbl *taptá* : échauffer, chauffer, IV 6; brûler, faire souffrir, XXVIII 8; (pass.) souffrir, se faire souffrir, pratiquer l'austérité, (— *tápas*) LXXV 26 (avec double sens sur *tap* et *tápas*, cf. la note).
pári : brûler, XLIV 5.
prá : brûler, [les (démons des) ténèbres] XII 12.

tápas, s. nt. (rac. *tap*) : chaleur, cf. LXXV 5, 26; austérité, XXXVIII 2, (personnifiée et divinisée) LXXV.

tápas-vant, adj. dér., XXXVIII 4, 5.

tapo-jā́, adj., né de l'ascétisme : *ṛṣayas tapojā́s* XXXIX 5, pb. « devenus ṛṣis par l'ascétisme ».

támas, s. nt. (cf. lat. *tenebrae*), obscurité (de la nuit, de l'orage, de la confusion d'esprit, causée par des puissances mystérieuses et démoniaques), III 1, IV 17, LIII 5, etc.

tar, vb. act. (cf. *tirás*, lat. *trāns*), pl. 3 ind. pr. *táranti tiránti*, moy. *tiránte*, impf. *tiránta* (inj.), pl. 1 subj. pr. *tárāmasi*, opt. pr. pl. 1 *táréma*, du. 2 *tirétam*, du. 2 aor. act. *táriṣṭam*, part. pr. *tárant*, etc. : traverser, franchir, IX 15; surmonter, vaincre, IX 13.
áti : traverser, franchir, IX 27.
prá : (act.) prolonger [la vie], (pour les autres) XIII 4, XVII 2, (moy., pour soi-même) XLI 2, voir [sa propre vie] prolongée, XIX 16; (act.) faire vivre, sauver, XXXIV 3.
sám : traverser, franchir ensemble, LXXVII 12 (cf. pour le sens XXXI 1 a b).

taráṇi, adj., diligent, pieux, fidèle adorateur, IX 9.

tárutra, adj. (cf. *tar* et *prá tar*), victorieux, (ou) sauveur, (« la richesse qui assure de nouvelles victoires ») XXIX 5.

tard, vb. act. (cf. *tar*, et gr. *τετραίνω τέρετρον*, lat. *terebra*), sg. 3 ind. pr. *tṛṇátti* : percer, fendre, IV 19.

tarp, vb. (gr. *τέρπομαι*), du. 2 impér. *tṛmpátam*, sg. 1 impf. *átṛpam* : (gén.) se rassasier de, XXXIII 2, goûter, LVI 6.

tarh, vb. act., sg. 3 pf. *tatárha* : broyer, LXXV 7.

tárhi, adv., alors, LVI 6, LXXVIII (I) 1.

tavás, adj. (rac. *tu* « vigere »), fort, robuste, VI 1.

táviṣī, s. f., force, vigueur, XV 2.

táṣṭar, s. m. (rac. *takṣ*), charpentier, charron, VI 4, IX 20.

tas, vb. V. sous *taṃs*.

tásara, s. nt., navette de tisserand, XL 2.

tāyú, s. m., voleur, I 2 (cf. *stāyánt*).

tā́rkṣya, s. m., n. pr. (patronym. ?), Tārkṣya (incarnation du soleil, rarement nommée), XVII 6.

tir, vb. V. sous *tar*.

tiraçcā́, instr. advb. (cf. *tirás* et *añc*), par le travers, transversalement, VI 12.

tirás, advb., prép. (rac. *tar*) : (sans rég.) à l'écart, LXXVII 8, arrière... ! XIV 2 ; (acc.) à travers, au travers de, VI 7, XIV 3 ; (abl.) à l'écart de, LXXVII 8.

tisrás, num. f. pl. V. sous *trí*.

tīvrá, adj. (cf. *tavás*), fort, enivrant, XXXVI 6, LVI 5.

tú et **tū́**, particule : (en védique, quasi-explétive) or, IV 10, XXVI 1 ; (en prose, opposition plus marquée) toutefois, LXXIX 9, mais, LXXVII 3.

tuj, vb. act., du. 3 ind. pr. moy. *tujéte*, part. pr. act. *tujánt*, part. pr. intens. moy. *tū́tujāna*, infin. dat. *túje* et *tujé* (cf. l'accent de *dṛçé*), etc. : (act.) faire mouvoir avec force, ébranler, VI 6, mettre en branle, amener, (*tokā́ya* — « pour nous faire procréer ») IV 3; (moy.) être mis en branle, VI 12, être ébranlé, trembler, VI 14.

ā́ : mettre en branle et amener, IX 9.

tud, vb. act. (lat. *tundō*), sg. 3 ind. pr. *tudáti*.

úd : frapper, exciter, aiguillonner, LVII 1.

turá, adj. (rac. *tar*), prompt, impétueux, VI 1, 13, XXVI 4.

turváṇi, adj. (id.), pb. qui sait franchir, VI 11.

turvī́ti, s. m., n. pr. (rac. *tar* ?), Turvīti, nom d'un protégé d'Indra, VI 11.

tuvi-jātá, adj. (*tuvi*, cf. *tavás*), né robuste, robuste par essence, très fort, XXX 4.

tuvī́-magha, adj., très riche, très magnifique, XVI 8.

túyá, adj. (cf. *tavás*), prompt, nt. advb. X 1, 9.
tūṣṇím, acc. advb., en silence, LXXX 19.
tṛcá, s. m. (syncopé de * *tri-ṛc-á*), tercet, LXXVIII (III) 3.
tṛtá, doublet de *tritá* (« le troisième »? cf. τρίτος), s. m., n. pr., Trita, nom d'un Dieu, entité divine extrêmement obscure dès l'époque védique, LXIX.
tṛtíya, adj. num., troisième, XXXVI 9.
tṛ́tīyaka, adj. dér., [fièvre] tierce, L 4.
tṛṣṇáj, adj. (rac. *tarṣ*, lat. *torreō*), altéré, XVI 1.
téjas, s. nt. (rac. *tij*, *tigmá* « aigu ») : tranchant (d'un glaive), acuité, force, éclat, LXXVIII (II) 3, LXXX 17.
tailá, s. nt. (*tila* « sésame »), huile, XLIV 2.
toká, s. nt., postérité, enfants, IV 3, XXIII 6.
tmán, s. m. (très défectif, paraît corrompu de *ātmán*) : dat. *tmáne*, « à nous-mêmes », XXIII 6; instr. advb. *tmánā*, oui, certes, assurément, II 6, XXVII 1, XXXIV 1.
tyá, th. démonstr. (cf. *tá* et *syá*), VI 3, souvent cumulé avec un autre démonstr., XII 11.
tráyastriṃçat, num., trente-trois, LXXV 2.
trā, vb. act. (cf. *tar*), protéger, sauver, XVIII 10.
trí, th. num. (gr. τρεῖς, lat. *trēs*), pl. msc. *tráyas*, fm. *tisrás* : trois, XXV 4, XXI 5, etc.
triṃçát, num., trente, XXVIII 6.
tri-kakúd, adj., comp. dér., LX 9.
trí-kadruka, adj., s. m. pl., ensemble de trois *kadrú* ou vases à soma employés dans les sacrifices, XXXIX 16.
tri-cakrá, adj., comp. dér., XIII 3.
tri-dhā́tu, adj., triple, XXV 2; nt. advb., XII 12.
tri-vandhurá, adj., à trois sièges, XIII 3.
tri-vártu, adj. (rac. *vart*), triple, XXV 2.
tri-çatá, th. num., trois cents, LXXV 2.
tri-çīrṣán, adj., comp. dér., LX 9.
tri-ṣadasthá, adj., comp. dér., XXX 1.
tri-ṣṭúbh, s. f. (cf. *anuṣṭúbh*) : triṣṭubh, mètre védique (V. la prosodie), XXXIX 16, XL 5, LXXVIII (II) 4.

trís, advb. num., trois fois, IV 7, 16, LXXVIII (II) 41.

tredhā́, advb., triplement, en trois endroits, XXV 4, LIX 6.

traíṣṭubha, adj. dér., cf. *gāyatrá*, LXXVIII (II) 5.

tva, pron. indéf., enclitique : msc., un tel..., tel autre..., XIX 6; nt. advb., tantôt..., tantôt..., XXV 3.

tvác, s. f., peau, XLIX 4.

tvám, pron. de 2e pers. (gén. dat. encl. *te*).

tváṣṭar, s. m., n. pr. (paraît en relation étymologique avec *táṣṭar*) : Tvaṣṭar, Dieu artisan et générateur, nommé en connexion avec les ouvrages d'adresse, VI 6, les femmes célestes, XVIII 6, le bétail, LII 1, assimilé à Agni, II 5.

tvā́-vant, adj. dér., pareil à toi, VII 5.

tvā́-vasu, adj., dont tu es la richesse, IX 14.

tvā́-hata, adj., tué par toi, IX 7.

tviṣī-mant, adj. dér. (rac. *tviṣ* « briller »), accompagné de l'éclat, de la lueur (de l'éclair), XXXV 6.

tveṣá, adj., brillant, splendide, XXIII 4.

tveṣás, s. nt., rayonnement, majesté rayonnante, VI 11.

tveṣá-saṃdṛç, adj., comp. dér., XVI 5.

dáṃsas, s. nt. (gr. δῆνος), action surnaturelle, miracle, XII 12.

dakṣ, vb. (cf. gr. δέχομαι δεξιός, lat. *dexter*), faire œuvre droite, utile à, agréable à, servir (dat.), IX 9.

dákṣa, s. m. (rac. *dakṣ*) : adresse, activité pieuse (dans le saint sacrifice), IX 12 ; intelligence, XXVI 6; n. pr., Dakṣa, l'adresse pieuse personnifiée et divinisée, XVII 3.

dákṣas, s. nt., i. q. *dákṣa*, II 11.

dakṣa-sā́dhana, adj., qui fait prospérer l'adresse, XI 3.

dákṣiṇa, adj. : droit (opposé à gauche) ; méridional (parce qu'on s'oriente en regardant le levant), LXXVII 7.

dakṣiṇa-tás, abl. advb., du côté du midi, LXXVII 2.

dákṣiṇā, s. f., la dakṣiṇā, le salaire que le sacrifiant (*sūri*) donne aux prêtres qui lui font consommer le sacrifice XLI, cf. LXXVII et rac. *yaj*.

dakṣiṇā́-pravaṇa, adj., cf. *údakpravaṇa*, LXXVII 2.

dákṣiṇā-vant, adj. dér., XLI 2.

daṇḍá, s. m., bâton (de l'ascète), LXXX 27.

dad, fausse racine. V. sous *dā*.

dadí, adj. (cf. *dad*), qui donne, VII 7.

dadh, fausse racine. V. sous *dhā*.

dadhy-áñc, adj. (*dádhi* « petit-lait », soit donc « qui se dirige vers le petit-lait »), s. m., n. pr., nomin. sg. *dadhyáṅ* : Dadhyañc, personnage mythique qui joue un rôle secondaire dans la conquête du soma, XII 4.

dádhy-āçir, adj. (rac. *çrā* « cuire ») : pb. cuit par le mélange avec le petit-lait, IX 4 et note.

dánt, s. m. (réd. *dat*, gr. ὀδούς, lat. *dēns*), dent, LXXIV 6.

dabh, vb. act., sg. 3 ind. pr. *dábhanti*, sg. 3 impf. *dábhan* (inj.) : tromper, circonvenir, IX 12, LXXVI 2.

dabhrá, adj., petit, (subst.) peu, VII 2, XIX 5.

dáma, s. m. (gr. δόμος, lat. *domus*), maison, demeure, foyer domestique, II 2, 7, 8, VI 9, etc.

dámūnas, adj., attaché à la demeure, III 4, XXIV 4.

dámya, adj., domestique, LXXVIII (II) 8 (les aspects domestiques d'Agni sont ses incarnations dans le feu du foyer).

day, vb. act. (gr. δαίω), sg. 3 ind. pr. moy. *dáyate* : partager, distribuer, décerner, XXXIV 4.

dar, vb. act. (gr. δέρω δείρω), part. pf. act. *dadṛvás* : fendre, briser, faire voler en éclats, IV 14.

darbhá, s. m., sorte de gazon souvent employé dans les cérémonies sacrées, LXXX 9, 10.

darmán, s. m. (rac. *dar*), briseur, VI 5.

darç, vb. act. (gr. δέρκομαι), sg. 3 aor. moy. *ádarçi*, sg. 3 ind. pr. passif *dṛçyáte*, vbl *dṛṣṭá*, infin. acc. *dráṣṭum*, dat. *dṛçáye dṛçé*, loc. *dṛ́çi* (cf. *saṃdṛ́ç*), gérond. *dṛ́çya*, etc. : voir (*ná dṛçyate* LXXIII 1, « ne se voit pas, n'existe pas »), XVIII 5, LXXV 3.

ánu : suivre des yeux, XL 7.

práti : (moy.) apparaître, XIX 7.

sám : contempler (acc.), II 12.

darh, vb. act., affermir, consolider ; vbl *dṛḍhá dṛḷhá*, solide, résistant, IV 15, VI 14, LXXV 11.

dávīyas, adj. compar. (cf. *dūrá*) ; nt. advb., LXXI 1.

dáça, num. (gr. δέκα, lat. *decem*), dix, II 8.

daçamá, adj. num., dixième ; fem. *daçamí*, s. f., la dixième dizaine [d'années], nonagénariat, LV 7.

daça-vṛkṣa, s. m., LI 1 et note.

dáça-çīrṣa, adj., à dix têtes, LVIII 1.

daçasy, vb. dénom. (dérivation obscure, cf. *dakṣ* et *dāç*, lat. *decus*), se rendre utile à, servir (dat.), VI 11.

dáçāsya, adj., à dix bouches, LVIII 1.

das, vb. (cf. *jas*), sg. 3 ind. pr. act. *dásyati* et *dásati* (cette dernière forme avec *abhí* seulement).
  abhí : poursuivre, attaquer, XLVII 3.
  úpa : s'épuiser, XV 5.

dasmá, adj. (cf. *dáṃsas*), miraculeusement puissant, II 4, IV 3.

dásyu, s. m., sorte de démon des ténèbres vaincu par Indra ou Agni, XLIV 1 ; plus tard, l'appellation a été transférée aux populations dravidiennes à teint noir que les Āryas refoulèrent dans le Dékhan, cf. LXXVI 2.

dasrá, adj., i. q. *dasmá*, XIV 1, XV 5.

dah, vb. act. (forme primitive * *dhagh*), sg. 1 ind. pr. *dáhāmi*, sg. 2 ind. pr. (autre thème) *dhákṣi* (c'est la leçon du pada pour le fautif *dakṣi* II 10) : brûler (toujours transitif : quand le régime manque, il est sous-entendu), L 1, LX 13.
  ánu : consumer en poursuivant [les démons], II 10.
  nís : anéantir en consumant, LIII 5.
  práti : brûler en attaquant, LIII 1.

1 dā, vb. act. (gr. δίδωμι, lat. *dō*) : ind. pr. sg. 3 act. *dádāti*, pl. 2 *datthá*, pl. 3 *dádati*, sg. 3 moy. *datté*; impf. sg. 3 *ádadat dádat*; impér. sg. 2 *dehí*, du. 2 *dattám*; fut. *dāsyáti*; aor. sg. 3 act. *ádāt*, pl. 3 *ádur*, moy. (sens passif) *ádāyi dáyi*; pf. pl. 2 act. *dadá dadá*, sg. 1 moy. *dadé*; vbl *dattá*; infin. dat. *dāváne*; désidér. part. pr. *dítsant*, etc. : donner, IX 5, 15, XVI 7, II 10, VI 10, LXVII 1,

etc.; (désidér.) être disposé à donner, (sans rég.) IX 5.
ánu : abandonner à (dat.), VI 15.
á : (moy.) recevoir, X 11.
párā : abandonner, livrer, VII 6.
pári : confier, XXXIX 11; déposer, placer dans (loc.), LXXVI 3; circumdare (aliquid alicui) LXXVIII (II) 39.

2 dā, vb. act. (cf. *day*), sg. 3 ind. pr. *dáti* : couper, tondre, I 8.

1 dātár, s. m. (rac. *1 dā*), donateur, X 10.

2 dātár, s. m. (rac. *2 dā*, ordinairement *dátar*, mais le contexte indique bien ici de qui il s'agit) : coupeur, celui qui doit couper [les membres de la victime], XLII 11.

dātrá, s. nt., don, XXVII 3.

dānaúkas, adj. (*dánam* = lat. *dōnum*), qui fait de l'offrande sa demeure, VI 5.

dáman, s. nt. (rac. *3 dā* « lier »), lien, XXVI 5.

dārá, s. m. pl. (non védique), épouse : *dārān kurvīta* (opt. pr. moy. non védique de *kar*), LXXIX 1, LXXX 3.

dāç, vb. (cf. gr. *ἐ-δωκ-ε*), sg. 3 pf. act. *dadáça* : servir, honorer (un Dieu, dat.), XIII 6; *dāçvás dāçúṣ*, part. pf. sans redoublement, adj., pieux, dévot, zélé, II 11, VI 11, etc.

dāsá, s. m. (cf. *dásyu*), esclave, XXVI 7.

di, vb. conservé seulement sous une forme *didī* et *dīdī* par réduplication intensive, mais la rac. *di dī dey* est indo-européenne (cf. *dyú*, et gr. *δῖος*, lat. *dīvos*, etc.) : impf. sg. 2 *ádīdes*, impér. sg. 2 *didīhi*, pf. sg. 3 *dīdáya*, part. pr. act. *dídyat*, moy. *dídyāna*, pf. act. *dīdivás* : briller, rayonner, III 7, XII 9, V 4, XXI 4, etc.
ní : procurer (acc.) en brillant, XIX 17.

dits, vb. V. sous *1 dā*.

didṛ́kṣu, adj. (rac. *darç* avec redoublement désidératif), désireux de voir, désireux de [le] connaître, XXVI 3.

didṛkṣéṇya, adj. (ut supra), digne qu'on désire le voir (sens de gérondif passif), souhaitable à voir, XV 4.

dív, s. m. f. V. sous *dyú*.

dív-iṣṭi, s. f. (soit « la recherche du ciel ») : pl., le service divin, XXXIII 1.

divi-spṛ́ç, adj., qui s'élève jusqu'au ciel, XXXIII 4.

divyá, adj. dér., céleste, VIII 5, LXXVIII (II) 8.

diç, vb. act. (gr. δείκνυμι, lat. *dīcō*), sg. 3 ind. pr. *diçáti* : indiquer, montrer, assigner.
ánu sám : assigner, LIX 9.

díç, s. f., point cardinal, région céleste, LXXIV 12 : on en compte généralement quatre, cinq, six, huit ou dix, suivant qu'on y comprend les quatre points cardinaux (LXXVII 2), ou ceux-ci et l'endroit (le nadir) où se tient l'observateur (*itás* LXXIV 12), ou ces cinq et le zénith, ou les quatre cardinaux et les quatre collatéraux, ou enfin ceux-ci, le zénith et le nadir.

dih, vb. act. (gr. θιγγάνω, lat. *fingō*), sg. 3 ind. pr. *diháti* : enduire, empoisonner [une flèche], LVIII 7.

1 **dī**, vb. (gr. δῖνος 'Αφρο-δίτη), sg. 3 ind. pr. *dīyati*, voler.
pári : voler autour, XXI 14 et note.

2 **dī**, vb. V. sous *dī*.

dīkṣ, vb. (ancien désidér. moy. de *dakṣ* devenu vb. indépendant, soit « se rendre propre, s'habiliter »), sg. 3 ind. pr. moy. *dīkṣate*, vbl *dīkṣitá* : se sanctifier, se consacrer, LXXVII 7, 8, 10 (dans les sacrifices ordinaires, le *dīkṣitá* est le sacrifiant, c'est-à-dire le laïque qui fait les frais du sacrifice pour en obtenir les mérites, et que les prêtres commencent à cet effet par soumettre à une cérémonie spéciale d'initiation, cf. *yaj*; mais à la stance LXXV 6 le sens de *dīkṣitá* est moins spécial et moins technique, « consacré, béni, saint »).

dīrghá, adj. (gr. δολιχός), long, XXXIX 14.

dīrghá-çmaçru, adj., comp. dér., LXXV 6.

dīrghāyutvá, s. nt., XLVIII 2, cf. XXXIX 14.

duchúnā, s. f. (préf. *dus* et *çuná* « prospérité » ?) : maléfice, désastre, et démon femelle qui le cause, LXXI 2.

duchunāy, vb. dénom. moy., XX 12.

dudh, vb. act. (cf. *dhū*), pousser, secouer, exciter : vbl *dúdhita*, chassé, dispersé (?), IV 17.

dundubhí, s. m., tambourin, tambour, LXXI 1.

dúr, s. m. V. sous *dvár*.

dur-ādhí, adj., malveillant, IX 27.

dur-itá, s. nt. (vbl de rac. *i*), mauvais pas, IX 15; danger et celui qui le cause, LXXI 2; péché, LXIX 2.

dur-éva, adj., comp. dér. (*éva*, s. m., « nature »), XIV 7.

duroṇá, s. nt. (cf. *dúrya*), demeure, maison, XX 10.

dur-gáha, s. m., n. pr., Durgaha, X 12.

dúrya, adj. dér. (cf. *dvár*), relatif à la porte, à la maison; *dúryā*, s. f., maison, demeure, IV 9, 18.

duvasy, vb. dénom. (de *dúvas*, « oblation, adoration », cf. lat. *bonus* = *dvenos*), XXXIX 1.

duṣ, vb. act. (cf. *dus*), caus. *dūṣáyati* : (act. et caus.) gâter, détruire, anéantir, LXVII 2.

duṣṭutí, s. f. (*dus* et rac. *stu*), mauvaise louange, prière mal composée; instr. sg. *duṣṭutī́* IX 21.

duṣvápnya, s. nt., cauchemar, XX 4.

dus (gr. δυσ-), préfixe péjoratif.

duh, vb. act. (forme primitive * *dhugh*), pl. 3 ind. pr. moy. *duhaté* et *duhré*, pl. 3 impf. act. *duhúr*, pl. 3 aor. *ádhukṣan* : traire, X 8, XII 11, XXV 1, XLI 4.

duhitár, s. f. (forme primitive **dhugh(e)-ter-* = gr. θυγάτηρ), fille, XIX 7, LXVII 3.

dūḷábha, adj. (rac. *dabh*), infaillible, XXVI 4.

dūḷā́ç, s. m. (rac. *dāç*), mal servant, impie, IX 7.

dūṇā́ça, adj. (rac. *1* ou *2 naç*), difficile à atteindre, (ou) à tuer, (leçon très douteuse) IX 7.

dūtá, s. m. (vbl d'une rac. *dū* impliquant l'idée de « lointain », cf. *dávīyas*) : messager, III 2, 9, IV 8, etc. (essentiellement appliqué à Agni, qui, comme feu terrestre, porte aux Dieux les oblations des hommes, et, comme feu céleste ou éclair, amène aux hommes les présents des Dieux).

dūrá, adj. (cf. *dūtá*), lointain : loc. advb., LIV 2; s. nt., LXXI 1, LXXIV 25.

dūré-anta, adj., comp. dér., XXVII 7.

dūre-dṛ́ç, adj., qui voit au loin, XX 1.

dūré-bhās, adj., comp. dér. (*bhās* = ...), I 10.
dū́ṣaṇa, adj. (rac. *duṣ*), fm. *ī*, LVIII 2, malfaisant, délétère.
dū́ṣi, s. f. (rac. *duṣ*), pb. maléfice, XLIX 4.
dṛḍhá, vbl, adj. V. sous *darh*.
dṛdhrá, adj. (rac. *dhar*), qui retient, IV 15.
dṛṣád, s. f., meule à moudre, LX 8.
devá, adj., s. m. (dér. du th. nomin. *div*) : céleste, divin; Dieu (dans bien des cas, on peut hésiter entre les deux traductions, qui au fond reviennent au même), II 4, 7, III 6, XII 8, LXXII 2, etc. (*devá* est, dans les Védas, le nom spécifique des « Dieux », c'est-à-dire, soit de tous les Dieux en général (*viçve devâs* XVII-XVIII), y compris les puissances mystérieuses et avares des séjours ténébreux, soit plus spécialement des Dieux célestes, lumineux, bienfaisants, qui ont conquis la lumière sur ces puissances occultes et en ont fait présent aux hommes; ce dernier sens est visiblement le primitif, cf. *ásura*).
deva-karmá, s. nt., service divin, XL 1.
devá-gopā, adj., qui a les Dieux pour gardiens, XVIII 13.
deva-janá, s. m., troupe divine, LXXV 2.
devá-jāta, adj., XX 1.
devá-jūta, adj., XXXIV 3.
devátā, s. f., divinité; (post-védique, concret) Déité, Dieu, LXXVII 8, 10.
devatyà, s. f. (?), nom d'un animal (???), XLVIII 3, et cf. la note : en thèse générale, le th. * *devatyà* ne se rencontre que comme second terme d'un composé dérivé, et signifie « qui a pour divinité [le premier terme] ».
devá-patnī, adj. fm., qui a un Dieu pour époux, VI 8.
deva-pā́na, adj. (rac. *2 pā*), XXXVI 5.
deva-pīyú, adj. (cf. *piyāru*), blasphémateur, LXXIV 23.
devá-putra, adj., comp. dér., XXVII 4.
devá-prasūta, adj., LXVII 2 (cf. *1 sū*).
devá-psaras, adj., mets favori des Dieux, XI 5.
devá-bhakta, adj., donné en partage par les Dieux, IV 10.
deva-māná, s. nt., demeure des Dieux, XLI 10.

devay, vb. dénom.; part. pr. *devayánt*, pieux, III 1.
deva-yájana, s. nt., emplacement de sacrifice, LXXVII 1.
devayajana-mātrá, LXXVII 3, cf. *mātrá*.
deva-yajyá, s. f., sacrifice, service divin, XXIII 3, LXXVII 3; instr. sg. XLI 3 « [méritée] par... »
deva-yá, adj., qui va vers les Dieux, XIV 4.
devayú, adj. dér., qui recherche les Dieux, XII 9.
devá-vīti, s. f., nourriture des Dieux, XIX 12.
devá-çatru, adj., qui a les Dieux pour ennemis, XXVIII 1.
devá-çiṣṭa, adj., instruit par les Dieux, XIX 3.
devá-hita, adj., fixé par les Dieux, XVII 8.
deva-héḷana, adj., qui irrite les Dieux, XX 12.
deva-hetí, s. f., LXXIV 12.
devā-ví, adj., qui conquiert les Dieux (i. e. « qui concilie aux hommes les faveurs des Dieux »), XI 2, LXXVIII (II) 31.
deví, fm. de *devá*, adj., s. f., divine, Déesse, IV 17, XXI 5.
deṣṇá, s. nt. (rac. *1 dā*), don, IX 21.
daivá, adj., des Dieux, LIX 8.
daívī, adj., XLI 3, fm. irrég. de
daívya, adj. dér., divin, IV 15, XII 3; s. nt., puissance divine, forme divine, etc., XXI 8.
dyāvāpṛthivíya, adj. dér., LXXVIII (III) 3, 4.
dyú dív, s. m. f. (gr. Ζεύς, lat. *diēs*, cf. Gr. 59). — 1. Ciel, I 4, II 6, 15, etc., (fm. ainsi que la terre) XXVII, (msc. opposé à la terre féminine) XVII 4, XXVII 10, 11. — 2. Jour, IV 17, IX 14 : *dyúbhis*, tous les jours, II 1; *divé-dive*, de jour en jour, chaque jour, IX 19; *dyávā* fm., l'aurore et la nuit, XIX 2.
dyu-kṣá, adj. (rac. *kṣa* = *kṣi*), céleste, XII 1.
dyut, vb. (cf. *di* et *jyótis*), n'est guère usité dans le R. V. qu'à sg. 3 aor. sigmatique *ádyaut* : briller, rayonner.
úd : s'élever en brillant, III 9.
ví : rayonner au loin, XIX 14.
sám : briller en même temps, III 2.

dyú-bhakta, adj., IV 18, cf. *devábhakta*.

dyu-mánt, adj. dér., céleste, XII 3.

dyumná, s. nt., éclat, splendeur, XII 9.

drapsá, s. m., goutte, XXXV 4.

dráviṇa, adj., s. nt. (rac. *dru*, soit « [objet] mobilier, bien meuble »), richesse, biens, XX 10.

dráviṇas, adj., s. nt., i. q. *dráviṇa*, XXXI 3.

draviṇo-dá́, s. m. (rac. *1 dā*), II 7.

dru, vb. (doublet de *drā*, cf. gr. δραμεῖν, δρόμος, διδράσκω), sg. 2 impér. *dráva* : courir.
áti : dépasser (acc.) à la course, XXXIX 10.

drugdhá, s. nt. (vbl de rac. *druh*, « causer dommage, user de maléfices »), crime, péché, XXVI 5, XLVI 2.

drúh, s. m. f., démon malfaisant, XXI 6.

dvá, th. num. (gr. δύο, lat. *duo*), deux, XXVII 2, LX 4.

dvayú, adj. dér., double (au moral), XI 6.

dvá́-daça, num., douze, LXXVIII (II) 41, (III) 24.

dvādaça-dhá́, advb., douze fois, LXIX 3.

dvá́r, s. f. (réd. *dúr-*, la forme primitive est * *dhvar* * *dhur*, cf. gr. θύρα, et la déaspiration vient des cas tels que * *dhurbhis* où deux aspirées se suivaient) : porte ; du., la porte (les deux battants), III 1 ; pl., les portes [du ciel, de la lumière, etc.], XIX 4.

dvitá́, instr. advb., doublement ; en vérité, oui, XXVI 1.

dvitī́ya, adj. num., deuxième, LXXV 4.

dvi-pád, adj., bipède : le bétail humain, les hommes, (opposés aux quadrupèdes) XIII 3, XXIII 1, etc.

dvi-bárhas, adj., qui a une double grandeur (cf. *bṛhánt*), deux fois grand, XXIII 10.

dví-çavas, adj., comp. dér., XI 2.

dviṣ, vb. act., haïr : part. pr. *dviṣánt*, s. m., ennemi, XLVII 4, LXXVII 3.

dvéṣas, s. nt., haine, ennemi, IV 4, XIII 4.

dhat, fausse racine. V. sous *dhā*.

dhána, s. nt., richesse (à conquérir), butin terrestre ou céleste conquis par les Dieux en faveur des hommes ou par les hommes avec l'aide des Dieux, VII 3, IX 12, etc.

dhana-dā́, s. m. (rac. *1 dā*), IX 17.

dhána-pati, s. m., LX 2.

dhánutar, adj. (rac. *dhan dhanv* « courir »), rapide, fougueux, XXXVI 5.

dhánus, s. nt., arc, XXII 6, LVIII 6.

1 **dhánvan**, s. nt., arc, XXVIII 7, XLIII 9, LVIII 4.

2 **dhánvan**, s. nt., lande, sol, LXVII 2.

dham, vb. act., sg. 3 ind. pr. *dhámati* : souffler.

prá : chasser (acc.) par son souffle, LIII 2.

ví : disperser (acc.) par son souffle, XXX 4, LIII 2.

dhay, vb. act. V. sous *2 dhā*.

dhar, vb. act. (gr. θρόνος, lat. *firmus frētus*), sg. 2 aor. moy. *dhṛthás* (inj.), sg. 3 pf. *dādhā́ra*, caus. *dhārā́yati*, pl. 3 aor. *ádīdharan* : (act. et caus.) affermir, consolider, LIV 5, LXXV 1 ; (caus. moy.) s'assurer à soi-même, jouir durablement de (acc.), IV 18 ; (moy., sens passif) être tranquille, LVII 1.

ví : (caus.) ouvrir, disposer, LXVI 2.

dhartár, s. m., qui maintient, conservateur : le pouvoir conservateur de l'univers, personnifié et divinisé, et opposé au pouvoir créateur, XVIII 3.

dharma-dhṛ́t, s. m. (rac. *dhar*), qui soutient l'ordre universel (V. le mot suivant), adorateur pieux, L 1.

dhárman, s. nt. (rac. *dhar*), à peu près le sens de *ṛtá*, l'ordre universel, XXXV 7.

dharṣ, vb. (cf. gr. θρασύς θάρσος), sg. 3 pf. *dadhárṣa*, pl. 3 subj. pf. moy. *dádhṛṣanta*, infin. gén. *dhṛ́ṣas* : être fort, violent, audacieux ; LIV 2 (?), cf. la note.

ā́ : attaquer, violenter (acc.), II 9, V 5.

1 **dhā**, vb. act. (gr. τίθημι, lat. *faciō*) : ind. pr. act. sg. 3 *dádhāti*, pl. 1 *dadhmási*, du. 2 *dhatthás*, moy. sg. 1 *dadhé*, sg. 3 *dhatté*, pl. 2 *dadhidhvé*, pl. 3 *dádhate*, du. 3 *dadhā́te* ;

impf. pl. 3 act. *ádadhur*; impér. sg. 2 *dhehi*, pl. 2 *dádhāta*, *dhetana* (peut-être plutôt opt. aor.), pl. 3 *dádhatu*; subj. act. sg. 2 *dádhas*, moy. sg. 3 *dádhate*; opt. moy. sg. 3 *dádhīta*; aor. act. sg. 2 *dhā́s* (inj.), moy. pl. 1 *dhīmáhi*, moy. sens passif *ádhāyi dhā́yi*; pf. sg. 3 act. *dadhaú*, sg. 1 et 3 moy. *dadhé*, pl. 3 moy. *dadhiré*; part. pr. moy. (sens passif) *dádhāna*, vbl *hitá*; gérond. *dhā́ya*; passif, sg. 3 ind. pr. *dhīyáte*; désidér., pl. 3 ind. pr. *didhiṣanti*, sg. 1 opt. pr. *didhiṣeya*; caus., sg. 3 ind. pr. *dhāpáyati*, etc., etc. — 1. (act.) Placer, déposer dans (loc.), XIII 5; *hitá*, placé dans, inné à, XVI 6; placer [quelqu'un] dans [un avantage quelconque], i. e. le lui donner, l'en doter, VII 3, XV 4. — 2. (act.) Fixer, assigner, LVI 3; assigner en partage, LXXIV 24. — 3. (act.) Donner (construit comme *dā*), V 3, VIII 3. — 4. (moy.) Se faire à soi-même, XV 1, 2; prendre, revêtir, XII 12. — 5. (moy.) Recevoir, XIV 5; avoir en partage, XXVII 2, 6, 7. — 6. (moyen, sens passif) Être placé dans, XXXIV 1. — 7. (id.) Être établi, constitué, ordonné, III 3, LXXVIII (II) 10. — 8. (pass.) Être offert, VII 3. — 9. (désidér. act.) Désirer donner, XXI 5. — 10. (désidér. moy.) Désirer se concilier, IX 18.

ádhi : donner, procurer, XIII 6; donner, inspirer, LXXVIII (III) 8 (l'hymne s'adresse à Indra, cf. la note).

abhí : entourer, enserrer, LIX 7.

ā́ : placer (acc.) dans, sur (loc.), IX 2, *pāṇaú* —, prendre en main, LXXIX 7; donner, VI 16, LXXI 2; *ā́hita*, assigné, propre à (loc), XXXIX 16.

ní : (act., moy.) mettre, déposer, XXIX 4, LXXVIII (II) 24, déposer à l'écart, avec soin (pour bien garder), LXXV 10; (moy.) prendre [en main], VII 4; (act.) faire passer dans, sur, XX 12, XLVIII 4.

ádhi ní : placer sur, LXXVIII (III) 9.

pári : (act. et caus.) entourer, XLVIII 1, LXXVI 4, revêtir (un habit, acc.), LXXX 25; (act., terme technique du rituel) entourer [un ensemble de stances] par une stance finale qui lui sert comme de couverture ou de lien, terminer, conclure par (instr.), LXXVIII (II) 37, 39.

práti : (act., terme technique) placer [la flèche] sur [l'arc] en visant et s'apprêtant à tirer, LXXIX 1.

ví : distribuer, XXII 3.

sám : unir à, pourvoir de (instr.), XXI 12.

2 **dhā**, vb. act. (gr. θηλή, lat. *fēlō filius*), sg. 3 ind. pr. *dháyati* : sucer, téter, XXI 5, 13.

dhātár, s. m. (rac. *1 dhā*) : ordonnateur (du sacrifice), prêtre qui allume le feu, LXXVIII (II) 10; créateur, XVIII 3, cf. *dhartár*.

dhānyà, adj. dér. (de *dhānā́* « blé », rac. *1 dhā*), de grain, de blé, LII 5; s. nt., grain, blé, LII 3.

dhā́rā, s. f. (cf. *dhāv*), courant, torrent : *dhā́rayā* instr., « à flots », XII 5.

dhāv, vb. (cf. gr. θέω θοός), sg. 3 ind. pr. *dhávati*, couler.

ā́ : laver, IX 6, cf. la note.

prá : couler à flots, XXXVIII 1.

dhiyaṃ-jinvá, adj., composé syntactique (cf. *dhī́*) : qui donne la vigueur à la prière, XVII 5.

dhiyā́-vasu, adj., composé syntactique : dont la richesse consiste en inspiration pieuse, riche d'inspiration, VI 16.

dhiṣ, th. désidér. V. sous *1 dhā*.

dhíṣṇya, adj. dér. (de *dhiṣ*?), généreux (?), XVII 4 et note.

dhī, vb. act., qui n'apparaît que sous une forme à redoublement intensif *dīdhī* (cf. *dī*), et plus tard amplifié en *dhyā* (V. ce mot) : songer à, méditer (acc.), XXX 1.

prá : songer d'avance à, XIX 10 et note.

dhī́, s. f. (rac. *dhī*) : pensée (des hommes ou des Dieux), méditation, pensée pieuse, inspiration religieuse, IV 10, VI 16, etc.; prière, IV 14, 18, etc.; pl., les prières (personnifiées et divinisées), VI 2.

dhī́ra, adj. dér. (de *dhī́*), sage, intelligent, pieux, I 2, XL 7.

dhuk, vb. act. V. sous *duh*.

dhunéti, adj. (* *dhuna*, cf. *dhū*, et *iti* « marche »), fougueux, impétueux, XXX 2.

dhúr, s. f. (et *dhū́r*, cf. *gir*), timon, XV 6.

dhū, vb. act. (cf. *dhāv* et gr. θοῦρις), sg. 2 impér. act. *dhūnú*, moy. *dhūnuṣvá* : secouer, agiter, ébranler, XVI 3; faire tomber, XVI 3.
áva : jeter à bas en secouant, LXXVI 2.
ví : faire tomber en secouant, LXXIV 19.

dhūmá, s. m. (rac. *dhū*, lat. *fūmus*), fumée, LXIX 2.

dhūrv, vb. act. (fausse racine, la vraie forme est *dhvar*), sg. 3 ind. pr. *dhū́rvati* : opprimer, maltraiter, XLVII 4.

dhṛtá-vrata, adj., par qui la loi est maintenue, II 4.

dhṛṣṇú, adj. (rac. *dharṣ*), hardi, audacieux, VII 3, XII 6.

dhenú, s. f. (rac. *2 dhā*), vache, IV 6, 16, etc.

dhyā, vb. (cf. *dhī*), pl. 3 impf. *ádhyāyan*.
abhí : songer, réfléchir, délibérer, LXXVIII (I) 1.

dhrā́ji, s. f. (rac. *dhraj*, gr. τρέχω), élan impétueux, LIII 3.

dhrúti, s. f., entraînement, aveuglement, XXVI 6.

dhruvá, adj. (rac. *dhar*), solide, en sûreté, LII 4.

dhrúvi, adj. (rac. *dhar*), solide, inébranlable, XVIII 8.

ná, particule négative (lat. *ne-que*). — 1. Ne... pas, I 4, VI 8, IX 9, etc.; (cumulée avec d'autres négations) cf. *caná*; (seule) non, LXXVIII (I) 1. — 2. Comme (construite comme *iva*), I 2, 6, 8, 10, IV 3, 6, V 4, VI 1, etc. (Le passage de la négation à la comparaison s'explique par une tournure elliptique telle que *cátan, tāyúr ná*, littéralement « caché, un voleur n'est pas [aussi bien caché], cf. la négation explétive dans la tournure française « plus que je ne croyais »); (cumulée avec *iva*) VI 4. — 3. En quelque sorte (cf. *iva*), IV 19, VI 12.

ná-kis, pronom indéfini, réduit à l'unique forme du nomin. sg. msc. (cf. *ká kí*) : personne (nég.), V 5, IX 5, 10.

nakulí, s. f., femelle d'ichneumon, LXXX 29.

nákta, s. nt., du. irrég. *náktā* (gr. νύξ, lat. *nox*), nuit, XIX 3.

naktaṃ-jātá, adj., composé syntactique, XLIX 1.

nákṣatra, s. nt. : astre (en général); soleil (toujours ce sens, en védique, au sg.), XXVI 1; astérisme, conjonction astrologique, LXXIX 1.

nakhá, s. m. nt. (cf. gr. ὄνυξ, lat. *unguis*), ongle, LXXX 24.

nagnikā, s. f. (fm. de l'adj. *nágnaka*, dér. de *nagná* « nu », parce qu'autrefois les jeunes filles ne portaient de vêtements qu'à partir de la puberté), jeune fille non nubile, LXXX 6.

nad, vb., sg. 3 ind. pr. *nádati* : bruire, gronder, LVI 1.

nadani-mán, adj. dér., bruyant, bourdonnant, LX 8.

nadí, s. f. (rac. *nad*, à cause du murmure de l'eau courante) : eau courante, rivière, XV 7, LVI 1.

nápāt, s. m. (gr. νέποδες, lat. *nepōs*), nomin. et acc. réguliers, les autres cas sur un faux thème * *náptar* analogique des autres noms de parenté : neveu, petit-fils, X 12; *çávasas* —, fils de la force = forts, XXXVI 1; *apáṃ* —, n. pr., Apāṃ Napāt, incarnation spéciale d'Agni envisagé comme fils des eaux (l'éclair né du nuage), XXI, XVIII 13.

nábhas, s. nt. (gr. νέφος), nue, nuée, LXXV 8, 11.

nam, vb. act., sg. 3 ind. pr. *námati námate*, vbl *natá*, caus. *nāmáyati* : (act.) fléchir, courber, IX 20; (moy.) se courber, s'incliner devant, rendre hommage à (dat.), XXX 8.

á : faire fléchir, incliner, tourner (en sa faveur ou celle d'un autre), IX 20.

úpa : (act.) s'incliner vers (acc.), LXXVII 3; (caus.) mettre à portée, tendre, présenter, LXXIX 7.

sám : diriger [un trait], viser, LVII 2, 3.

námas, s. nt. (rac. *nam*) : inclinaison, hommage, adoration, I 2, L 1, LXXIV 30, etc.

námas-kṛta, adj., honoré, adoré, LXXIV 31.

namasyà, adj. dér., adorable, II 3, III 2, LV 1.

námas-vant, adj. dér., pieux, XXVII 3.

nár, s. m. (gr. ἀνήρ), pl. nomin. *náras*, gén. *narám* et *nṛṇám* (lire *nṛṇáam* IX 11), etc. : homme (surtout dans le sens de « homme fort, vaillant, héros »), II 1, 5, 9, IV 15, etc. *nṛ́bhis*, « avec » ou « de par ses guerriers », IX 6.

nárā-çáṃsa, s. m., n. pr., Narāçaṃsa (Agni en tant qu'incarnation de la prière humaine), XLII 3, cf. *çáṃsa*.

nárya, adj. dér., humain, XXVII 9, viril, XXIX 5.

náva-gva, adj., s. m., n. pr. (pb. *náva* et *gó*, cf. gr. *ἐννεά-βοι*, soit donc « qui a neuf vaches », les vaches étant les incarnations des prières célestes ou terrestres) : pl., les (neuf) Navagvas, groupe de sacrificateurs mythiques, XXXIX 6 ; sg., Dadhyañc, l'un d'entre eux, XII 4.

navamá, adj. num., neuvième, LXXIX 5.

návīyas, adj. (compar. de *náva*), plus nouveau, plus récent, qu'on vient de composer, XVIII 14.

ná-vedas, adj. (* *ná* aphérèse de * *ana* = gr. *ἀνά*, et rac. *1 vid*), qui remarque, attentif à (gén.), XV 8.

návyas, adj. compar., i. q. *návīyas*, VI 13; plus jeune, III 7.

1 naç, vb. act. (cf. *1 aç amç*), sg. 3 ind. pr. *náçati* : atteindre, obtenir; aller à, gratifier, IX 21.

vi : pb. manquer d'atteindre, XXI 6.

2 naç, vb. (cf. gr. *νέκυς; νεκρός*, lat. *nex necō noceō*), sg. 3 ind. pr. *náçyati*, sg. 3 plqpf. *áneçat*, caus. *nāçáyati*, sg. 1 aor. caus. *ánīnaçam*, etc. : (act.) périr, disparaître, IV 17; (caus.) tuer, détruire, XLIX 4, LXIX 1.

nís : (caus.) détruire, faire disparaître, XLIX 2.

ví : (act.) disparaître, LXIX 2; (caus.) tuer, LIII 3.

nah, vb. act., sg. 3 ind. pr. *náhyati*, vbl *naddhá* : nouer, attacher par un nœud, LXXVIII (II) 41, (III) 24.

sám : *naddha*, uni à, attelé de, LXX 1, cf. LXXX 31.

nahí = *ná hí*, IX 19, XLI 3.

náka, s. m., voûte, voûte céleste, III 10, XXVI 1.

nādyá, adj. dér., aquatique, fils des rivières, XXI 1.

nábhi, s. f. (gr. *ὀμφαλός*, lat. *umbilīcus*), loc. *nábhā* : nombril (point central, point d'origine), III 5, 9, V 2, etc.

nā́man, s. nt. (lat. *nōmen*) : nom, L 2, LVI 1; forme, manifestation, incarnation, III 6, IV 16; nature, essence, existence, XVI 5, XXVII 1.

nárī, s. f. (de *nár*), femme, épouse, XXI 5.

nā́sā, s. f. (lat. *nārēs, nāsus*) : du., narines, nez, LX 3.

nítya, adj., propre (proprius), XXVII 2, cf. *níṣṭya*.

nid, s. f. (rac. *nid nind* « blâmer ») : insulte; insulteur, impie, XXIX 1.

ni-dā́na, s. nt. (rac. *3 dā*), lien, principe, XL 3.

ni-dhí, s. m. (rac. *1 dhā*), resserre, trésor, LXXV 10.

ní-manyu, adj., apaisé, LVII 4.

ni-míṣ, s. f. (rac. *miṣ* « cligner »), clin d'œil, LIX 5.

niyút-vant, adj. dér. (de *ni-yút*, rac. *2 yu*), qui a un attelage, XXXIII 2.

nir-ṇíj, s. f. (rac. *nij* « parer »), vêtement de parade, XII 12.

nír-hasta, adj., sans mains, LIII 1.

ni-víd, s. f. (rac. *1 vid*), prescription, rite, XVII 3.

ni-véçana, s. nt. (cf. *ni viç*), repos, XXIV 2.

niṣaṅgín, adj. dér. (de *ni-ṣaṅga* « carquois »), XVI 2.

ni-ṣécana, s. nt. (rac. *sic*), effusion, XLIII 1.

níṣṭya, adj. (paraît dérivé du préf. *nís* « hors » comme *nítya* du préf. *ni* « dans »), étranger, XLVII 3, LIV 6.

nī, vb. act., sg. 3 ind. pr. *náyati*, sg. 2 ind. pr. (autre thème, sens impér.) *néṣi*, sg. 2 impér. moy. *náyasva*, part. pr. passif *nīyámāna*, etc. : (act.) conduire, guider, diriger, IV 10, LXXVIII (II) 28; (moy.) conduire pour soi, à son gré, réduire, XLV 3.

ácha : mener (acc.) à (acc.), XV 10.

ā́ : amener, ramener, LII 2, LIV 1.

úd : amener hors de (abl.), XLVI 1; faire lever et amener, ramener, XXIX 2, LI 1.

úpa : (moy.) prendre avec soi, (technique) recevoir chez soi un élève, l'adopter, LXXV 3.

nís : mener hors de, XV 10, emmener, LXXIV 22.

prá : conduire en avant, IV 9, amener, LXXVI 4, (technique, se dit d'Agni qu'on amène à l'*uttaravedī* par la cérémonie de l'*agnipraṇayana*) LXXVIII (I) 4, (II) 1, cf. IV 9; conduire vers, guider vers, II 16.

nīḷá, s. m. (lat. *nīdus* = * *ni-sd-ó-s*, cf. *ni sad*), demeure, lieu de repos, séjour, nid, IV 11, 12.

nī́la-çikhaṇḍa, adj., comp. dér. (*nī́la* « bleu sombre, noir » et *çikhaṇḍá* « tresse », cf. *çíkhā* et *kapardín*), LXXIV 7.

nīhārá, s. m., buée, brouillard, LXIX 2.

nú et nū́, particule (gr. νύ et νῦν) : donc, par conséquent, XVII 9; souvent explétive, ou avec le sens vague de l'allemand *nun*, II 6, XIV 5; *nū́ cid* « est-ce que par hasard.... ? », particule interrog. impliquant une réponse négative (cf. lat. *num*), IX 5; *íti nū́*, sous *íti*.

nu nū, vb., pl. 3 ind. pr. moy. *návante*, impf. *ánavanta*, aor. *ánūṣata*, pl. 1 ind. pr. intens. *nónumas*, etc. : mugir, crier, chanter (des louanges).

abhí : mugir vers, mugir après (acc.), IX 22, XI 4; répondre par un mugissement, IV 16.

abhí sám : mugir ensemble vers (acc.), acclamer en chœur, V 2, 4.

nud, vb. act., sg. 3 ind. pr. *nudáti*, pf. moy. *nunudé* : chasser.

párā : repousser, mettre en déroute, IX 25.

prá : chasser, XLIV 4; écarter [le ciel en le soulevant au-dessus de la terre], XXVI 1, cf. *ví añc*.

nū́tana, adj. (cf. *nūnám*), nouveau, actuel, VIII 5, XV 8.

nūnám, advb. (cf. gr. νῦν, lat. *nunc*), maintenant, en cet instant, VIII 4; XLII 6, « (aujourd'hui et) à cette heure ».

nṛ-cákṣas, adj., qui voit, qui regarde les hommes, XXXIX 11, XLIV 5.

nṛ-páti, s. m., chef, roi, II 1, 7.

nṛmṇá, s. nt., virilité, héroïsme, XVI 6.

netár, s. m., fm. *netrī́* (rac. *nī*) : conducteur, guide, XIX 4, LXXX 26.

nédiṣṭha, adj. (superl., cf. allemand *nahe*) : le plus proche, (de nous, des hommes) IV 5, (des Dieux), superl. à cumul, acc. fm. advb., LXXVII 5.

nemí, s. f. (rac. *nam*), jante de roue, IX 20.

neṣṭár, s. m. (rac. *nī*) : neṣṭar, prêtre qui conduit à l'oblation l'épouse du sacrifiant.

neṣṭrá, s. nt., office, fonction du neṣṭar, II 2.

nodhás, s. m., n. pr., Nodhas, nom d'un chantre, VI 14.

nyàñc, adj. (*ni-añc*), tourné vers le bas, vers le midi (cf. *údañc*) ; nt. advb. *nyàk*, au midi, X 1.

ny-arthá, s. nt., préjudice, perte, XLI 8.

paktí, s. f. (rac. *pac*), oblation cuite, IX 8.

pakvá, adj. (rac. *pac*), cuit, XXIX 4.

pákṣas, s. nt. (= *pakṣá*), aile, côté, flanc, roue, LXXX 31.

pakṣín, adj. dér. (de *pakṣá*), ailé, LXXV 21.

pac, vb. act. (gr. πέπτω, lat. *coquō* = * *quequō*), sg. 3 ind. pr. *pácati* : cuire, IX 8.

pacatá, s. nt., nourriture cuite, VI 7.

pajra-hoṣin, adj. (rac. *2 hu*), pb. qu'invoquent, qu'ont invoqué les Pajras (prêtres mythiques), XXVIII 4.

páñca, num. (gr. πέντε, lat. *quīnque*), cinq, XVII 10.

páñcāñguri, adj., qui a cinq doigts, LVIII 4.

paṇ, vb. act., sg. 3 ind. pr. *paṇate* : trafiquer, acheter (acc.) moyennant (instr.), LXXVIII (I) 1.

paṇí, s. m. (rac. *paṇ* ?), avare, ennemi mythique (qui retient le don des Dieux), ennemi, démon, LXXVI 2.

1 pat, vb. (gr. πέτομαι πίπτω, lat. *petō*), sg. 3 ind. pr. *pátati*, impf. *ápatat*, caus. *pātáyati patáyati* : (act.) voler, tomber, XLVII 2 ; (act.) voler, XXXIX 16 ; (caus. *pat*) voler, XXIV 5 ; (caus. *pāt*) faire tomber, abattre, XLVII 1.
 á : (act.) voler vers (acc.), LIV 3.
 nís : (caus.) XLV 3.
 párā : (act.) s'envoler, XLIII 9 ; (caus.) faire envoler (comme des essaims de mouches), chasser, XLIX 2.
 sám : voler ensemble, LXXI 3.

2 pat, vb. act. (toujours au moy., fausse racine, en réalité dénomin. de *páti* devenu vb. indépendant), sg. 2 ind. pr. *pátyase* : être maître de, régner sur (acc.), II 8.

patará, adj. (rac. *1 pat*), volant, XX 3.

páti, s. m. (cf. gr. πόσις δεσπότης, lat. *potis*) : maître, seigneur, chef, II 3, XV 10, etc. ; époux, VI 2, LXXV 18.

pátnī, s. f. (de *páti*, cf. gr. πότνια δέσποινα), maîtresse de maison, épouse, LII 5.

path et **pathí**, s. m. V. sous *pánthan*.

pathi-kŕt, s. m., qui a frayé la route, XXXIX 15.

pathi-rákṣi, adj., qui garde la route, XXXIX 11.

pathyā̊, s. f., sentier, chemin, XXXIX 2, LV 7.

pad, vb. (cf. *pā̊d*), sg. 3 ind. pr. moy. *pádyate*, caus. *pādáyati* : (moy.) marcher, tomber ; (caus.) faire tomber, abattre, (sans rég.) LXXIV 18.

abhí : s'avancer vers (acc.), gagner, LXXVII 11.

abhí prá : accéder à (acc.). LXXVII 9.

sám : se trouver [au total], LXXVIII (II) 41, (III) 24.

padá, s. nt. (rac. *pad*, gr. πέδον, lat. *oppidum*) : pas, XXVIII 6 (?); trace de pied, I 2 ; séjour, demeure, III 5, LXXVIII (II) 22, XXVIII 6 (?) ; mot, LXXVIII (III) 12.

pada-ní, adj., LXXIV 13 et note.

pada-ví, adj. (« qui s'empare d'une trace »), guide, III 1.

pad-vánt, adj. dér., qui a des pieds, XXVII 2.

panayā́yya, adj. (forme gérondive de rac. *pan* « admirer »), surprenant. admirable, XXXI 5.

pániṣṭha, adj. (superl. de *pan* supra), très admirable, XXVIII 2.

panú et **panū́**, s. f. (rac. *pan*), admiration, splendeur ; instr. *panvā́*, « merveilleusement », I 4 (cf. πάνυ).

pánthan, s. m. (gr. πάτος πόντος, lat. *pōns* ?), nomin. sg. *pánthās*, acc. *pánthām*, instr. *pathā́*, instr. pl. *pathíbhis*, etc., chemin, route, XIX 16, XXXI 1, XXXIX 7, 10, XLI 1, LIV 4.

páyas, s. nt. (rac. *pī* « bouillonner »), lait, XIV 9, XXV 3.

páyas-vant, adj. dér., LXXVI 6.

payo-vŕdh, adj., de qui l'accroissement (la nourriture) est le lait, XII 8.

1 **par**, vb. act. (cf. *prā*), sg. 3 ind. pr. *pṛṇā́ti* et *píparti* : emplir de ; gratifier (acc.) de (instr.), LXXV 1, pourvoir de, LXXV 4 ; (sans rég.) donner, IX 8, XLI 3, LXXII 3.

2 par, vb. act. (gr. περάω πόρος), sg. 3 subj. aor. *párṣat*, caus. *pāráyati* : faire traverser, faire franchir, XXXI 1.
nis : faire sortir en franchissant, sauver, XIV 7.

pára, adj. : éloigné, différent; étranger, (pris substantivement) pays étranger, LIV 4; (s. m.) étranger, ennemi, LIII 1; (opposé à *ávara*) d'en haut, supérieur, XLV 3.

paramá, adj., superl. de *pára* : le plus lointain, XXX 3; le plus élevé (matériellement), IX 16; suprême, IV 7, 16.

paramátā, s. f. dér., sommité, suprématie, LXXVII 12.

parame-ṣṭhin, adj., composé syntactique (rac. *sthā*), qui occupe le sommet, souverain seigneur, XLIV 2; s. m., n. pr., Parameṣṭhin (le Dieu suprême de la conception théologique post-védique), LXXV 7.

parás, advb., prép. (gr. πέρας) : au loin, XXI 6, arrière! LXXIV 11; (instr., abl.) au delà de, XXII 8, LXXV 10.

parástāt, abl. advb., par delà, LIX 4, 5.

paras-pá, s. m., qui garde au loin, LXXVIII (II) 37.

parā-dadí, adj., qui donne, qui livre, VII 2.

parāvát, s. f., lointain, XXX 3, LV 5.

pári, prép. (gr. περί, lat. *per*) : autour de; (abl.) de, hors de, II 1, VI 9, du sein de, XX 8, loin de, III 10, LVII 5; au sortir de, XXI 10.

pari-dhí, s. m. (rac. *1 dhā*), enceinte de bûches qui encadre le feu de l'autel, XL 3, LXXVIII (II) 28.

pári-vṛta, s. nt. (rac. *1 var*), enclos couvert, LXXX 8.

pári-veças, s. m. (rac. *viç*), voisin, LX 12.

pari-ṣád, s. f., assistance, LXXX 28.

pári-ṣṭi, s. f. (cf. *pári as*), empêchement, obstacle, I 4.

pari-ṣṭhá, adj., qui se tient autour, qui enserre, XXIX 3; s. f., obstacle, LXXIV 25.

pari-hastá, s. m., bracelet, amulette, LXVI 1.

páruṣṇī, s. f., n. pr. (de *paruṣá* « roseau »), la Paruṣṇī, rivière de la région du Pendjab, LXI 3.

parjánya, s. m., n. pr. (cf. Pirkuns, Dieu suprême des

Lithuaniens païens), Parjanya, Dieu de l'orage, à la fois terrible et bienfaisant, XVIII 10, XXV, XXXV 6.

parjanya-drapsá, s. m., XXXV 4 (?).

parṇa-dhí, s. m. (*parṇá* « aile »), la partie postérieure du fût de la flèche, où s'enfoncent les plumes, LVIII 5.

párvata, s. m. (adj. dér. de *párvan*, soit « qui a des articulations, des contreforts »), montagne, III 4, XV 7.

párvan, s. nt., pl. *párva*, articulation, VI 12, LI 1.

palitá, adj. (cf. gr. πολιός, lat. *pallor pullus*), gris, pâle, livide, XLIX 1, 2.

pávamāna, n. pr. (part. pr. moy. de rac. *pū*) : Pavamāna, surnom donné au Dieu Soma en tant qu'il (le soma) se clarifie en passant par le filtre de laine, XI, XII.

paç, vb. act. (gr. σκέπτομαι, lat. * *speciō*, cf. *spáç*), sg. 3 ind. pr. *páçyati*, subj. pr. sg. 2 *páçyāsi*, pl. 1 opt. *páçyema*, part. pr. *páçyant*, etc. : voir, regarder, contempler, IV 17, XVII 8, XXXIX 7, XLIV 5.

áti : voir par dessus, au loin, guetter, LIX 4.

pári : voir tout à l'entour, LXXIV 25.

práti : voir, contempler, XX 8, LV 3.

vi : (sans rég.) être doué de vue, XXII 4.

paçú, s. m. (lat. *pecu pecus*) : bétail, pièce de bétail, I 2, animal domestique, I 10; pl., bestiaux, LII 1; espèce de bétail, LXXIV 9.

páçu, s. nt., i. q. *paçú*, IV 14 (?) et note.

paçu-tŕp, adj. (rac. *tarp*), qui se nourrit ou s'est nourri de bétail [dérobé], XXVI 5, cf. I 2.

paçu-páti, s. m., LXXIV 1.

paçu-pā́, s. m. (rac. *1 pā*), berger, XXIII 9.

paçcā́, instr. advb. (cf. lat. *post*), ensuite, IV 18.

paçcā́t, abl. advb., par derrière, LXXIV 13, au couchant, LXXVII 3.

paçváyantra, adj., qui a reçu ou fait un don de bétail (???), IV 14 (?), cf. la note.

pastyā̀, s. f., demeure, maison, IV 11.

1 pā, vb. act., sg. 3 ind. pr. *pā́ti*, sg. 2 impér. *pāhí* : garder, protéger, II 6, III 5, XIV 9, XXI 6.
pári : entourer de protection, XX 2.

2 pā, vb. act. (gr. πίνω, lat. *pōtō bibō*), sg. 3 ind. pr. *píbati*, sg. 2 impér. *píba*, sg. 3 subj. *píbāt*, pl. 2 ind. aor. *ápāta pātá*, sg. 2 impér. aor. *pāhí*, sg. 3 pf. *papaú*, part. pf. *papivā́s*, infin. dat. *pā́tave*, gérond. *pītvā́*, etc. : boire, VI 7, VIII 1, 3, XII 2, 14, 15, XX 11, XXXVI 4, LVIII 1, etc.
sám : boire en compagnie de (instr.), XXXVI 7, 9.

pā́jas, s. nt., éclat, splendeur, XX 8.

pāṇí, s. m., main, XXIV 1, LXXIX 7.

pā́tra, s. nt. (rac. *2 pā*, lat. *pōclom*) : coupe, vase à boire, V 1 ; récipient (en général), boisseau, LXXII 1.

pā́thas, s. nt., chemin (?), XIX 8, cf. *pánthan* ; (d'après les commentateurs) séjour, demeure.

pā́d, s. m. (gr. πώς ποὺς, lat. *pēs*, cf. rac. *pad*), pied, IX 2, etc.

pāpa-tvá, s. nt. dér., méchanceté, IX 18.

pāpmán, s. m. (cf. lat. *peccō* ?), péché, douleur, maladie, (les deux sens sont possibles et se combinent) LXIX 2.

pāyú, s. m. (rac. *1 pā*) : gardien, protecteur, XVII 5; presque n. pr., Pāyu (surnom d'Agni), II 7.

pārá, adj., s. nt. (rac. *2 par*) : l'autre côté, le bord opposé, XXXI 1, cf. pour le sens LXXVII 12.

pā́rthiva, adj. dér., terrestre, VII 5, LXXV 21.

pā́rya, adj. dér. (cf. *pārá*), final, décisif, IX 14, 21.

pāvaká, adj. dér. (rac. *pū*), purifiant, III 7, XLII 1.

pā́ça, s. m., lien, lacet, LIX 6.

piṅgalá, adj. (cf. lat. *pingō*), brun-rouge, jaune-rouge, d'un coloris riche et éclatant, LXXV 26.

píṇḍa, s. m., motte (de terre pétrie), LXXIX 3.

pitár, s. m. (gr. πατήρ, lat. *pater*) : père, II 9, IV 13, VI 7 (?), etc. ; du., les parents, III 8, V 4, 5, etc. (quand il est question d'Agni, ce sont les deux araṇis, le tourniquet étant le mâle et la planchette la femelle) ; pl., les pères décédés, les Mânes, XVII 9, XVIII 12, LXXV 2, LXXVII 2, etc.

pitú, s. m. (cf. *páyas*), suc, nourriture, VI 7 (?).

pitu-mánt, adj. dér., riche en nourriture, où règne l'abondance, IV 8.

pítrya, adj. dér. (*πάτριος*, *patrius*), XXVI 5.

pinv, vb. act. (fausse racine, cf. *jinv* et *pī*), sg. 3 ind. pr. *pínvati pínvate* : (act.) gonfler [de lait], XIV 9; (moy.) se gonfler, être féconde, XXX 8, XXXV 1.

pippalí, s. f., baie, poivre, LXVIII 1.

pib, vb. act., fausse racine. V. sous *2 pā*.

píyāru, adj., blasphémateur, insulteur, LXXIV 21.

piç, vb. act., sg. 3 pf. moy. *pipiçé* : (act.) arranger, ajuster, parer; (moy.) prendre forme, XVI 6.

piçáṅgāçva, adj., aux chevaux couleur d'or, XVI 4.

piṣ, vb. act. (lat. *pīnsō*), sg. 1 ind. pr. *pinásmi*, pl. 3 impf. ou aor. *ápīṣan* : broyer, [un poison] LVIII 7.

sám : broyer, écraser, LX 10.

1 pī, vb. (cf. gr. *πίων*), sg. 3 pf. *pīpáya* : se gonfler de, s'engraisser de (acc.), XXI 7.

2 pī, vb. act. V. sous *2 pā*.

pītí, s. f. (rac. *2 pā*), loc. sg. *pītá* : action de boire, IX 4, X 3, XII 2.

pīyū́ṣa, s. m. (rac. *pī*, cf. *páyas*) : le premier lait de la vache qui vient de mettre bas, XXI 5.

púṇya, adj., propice, favorable, LXXIX 1.

putrá, s. m., fils, enfant mâle, II 9, LXVI 3, etc.

putra-kāmyá, s. f., désir d'avoir un fils, LXVI 3.

púnar, advb. : de nouveau (iterum), v. g. *púnaḥ-punar*, « incessamment, iterum atque iterum », III 7 ; en revenant à un état précédent (rursus), XXXIX 8, LXXVIII 1, 3.

púman, s. m., nomin. *púmān*, gén. *puṃsás* : homme, individu mâle, XLV 1 ; le Mâle mythique, XL 2.

púr, s. f. (et *pár*, cf. *dhúr*), bourg, forteresse, VI 5, XXI 6.

púraṃ-dhi, s. f., n. pr. (étymologie très obscure) : Puraṃdhi, entité divine très obscure, pb. une des incarnations de la parole sacrée ou de la prière (cf. *dhī́* et *vác*), II 3, IX 20 ; pl., les Puraṃdhis (id.), XXX 11.

purás, advb., en avant : *puró dhā* (moy.), placer à sa tête, XXX 1.

purástāt, abl. advb. : par devant, en avant, en face, XLIV 5 ; de l'avant, du levant, LXXVII 6; au levant, LXXVII 3.

purā́, instr. advb., auparavant, autrefois, XIX 13.

purāṇá, adj. dér., antique, ancestral, XL 6.

purīkáya, s. m., sorte d'animal aquatique, LXXIV 25.

purīṣín, adj. dér., disposant du *púrīṣa*, XV 5 et note.

purú, adj. (gr. πολύς), fm. *pūrví* (ne pas confondre avec *pū́rva*) ; nombreux, abondant, III 2, IX 13.

puru-kṣú, adj., riche en aliments, XXXIV 4.

puru-jātá, adj., aux nombreuses naissances, XVIII 2.

puru-trā́, advb. dér., en beaucoup d'endroits, XXII 3.

puru-dáṃsa, adj., miraculeux, III 11.

puru-drapsá, adj., comp. dér., XVI 5.

púruṣa, s. m., homme (en général), LXIII 2, (énuméré pêle-mêle avec le bétail, cf. *dvipád*) LXXIV 9; le premier homme (mythique), l'ancêtre de l'humanité, LXXV 13.

puru-hūtá, adj., invoqué par un grand nombre, IX 17, 20.

purū-vásu, adj., comp. dér., II 5, VII 8.

puṣ, vb., sg. 3 ind. pr. *púṣyati*, vbl *puṣṭá* : prospérer, fleurir, IX 9, XXIII 1, prospérer en (acc.), VII 9.

puṣkariṇī, s. f. (fm. de l'adj. *puṣkarín*, dér. de *púṣkara* « fleur de lotus »), étang fleuri de lotus, XLI 10.

puṣṭí et **púṣṭi**, s. f. (rac. *puṣ*), prospérité, I 6.

pū, vb. act. (cf. gr. πῦρ = *pāvaká* ? lat. *pūrus*), sg. 3 ind. pr. act. *punā́ti*, moy. *pávate*, impér. pl. 2 (irrég.) *punā́ta*, part. pr. moy. *punāná pávamāna* (V. ce mot), vbl *pūtá* : (act.) clarifier, purifier, XI 3, IV 19 ; (moy.) se clarifier, se filtrer, XI 1, XII 1, 3.

pū́ruṣa, s. m., i. q. *púruṣa*, LII 3, LXVIII 2.

pūruṣa-ghná, adj., s. nt., homicide, XXIII 10.

pūrtí, s. f. (rac. *1 par*), abondance, XLI 3.

pū́rva, adj., fm. *pū́rvā* (cf. *purás purā́*) : qui va en tête, précédent, premier, ancien, XIX 10, 11, XVII 3, etc.; antérieur (en situation), oriental, LXXIV 25, LXXV 6.

pūrva-já, adj., né autrefois, premier né, XXXIX 15.

pūrva-pá, s. m., qui boit le premier, XXXIII 1.

pūrva-bháj, s. m., à qui on donne la première part, XXX 7.

pūrva-sú, s. f., celle qui a engendré la première, première mère (mythique), XXI 5.

pūrvá-hūti, s. f., première invocation (celle du matin), XVIII 5.

pūrvārdhyà, adj. dér. (de *pūrva-ardhá* « moitié antérieure, face orientale »), LXXVII 11.

pūrví, adj. fm. V. sous *purú*.

pūrvyá, adj. dér., i. q. *pūrva*, VI 13, XV 8.

pūṣán, s. m., n. pr. (rac. *puṣ*?) : Pūṣan, Dieu bienfaisant (une des incarnations du soleil), dont le culte est essentiellement lié à celui d'Indra, XXXII, II 6, XVII 5.

pṛ́kṣ, s. f., et / **pṛkṣá**, s. m. — (rac. *pṛc pṛñc*), nourriture, abondance, II 6, 15.

pṛc, vb. act. (cf. *1 par*), sg. 3 ind. pr. *pṛṇákti*, sg. 1 moy. *pṛñcé*, infin. gén. *pṛ́cas* : mélanger, emplir, LXI 3.
sám : se mêler à, se rencontrer avec, XXI 6.

pṛch, vb. act., fausse racine. V. sous *praç*.

pṛ́tanā, s. f., combat, XIII 2.

pṛtanā-ṣáh, s. m., vainqueur dans le combat, XXIX 5.

pṛtany, vb. dénom. : combattre (acc.), LXXVI 5; *pṛtanyánt* (rég. sous-ent.), ennemi, LXXVI 2.

pṛ́thak, nt. advb. (rac. *prath* et *añc*) : à part, isolément, l'un après l'autre, chacun, XIII 1, LXXV 2, 22.

pṛthiví, s. f. (cf. *pṛthú* et *urú*) : terre, I 8, III 9, V 1, etc.; pl., terres (mythiques), au nombre de trois, LXII 1; du., ciel et terre (cf. *dyú*), II 15, XIX 20 (?).

pṛthú, adj. (rac. *prath*), large, vaste, I 6, II 12.

pṛthu-pájas, adj., comp. dér., III 1.

pṛthú-pragāṇa, adj., pb. qui voyage au loin, III 7 (le sein des eaux célestes, le nuage).

pṛ́çni, adj., s. f., n. pr. (cf. gr. περκνός « moucheté ») : Pṛçni, la vache céleste (le nuage moucheté, rappelle le mythe d'Io), mère des Maruts, XVIII 13.

pṛ́çni-mātar, adj., comp. dér., XVI 2, XVII 7.

pṛ́ṣad-açva, adj., ayant pour chevaux des antilopes, XVII 7.

pṛ́ṣant, adj., fm. *atī* (cf. *pṛ́çni*) : moucheté, tacheté, XLIX 2; s. f., cavale mouchetée, cavale, X 10, 11, antilope mouchetée (monture des Maruts), XV 6, cf. le précédent.

pṛṣṭí, s. f., côte, flanc, LX 9.

pṛṣṭhá, s. nt., dos, échine, surface, LXXV 10, 26.

perú, s. m. (rac. *pī*), embryon, XVIII 13 (il n'y a pas de raison de supposer un autre sens que pour *péru*).

paitudārava, adj. dér. (de *pītu-dāru*, nom d'un arbre résineux, cf. πίτυς = *pīnus* et δρῦς), LXXVIII (II) 28.

pótar, s. m. (rac. *pū*) : potar, nom technique du prêtre qui clarifie le soma.

potrá, s. nt., office du potar, II 2.

póṣa, s. m. (rac. *puṣ*), prospérité, LXXVII 12.

póṣya, s. nt. (rac. *puṣ*), prospérité, XIX 15.

prá-uga, s. nt., praüga (le premier çastra du pressurage du matin, technique), XL 3.

pra-ketá, s. m. (cf. *cit* et *ketú*), signe avant-coureur, XIX 1.

prá-cetas, adj. (rac. *cit*), sage, savant, IV 1.

pra-jā́, s. f., progéniture, descendants, XVIII 10, LXVI 1.

prajā́-pati, s. m., n. pr. (maître des créatures) : Prajāpati, Dieu suprême de la conception théologique post-védique, LXXV 7, LXXVI 1, LXXVIII (II) 41, (III) 24.

prajāpaty-āyatana, adj. (*āyátana* « séjour », de *ā́ yat*), qui réside en Prajāpati, LXXVIII (II) 41, (III) 24.

prajā́-vant, adj. dér., XIX 17.

prá-ṇīti, s. f., instr. sg. *práṇītī* : conduite, IX 15, XXIII 2.

pra-ṇetár, s. m., conducteur, guide, LXXVIII (II) 38.

pra-táraṇa, adj. (cf. *prá tar*), sauveur, (« la richesse qui assure de nouvelles victoires ») II 12, LXX 1.

pratarám, nt. advb. (compar. de *prá*) : plus loin, davantage, en continuant, XV 3.

práti, prép. (gr. πρός = προτί) : (acc.) en face de, III 1; [être] en regard de, égaler, valoir, II 8, cf. II 15.

prati-janá, s. m. (*práti* « contre »), adversaire, LIV 5.

prátijanya, adj. dér., des ennemis, XXX 7, 9.

prati-doṣám, nt. advb., vers le soir, XXIV 4.

prati-pra-sthātár, s. m., « qui se tient auprès et en face [de l'adhvaryu] », prêtre du rituel védique, LXXVIII (III) 22.

prati-mā́, s. f., copie, XL 3.

praticína, adj. dér. (de *pratyáñc*), tourné par derrière, vers le couchant; tournant le dos, LXXIV 5.

praticína-çiras, adj., comp. dér., LXXVII 7.

pratítya, adj., cf. *práti i*.

pratná, adj., antique, immémorial, VI 2, XXX 1.

praty-áñc, adj. : tourné en sens opposé (au levant); occidental, LXXVII 7; se dirigeant vers le couchant, LXXVII 6.

prá-tvakṣas, adj. (rac. *tvakṣ*), très énergique, XVI 4.

prath, vb. act., sg. 3 ind. pr. *práthati*, impf. *áprathat*, pf. moy. *paprathé*, plqpf. act. *ápaprathat*, etc. : (act.) étendre en longueur et largeur, XXVI 1.

pári : (moy.) embrasser (acc.) en s'étendant, V 7.

ví : étendre au loin, XXIX 2.

prathamá, adj. (superl. de *prá*) : premier, IV 11, 16, etc.; nt. advb., —*jáyamānas*, aussitôt né, XXX 4.

pra-dakṣiṇá, adj., dirigé vers la droite; nt. advb., en allant de gauche à droite, LXXX 33.

pra-díç, s. f., i. q. *díç*, XVIII 8, LV 2.

pra-dyú, adj., existant depuis beaucoup de jours; abl. advb. *pradívas*, de temps immémorial, VIII 1.

pra-dhána, s. nt., butin, XXXVIII 3.

pra-bā́huk, advb., de front, LXXVIII (III) 5.

pra-mā́, s. f. (rac. *mā* « former », soit « la composition qui précède les autres »), modèle, XL 3.

práyajyu, adj. dér. (de *prá yaj*), pb. voué au sacrifice (céleste), sacrifiant divin, XV 1.

práyata-dakṣiṇa, adj. (cf. *prá yam*), par qui la dakṣiṇā a été ou est offerte, XLI 3.

práyas, s. nt. (cf. *priyá*), objet cher, offrande favorite, VI 1, 2, XXXIII 3.

práyas-vant, adj. dér., X 6.

pra-yā́ṇa, s. nt., fait de venir, venue, XXXIII 7.

prá-yuti, s. f., absence, négligence, XX 12.

pra-yotár, s. m., qui rend inattentif à (gén.), XXVI 6.

pra-láyana, s. nt., couche (?), XLIX 3, cf. la note.

pra-vát, s. f. (cf. lat. *prōnus*), pente, (du ciel) XXXIX 1 ; *pravátā*, en suivant la pente, III 8 ; pb. vallée, IX 27.

praç, vb. act. (cf. lat. *precor* et *poscō* = * *porc-scō*), sg. 3 ind. pr. *prcháti* (= * *pṛç-skà-ti*), sg. 1 ind. pr. moy. *prché*, infin. acc. *pṛ́cham* : demander, s'informer de (acc.), XXVI 3.

vi : s'informer de, interroger, XXVI 3.

prá-çasti, s. f. (rac. *çaṃs*), célébrité, XVI 7.

praçasti-kṛ́t, adj., qui donne la célébrité à (gén.), XIX 19, cf. XVI 7 et note.

pra-çāstár, s. m. (rac. *çās*) : praçāstar, prêtre avertisseur, premier acolyte du hotar.

praçāstrá, s. nt., office du praçāstar, II 2.

pra-savá, s. m. (rac. *su*) : action d'exciter, de mettre en mouvement, de vivifier, XXIV 2.

prá-siti, s. f. (rac. *sā*), attaque, IX 13.

pra-sú, s. f., génératrice, mère ; pl., pb. les épis ou brins de gazon sacré, enduits de beurre fondu, qu'on secoue sur le feu pour l'activer, III 8 ; divinisés, XVIII 7.

pra-stará, s. m. (rac. *star*), jonchée (de gazon sacré sur l'autel), XXXIX 4, cf. *barhis*.

pra-srávaṇa, s. nt. (rac. *sru*), pb. tamis, X 2.

prā, vb. act. (gr. πίμπλημι, lat. *plēnus*, cf. *1 par*), sg. 3 pf. act. *papraú*, moy. *papré*.

á : emplir, VII 5, XXIX 3, LXXIV 27.

prák-pravaṇa, adj. (cf. *práñc*, *pravát* et *údakpravaṇa*), LXXVII 2.

prāg-agra, adj., cf. *udagagra*, LXXX 9.

prācína, adj. dér. (de *práñc*) : dirigé vers l'orient, (le soleil quand il s'en retourne pendant la nuit) XX 3.

prācína-pakṣa, adj., LVII 3 : dont les plumes se dirigent en avant (?) ; garni de plumes à sa partie antérieure (???) ; à l'aile rapide (?). (Les deux premiers sens ne répondent pas à la structure de la flèche, et le troisième n'est qu'une simple approximation.)

prācína-vaṃça, adj., dont la maîtresse-poutre est orientée vers le levant, LXXVII 6.

prājāpatyá, adj. dér., de Prajāpati, LXXV 22.

práñc, adj. (= *prá-añc*) : tourné en avant, la face en avant, LV 1; oriental, LV 1 (jeu de mots), LXXVII 2, 6 (parce qu'on s'oriente en regardant le levant) ; *prák*, nt. advb., à l'orient, X 1, LXXX 10.

práñjana, s. nt. (rac. *añj*), enduit, mastic (qui unit les diverses parties de la flèche), LVIII 5.

prāṇá, s. m. (cf. *prá an*) : inspiration, LXXV 21 ; haleine, LXXIV 3 ; souffle vital, LVI 5, LXXV 22 ; vie, LVI 5, LXXVI 5, LXXVIII (II) 31 ; pl., organes des sens (dans la langue postérieure), LXXX 29.

prātár; advb. (cf. gr. πρωΐ) : le matin, de bonne heure, VI 16 ; le lendemain (esp. *mañana*), LXXIII.

priyá, adj. (rac. *prī* « réjouir », cf. gr. πρᾶος), cher, doux, agréable, III 5, XLII 3, LXXX 28 ; fm. *priyá*, bien-aimée, épouse (céleste), IV 12.

priya-vādin, adj., disant de douces paroles, LVII 4.

pruṣ, vb. act., sg. 3 ind. pr. moy. *pruṣṇuté*.

abhí : (moy.) s'asperger, se mouiller, XXIV 1.

plīhán, s. m. (gr. σπλήν, lat. *liēn*), rate, LVII 3.

phaligá, s. m., réservoir, XXX 5.

phéna, s. m. (cf. lat. *spūma*), écume, XLV 1, LXIX 2.

báḍ, particule : en vérité, certes, XXVIII 2.

badh, vb. act. V. sous *bandh* et *bādh*.

bandh, vb. act. (cf. allemand *binden*), sg. 1 ind. pr. *badhnā́mi*, sg. 3 impf. *ábadhnāt*, sg. 3 opt. act. *badhnīyā́t*, moy. *badhnītá*, vbl *baddhá* : lier, attacher, LXXVI 1.
ánu : attacher, ajouter, (une formule) LXXX 22.
ā́ : (act.) attacher un objet (acc.) à quelqu'un (dat., gén.), LXVI 3; (moy.) nouer sur soi, mettre, LXXX 25.

babhrú, adj. (désignant spécifiquement la couleur des objets qui brûlent ou ont brûlé) : brun-rouge (allemand *braun*), brun, LX 4, LXXV 26.

babhrú-karṇa, adj., comp. dér., LX 4.

barsá, s. m., bout (matériel), LXXVIII (II) 41, (III) 24.

barhís, s. nt., gazon, jonchée de l'autel, le gazon sacré dont l'autel est jonché pour le sacrifice, X 6, XLII 5, et qui doit être disposé (*vṛktá*) suivant des règles liturgiques fort minutieuses, notamment (cf. LXXX 9) les pointes tournées vers l'orient (*prācīnaṃ barhiḥ... vṛjyate*, R. V. X. 110. 4. = A. V. V. 12. 4.).

bála, s. nt., force corporelle, vigueur, XVI 6, LII 4.

bali, s. m., tribut, LV 3.

bahís, advb., hors, dehors, XLIII 1.

bahú, adj. (gr. παχύς πῆχυς) : épais, abondant, LV 3; pl., beaucoup, XXI 12; adj. *bahávas* équivalant comme sens à *bahú* nt. advb., XLI 3.

bahu-dhā́, advb., en beaucoup de façons, LV 7, LXV 1.

bahulá, adj. (gr. παχυλός) : épais, touffu, II 12, XV 9.

bādh, vb. act., sg. 2 ind. pr. moy. *bā́dhase*, part. *bā́dhamāna*, infin. dat. *bā́dhe*, intens. sg. 3 pr. ou pf. moy. *badbadhé* : presser, exercer une pression sur, heurter, VII 5; pousser, chasser, XX 4, LXXI 2; lier, capturer (cf. *bandh*), VI 2.

bā́l, interjection ou onomatopée, XLIII 1.

bāhú, s. m. (gr. πῆχυς), bras, XVI 6, XXIV 1.

bāhu-mánt, adj. dér., XLIV 4.

bilma, s. nt., pb. pièce du casque; pl., casque, armure de tête (cf. *çiprin*), XXI 12.

budh, vb. (la forme primitive est * *bhudh*, cf. gr. πυνθάνομαι πευθώ), sg. 3 ind. pr. *bódhati bódhate*, sg. 3 aor. moy. *ábodhi* (ne pas confondre *bodhi* de *bhū*), part. aor. *budhānā́*, part. pf. *bubudhānā́*, caus. *bodháyati*, etc. : (moy.) s'éveiller, III 1, IV 18; (caus.) éveiller, XIX 8.

prá : (caus.) éveiller, XIX 11.

práti : (moy.) s'éveiller en face de (acc.), III 1.

budhná, s. m. (cf. gr. πυθμέν), fond, IV 11.

budhnyà, adj. dér. de *budhná*, XVIII 13, cf. *áhi*.

bṛhat-palāça, adj., aux grandes feuilles, LXIII 3.

bṛhad-giri, adj., qui traverse les hautes montagnes, XVI 8.

bṛhánt, adj. (part. de rac. *barh* « être grand ») : grand, vaste, élevé, sublime, auguste, II 12, XII 8, 9, IV 17, etc., etc. ; nt. advb. *bṛhát*, grandement, hautement, XV 2, à haute voix, II 16 ; fm. *bṛhatī́*, s. f., la bṛhatī, mètre védique (V. la prosodie), XL 4, LIV 2.

bṛ́has-páti, s. m., n. pr. (cf. Gr. 22) : Bṛhaspati, Dieu de la prière et prêtre parmi les Dieux, envisagé d'ailleurs comme ayant accompli les mêmes exploits qu'Indra et Agni, puisque tous les biens du ciel et de la terre procèdent exclusivement de la prière, XXX, XVII 6, LII 2, etc.

brahma-kṛ́t, s. m., prêtre, IX 2.

brahma-cárya, s. nt. (soit « pratique du brahman ») : état, pratique, manière de vivre du brahmacārin, (et plus spécialement) état de chasteté, ascétisme, LXXV 17.

brahma-cārin, adj., s. m., élève, novice qui se destine à la prêtrise, étudie le Véda, habite chez son ācārya, et observe le vœu de chasteté, LXXV 1 (1), LXXX 1.

bráhmaṇ-vant, adj. dér., pourvu de, consacré par, couvert par la formule sacrée, le service divin, LXXVIII (III) 2.

brahma-dviṣ, s. m., blasphémateur, impie, XXII 6.

(1) Si d'aventure le mot *bráhman*, qu'on rapporte habituellement à *bṛhánt*, avait la même racine que *bhrāj* infra, et qu'il fût permis de supposer qu'on eût gardé quelque souvenir de sa signification étymologique (cf. LXXV 24), le mot *brahmacārin*, traduit étymologiquement dans toute cette pièce « celui qui circule avec la splendeur », s'appliquerait parfaitement au soleil et ferait jeu de mots d'un bout à l'autre.

bráhman, s. nt., prière, formule religieuse, II 3 (cf. *bṛhas-páti*), VI 1, 16, etc.; incantation, formule magique salutaire, XLV 4, XLVI 1, etc.; service divin, XVIII 14, XIII 2 (ici toutefois avec une intention de jeu de mots, cf. *kṣatrá*); le service divin personnifié et divinisé (premier germe de la conception post-védique qui fera de Brahma (neutre) le principe suprême, indifférent et inconscient de la création tout entière), XVIII 7, LXXV 5.

brahmán, s. m. (cf. *bráhman* et lat. *flāmen*) : le brahman, le prêtre qui prononce les prières, les formules sacrées de la liturgie védique (techn.), II 2, 3; prêtre (dans une acception un peu plus large), XXII 5, LI 4; le prêtre (opposé au chef laïque), XXX 8.

brahma-varcasá, s. nt., sainteté, LXXVIII (II) 3.

bráhmaṇa et brāhmaṇá, adj. dér. (de *bráhman* et *brahmán*) : relatif à, dépendant du service divin; s. nt., ensemble des rites du service divin, (personnifié et divinisé) LXXV 5; s. m., brâhmane, prêtre, LXXVII 5, (mythique) LVIII 1, (post-védique) appartenant à la caste des brâhmanes opposée aux deux autres, LXXVII 9, LXXVIII (II) 2, 3.

brū, vb. act., sg. 1 ind. pr. act. *brávīmi*, moy. *bruvé*, sg. 3 impf. act. *ábravīt*, sg. 2 impér. *brūhí*, pl. 1 subj. moy. *brávāmahai*, sg. 3 opt. act. *brūyát*, part. pr. moy. *bruvāṇá*, etc. : dire, XXXVI 3, XLIV 4, LXXVII 4; dire [à qqun] (acc.), LXXVII 10.

ádhi : répondre [favorablement] à (acc.), exaucer, bénir, XXIII 10, LXXIV 20.

ánu : (technique) réciter une prière du rituel, LXXVIII (II) 1, 2, etc.

úpa : invoquer, implorer (quelqu'un, acc.), XX 5, XXVII 7; implorer (acc.) de quelqu'un (acc.), XXVII 11.

prá : déclarer, annoncer, LXXVIII (II) 16; proclamer, VI 13; dénoncer, XLIV 5, (moy., sens réfléchi ou sens passif) XLIV 5.

bhága, s. m. (rac. *bhaj*) : part, lot; n. pr. (cf. *áṃça*), Bhaga Dieu bienfaisant, un des Âdityas (perse *Baga*, nom d'un

Dieu, Βαγαῖος ou Zeus phrygien, slave *Bogŭ* « Dieu »), II 7 (assimilé à Agni), XII 14, LXII 2 (?).

bhága-vant, adj. dér., bien partagé, heureux, LI 2.

bhaj, vb. act. (cf. gr. φαγεῖν), sg. 3 ind. pr. *bhájati*, pl. 1 opt. moy. *bhájemahi*, sg. 1 opt. aor. moy. *bhakṣīyá*, pl. 3 pf. moy. *bhejiré*, part. pf. moy. *bhejānā́*, vbl *bhaktá*, etc. : (act.) partager; (act.) donner part à (acc.), gratifier, VIII 3; (moy.) recevoir part de (gén.), VII 6, LVI 6, avoir en partage (acc.), posséder, XIII 2, XVI 5.

vi : (act.) distribuer, LV 2, VII 6 (sans rég.); donner en partage, attribuer, LXXIV 9; (moy.) avoir en partage, IX 7.

bhadrá, adj. (cf. gr. φαιδρός) : bienfaisant, salutaire, XVII 1, etc.; de bon augure, XVII 8.

bhar, vb. act. (gr. φέρω, lat. *ferō*), sg. 3 ind. pr. *bhárati* et *bibhárti* (*bibhárti*), pl. 3 *bibhrati*, sg. 3 pf. act. *jabhā́ra*, pl. 3 *jabhrúr*, sg. 3 moy. *jabhré*, part. pr. *bibhrat*, vbl *bhṛtá*, infin. dat. *bhártavai*, etc. : porter, X 4, LXVI 3, LXXV 22; soutenir, nourrir, XXII 1, LVI 5; apporter, VI 2, 3.

ánu : enfoncer, LXXV 12.

ápa : enlever, ravir, XXXIX 2.

ā́ : apporter, amener, VII 7, LXX 2, LXXV 9, etc.

pári ā́ : amener, extraire, LXX 2.

úd : extraire, faire sortir de (abl.), LXX 2.

pári : (moy.) environner, embrasser, VI 8.

prá : apporter, amener, LXXVIII (II) 2; offrir, présenter, VI 12, LXXVIII (II) 6.

práti : offrir, XIV 1.

sám : préparer, équiper, XXXII 3.

bhára, s. m., butin : *bháre-bhare*, IX 24, « chaque fois que l'on veut conquérir du butin »; XLI 11.

bhavá, s. m. (rac. *bhū*), existence, univers; n. pr., Bhavá, Dieu redoutable, compagnon de Rudra, postérieurement confondu comme lui avec Çiva, LXXIV.

bhavítra, s. nt. (*bhū* avec suff. d'instrum.), pb. subsistance, nourriture; divinisée, XVIII 9.

bhávya, adj. (rac. *bhū*), étant, existant, présent, LXI 2; s. nt., ce qui est, le présent, LXXV 20.

bhas, vb. act. (cf. *ghas*), du. 2 ind. pr. *bhasáthas* : dévorer, XXVIII 4.

bhā, vb. (cf. gr. φαίνω φάος), sg. 2 ind. pr. *bhási*, impér. *bhāhi*, part. pr. fm. *bhātí* ; luire, briller.

ví : luire au loin, XIX 17, 19, II 10 (rapproché, par fausse étymologie, du nom du 3e Ṛbhu qui est Vibhvan).

bhāgá, s. m. (cf. *bhága*), part., XI 5.

bhājayú, adj. (rac. *bhaj*), disposé à faire les parts, à répartir la richesse (cf. *vidhartár*), II 4.

bhānú, s. m., lumière, IV 17.

bhām, vb., vbl *bhāmitá*, être irrité, XXIII 8.

bhā́ratī, s. f., n. pr. (fm. de l'adj. *bhā́rata*, lequel dérive de *bharatá*, n. pr. d'une famille mythique de sacrificateurs), II 11. V. sous *hótrā*.

bhāryā́, s. f. (fm. de *bhāryà*, gérond. de *bhar*, « celle qu'on doit entretenir »), épouse, LXXVIII (III) 20.

bhā́s-vant, adj. dér., lumineux, XIX 4.

bhikṣ, vb. act. (ancien désidér. de *bhaj*, devenu vb. indépendant), désirer obtenir, implorer, IX 17.

bhikṣā́, s. f. (techn.), aumône, LXXV 9.

bhid, vb. act. (lat. *findō*), sg. 1 ind. pr. *bhinádmi* : fendre, broyer, LX 13.

prá : fendre, rompre, XLIII 7.

bhiṣáj, s. m., médecin, XIII 6, LI 3, 5, etc.

bhī́, s. f., crainte, terreur, VI 14, XVI 3.

bhīmá, adj. dér., redoutable, effroyable, VII 4, LVII 1.

bhuj, vb. act. (lat. *fruor frūctus* ?), sg. 3 ind. pr. *bhunákti bhuṅkté*, caus. *bhojáyati*, part. pr. *bhuñjánt*, infin. dat. *bhójase*, gérond. *bhuktvā́ bhojayitvā́* : jouir de (acc.), X 3 (sans rég.), manger, LXXX 24 ; (caus.) faire manger, offrir un repas à (acc.), LXXX 24.

sám : manger avec ou ensemble, prendre part au festin de quelqu'un, LXXIV 31, cf. II 4.

bhújman, s. nt., pb. jouissance, I 6 et note.

bhujyú, s. m., n. pr., Bhujyu, nom d'un protégé mythique des Açvins (le soleil), XIV 7.

bhúvana, s. nt. (rac. *bhū*) : être, créature, XIX 4, LXXIV 11, etc. ; monde, V 6, 7, etc., généralement au pl., parce que les mondes sont au nombre de trois (ciel, espace, terre), ou six (trois cieux et trois terres), ou sept (ceux-ci, plus le svar), ou neuf, etc., par un foisonnement familier à l'arithmétique mythique des Védas.

bhū, vb. (cf. gr. φῦν φύομαι, lat. *fuī fīō*, etc.), sg. 3 ind. pr. *bhávati*, sg. 3 aor. *ábhūt bhūt*, *ábhuvat bhúvat*, impér. aor. sg. 2 *bodhi*, sg. 3 *bhūtu*, subj. aor. sg. 1 *bhúvāni*, opt. aor. sg. 1 *bhūyāsam*, sg. 3 *bhūyās*, pf. sg. 2 *babhūtha* et *babhúvitha*, fut. périphrast. *bhavitár*, vbl *bhūtá*, gérond. *bhūtvá*, etc. : devenir, LXXV 7, LXXVIII (I) 1, etc. ; être (le sens ne se distingue presque plus nulle part de celui de *as*), I 4, II 4, 9, III 4, 10, IV 5, 20, etc., etc. ; être le propre de (gén.), XIV 6 ; se trouver dans, XXVI 2 ; appartenir à (dat), III 11 ; *bhūtá*, s. nt., être, créature; (opposé à *bhávya*) LXI 2, LXXV 20.

ápa : être éloigné, XXXVI 1.

úpa : être secourable à (dat. sous-ent.), seconder en vue de (dat.), VI 14.

vi : se répandre, II 15.

sám : s'unir à (instr.), XL 4 ; devenir, XXII 8 ; être issu de (abl.), LXVII 3.

bhūta-páti, s. m., LXXIV 1.

bhúman, s. nt. (rac. *bhū*) : terre, I 4, VI 14 (sg.) ; être terrestre, XXIV 2.

bhūmán, s. m., abondance, LXXVII 12.

bhúmi, s. f. : terre, sol, LI 4 ; la terre supérieure, opposée aux deux autres (cf. *pṛthivī, bhúvana*), LXII 1 ; terrain, sol, LXXVII 1.

bhúri, adj., abondant, nombreux, VII 6, beaucoup, (sans subst.) VI 15, VII 2; pl. nt. *bhúri*, XXII 3, « beaucoup [de lieux] ».

bhúri-sthātra, adj., qui a beaucoup de séjours, XXII 3.

bhúrṇi, adj., actif, vigilant, XXVI 7.

bhūṣ, vb. (cf. *bhū*), sg. 3 ind. pr. *bhū́ṣati* : être actif, *pári* : servir (acc.), XI 1.

bhṛ́gu, s. m., n. pr., Bhṛgu, pl. les Bhṛgus, sacrificateurs mythiques et demi-dieux, III 10, XXXIX 6.

bheṣajá, adj., fm. *ī* (cf. *bhiṣáj*), qui guérit (gén.), LXVIII 3; s. nt., remède, XIII 6, LI 5.

bhojá, adj., s. m. (rac. *bhuj*), généreux, donateur, XLI 8.

bhójana, s. nt., nourriture, XIV 5.

bhrāj, vb. (lat. *flagrō*, gr. φλέγω φλόξ), part. pr. *bhrā́jant* : flamboyer, étinceler, LXXV 24.

bhrā́jad-ṛṣṭi, adj., comp. dér., XV 1.

bhrāja-bhṛṣṭi, adj., id. (*bhṛṣṭi* « pointe »), LXXX 20.

bhrā́tar, s. m. (gr. φράτηρ, lat. *frāter*, got. *brōthar*, etc.), frère, I 8, IV 2.

bhrā́tṛvya, subst. dér., msc., fils du frère (du père), cousin : (d'où, à cause de l'hostilité qui règne souvent entre collatéraux) rival, ennemi, LXXVII 3.

bhrātrá, s. nt., fait d'être frère, II 9.

bhrūṇa-hán, s. m., loc. sg. *bhrūṇaghnī* : qui tue un embryon, avorteur, LXIX 2.

maṃhánā, s. f. (rac. *mah*), instr. sg. *maṃhánā* : don, ensemble de dons, IV 6.

máṃhiṣṭha, adj. (superl. de rac. *mah*), très généreux, très bienfaisant, VI 3.

mákṣ, s. m. f., IX 2, et } (cf. lat. *musca*), mouche.
mákṣika, s. m., LXXIV 2 }

makṣú, adj. (très rare); nt. advb. (cf. lat. *mox*), rapidement, vite, VI 16.

makhá, s. m., pb. sacrificateur (céleste) XXIV 1 (le mot a gardé en sk. class. le sens de « sacrifice »).

maghá-van, adj. dér. (de *maghá* « richesse »), th. fort et moyen *maghavān-*, *-van-*, th. faible (devant voyelle) *maghón-*, fm. *maghónī* : généreux (l'épithète s'applique essentiellement, soit aux Dieux, VIII 4, IX 7, 14, XIX 5, ou aux objets divinisés, XIII 3, qui dispensent aux hommes les richesses, soit, sur terre, aux hommes pieux qui comblent les Dieux et les prêtres d'abondantes offrandes, IX 7, 15, XXI 15, etc., et dans ce dernier sens *maghávan* pris substantivement est tout à fait synonyme de *sūri*, X 10).

majmán, s. m. (cf. gr. μέγας), grandeur, II 15.

maṇi, s. m., bijou, amulette, LXIII 1, LXXVI 5.

matí, s. f. (rac. *man*, cf. gr. μῆτις μάντις), pensée, pensée pieuse, prière, oraison, III 3, VI 3, etc.

matyà, s. nt., herse, massue à pointes, LXXIV 19.

mátsya, s. m., poisson, LXXIV 25.

mad, vb., sg. 3 ind. pr. *mádati*, caus. *mādáyati*, sg. 2 aor. caus. *ámīmadas*, etc. : (act. et caus. moy.) s'enivrer, être dans l'ivresse (physique ou morale, mais surtout physique) et éprouver l'exaltation, la surexcitation de vigueur qui en est la conséquence, VII 8, X 2 (gén. ou abl.), XXVII 9 (instr.), LXXVII 12 (acc.); (caus. act.) enivrer, étourdir, LVIII 3.

ánu : (act.) s'enivrer à la suite de (acc.), être pris d'enthousiasme pour, acclamer, VIII 4.

sám : (act.) s'enivrer de (instr.), LXXVII 12.

máda, s. m. : ivresse, VII 1; *máde-made*, « à chaque fois qu'il s'enivre », VII 7; ivresse (métaphore pour « liqueur enivrante »), XII 1.

mada-cyút, adj., qui donne l'agitation de l'ivresse, XII 11, dont le galop donne l'agitation de l'ivresse, VII 3.

mada-pati, s. m., maître des ivresses, XXXI 3.

madín, adj. dér., XII 5, }
madirá, adj. dér., XXXI 7, et } enivrant.
mádya, adj. dér., XIV 2, }

mádhu, s. nt. (gr. μέθυ, lat. *mel*), gén. sg. *mádhvas mádhunas* : liqueur épaisse et sucrée, liqueur, VIII 1, IX 2, etc.

mádhu-jihva, adj., qui a sur la langue une douce liqueur, XLII 3.

madhu-doghá, adj. (rac. *duh*), XXV 1.

madhu-pŕc, adj., qui dispense la liqueur, LVI 5.

mádhu-mant, adj. dér. : liquoreux, savoureux, XII 1; qui fait couler la liqueur, XIII 4; nt. advb., XXXV 1.

madhu-váhana, adj. (rac. *vah*), XIII 3.

mádhya, adj. (gr. *μέσσος μέσος*, lat. *medius*), XIV 7; instr. advb. *madhyá*, au milieu de, XVII 9.

madhyamá, adj. dér., du milieu, moyen (opposé à « supérieur » et « inférieur »), IX 16, XII 9.

man, vb. act. (gr. *μέμονα*, lat. *meminī mēns*, etc.), toujours au moy., sg. 3 ind. pr. *mányate manuté*, pl. 3 impf. *ámanvata*, sg. 3 opt. pr. *mányeta*, sg. 3 aor. *ámaṃsta māṃstá* (inj.), pl. 3 opt. aor. *maṃsīrata*, etc. : songer à (acc.), XL 6; connaître, comprendre, IV 16; considérer (acc.) comme (acc.), XLI 5, LXXVII 5, croire, estimer, LXXVIII (III) 19; se croire, s'estimer (nomin.), LVI 6.

ánu : (acc.) accorder, XX 5; (sans rég.) céder, XXIX 3.

abhí : avoir des intentions à l'égard de, vouloir du mal à (acc.), LXXIV 8.

mánas, s. nt. (gr. *μένος*), esprit, cœur, IV 15, VI 2 : *mánasā*, « de bon cœur », XIII 6; — *cákṣasā*, « avec l'esprit comme regard, par l'œil de l'esprit », XL 6.

manīṣá, s. f., réflexion, méditation pieuse, VI 2.

manīṣín, adj. dér., pieux, sage, XVI 2.

mánu, s. m., n. pr. (cf. allemand *mann mensch*) : Manu ou Manus (infra), ancêtre mythique de l'humanité et instituteur du sacrifice primordial, XVIII 15, XXIII 2; pl., les Manus ou descendants de Manu, les Mânes ou ancêtres défunts, XVII 7.

mánur-hita, adj., institué par Manus, XLII 4.

manuṣyà, adj. dér. : de Manus, descendant de Manus, IV 13, XL 5; s. m., fils de Manus, homme, LXV 2, LXIX 1; adj., humain, LV 6, cf. XLVII 2.

manuṣyeṣu, s. f., XLVII 2.

manuṣyainasá, s. nt., péché des hommes, LXIX 3.

mánus, s. m., n. pr., i. q. *mánu*, IV 9.

máno-javas, adj., rapide comme la pensée, XIV 3.

mántra, s. m. (cf. *mati*), formule, formule liturgique, prière, IX 13, XXI 2, verset, LXXX 13, 20.

mantráy, vb. dénom. (avec faux accent) : s'entretenir (moy.), tramer ensemble en secret, LIX 2.

mantra-varṇa, s. m. LXXX 13.

mandasāná, adj. (part. d'un th. aoristique moy. de rac. *mad*), s'enivrant, s'exaltant, XXX 10.

mandrá-jihva, adj., à la langue enivrante, XXIV 4.

manyú, s. m. (cf. gr. μῆνις), colère, XXVI 6, XLVI 1, 2.

máyas, s. nt., joie, délice, IX 8, XVII 3.

mayúkha, s. m., cheville, tasseau, XL 2.

mayo-bhú et **-bhú**, adj., délicieux, XVII 4, LXXVI 6.

1 **mar**, vb. (cf. gr. βροτός = *μροτός, lat. *morior*), sg. 3 ind. pr. *márati*, pl. 3 pf. *mamrúr*, vbl *mṛtá* : mourir, XLI 8, XIX 8.

2 **mar**, vb. act. (cf. gr. μύλη, lat. *mola molō*), sg. 3 ind. pr. *mṛṇáti* : broyer, écraser, LXXII 1.
prá : broyer, LX 6, LXXIV 23.

márīci, s. f., atome lumineux, poussière lumineuse qu'on voit s'agiter sur le passage d'un rayon, LXIX 2.

marút, s. m., toujours pl., les Maruts, Dieux brillants et impétueux, commandés par Rudra et compagnons ordinaires d'Indra (personnification des vents et des nuées d'orage qui amènent les éclairs), IV 3, VIII 2, IX 10, XII 14, XV, XVI, etc.

marút-vant, adj. dér., accompagné des Maruts, VIII 1.

marj, vb. act. (cf. gr. ὀμόργνυμι), sg. 1 ind. pr. act. *márjmi*, pl. 3 *mṛjánti*, pl. 3 impf. moy. *ámṛjata*, sg. 2 impér. moy. *mṛkṣvá*, du. 2 aor. *mṛkṣatam* (inj.), sg. 3 pf. moy. *mamṛjé*, vbl *mṛṣṭá*, intens. pl. 3 impf. moy. *mármṛjata*, part. pr. moy. *marmṛjyámāna*, caus. *marjáyati*, etc. : frotter, essuyer ; (moy.) essuyer (acc.) à son profit, LXIX 1, ou au profit d'un autre, LXIX 2, sur (loc.), effacer ; (intens. et caus. moy.) se parer, IV 14, VI 2, XXI 4.

ápa : effacer, LXIX 3.
nis : effacer, anéantir, XIII 4.
sám : étriller, XLI 10; parer, XXI 12.

marḍ, vb., act. *mṛḷáti*, caus. *mṛḷáyati* : faire miséricorde à, épargner, bien traiter, XV 9, XXIII 2, 9, LXXIV 28, etc.

márta, adj., s. m. (rac. *1 mar*), mortel, homme, II 14, IV 9, 17, etc.

marta-bhójana, s. nt., subsistance, nourriture, VII 6.

mártya, adj., s. m., i. q. *márta*, IV 1, 6, etc.

mardh, vb. act., sg. 3 ind. pr. *márdhati*, sg. 3 subj. aor. *márdhiṣat* : négliger, dédaigner, IX 5.

márman, s. nt., point faible du corps, défaut d'entre les côtes par où la pointe peut pénétrer, VI 6.

maryádā, s. f., signe, marque, amulette, LXVI 2.

març, vb. act. (lat. *mulceō*), sg. 3 ind. pr. *mṛçáti*.
abhí : toucher, LXXX 31.
sám : toucher, LXXX 29.

maṣmaṣá, instr. advb. (onomatop.) : — *kar*, broyer, réduire en poussière, LX 8.

mah, vb. (« être grand », cf. les suivants) : dat. part. pr. caus. act. *mahayaté* (faux accent), glorifier, louer, IX 19 ; pl. 3 impér. intens. ou pf. moy. *mámahantām* (« rendre grand, riche, gratifier »), accorder, XIX 20.

máh, adj., msc. sg. gén. *mahás* II 6, dat. *mahé* IX 9, XII 14, fm. sg. nomin. *mahí* XIII 1, instr. *mahyá*, IV 9, etc. : grand, glorieux; fm. *mahí*, s. f., n. pr., Mahī, nom d'une Déesse, la même que Hotrā Bhāratī, invoquée comme faisant partie d'une triade, XLII 9.

mahá, adj., grand, V 5, XXIX 1.

mahán, s. nt., grandeur, XXI 2.

mahánt, adj., grand, VII 1, 4, XV 2.

máhas, s. nt., grandeur, X 4, XXXVIII 2.

máhas-vant, adj. dér., XL 4.

mahá, adj. (th. qui n'apparaît qu'à l'acc. sg. msc. et en composition, cf. les suivants), grand, V 2, X 3.

mahā-dhanā́, s. nt., grand butin, IX 25.

mahā-nagnī́, s. f. (soit « toute nue »), courtisane, LXXVIII (I) 1.

mahā́sya, adj., comp. dér. (*1 āsyà*), LXXIV 30.

máhi, adj., grand, XX 8, XXIX 1; nt. advb., XII 1.

mahi-tvā́, s. nt., VI 9, et } grandeur.
mahi-tvanā́, s. nt., XV 4, }

mahi-mā́n, s. m. dér., instr. sg. *mahimnā́* et *mahinā́* : grandeur, II 15, VI 8, X 4, XVI 4, LXV 3.

máhiṣī-vant, adj. dér. (de *máhiṣī*, « femelle du buffle, épouse de roi »), accompagné d'une épouse, XIV 5 (?).

máhiṣvant (?), adj., grand (???), XIV 5, cf. la note.

mahīy, vb. dénom., infin. dat. *mahīyai* : devenir grand, puissant, glorieux, XIX 6.

mā́, particule prohibitive (gr. *μή*, ne pas confondre avec *mā* enclitique = latin *mē*), IX 9, XV 9, etc., souvent renforcée par *nú*, *u ṣú*, etc., IX 1.

mā, vb. act. (cf. gr. *μέτρον*, lat. *mētior*), sg. 3 ind. pr. moy. *mimīte*, impf. *ámimīta*, pl. 3 pf. moy. *mamiré*, vbl *mitá* (ne pas confondre avec *1 mi*) : mesurer.
vi : mesurer, V 6, 7, XV 2.

mā́-kis, pronom prohibitif, lat. *nē quis*, XXIV 3.

mā́ghona, s. nt. dér. (de *maghávan*), générosité, XLI 1.

mātár, s. f. (gr. *μήτηρ*, lat. *māter*), mère, IV 16, VI 7, etc; du., *mātárā*, père et mère, III 7.

mātarí-çvan, s. m., n. pr., Mātariçvan : nom mystique d'Agni, en tant qu'il se gonfle (? *çū*) dans le sein de sa mère, III 9, LXXV 13; nom d'un ṛṣi mythique, III 10.

mā́tali, s. m., n. pr., nom d'un demi-Dieu, XXXIX 3.

mātra, s. nt. (rac. *mā*), mesure, dimension, LXXVII 3.

mā́dhyaṃdina, adj. dér. (de *madhyáṃ-dina*, s. m., « milieu du jour »), de midi, XXXVI 7.

mā́nuṣa, adj. dér. (de *mánus*), fm. *mā́nuṣī* : de Manu, humain, III 3, LIX 8; s. m., homme, IV 20, LXXVIII (III) 6;

s. nt. (oxyton, Ç. B.), coutume des hommes, pratique humaine, LXXVII 7.

māyá, s. f., pouvoir magique, art divin, XXXV 3.

mā́ruta, adj. dér., des Maruts, II 6.

mā́-vant, adj. dér., tel que moi, IX 21.

mā́sa, s. m. (gr. *μήν μείς*, lat. *mēnsis*), mois, LXXVIII (II) 41.

mā́hina, adj. dér., grand, VI 1.

1 **mi**, vb. act., ind. pr. sg. 3 *minóti*, pl. 3 *minvánti*, vbl *mitá* : construire, LXXVII 6, 7.

ní : déterminer, fixer (?), LIX 5 et note.

vi : *vímita*, s. nt., hangar rectangulaire, LXXVII 6, 7.

2 **mi mī**, vb. act. (gr. *μινύθω μείων*, lat. *minor minuō*, etc.), sg. 3 ind. pr. *mināti*, sg. 3 subj. pr. ou impf. (irrég.) *minat*, part. pr. moy. *minānā́*, etc. : amoindrir, endommager.

ā́ : arrêter, entraver dans une action, IX 5; effacer, (réciproquement) XIX 2.

ní (?) : diminuer, effacer, LIX 5 (?).

prá : rendre impuissant, XXXIV 4.

3 **mi**, vb. act. V. sous *mā*.

mikṣ, vb. act. (forme forte *myakṣ*, amplification d'une rac. *miç* « mêler », cf. gr. *μίγνυμι μικτός*, lat. *misceō mixtus*, etc.; mais, probablement à cause de la métaphore fréquente du « mélange » ou de l' « union » du soma, la forme *mikṣ* a pris un sens légèrement détourné), sg. 3 ind. pr. *mimikṣati* : unir à (instr.), XIII 4.

miti, s. f. (rac. *1 mi*), érection, XVIII 7.

mitrá, s. m., ami, III 4 (avec jeu de mots fréquent dans le R. V.); n. pr., Mitra, Dieu bienfaisant et ami des hommes, un des Ādityas, faisant ordinairement couple avec Varuṇa, ou triade avec Varuṇa et Aryaman, II 4, III 3, 4, 9, IV 18, XXXVII 2, LXXV 15, etc. (Le caractère essentiellement moral que cette entité divine a dû à son union avec Varuṇa, a atteint son plein épanouissement en Perse, à l'époque chrétienne, dans le culte mystique de Mithra.)

mitrá-mahas, adj., qui a la grandeur de Mitra, II 5, XX 7.

mith, vb., du. 3 ind. pr. moy. *méthete* : (moy.) se tenir tête, se quereller, XIX 3.

mithuná, adj., accouplé, formant couple, LXXVIII (III) 11.

mīḍhvás, adj. (part. pf. d'origine inconnue et de signification indécise), pb. bon, généreux, miséricordieux (1), XXIII 3.

múkha, s. nt., bouche, visage, LX 13.

múkhya, adj. dér., du visage, LXXX 29 (en opposition à ceux des parties déclives).

muc, vb. act., ind. pr. sg. 3 *muñcáti muñcáte*, aor. moy. sg. 3 *ámoci móci*, pl. 2 *ámugdhvam*, sg. 2 impér. pf. *mumugdhi*, passif sg. 3 impér. *mucyátām*, sg. 3 subj. *mucyátai*, etc. : lâcher, délivrer, XLIII 6, LIX 4, 7 (sens passif), VI 10; délivrer de (abl.), XLVI 3.
áva : dénouer, LXXX 23.
nís : délivrer de (abl.), XLI 1 (sens passif).
prá : détacher (un mal, acc.) de (quelqu'un, abl.), l'en délivrer, IV 4 et note.
práti : (moy.) revêtir, XV 6, LXXVIII (III) 14.

muṣāy, vb. dénom. (rac. *muṣ* « voler »), sg. 3 impf. *ámuṣāyat* : voler, dérober, VI 7.

muṣṭí, s. m. f., poing, LXXI 2.

muh, vb., sg. 3 ind. pr. *múhyati*, caus. sg. 3 ind. pr. *moháyati*, sg. 3 aor. *ámūmuhat* : (act.) être étourdi, aveuglé, égaré, fou, LIII 4; (caus.) étourdir, aveugler, égarer, LIII 1, 2.
práti : (caus.), idem, LIII 5.

múhur, advb. : d'un seul coup, (ou) à plusieurs reprises, LXXV 6 (les deux sens existent ; le second est post-védique, mais l'hymne est visiblement très récent).

mū́tra, s. nt., urine, XLIII 6, LXIV 3.

mūrdhán, s. m., tête, sommet, V 1, 6, XXII 7.

mū́la, s. nt., racine, LXIV 3.

mṛgá, s. m., fauve, bête sauvage, LXXIV 24.

(1) L'étymologie de Sāyaṇa *mīḍhuṣe sektre kāmānām varṣitre* (rac. *mih* « uriner, répandre »), est satisfaisante pour le sens, mais fait difficulté au point de vue phonétique.

mṛḷīká, s. nt. (rac. *marḍ*), grâce, merci, IV 3, 5.

mṛtyú, s. m., la mort; personnifiée, LXXV 14.

mṛdú, adj. (cf. gr. βραδύς, lat. *mollis*), fm. *mṛdvī́* et *mṛdús* : doux, tendre, LVII 4.

mékhalā, s. f., ceinture (partie essentielle du costume de l'ascète), LXXV 4, LXXX 23.

methi et **methī́**, s. m. (rac. *1 mi*?), poteau; du., les deux poteaux qu'on enfonce de chaque côté des chariots d'offrandes pour les fixer et terminer la cérémonie du *havirdhānapravartana*, LXXVIII (III) 22.

medhā́, s. f., sagesse divine, piété, LXXV 24.

médhira, adj. dér., sage, VI 4.

méhana, s. nt. (rac. *mih* = lat. *mēiere mingere*), urèthre, trou de l'urèthre, XLIII 7.

yá, pronom relatif (gr. ὅς ἥ ὅ), qui, que, II, 4, 7, 9, 16, etc., etc.; lorsqu'il est sans antécédent, ce qui est fréquent en védique (v. g. LVIII 4, etc.), il équivaut à un des sens de son nt. advb. *yád*. V. sous *yád*.

yakṣá, s. nt., reflet, reflet lumineux, (plus tard) fantôme : — *apsv àntár*, LXXIV 24, l'apparition qu'on voit dans l'eau quand on se mire, le reflet personnifié; — *cakṣuṣas*, pb. le reflet qu'on voit dans l'œil d'une autre personne, (d'où) la pupille de l'œil (cf., pour le sens, gr. κόρη, lat. *pūpa pūpilla*, sk. class. *kanīnikā*, déjà A. V. IV. 20. 3.), LXXX 28.

yaj, vb. act. (cf. gr. ἅζομαι ἅγος ἁγνός ἁγνός) : sg. 3 ind. pr. act. *yájati*, moy. *yájate*, sg. 2 ind. pr. act. *yákṣi* (sens impér.), pl. 3 impf. *áyajanta*; impér. act. pl. 2 *yájata*, moy. sg. 2 *yákṣva*; subj. sg. 2 *yájāsi*, etc.; subj. aor. sg. 3 *yákṣat*, du. 3 *yákṣatām*; pf. moy. sg. 3 *yejé*; part. pr. moy. *yájamāna*, pf. moy, *ījānā́*; infin. dat. *yáṣṭave*; gérond. *iṣṭvā́*, etc.; caus. *yājáyati*. — 1. (act.) Honorer, servir (un Dieu, acc.), spécialement en lui offrant le sacrifice, IV 1, XLII 1, LV 6; le servir par (le sacrifice, l'offrande, instr.), LXX 2, LXXVIII (II) 31. — 2. (act., moy.) Offrir (un sacrifice, acc.), XL 3, XLII 8. — 3. (moy., sans rég.) Sacrifier, offrir le sacrifice, VII 2, XIX 20, XLII 6; (liturg.) *yó yájate, yájamāna,* se dit du « sacrifiant », c'est-à-dire du *sūrí* qui fait les frais du sacrifice, LXXVII 1, 2, etc. (*iṣṭvá,* « en sacrifiant », LXXVII 1). — 4. Tandis que le caus. *yājáyati,* LXXVII 4, 5, se dit du prêtre, du brâhmane qui lui « fait offrir » le sacrifice, c'est-à-dire qui dirige le laïque à travers toutes les phases si compliquées de l'acte religieux, et sans l'intervention duquel aucun sacrifice ne saurait être offert.

áca : apaiser (acc.) par le sacrifice, IV 5.

á : obtenir (acc.) par le sacrifice, XXIII 2.

yajatá, adj., digne de sacrifice, adorable, III 3, XXIV 4.

yájatra, adj., i. q. *yajatá,* XV 10, XVIII 15; pl., les [êtres] adorables, les Dieux, I 2.

yajátha, s. nt. ou msc., sacrifice, III 9.

yájiṣṭha, adj. (superl. de rac. *yaj*), qui sacrifie le mieux, le meilleur sacrificateur, IV 4, 19.

yájus, s. nt. : culte ; (liturg.) formule sacrificatoire (en prose, opposée aux vers et aux chants), LXXVII 12 (cf. le Yajur-Véda), LXXVII 4 (nécessaire pour que le choix de l'emplacement de sacrifice soit valable), LXXVIII (III) 21 (cette formule est *viṣṇoḥ pṛṣṭhám asi*).

yajñá, s. m., le sacrifice (base de la religion védique et soutien de l'ordre universel), II 10, V 2, XL, etc., etc.

yajña-ní, s. m., conducteur du sacrifice, XLI 6.

yajñá-bandhu, s. m. (*bándhu* « parent »), fils du sacrifice, (ou) parent de ...., IV 9, cf. la note.

yajñá-vanas, adj., qui agrée le sacrifice, IV 2.

yajña-sádh, s. m., qui fait réussir le sacrifice, XXIII 4.

yajñíya, adj., i. q. *yájatra,* pl., les Dieux, IV 20, IX 13; (liturg.) relatif au sacrifice, sacrificatoire, LXXVIII (III) 10; (liturg.) capable de sacrifier, LXXVII 9, 10.

yájvan, adj., s. m., sacrifiant (*yájamāna*), XLII 12.

yat, vb., sg. 3 ind. pr. moy. *yátate* : (moy.) aller de concert, marcher à deux ou plusieurs, LXXVIII (III) 5.

yatamá, adj., pron. (superl. de *yá*), lequel (de plusieurs), quelconque, LXXIV 12, 14, 27.

yátas, abl. advb., d'où, LXXVII 7.

yatá-sruc, adj., qui tient tendue (*yám*) la cuiller d'offrande (pleine de beurre fondu), LXXVIII (III) 11.

yatta-vant, adj. dér., qui contient [le mot ou les syllabes] *yatta* (resp. *yata*, calembour par à peu près), LXXVIII (III) 12, cf. la note.

yátra, advb. relat. : où, XV 7, LXXVII 4, etc.; lorsque, alors que, quand, L 1, LXXVIII (II) 39, etc.

yáthā, conj. relat. (cf. gr. ὡς) : comme, (après le terme de comparaison) IX 26, (en tête de la proposition comparative) XV 2; afin que (subj.), XVII 1, 5, XXIII 1, etc.; en sorte que (subj.), LIII 6; comme, selon que, XV 2, XIX 1 (c'est ce dernier sens qui apparaît dans les composés).

yathā-liṅgam, nt. advb., LXXX 21 et note.

yathā-vaçám, nt. advb., à son gré, XXV 3, LVI 4.

yád, nt. advb. (cf. gr. ὅτι) : lorsque (ind.), I 8, III 4, V 4, VI 11, XIII 2, XIV 4, XL 3, etc., etc.; lorsque (subj., ce mode donnant au vb. un sens temporel vague et indéfini, cf. l'emploi gr. de ὅτε et ὅταν), IX 7; à savoir que (ou expl.), V 5; puisque, parce que, car (ind.), II 15, etc.; *yád vā*, soit que (ind., subj.), X 1, 2; *yác cid* (ind.), quoique, X 7; pour que (ind.), XXVI 1; si (opt., sens potentiel), IX 18.

yadā́, conj. rel., lorsque, LVI 6.

yádi, conj. rel., lorsque, III 8, 10 (*yádī* métrique); *yádi vā* (ind.), soit que, L 2.

yantár, s. m. (rac. *yam*), qui tend, qui consolide, (ou) donateur (avec jeu de mots entre le subst. et le vb.), LXVI 1.

yam, vb. act., sg. 3 ind. pr. *yáchati yáchate*, impf. *áyachat*, opt. (class.) *yácchet*, impér. pl. 2 *yáchata* et (autre thème) *yántana*, ind. aor. sg. 1 act. *áyāṃsam*, moy. *áyaṃsi yáṃsi*, sg. 3 act. *áyān*, moy. *áyaṃsta*, subj. aor. sg. 3 *yámat* et *yáṃsat*, part. pf. moy. *yemānā́*, vbl *yatá*, etc. — 1. Retenir, arrêter, tenir captif, IV 15; tenir en bride, XII 15. — 2. Tendre, étendre, LXVI 1. — 3. Tendre à (dat.), donner, apporter, XX 11, XXI 15, XXIII 5, etc.

á : (techn.) tendre [la chaîne d'une étoffe], XL 1; (techn.) tirer [la flèche] à soi, bander l'arc, LXXIV 1; conduire, diriger vers (loc.), XXXIX 14.

úd : étendre, XXIV 1, 5.

úpa : prendre à soi, pour épouse, LXXIX 8.

ní : donner, XXX 10; ramener, LII 1.

pári : pb. arrêter, retenir, VI 11.

prá : amener, XXXIX 14; offrir, VI 2.

á prá : apporter, accorder, XXVIII 9.

ví : tendre à (dat.), accorder, XV 9.

yamá, adj. (rac *yam*), jumeau, XVI 4, XXVIII 2, LXXVIII (III) 5; s. m., n. pr. (ainsi nommé parce qu'il est le jumeau de sa sœur Yamī), Yama, incarnation du soleil couché ou nocturne qui s'enfonce dans les profondeurs de la terre, et conséquemment Dieu des morts, XXXVIII 4, XXXIX.

yárhi, conj. relat., lorsque, LXXVIII (I) 1.

yáva, s. m., grain farineux (?), LXIII 1; (ordinairement) orge, blé, LXIII 1 (?), LXXII 1.

yaçás, adj., splendide, glorieux, IV 16 (?).

yáças, s. nt., splendeur, gloire, IV 16 (?), LXXX 17.

yahvá, adj., fm. *yahví* (cf. *yúvan*), pb. jeune, III 5, 9, XXI 9 (mot opposé à *pratná*, R. V. VIII. 13. 20, et visiblement apparenté à *yahú*, qui, dans la formule *sáhaso yahús*, R. V. VIII. 60. 13., a le même sens que *sáhaso yúvan*, cf. R. V. I. 141. 10.; le sens de « jeune » ou « nouveau » convient à tous ses emplois dans le R. V., ainsi qu'à ceux de *yahvánt*).

yā, vb. (cf. *i*), sg. 2 ind. pr. *yási*, sg. 2 impér. pr. *yāhí*, sg. 1 ind. aor. *áyāsiṣam*, d'où sg. 2 opt. aor. moy. *yāsisīṣṭhās*, pl. 3 pf. *yayúr*, part. pr. *yánt* (th. faible *yāt-*), vbl *yātá*, infin. dat. *yátave*, etc. : aller, marcher, II 6, XIII 1, 3, XV 1 (gén. pl.), etc.

abhí : aller contre, attaquer, LXXIV 1, 13.
áva : détourner, faire dévier, IV 4.
á : venir à (acc.), IX 4; venir, X 1.
úd : se lever, XX 3.
úpa : aller vers, aborder, XXXVI 1, LXXX 33.
pári : faire le tour de (acc.), XV 7.
abhí prá : se diriger vers (acc.), LXXX 33.

yájñavalkya, s. m., n. pr. (patronym.), nom d'un théologien souvent cité dans le Ç. B., LXXVII 4.

yātu-dhána, s. m. (de *yātú*, même sens), sorcier malfaisant, démon, XLIV 1, etc.

yātu-mánt, adj. dér., s. m., idem, XLIV 4.

yáma, s. m. (rac. *yā*) : chemin, marche; le sens n'est pas clair, LXII 2, cf. la note.

yáman, s. nt. (rac. *yā*) : marche, course, XVI 3; sacrifice (souvent assimilé à une marche, cf. XXXI 1, LXXVII 12), (ou bien) marche guerrière, expédition, IX 26.

yá-vant, adj. dér. relat., aussi grand que, autant que (avec ou sans corrélatif), IX 18, LVIII 2.

yāvayád-dveṣas, adj. (rac. *2 yu*), qui écarte les haines, les ennemis, XIX 12.

1 yu, vb. act. (cf. *yuj*), sg. 3 ind. pr. *yuváti yuváte*, vbl *yutá*, part. pr. intens. moy. *yóyuvāna*, etc. : lier, retenir, unir, atteler.
á : (moy.) se contracter, se replier, IV 11.
úd : lâcher, XXXII 6.
ví : détacher, décrocher, XII 9.
sám : unir à (instr.), LXIII 1.

2 yu, vb. act., sg., 3 ind. pr. *yuyóti yuyuté*, impér. *yuyodhí* (irrég.), *yuyutám* et *yuyotám* (irrég.) : écarter, XXVIII 8.
ápa : écarter, chasser, XI 6.
ní : (paraît avoir le sens de *1 yu*) atteler, amener, donner (cf. *ní yam*), XIV 5.
prá : être négligent, cf. *práyuti*, *áprayuchant*, etc.

yuj, vb. act. (cf. gr. ζεύγνυμι ζυγός, lat. *jungō jugum*), ind. pr. sg. 3 *yunákti yuṅkté*, pl. 3 *yuñjánti yuñjáte*, sg. 1 ind. pr.

moy. (autre thème) *yujé*, sg. 2 impér. (de ce thème, ou aor.) *yukṣvá*, pl. 2 aor. moy. *áyugdhvam*, du. 3 aor. moy. (sigmatique) *áyukṣātām*, part. pr. moy. *yujānā́*, pf. moy. *yuyujānā́*, vbl *yuktá*, etc. : (act., moy.) joindre, unir, atteler [un char, des chevaux, Agni, etc.], I 2, VII 3, XIII 1, 2, XV 6, XXVIII 5, LIV 1, LXXVIII (III) 2.

ánu prá : rejoindre, rattraper en suivant, LXXIV 13.

yúj, s. m. f., compagnon, allié, IX 20.

yudh, vb. (cf. gr. ὑσμίνη), pl. 3 ind. pr. moy. *yúdhyante*, infin. dat. *yudhé* : combattre, VI 13, XXXVIII 3.

yuvatí, s. f., jeune fille, jeune femme, XIX 7, XXI 11.

yúvan, adj. (lat. *juvenis*), jeune, IV 12.

yuvā́ku, adj., vôtre, tout dévoué à vous deux, XIV 1, 7.

yūthá, s. nt. (rac. *1 yu*), troupeau, VII 7.

yévāṣa, s. m., sorte de ver ou d'insecte, LX 7.

yóga, s. m. (rac. *yuj*, soit « le fait d'atteler pour partir » avec sens généralisé), entreprise, action, XXVI 8.

yóni, s. m. (rac. *1 yu*) : matrice, I 4 (loc. sg.), III 7, IV 11, 12, XXX 2, etc. (presque toujours métaphorique, cf. les notes) ; couche, lit, XLI 9 ; place, XIX 1.

yós, s. nt. (jamais employé seul, toujours en liaison avec *çám*), bénédiction, propitiation, XVIII 1, XXIII 2.

ráṃsu-jihva, adj., à la langue charmante, IV 8.

ráṃhi, s. f. (cf. gr. ἐλαφρός), course rapide, IV 3.

rakṣ, vb. act., sg. 3 ind. pr. *rákṣati* (cf. gr. ἀλέξω) : garder, défendre, protéger, III 6, XXX 2, LXXVI 2.

abhí : défendre, protéger, LXXVI 1.

ví : garder, défendre, LXXV 17.

rakṣás, s. m., XI 6, et } démon nocturne, goule,
rákṣas, s. nt., LI 1, LXVI 1, } vampire.

rakṣitár, s. m., gardien, défenseur, V 7, XVII, 1, 5.

1 raj, vb. (cf. *ṛñj*, gr. ὀρέγω, lat. *regō*), diriger.

2 raj raññj, vb. (gr. ῥέζω « teindre »), intens. sg. 3 ind. pr. *rárajīti*, caus. *rajáyati* : être coloré [de rouge, d'une cou-

leur éclatante], être coloré en général ; être exalté, très ému; (caus.) teindre, colorer, XLIX 1.
úd : déborder d'enthousiasme, LXV 2.

rajaní, s. f., nuit, XLIX 1 et note.

rájas, s. nt. (gr. ἔρεβος), espace indéfini, espaces vides et mystérieux entre ciel et terre, IV 11, V 7, etc., etc.

rajasá, adj. (?), fangeux, impur (?), LXXIV 25 (bien plutôt dénomination de quelque animal marin).

rajas-túr, adj., qui traverse l'espace, XII 7.

rájiṣṭha, adj. (superl. de rac. *1 raj*, cf. *ṛjú*), très droit, infiniment juste, XXXVII 2.

ráṇa, s. m. (rac. *ran* = *ram*, cf. gr. ἔραμαι) : joie; joie [du combat], ardeur belliqueuse, VI 6, VIII 1 (en classique, s'est fixé dans le sens de « combat »).

raṇvá, adj., charmant, délicieux, I 6, IV 8.

rátna, s. nt., trésor, richesse, IV 10, 18.

ratna-dhá, adj. (rac. *dhā* « donner »), II 7.

ratna-dhéya, s. nt., XXXVI 1 et note.

rátha, s. m., char, char de guerre, VI 4, IX 2, LXX, etc.

rathary, vb. dénom. de formation irrégulière, se faire traîner sur un char, XX 3.

rátha-vant, adj. dér., XVI 7.

rathín, adj. dér., s. m., guerrier combattant en char, LXXI 3.

rathí, s. m., conducteur de char, V 2, XIII 6, XL 7.

ráthya, s. nt., roue de char, IV 3 (pl. nt.).

rad, vb. act., sg. 3 ind. pr. *rádati* : couper, ouvrir.
ví : trancher, fendre, VI 12.

radā-vasu, adj. (la vraie forme serait évidemment * *radád-vasu*), qui ouvre les trésors, IX 18.

rápas, s. nt., mal physique, maladie, XIII 4.

rabh, vb. (cf. *labh*), sg. 3 ind. pr. moy. *rábhate*.
á : s'emparer de, XXII 8; assaillir, XLIV 4.
prá á : s'emparer de, saisir, XXXII 5.

ram, vb., sg. 3 ind. pr. moy. *rámate*, caus. *rāmáyati*, sg. 3 aor. caus. *árīramat*, etc. : (moy.) s'arrêter (1), VI 11, reposer sur (loc.), LXXX 25; (caus.) arrêter, XXIV 5.

ní : arrêter, retenir, IX 1.

rayí, s. m. f. (cf. *raí*), richesse, II 12, V 2, etc., etc.

rayi-víd, s. m., qui trouve, conquiert, possède, donne la richesse, II 3.

rarāṭí, s. f. (*rarāṭa* « front »), face antérieure ou orientale du poteau de sacrifice, et guirlande qu'on y suspend, LXXVIII (III) 15, 16, 17, et note.

ráva, s. m., bruit, fracas, XXX 1, XXXV 3.

raçaná, s. f., IV 9, et } courroie, bride, rênes.
raçmí, s. m., XV 3, XL 7, }

rása, s. m., suc nourricier, sève, LII 4, LVI 5.

rā, vb. act., sg. 2 impér. pr. *rắsva*, pl. 3 impér. aor. *rắsantām*, sg. 1 opt. aor. moy. *rāsīyá*, pf. moy. sg. 2 *rariṣé*, du. 2 *rarắthe*, part. pr. moy. *rárāṇa*, vbl *rātá*, etc. : donner (acc.) en présent à (dat.), II 5, XVIII 15, XXIII 6, XXIX 5; offrir (acc.) en hommage à (dat.), VI 1 « parfaitement, régulièrement offert »; (sans rég.) faire des dons, IV 5; livrer, abandonner (acc.) à (dat.), IX 18.

rāj, vb. (pb. ancien dénom. de *rắj* « roi », rac. *1 raj*, devenu vb. indépendant), sg. 3 ind. pr. *rắjati* : régner sur, être roi de (gén.), IX 16.

ví : (sans rég.) briller au loin (par confusion de deux racines, cf. *arc*, *árjuna*, *2 raj*, etc.), XV 2; régner sur (acc.), être roi de (gén.), XXXV 7, XLVI 1.

rắjan, s. m. (rac. *1 raj*, cf. lat. *rēx*), chef, roi, souverain (souvent appliqué aux Dieux), I 8, II 4, 8, IV 2, etc.

rājanyà, adj., royal, princier; s. m., homme de la 2ᵉ caste ou de la noblesse (post-védique), LXXVII 9, 10, LXXVIII (II) 4, 5 (plus tard l'appellation technique est *kṣatríya*).

(1) L'interprétation qui rattache *ranta* à rac. *ar* (soit « se sont mises en mouvement »), est obligée d'admettre pour *pári... áyachat* le sens de « frapper » ou même de « pousser », qui ne concorde point du tout avec le sens général de rac. *yam*. Cf. d'ailleurs LVI 3.

rātá-havya, adj. : à qui l'oblation est offerte, XVIII 1, XXXI 6; par qui l'oblation est offerte, LIV 1 (dans ce passage aussi, le sens primitif était le précédent, puisque l'épithète s'appliquait à un Dieu; mais, en faisant servir l'hymne de conjuration en faveur d'un roi proscrit, on a naturellement entendu l'épithète dans le second sens).

rāti, s. f. (rac. *rā*), don, offrande, II 16.

rāti-ṣác, s. m., II 13, cf. XVIII 11 et note.

rā́trī, s. f., nuit, XIX 1, LXI 1.

rā́thya, s. nt., charretée, XIII 6.

rādh, vb. (cf. *ardh*), sg. 3 ind. pr. *rādhnóti*, sg. 3 pf. *rarā́dha* : réussir, prospérer, XLI 6, LXXVIII (II) 41, (III) 24.

rā́dhas, s. nt., don, présent, VII 6, XVI 7, XXXV 2.

rāmá, adj. (cf. *rā́trī*), noir, XLIX 1.

rāyás-kāma, adj., comp. dér. (syntactique), IX 3.

rāçí, s. m., monceau, meule, LXXII 3.

rāṣṭrá, s. nt. (rac. *rā́j*), royauté, XXXIV 2, LV 1.

rā́ṣṭrī, s. f. (cf. *rā́jan*), reine, souveraine, XXII 3.

ri rī, vb. act., sg. 3 ind. pr. *riṇā́ti* : faire mouvoir.

ní : renverser, VI 13.

ric, vb. act. (gr. λείπω, lat. *linquō*), sg. 3 ind. pr. moy. *ricyate*, sg. 3 aor. act. *áraik áraik*, sg. 3 pf. moy. *ririce*, etc. : (act.) quitter, abandonner (acc.) à (dat., gén. ?), XIX 1, 2.

áti : (moy.) rester en surcroît, LXXVII 3.

abhí áti : (moy.) rester en surcroît au profit de (acc.), LXXVII 3.

úd : (moy.) exceller, (sans rég.) IX 12.

prá : (moy.) dépasser (acc., abl.), II 15, VI 9.

rít, adj (rac. *ri* ?), qui coule (???), XXXII 4 ἅπ. λεγ.

ríp, s. f., tromperie, démon trompeur, III 5, IX 12.

riṣ, vb., sg. 3 ind. pr. *ríṣyati*, sg. 3 subj. pr. *ríṣyāti*, sg. 3 aor. *áriṣat*, pl. 2 aor. caus. *árīriṣata*, etc. : (act.) éprouver un dommage, X 10, XLI 8, LXVIII 2; (caus.) causer dommage à (acc.), XVII 9.

ríṣ, s. f., dommage, XXI 6.

rih, vb. act. (gr. λείχω, lat. *lingō*), sg. 3 ind. pr. *riháti* : lécher, XXI 13.

rīti, s. f. (cf. *ri*), écoulement, effusion, XII 10.

ru, vb. (cf. gr. ὠρύω, lat. *rūmor*), sg. 3 ind. pr. intens. *róravīti*, crier, mugir, XXV 1.

rukmá-vakṣas, adj., qui porte sur la poitrine (cf. *vakṣáṇā*) des bijoux d'or (cf. *ruc*), XV 1.

ruc, vb. (cf. gr. λευκός, lat. *lūx lūceō*, etc.), sg. 3 ind. pr. moy. *rócate*, part. pr. intens. moy. *rórucāna*, etc. : luire, briller, resplendir, IV 7, 17, LXXV 23, 26, etc.

ruj, vb. act., sg. 3 ind. pr. *rujáti*, sg. 3 pf. *rurója* : briser, fracasser, XXX 5.

á : briser, faire éclater, XII 6.

rudrá, s. m., n. pr. (étymologie obscure) : Rudra, chef des Maruts, Dieu terrible en tant qu'il incarne les puissances mystérieuses et redoutables de l'orage, mais bienfaisant en tant qu'il apporte la pluie, supplié en conséquence de la dispenser largement aux bons et de réserver sa foudre aux méchants, II 6, XVIII 6, XXIII, cf. LXXIV, etc. (dans la théologie postérieure, Rudra a fourni quelques-uns des attributs essentiels du Dieu Çiva, devenu l'un des trois grands Dieux du brâhmanisme moderne); pl., les Rudras, les Maruts, XVI 1, XVIII 6, XXII 1.

rudríya, adj. dér., s. m., n. pr. : pl., compagnons de Rudra, les Maruts, XVI 7.

rudh, vb. act., sg. 3 ind. pr. *ruṇáddhi runddhé*, vbl *ruddhá* : arrêter, obstruer.

ápa : proscrire [un chef], déposséder de la royauté (terme technique), LIV 4.

áva : (moy.) arrêter à son profit, se procurer, s'assurer, LXXVIII (III) 17.

rup, vb. (cf. lat. *rumpō*), ressentir des déchirements d'entrailles : sg. 2 aor. caus. *árūrupas*, LVIII 3.

rúçad-vatsa, adj., comp. dér., XIX 2.

rúçant, adj. (part. pr. d'un vb. disparu, cf. *ruc*), lumineux, resplendissant, XIX 2, XXIX 4, LIX 6 (?).

ruṣ, vb., part. pr. *rúṣant*, être irrité, sévir, LIX 6.

ruh, vb., sg. 3 ind. pr. *róhati*, sg. 3 aor. *áruhat*, pl. 3 pf. *ruruhúr* : croître, V 6; monter sur (acc.), XXIV 5.
á : s'élever, se lever, XX 8.
ví : croître en s'épandant, LXIII 2.

rūpá, s. nt. (cf. *várpas*), apparition éclatante, forme, aspect, XXIII 5, LXXVIII (III) 14, etc. : *víçvaṃ* —, « toute forme » ou « tout ce qui a une forme », expression mystique à sens vague, LXXVIII (III) 17.

rūpa-dhéya, s. nt., i. q. *rūpá*, LII 1.

rūpá-samṛddha, adj., complet au point de vue de la forme, liturgiquement irréprochable, LXXVIII (II) 40, (III) 24.

rūrá, adj., chaud, brûlant, L 4.

rétas, s. nt. (rac. *ri*), sperme, LXXV 12.

reto-dhá, s. m., fécondateur, XXV 6.

rebhá, s. m., chantre, poète, XIX 17.

re-vánt, XXI 4, LV 7, adj. dér. de

raí, s. m. f. (lat. *rēs*), richesse, II 10, VII 7, etc., cf. *rayí*.

róga, s. m., souffrance, maladie, LXIV 1.

roga-náçana, adj. (rac. *2 naç*), LXIV 2.

rocaná, adj. (rac. *ruc*), lumineux, brillant, LXXX 16; s. nt., pl., espaces lumineux, voûtes du ciel, III 10, V 7, VII 5.

ródasī, s. f. (dérivation obscure) : presque toujours au du., les deux mondes, ciel et terre, II 15, LIV 1, etc.

ropaṇákā, s. f., sorte de perroquet, XLVIII 4.

rópi, s. f. (rac. *rup*), douleur d'entrailles, LXXIV 3.

róman, s. nt., poil (du corps), I 8, LXXX 24.

róhas, s. nt. (rac. *ruh*), sommet, XXIV 5.

rohiṇī-devatyà, adj., comp. dér., XLVIII 3 (?).

róhita, adj. (cf. gr. *ἔρευθος; ἐρυθρός*, lat. *rūfus ruber*), fm. *róhiṇī* : rouge, XLVIII 1, 3.

rohíd-açva, adj., qui a des chevaux rouges, IV 8.

akṣaṇá, s. nt., signe, marque, caractère distinctif, (favorable) LXXIX 2.

lákṣman, s. nt., signe, marque, tache, XLIX 4.

lap, vb., sg. 3 ind. pr. *lápati*, caus. *lāpáyati*.
ví : gémir, (ou plutôt ici) bredouiller, proférer des paroles sans suite, se troubler dans ses incantations (qui dès lors demeurent inefficaces), XLIV 2, 3.

labh, vb. act. (cf. *rabh* et gr. λαμβάνω), pl. 3 pf. moy. *lebhiré*, gérond. *labdhvā́* : prendre, saisir, XLV 2.
ánu ā́ : prendre (acc.) à son tour, XL 7.

lī, vb., sg. 3 ind. pr. moy. *láyate*, vbl *līnā́*, gérond. advb. *lā́yam* : s'attacher à, se poser sur.
ní : se cacher, se terrer, LIX 2, 3, LXXIV 13.

lup, vb. act., vbl *luptá*, i. q. *rup*.
úd : retirer [un objet] d'un liquide (abl.) où il a été plongé, LXXVI 6.

loká, s. m. (la plupart du temps, dans le R. V., précédé de la particule *u*, en sorte qu'on est porté à croire que la forme primitive devait être * *uloká*) : place, espace, demeure, XXXIV 2 (cf. *várivas*), XXXIX 9, LXXVIII (II) 29; (postérieurement et en classique) monde, LI 1, LXXV 4.

lóhita, adj., i. q. *róhita*; s. nt., sang, LXXV 25.

vakrá, adj. (rac. *vañc*), courbe, recourbé, LVIII 4.

vakṣ, vb. (cf. *ugrá ójas*, gr. αὐξάνω, lat. *augeō*, etc.), sg. 2 pf. act. *vavákṣitha*, sg. 3 pf. moy. *vavakṣé*, part. *úkṣant*, *ukṣámāṇa*, vbl *ukṣitá*, etc. : croître, grandir, III 8, VI 9, XV 3, XVI 8, XXIII 7.
áti : dépasser (acc.) en grandissant, VII 5.

vakṣáṇā, s. f., pl., poitrine, pis, XXIX 4.

vaṅkú, adj. (rac. *vañc*), qui caracole, fougueux, XXIII 4.

vac, vb. act. (réduit *uc*), sg. 3 ind. pr. *vívakti*, passif *ucyáte*, aor. redoublé sg. 1 *ávocam* (= * *á-va-vc-a-m*, cf. la formation identique du gr. εἶπον), sg. 2 *vocas* (inj.), sg. 1 subj. aor. *vócā*, sg. 1 opt. aor. moy. *voceya*, etc., pf. act. sg. 2 *uvákthа*, pl. 3 *ūcúr*, part. pf. moy. *ūcānā́*, vbl *uktá* : parler, XIV 4; dire (acc.), XXI 2, XLVI 3, (passif) XXII 4, XXIII 6, LVI 4.

ácha : invoquer (acc.), IV 19.

ánu : répéter [à la suite d'un autre, d'un précepteur]; part. pf., qui a ainsi répété, étudié (l'enseignement védique étant essentiellement oral), bon théologien, LXXVII 5.

nís : conjurer, éloigner par incantation, LVIII 4, 5.

prá : proclamer, XXVIII 1; révéler, XXVI 4.

ví : proclamer, IV 14.

vácas, s. nt. (gr. ἔπος) : parole (en général) ; parole religieuse, hymne, prière, incantation, IV 15, XXV 5, LX 2.

vacasyā́, s. f. dér., flux de parole, XXI 1.

vaj, vb. (cf. *ukṣ*, etc.), être fort; caus. *vājáyati*, fortifier, aiguillonner, IX 11 (?), cf. la note.

vájra, s. m. (rac. *vaj*), foudre, massue formidable symbolisant la foudre, arme spécifique d'Indra, VI 6, 10, etc., etc.

vájra-hasta, adj., comp. dér., IX 3.

vajrín, adj. dér., IX 8.

vañc, vb., sg. 3 ind. pr. act. *váñcati*, pass. *vacyáte* : se mouvoir d'un mouvement courbe, soit horizontalement (marche tortueuse, dissimulée, etc., LIX 2), soit verticalement (cf. *vaṅkú* et le suivant).

ā́ : (passif) s'élancer par bonds, XII 10.

vatsá, s. m. (cf. lat. *vacca vitulus*), veau, XI 2, LVI 7; compar. fm. *vatsatarī́*, s. f., génisse, LXXVIII (I) 1.

vad, vb. act. (cf. gr. ἀείδω ὕδω αὐδάω), sg. 1 ind. pr. *vádāmi vāde*, sg. 1 aor. *ávādiṣam*, sg. 3 ind. pr. passif *udyáte*, intensif sg. 3 impér. *vā́vaditu*, part. *vā́vadat*, etc. : parler, XXVIII 6, LXXI 3; chanter, prier, II 16; dire (acc.), XXII 4, (en opposition à « réciter ») XV 8.

abhí : exprimer, signifier, LXXVIII (II) 40, (III) 24.

ā́ : parler à (acc.), pb. amener, faire venir (acc.) par la parole, XLVI 4, cf. *nís vad*.

ácha ā́ : invoquer, LXXII 2.

nís : faire retentir (acc.) plus loin, ailleurs; chasser (acc.) au moyen de la parole (cf. *nís vac*) : LVIII 2 (jeu de mots probable).

prá : prononcer, proférer, XXV 1.

vi : démentir, contredire, LIV 6.

sám : (moy.) dire ensemble, se dire entre soi, LXVIII 2; se dire à soi-même (instr.), XXVI 2; s'entretenir avec, parler à (instr.), LXXVII 10.

vadh, vb. act. (cf. *badh*), aor. sg. 2 *ávadhīs*, sg. 3 *ávadhīt*, pl. 2 *ávadhiṣṭana*, etc. : tuer, XV 9, XXIII 7, LXXII 1.

vadhū́, s. f., jeune épouse, XLI 9.

vádhri, adj. (rac. *vadh*), châtré, eunuque, LVIII 7.

van, vb. act., sg. 3 ind. pr. *vanóti vanuté*, pl. 3 impér. moy. *vanvátām*, sg. 3 pf. *vavána vavné* : désirer; gagner, conquérir, VI 15, XLI 7, LXXI 1.

vána, s. nt. : forêt, XVI 3; arbre, LXIII 2; bois à brûler, I 8, II 1, LXXVIII (II) 12.

vana-krakṣá, adj., XII 7 et note.

vanas-páti, s. m. (soit « roi de la forêt ») : grand arbre, arbre (en général), XIII 5; plante, (ou) amulette de bois, LI 1; (par métonymie) poteau de sacrifice, (invoqué comme divinité) XLII 11, char ou timon, LXX 1.

vanin, s. m., arbre, (divinisé) XVIII 5.

vanús, adj., s. m. (rac. *van*), agresseur, XXX 11.

vand, vb. act. (cf. *vad*), sg. 1 ind. pr. moy. *vánde*, vbl *vanditá*, infin. dat. *vandádhyai* : louer, chanter des louanges à (acc.), VI 5, XXX 7, XLIV 1.

pári : louer, environner de louanges, XXI 12.

1 **vap**, vb. act., sg. 3 ind. pr. caus. *vāpáyati* : couper, tondre [les cheveux, etc.]; caus. moy., se faire couper, LXXX 24.

2 **vap**, vb. act., sg. 3 ind. pr. *vápati* : semer.

úd : déterrer, LXVIII 3.

vapuṣyà, adj. dér., beau, admirable, IV 8, 12.

1 **váyas**, s. nt. (rac. *vī*, lat. *vīs*, cf. *vīrá*), vigueur, force physique, santé, II 12, XV 1, XLVIII 3.

2 **váyas**, s. nt. (dér. de *vi*), essaim d'oiseaux, vol de petits oiseaux, LXXIV 2, 24.

vayā́, s. f., branche, rameau, V 6, XXI 8.

vayúna, s. nt. (étymologie indécise), pb. chemin (Pischel); règle, rite (à peu près synonyme de *vratá*), III 6, V 5.

vayo-dhā́, adj., fortifiant, LXXVI 6.

1 var, vb. act., sg. 3 ind. pr. *vṛṇóti vā́rati*, moy. *vṛṇuté ū́rṇuté vā́rate*, subj. *vā́rāte*, sg. 3 aor. *ávar*, pl. 3 pf. *vavrúr*, part. aor. moy. *vrāṇá* (sens pass.), caus. sg. 1 ind. pr. moy. *vāráye*, sg. 3 aor. moy. *ávīvarata*, etc. : (act., caus.) couvrir; arrêter, retenir, entraver, I 6, IX 16 (*nákis* = *ná* tout court), XV 7, VI 10, LVI 3, LXI 1.
ápa : écarter un obstacle, ouvrir, III 1 ; découvrir [un objet], trouver, (sans rég.) XII 4.
ví : ouvrir, IV 15, XIX 4 (pour les autres cas de *ví āvaḥ*, cf. rac. *1 vas*).

2 var, vb. act., sg. 3 ind. pr. *vṛṇā́ti vṛṇīté*, pl. 3 impér. moy. *vṛṇā́tām*, pl. 3 aor. moy. *ávṛṣata*, part. pr. moy. *vṛṇāná*, etc. : choisir, élire, LV 2.
ā́ : rechercher, implorer, IV 20, XXIII 4.
práti : choisir, élire, LIV 5.

varāhá, s. m., sanglier, VI 7, XXIII 5.

varimán, s. m. (rac. *1 var*), étendue, LVIII 2.

várivas, s. nt. (cf. *1 var* et *urú*), vaste espace, espace libre : — *kar*, ouvrir le vaste espace à (dat.), mettre à l'aise, donner la liberté et le bien-être, XXX 9, cf. XXXIV 2.

várīyas, adj. (compar. de *urú*), plus large, plus vaste, indéfini, XXXI 5 : — *kar*, cf. *várivas*, LV 7.

váruṇa, s. m., n. pr. (gr. *οὐρανός*) : Varuṇa, un des plus grands Dieux du védisme, Dieu des eaux et incarnation du ciel, qui voit tout et à qui n'échappe aucune des actions des hommes (son œil est le soleil, ses mille espions sont les étoiles) : de là le caractère essentiellement moral de la divinité de ce nom, qui favorise les bons et punit les pervers (cf. XXVI et LIX). V. aussi *mitrá*.

várūtha, s. nt. (rac. *1 var*), sauvegarde, IX 7.

várcas, s. nt., éclat, splendeur, LV 1, LVI 5.

varj, vb. act. (cf. *1 var* et gr. *εἴργω*), sg. 3 ind. pr. *vṛṇákti vṛṅkté*, sg. 2 impér. *vṛṅdhí*, du. 2 aor. *ávarktam*, sg. 3 opt. aor. *vṛjyā́s*, etc. : tresser, cf. *barhís* et *suvṛ́kti*.
párā : abandonner, trahir, XXVIII 7.

pári : épargner, XXXIV 2, L 1, LXXIV 8 (entourer?).

varja, th. nomin., (à la fin d'un composé) adj., franc de, exempt de ; nt. advb., à l'exception de, hormis, LXXX 24.

várṇa, s. m. (rac. *1 var* « couvrir ») : couleur, II 12, XI 4, XIX 2, etc. ; texte [d'un verset, d'une prière], LXXX 13.

vart, vb. act. (lat. *vertō*), sg. 3 ind. pr. *vártati* et *vavartti*, sg. 2 impér. moy. *vavṛtsva*, sg. 3 opt. moy. *vavṛtīta*, pl. 3 ind. aor. moy. *ávṛtsata*, vbl *vṛttá*, gérond. *vṛ́tya*, caus. *vartáyati*, etc. : tourner; (moy.) rouler, XLI 11.

ánu : (moy.) rouler à la suite de (acc.), XV 1 ; traverser (acc.) en roulant, XX 3.

á : (act., moy.) tourner vers soi, attirer, XXXIV 1, XIV 4 ; (moy.) rouler vers (acc.), IV 2 ; gérond. *āvṛ́tya*, « se tournant vers », LXXX 33.

abhí á : (moy.) rouler à la poursuite de (acc.), IV 3.

úpa á : (moy.) se diriger vers, LXXVII 6, 8.

abhí ní : (moy.) revenir à, descendre sur, XVII 2.

ví : (moy.) rouler, XXVII 1 ; (caus.) faire rouler, diriger, détourner, LXXIV 21.

vártra, s. nt. (rac. *1 var*), digue, XLIII 7.

vardh, vb. act., sg. 3 ind. pr. *várdhati várdhate*, sg. 3 pf. moy. *vāvṛdhé*, pl. 3 pf. act. *vāvṛdhúr*, part. pf. moy. *vāvṛdhāná*, infin. dat. *vṛdhé vāvṛdhádhyai*, vbl *vṛddhá*, etc. : (act.) agrandir, accroître, fortifier, I 4, III 8, VI 3, VIII 4 ; (moy.) croître, grandir, II 11, VII 1, VIII 5 ; (infin. indifférent entre les deux sens) XVII 1, LXXIV 24.

á : (act., moy.) croître, grandir, XV 3, VII 4.

prá : (moy.) grandir, se fortifier, III 2.

ví : (moy.) s'épandre en grandissant, XII 8.

várdhana, adj., qui fait croître (gén.), XXV 2, LXII 3 ; s. nt., nourriture, subsistance, XXIII 6.

várpas, s. nt. (cf. *rūpá*), forme, aspect, beauté, XIV 6.

várman, s. nt. (rac. *1 var*) : abri, protection, XXIII 5 ; cuirasse, armure, XLVII 4.

varmín, adj. dér., (guerrier) cuirassé, XII 6.

varṣ, vb. (cf. gr. *ἐρσε*), sg. 3 ind. pr. *várṣati*, subj. *várṣāt*, caus. *varṣáyati* : pleuvoir; (caus.) faire pleuvoir, XV 5.
abhi : pleuvoir dedans, LXXVII 8.

varṣá, s. nt., pluie, LXXV 13.

varṣá-nirṇij, adj., comp. dér., XVI 4.

varṣá-vṛddha, adj. (cf. *vardh*), LXIII 3.

varṣá, s. f., pl., la saison des pluies, LXXVII 8.

várṣiṣṭha, adj., superl., culminant, LXXVII 1.

várṣman, s. nt. : point culminant, LXXVII 2; sommet, (loc. sg.) III 9, LV 2.

varṣmán, s. m., i. q. *várṣman*, tête, XXII 7.

valá, s. m., n. pr. (rac. *1 var*?) : Vala, nom de la caverne qui retient les eaux et du démon qui la symbolise, XXX 5.

valg, vb., sg. 3 ind. pr. *válgati* : bondir.
sám : bondir d'un commun élan, LVI 2.

valgú, adj. (gr. *λαγός*, Saussure), beau, charmant, XIV 4.

valgūy, vb. dénom., flatter, combler de grâces, XXX 7.

vavrá, s. m. (rac. *1 var*), gouffre, caverne, IV 13.

vaç, vb. act. (cf. gr. *ἑκών*), sg. 3 ind. pr. *váṣṭi* et *váçati*, pl. 3 *uçánti*, part. pr. *uçánt uçānā́*, part. pf. moy. *vāvaçānā́*, part. pr. intens. fm. *vā́vaçatī* (ordinairement rapporté à rac. *vāç* « mugir ») : vouloir, désirer; vouloir bien (*ἑκών*), III 7, XIX 10, XXX 5; sanctionner, instituer, LV 7 (?).
abhi : rechercher, IV 8.

váça, s. m., vouloir, XLVI 1; *váçe*, « à [son] vouloir, à la volonté de, au pouvoir de » (cf. *krátu*), XLV 2, LVII 6.

vaçín, adj. dér., souverain, LXXV 16, LXXVI 7.

1 **vas**, vb. (cf. *uṣás*, lat. *aurum ūrō*, etc.), sg. 3 ind. pr. *ucháti* (= **us-ská-ti*), pl. 3 subj. pr. *uchán*, sg. 3 aor. *ávas* (XIII 1, XIX 9, 13, le pada ne porte pas *ávar íti* et l'explication par rac. *1 var* est désespérée, au surplus le *vy ávo* de XIX 13 est en corrélation évidente avec *vy ùvā́sa* ibid.), pf. sg. 3 *uvā́sa*, pl. 3 *ūṣúr*, caus. *vāsáyati* : (act.) luire briller, XIX 17; (caus.) faire luire, XXIX 2.
ví : luire au loin, XIII 1, XIX 7, 9, 10, 13.

2 vas, vb. act. (cf. gr. *ἕννυμι ἐσθής*, lat. *vestis*), sg. 3 ind. pr. moy. *váste*, pl. 3 impf. moy. *ávasata*, part. pr. moy. *vásāna*, caus. *vāsáyati* : (moy.) se revêtir de (acc.) XXI 9, XXXV 6.

abhi : (caus.) revêtir (acc.) de (instr.), XI 4.

3 vas, vb. (cf. gr. *ἄστυ*), sg. 3 ind. pr. *vásati vásate* (*vásate*), sg. 1 aor. *ávātsam* (prononcé *ávāksam* LXXVIII (II) 16 par une sorte de jeu de mots, comme qui dirait *a* (négatif)-*vāk-sam*, « étais sans voix, n'étais plus Vāc, n'étais plus moi-même », etc.) : habiter, LV 7 (?), LXXVIII (II) 16.

ni : tenir bon devant, tenir tête à, XX 3.

vásiṣṭha, adj., superl. (rac. *1 vas*, cf. *vásu*), le meilleur, LXII 2; s. m., n. pr., nom d'un chantre, XXVI 5.

vásu, adj., lumineux, favorable, bon (épithète fréquente de tel ou tel Dieu, mais alors même traduisible par un n. pr., v. g. XX 12); s. m., n. pr., pl., les Vasus, nom d'une classe de Dieux bienfaisants, XVIII 6, XXII 1; s. nt., gén. sg. *vásvas* et *vásunas*, nom. pl. *vásū*, *vásu* et *vásūni*, richesse, trésor, II 7, V 3, IX 15, 25, etc. (toujours ce sens dans les composés infra).

vasu-déya, s. nt. (rac. *1 dā*), XXI 7, LV 4.

vasu-dhána, s. m., réservoir de richesses, LXXIV 11.

vásu-pati, s. m., II 11.

vásu-mant, adj. dér., XXXIV 4.

vasu-vid, s. m., qui trouve, qui conquiert les trésors, (pour un autre, dat.) XI 4.

vasūyú, adj. dér., désireux de richesse, IX 2.

vastí, s. m. (cf. lat. *vēsīca*), vessie, XLIII 6.

vasti-bilá, s. nt. (*bilá* « trou »), XLIII 8.

vásyas, adj., compar. (cf. *vásu*), meilleur, IX 19, plus riche; nt., plus grande richesse, II 16.

vah, vb. act. (cf. gr. *ἔχω ὄχος ὀχέω*, lat. *vehō*), sg. 3 ind. pr. *váhati*, sg. 3 fut. *vakṣyáti*, sg. 3 subj. aor. *vákṣat*, part. pr. passif *uhyámāna*, infin. dat. *vóḷhave*, etc., traîner sur un char, I 2, LXXIV 29, LXXVIII (II) 2, 25.

á : amener sur un char, III 9, X 4, XIII 4.
prá : faire avancer [un char], LXXVIII (III) 1.

váhni, adj. (rac. *vah*) : qui traîne sur un char, XXXII 3 (peut aussi être traduit en s. m., « cheval, attelage ») ; qui traîne [l'offrande vers les Dieux], III 1, « le meilleur des porteurs d'offrandes », IV 4 ; monté sur un cheval, XII 10 ; monté sur un char (que traîne la prière), XIX 17.

1 **vā**, vb. act., pl. 3 ind. pr. *vāyanti*, pf. *ūvúr*, vbl *utá*, infin. dat. *ótave*, etc. : tisser, VI 8, XL 1, 2.
ápa : tisser en arrière, XL 1.
á : tisser dans (loc.), LX 1 (?). V. sous *3 u*.
sám á : tisser ensemble dans (loc.), LXXV 24.
prá : tisser en avant, XL 1.

2 **vā**, vb. act., sg. 3 ind. pr. *vāti* (cf. gr. ἄημι, allemand *wehen*) : souffler, XVII 4.
abhí : souffler vers, apporter en soufflant, XVIII 4.
prá : aller soufflant, XXII 8.

3 **vā**, particule enclitique (lat. *ve*) : ou, IX 1, XII 14, etc. ; *utá vā* : ou encore, ou du moins, LVI 6.

vāghát, adj., s. m. (part. pr. d'un vb. inconnu, cf. gr. εὔχομαι), sacrificateur, adorateur, IX 1.

vác, s. f. (rac. *vac*, gr. ὄψ, lat. *vōx*) : voix, LVI 6, LXXVIII (I) 4, (II) 14 ; parole, faculté de parler, LXXV 24 ; parole, surtout divine ou magique, XXV 1, LXXVIII (II) 15 ; prière, hymne, XIX 17 (pb. acc. pl., malgré l'accent) ; n. pr., Vāc, la parole divine (primitivement la voix du tonnerre, cf. XXV 1) personnifiée et divinisée, XXII (c'est elle qui parle), LXXVIII (I) 1, (II) 16.

vája, s. m. (rac. *vaj*) : butin, II 10, 12, VII 1, IX 11, etc. ; n. pr., Vāja, nom du 2e Ṛbhu, cf. II 10 et note ; pl., les trois Ṛbhus (cf. *ṛbhú*), XXXVI 3.

vājay, vb. dénom., rechercher le butin, IX 11 (?).

vājayú, adj. dér., désireux de butin, XXI 1.

vája-ratna, adj., qui a pour trésor le butin, XXXVI 5 (avec rappel du nom de Vāja).

vája-sāti, s. f. (rac. *san*), XVIII 1, XXXII 1.

vājín, adj. dér. : désireux de butin, IX 23; conquérant, IX 14; qui fait conquérir le butin (par la prière), V 3.
vā́ṇī, s. f., chant, XI 4.
vā́ta, s. m. (rac. *2 vā*), vent, II 6, XXII 8 ; parfois synonyme de *vāyú*, n. pr., v. g. LIII 3 où l'on peut hésiter.
vā́ta-jūta, adj., I 8.
vā́ta-tviṣ, adj., ayant l'éclat du vent, XVI 4.
vātī-kṛta, s. nt., nom d'une certaine maladie, LXVIII 3.
vātīkṛta-nā́çana, adj. (rac. *2 naç*), LXIV 3.
vāmá, adj. (rac. *van*), beau, cher, bon ; s. nt., richesse, trésor, beau présent, XXIV 4, 6.
vāma-bhā́j, adj., XXIV 6.
vāyú, s. m., n. pr. (rac. *2 vā*) : Vāyu, incarnation du vent, XII 16, XLI 4, LII 1 ; souvent invoqué en même temps qu'Indra, XXXIII.
vā́r, s. nt. (cf. gr. *οὖρον*), eau, LVI 3.
vā́ra, s. m. nt. (rac. *1 var*), toison, XII 5.
vā́rya, s. nt. (rac. *2 var*), bien précieux, VII 9, XXIII 5.
vārṣṇyá, s. m., n. pr. patronym., Vārṣṇya, nom d'un sūri, LXXVII 4.
vā́vá, particule qui relève le mot précédent, LXXVIII (I) 1.
vā́çī-mant, adj. dér., armé d'une hache, XVI 2.
vā́sas, s. nt. (rac. *2 vas*), vêtement, LXXX 25.
vāso-dā́, s. m. (rac. *1 dā*), XLI 2.
ví, s. m. (lat. *avis*), oiseau, III 5, 6.
vi-keçá, adj. (*vi* exprime à la fois dispersion et séparation) : échevelé, LXXIV 11 ; pb. qui fait tomber les cheveux, LXIII 2.
vi-cakṣaṇá, adj., qui voit au loin, XX 8.
vi-carṣaṇi, adj. (cf. *vi car*), pb. qui franchit tout, XXXV 3.
vi-jā́van, adj. (rac. *jā*), qui se perpétue, III 11.
1 **vid**, vb. act. (gr. *ἰδεῖν εἶδον*, lat. *videō*, etc.), sg. 3 ind. pr. *vétti*, sg. 3 subj. aor. *védat* (ou impf. sans augment), pf. act. sg. 3 *véda* (*οἶδε*), pl. 1 *vidmá* (*ἴδμεν*), pl. 2 *vidá*, etc., part. pf. *vidvás* (*εἰδώς*), vbl *viditá*, etc. : savoir, connaître,

III 6, LXI 2; savoir (rég. non exprimé), IV 4, XV 2; *vidván*, « savant », LXXVII 5; connaître (acc.) comme, en qualité de (acc.), VII 8, XLIII 1; remarquer, faire attention à (gén., pb. partitif), XXI 2.

ví : discerner, savoir, XXVII 1.

sám : être d'accord avec, L 1.

2 **vid**, vb. act., sg. 3 ind. pr. *vindáti vindáte*, sg. 3 impf. *ávindat*, sg. 3 aor. *ávidat vidát*, sg. 2 *vidás* (inj.), pl. 3 moy. *ávidanta*, pl. 1 opt. aor. *vidyáma* (appartient morphologiquement à *1 vid*, mais il y a échange de formes entre ces deux racines probablement identiques à l'origine), pf. du. 2 act. *vividáthur*, part. pr. moy. *vidānā́*, vbl *vittá*, etc. : trouver, IV 3, 16, V 5, VI 6, etc.; acquérir, conquérir, IV 14, IX 21, XXVII 11, XXIX 1; prendre [une place], LXXVIII (III) 7, (sans rég.) LXXVIII (II) 32; atteindre, XLVII 1; (d'une occurrence déterminée) contingere alicui (acc.), LXXVII 10.

sám : (moy.) être en compagnie de (instr.), XXXIX 4; être d'accord avec (instr.), ensemble, LV 6, 7.

vidátha, s. nt., assemblée, spécialement réunion de fidèles en vue du sacrifice et du culte, II 4, 16, XVII 7, etc.

vidathyà, adj. dér., capable de prendre part au *vidátha* (se dit des assistants, et à plus forte raison du Dieu qui y préside), chef de l'assemblée religieuse, LXXVIII (II) 4.

videçyà, adj. dér., LIX 8, cf. la note.

vi-dyút, s. f., éclair, XXI 9, LXXIV 26.

1 **vidh**, vb., sg. 3 ind. pr. *vidháti* : servir, adorer, rendre hommage à (dat.), II 7, 9, XXI 12; (sans rég.) II 5, 6.

2 **vidh**, vb. act. V. sous *vyadh*.

vi-dhartár, s. m., presque n. pr. (rac. *dhar*) : distributeur, Vidhartar, surnom donné à un Dieu, et particulièrement à Agni, en tant qu'il « répartit » entre les hommes les richesses qu'il a conquises à leur intention, II 3.

vi-dharman, s. nt. (ut supra) : distribution, action de répartir (la « répartition de l'atmosphère » ou « des eaux » a été la première de toutes les distributions divines, et elle se poursuit encore chaque jour dans le ciel, comme les distributions de richesses sur la terre), XXIV 1.

vi-panyá, s. f., instr. = *pancá*, IV 12.

vipaç-cit, s. m. (rac. *cit* et gén. sg. de *vip* « inspiration, enthousiasme divin »), chantre inspiré, X 9, LXXIV 17.

vípra, s. m. (ut supra) : inspiré, poète, chantre divin, prêtre (se dit des hommes et des Dieux), V 3, III 1, etc. ; prêtre (présidant à l'invocation, au sacrifice où l'hymne est chanté), officiant, VIII 4, XIV 4, etc. (souvent on peut hésiter entre les deux sens, mais dans la langue postérieure *vipra* est devenu le synonyme exact de « brâhmane »).

vi-bhávan, adj., rayonnant, IV 8, 12.

vi-bhídaka, s. m. : nom d'un arbre dont le fruit sec sert de dé à jouer; dé, jeu, XXVI 6.

vi-bhú et vibhú, adj., qui se répand, I 10, LXXVIII (II) 12.

vi-bhvan, adj., originairement synonyme de *vibhú*, mais (à cause du faux rapprochement étymologique *vibhávan* de *vi bhāti*) a pris le sens de « resplendissant », XIX 1, et est devenu le n. pr. du 3e Ṛbhu, cf. II 10 et rac. *bhā*.

vi-mócana, s. nt., action de dételer, XXXIII 7, cf. *avasána*.

vi-rapçá, s. m., abondance, surabondance, XXV 4, XXX 3.

vi-ráj (rac. *rāj*) : s. m., roi, souverain, LXXV 7, 16 ; s. f., virāj, mètre védique (V. la prosodie), XL 5.

vi-rūpa, adj., différent d'aspect, XIX 3, LX 4, d'aspects variés, de diverse nature, LXV 1 ; n. pr. mythique.

vi-roká, s. m. (rac. *ruc*) : *viroké*, « au lever », III 2.

virokín, adj. dér., resplendissant, XV 3.

vi-vasvant, adj., s. m., n. pr. (rac. *1 vas*) : Vivasvant, Dieu lumineux, parfois assimilé à Agni, a envoyé le feu aux hommes, est père de Yama, XXXIX 5.

vi-vyādhin, adj. (rac. *vyadh*), qui perce, XLVII 1.

viç, vb., sg. 3 ind. pr. *viçáti viçáte*, sg. 3 pf. *vivéça*, vb1 *viṣṭá*, gérond. *víçya*, caus. *veçáyati*, etc. : (act., moy.) entrer, pénétrer ; (caus.) faire entrer, LVI 7.

á : entrer dans, pénétrer dans (acc.), XII 16, XXII 6, etc. ; (caus.) introduire (acc.) dans (acc.), XXII 3.

úpa : se poser, s'asseoir, LXXX 9.
úpa úpa : s'asseoir auprès, devant, LXXX 29.
ní : se poser, se reposer, XX 2, 9.
prá : pénétrer dans (acc.), I. 1, LXXX 14.
abhí sám : se réunir autour de (acc.), LIV 4.

víç, s. f., (rac. víç) : sg., maison, demeure (1), LXXVIII (II) 12 ; sg., pl., bourg, clan, tribu, peuple (plus tard spécialement la caste des vaiçyas), LV 2 ; surtout pl., les villages des hommes, les communes, hommes, gens, I 10, II 8, III 3, etc.

vi-çíkṣu, adj., s. m., distributeur, II 10 (cf. XXXVI 3 et note, et pour le sens V. çidhartár).

víç-páti, s. m., II 8, XII 10 (chef de clan).

víçva, adj. pronom. (gr. ἴττο; ἴτος), tout, tous (c'est le mot spécifiquement védique, le mot classique sárva n'apparaît avec une certaine fréquence que dans l'A. V.).

viçvá-gūrta, adj. (rac. 1 gar), VI 9.

viçvátas, abl. advb., de toutes parts, II 12.

víçva-dānīm, advb. dér., de tout temps, toujours, XXX 8.

viçvá-dṛṣṭa, adj. (rac. darç), LX 6.

viçvá-deva, adj., de tous les Dieux, XXX 6 ; adj., s. m., pl. = víçve devás, XVIII 11, XXII 1.

viçvá-peças, adj., ayant tous les ornements, VI 16.

viçvá-bharas, adj., qui nourrit tous les êtres, IV 19.

viçvá-bhānu, adj., ayant toutes les splendeurs, IV 3.

víçvam-invá, adj. (rac. ino « mouvoir »), comp. syntactique : qui met tout en mouvement, VI 4.

viçvá-rūpa, adj., comp. dér., XLII 10, cf. LXXVIII (III) 14.

viçvá-vāra, adj. (rac. 2 var) : qui dispose de tous biens, XIX 19 ; qui consiste en tous biens, XXXIV 4.

viçvá-vedas, adj., qui dispose de tous biens, XVII 6.

---

(1) Ce sens est contesté, et peut-être vaut-il mieux entendre toujours víç dans le sens de « communauté d'habitants, commune, village » (Ludwig, Koulikovski).

viçvá-saubhaga, adj. (cf. *subhága*), qui renferme toutes les abondances, XIII 3.

viçváha, advb., partout, toujours, XXI 14.

viçváyu-poṣas, adj., pb. qui fait prospérer tous les Áyus (sacrificateurs mythiques), XXVIII 9.

viçvā-sáh, adj., qui triomphe de tout, VIII 5.

viçváhā, acc. advb., tous les jours, XX 2.

viṣ, vb., sg. 3 ind. pr. *vivesṭi*, sg. 3 pf. *vivéṣa* : être actif, agir, opérer, XXI 13.

viṣá, s. nt. (gr. ἰός, lat. *vīrus*) : suc; poison, venin, LVIII 1, LXI 1, etc.

viṣa-giri, s. m., LVIII 7.

viṣa-dúṣaṇa, adj., détruisant le poison, LXVII 1.

viṣāṇaká, s. f., nom d'une plante salutaire, LXIV 3.

viṣu-rūpa, adj., comp. dér., i. q. *virūpa*, XXXIV 1.

vi-ṣṭambhá, s. m., étai, XII 16.

viṣṇu, s. m., n. pr. (rac. *viṣ*) : Viṣṇu, Dieu bienfaisant et propice (incarnation du soleil), qui a traversé l'univers en trois pas (dans les spéculations théologiques postérieures, il est devenu l'incarnation de l'infinie miséricorde divine, et a pris place à ce titre, avec les attributions de Dieu conservateur, dans la triade brâhmanique), II 3, VI 7, XVIII 9, XXXI, etc.

viṣv-añc, adj., fm. *viṣūcī* : pl., épars, XLVII 1, 2, LIII 3; dirigés, attelés en sens différents, XXVIII 5.

vi-sadṛça, adj., dissemblable, divers, XIX 6.

vi-srúh, s. f. (cf. rac. *ruh* ?), pb. rejeton, V 6.

1 vī, vb. act., sg. 3 ind. pr. *véti*, sg. 2 impér. *vīhi*, sg. 3 pf. *vivāya*, etc. : prendre, s'emparer de; agréer [une offrande], XIV 1 (et par suite la consommer); prendre en main [la miséricorde], IV 5 (et par suite l'exercer).

á : pb. prendre à cœur, XLI 5.

2 vī, vb. act. V. sous *vyā*.

vīḍ, vb., être fort; caus. moy., se fortifier, LXX 1.

vīḍv-áṅga, adj., aux membres solides, LXX 1, LXXX 31.

vīti, s. f. (rac. *1 vī*), fait d'agréer, acceptation, XIV 2; agrément, délices, festin, XI 3, etc.

vīrá, s. m. (lat. *vir*) : homme (mâle adulte), LII 5; homme, guerrier, héros (souvent appliqué à un Dieu), V 3, VI 5, etc.

vīrá-vant, adj. dér., riche en mâles, XXX 6.

vīrúdh, s. f. : plante, II 14, XXI 8, plante salutaire, LI 3; pl., les plantes, (personnifiées et divinisées) LI 4.

vīrudha, s. nt., plante, plante salutaire, LXII 2.

vīryà, s. nt. dér. : virilité, LXXVIII (II) 5; héroïsme, VI 14; action héroïque, exploit, XXVIII 1.

vṛ́ka, s. m. (gr. λύκος, lat. *lupus*), loup, XIV 8.

vṛkṣá, s. m., arbre, XXXII 5, LXIV 1, etc.

vṛjána, s. nt. (msc., ou bien corriger *jīrádānu*, rac. *varj*) : filet (? Geldner); enclos, village fortifié, séjour de la tribu, XXVII 11; s. nt., tribu, clan, IX 27, cf. la note.

vṛjiná, adj. (rac. *varj*), oblique, de travers, faux, mauvais, perfide, IV 17, IX 27 (?).

vṛtra, s. m. (rac. *1 var*), n. pr. : Vṛtra, le démon qui retient les eaux captives, VI 6, 10, etc., cf. *áhi*; pl. nt., les Vṛtras, nom générique des démons-serpents, XXXII 3.

vṛtra-hátya, s. nt., IX 15, cf. *ahihátya*.

vṛtra-hán, s. m., meurtrier de Vṛtra, II 11, VII 1.

vṛddhá-çravas, adj., dont la gloire est grande, XVII 6.

vṛ́dh, s. f. (V. sous *vardh*), croissance, XVII 5.

vṛdhá, s. m., qui fait croître, qui fortifie (gén.), VII 2, IX 25.

vṛ́ṣaṇ-vasu, adj. (épithète habituelle des Açvins, transportée par manière de cheville à d'autres couples de divinités), pb. qui a pour richesse le mâle (le cheval mâle que les Açvins donnent à leur protégé Pedu), XXX 10.

vṛ́ṣan, s. m. (gr. ἄρσην ἄρρην, rac. *varṣ* dans le sens de « faire pleuvoir [le sperme] »), mâle, surtout en tant que fécondateur (se dit des Dieux, des hommes, des animaux, et aussi des objets qui jouent un rôle mythologique), IV 12, XII 12, XIII 2, XXXII 4, LXXIV 22 (gén. irrég.), etc.

vṛṣabhá, s. m., taureau, II 3, IV 11, 12, XII 8, XXV 6, etc.

vṛṣāy, vb. dénom., vouloir faire acte de mâle, XII 2.

vṛṣṭi, s. f. (rac. *varṣ*), pluie, XII 10, XV 5, XXXV 2.

véda, s. m. (rac. *1 vid*) : connaissance, science; la science sainte, le Véda, LXXX 1.

védana, s. nt. (rac. *2 vid*), biens, richesse, IX 7.

1 **védas**, s. nt. (rac. *1 vid*), i. q. *véda*.

2 **védas**, s. nt. (rac. *2 vid*), richesse, VII 9, XVII 5.

védi et (post-véd.) **vedī**, s. f., autel, tertre servant l'autel dans le sacrifice, XVIII 7, LXXIX 4, cf. *uttaravedi*.

vedhás, adj., s. m. (*1 vidh*), ordonnateur du sacrifice, I 10.

vená, adj. (rac. *van* « désirer »), désireux, amant ; s. m., le soma (en tant qu'amant des eaux), VI 14.

veçantí, s. f., étang, XLIII 7.

veçás, s. m. (cf. *viç*), vassal, LX 12.

véçman, s. nt. (rac. *viç*), demeure, maison, XLI 10.

vaí, particule d'insistance : (en poésie, très rare) certes, en vérité, LXIV 3 ; (en prose, très fréquente) or, ou correspondant à l'allemand *ja* (insiste, non sur le mot qui précède, mais sur toute la proposition), LXXVII, LXXVIII.

vaiṇavá, adj. dér. (de *veṇú*), de bambou, LXXX 27.

vairūpá, adj. dér., s. m., n. pr., fils de Virūpa, XXXIX 5.

vaivasvatá, n. pr., patron., fils de Vivasvant, XXXIX 1.

vaiçya, adj. dér. (de *viç*), s. m., vaiçya ou membre de la 3e caste, paysan, LXXVII 9, 10, LXXVIII (II) 10, 11.

vaiçvānará, adj. dér. (de *viçvá-nara* « commun à tous les hommes »), s. m., n. pr., surnom d'Agni dans une de ses manifestations (1), V, LXV 3 (appliqué à Varuṇa, XLVI 4, à moins que cette stance ne se rapporte à Agni).

vyath, vb., pl. 3 ind. pr. moy. *vyáthante* : chanceler, XLI 8.

(1) Ou « commun à une confédération de clans », par opposition au feu *viçpáti*, « feu du clan » et au feu *gṛhápati* ou *dámūnas*, « feu d'une seule famille » (Koulikovski, V. ces mots).

vyadh, vb. act., sg. 3 ind. pr. *vídhyati*, vbl *viddhá*, etc. : percer, blesser, VI 7, LVII 4, LXXIV 13.
ví : percer de part en part, XLV 2, XLVII 2.

vyā, vb. act., sg. 3 ind. pr. *vyáyati*, pf. sg. 3 *vivyā́ya*, du. 2 *vivyáthur*, vbl *vītá* : couvrir, envelopper.
pári : envelopper, emmailloter, IV 7.
sám : mettre (un vêtement, une armure, etc., acc.) à (dat.), XXIX 5.

vyāghrá, s. m., tigre, LXXVI 5.

vy-āná, s. m., respiration, haleine (le souffle vital en tant que « dispersé » dans tout le corps), LXXV 24.

vy-āmyà, adj. dér., oblique, en large, LIX 8.

vy-ùṣṭi, s. f. (cf. *ví vas*), loc. sg. « au lever » IV 5.

vy-òman, s. nt., ciel, XXX 4, XXXV 1.

vy-òṣa, adj. (rac. *1 vas uṣ*), brûlant, LVII 3, 4.

vrajá, s. m. (rac. *varj*), étable, IV 15, IX 10.

vratá, s. nt. (rac. *2 var*) : volonté (divine), loi (implique le même concept que *ṛtá*), I 4, V 5, etc.

vraçc, vb. act., sg. 3 ind. pr. *vṛçcáti* : fendre.
ápi : pourfendre, XLIV 7, LX 9.
ví : pourfendre, VI 10.

vrā́, s. f. (pb. rac. *2 var*), pb. amante, épouse, IV 16.

vrā́ta, s. m., troupe, race, LI 2.

çaṃs, vb. act. (cf. lat. *cēnseō* « exprimer un avis »), sg. 3 ind. pr. act. *çáṃsati*, sg. 3 ind. pr. pass. *çasyáte*, vbl *çastá* : réciter, dire [un hymne], XX 1 ; (se dit, dans le rituel, de la diction sous forme de *çastrá*, c'est-à-dire de la récitation solennelle et cadencée du hotar) XV 8.
prá : recommander, LXXIX 2 ; célébrer, vbl *praçastá* « célèbre » XXXIV 3, cf. *práçasti*.

çáṃsa, s. m., formule, prière, toute parole qui influe sur l'ordre de l'univers et possède une efficacité mystérieuse : le R. V. en distingue essentiellement deux, celle des Dieux et celle des hommes, XXVII 9 ; quant à la « formule du *satyá* », i. e. « de la vérité » ou « de l'efficacité », XVIII 2, c'est évidemment une entité divine de même nature, en quelque façon l'incarnation du vrai absolu dans une formule suprême et mystérieuse.

çak, vb., sg. 3 ind. pr. *çaknóti*, du. 2 aor. *áçaktam*, désidér. *çikṣ* (infra) : pouvoir, être capable ; aider, seconder (dat.), donner (acc. ou sans rég.) à (dat.), XIV 8.

çakalyeṣin, adj. (comp. de * *çakalya*, « copeau, sciure », qu'on ne trouve pas à l'état simple, et de *eṣin*, « désireux », qui eût dû donner * *çakalyaiṣin*, soit « qui suit la sciure, qui couve dessous » ? ? ?), L 2 et note.

çakuná, s. m., oiseau, grand oiseau, LXXIV 24.

çaktí et **çákti**, s. f. (rac. *çak*), pouvoir, puissance (divine), XIV 8 (instr. sg.), LVI 3.

çákvan, adj., fm. *çákvarī*, puissant, doué d'une puissance divine, LVI 7 ; s. f., çakvarī, mètre védique (1), LXXIV 23.

çaṃ-gayá, adj., propice à la demeure, II 6.

çácī, s. f., i. q. *çaktí*, XIV 8, XXXVI 5.

çatá, s. nt., numér. (gr. *ἑκατόν*, lat. *centum*), II 8, IX 5, etc.

çatá-kratu, adj., comp. dér., LXIII 1.

çata-tárha, s. m., XLV 4 et note.

çatá-dhāra, adj., à cent flots, XLI 4.

çatá-balça, adj., à cent rameaux, LXIII 2.

çatá-yoni, adj., comp. dér., LXXVI 6.

çatá-vadha, adj. (rac. *vadh*), LXXIV 12.

çatá-vṛṣṇya, adj., à cent forces viriles, XLIII 1.

çatá-çārada, s. nt., vie de cent années, XXV 6.

çatá-hima, adj., de cent hivers, qui procure cent hivers, qui fait vivre cent ans, II 11.

(1) La çakvarī du R. V. est une stance de 56 syllabes, soit 8 × 7 (7 pādas d'anuṣṭubh), soit 11 × 5 (5 pādas de triṣṭubh = 55 syllabes, v. g. R. V. IV. 27. 5). La çakvarī du S. V. et classique est une stance de 56 syllabes = 14 × 4, et, à ce point de vue, LXXIV 22 c (pāda d'anuṣṭubh et demi-pāda de triṣṭubh) est, si l'on veut, un pāda de çakvarī.

çatóti, adj., qui apporte cent faveurs, XIV 3.

çátru, s. m., ennemi, VI 13, XLI 11, etc.

çad, vb., part. pf. *çâçadāna* (gr. κεκασμένος) : se distinguer, exceller, être puissant, XLVI 1.

çáṃtama, adj. superl., le plus salutaire, le plus agréable, XI 3.

çap, vb. act., sǵ. 3 ind. pr. *çápati* : maudire, prononcer des imprécations malfaisantes contre (acc.), XLVII 4.

çabála, adj. (cf. gr. Κέρβερος), tacheté, XXXIX 10.

1 çam, (gr. κάμνω), part. pf. moy. *çaçamānā* : être actif, se donner de la peine, remplir avec ferveur ses devoirs religieux, XIX 20.

2 çam, vb., vbl *çāntá*, être tranquille, apaisé : caus. *çamáyati*, apaiser [le mal], annuler un mauvais présage, une parole de mauvais augure, LXXVIII (III) 12.

çám, s. nt. indécl., salut, bénédiction, propitiation, XIII 3; avec *yós*, XVIII 1, XXIII 2; *çám as*, *çám bhū*, être propice, XVIII, XXIII 1; *çám kar* (dat.), bénir, IV 3, faire du bien à, apporter la guérison à, XLIII 1.

çámī, s. f. (rac. *1 çam*), activité, zèle pieux, II 9.

çamí, s. f., nom d'une plante, LXIII 2.

çam-bhú et **çam-bhú**, adj., salutaire, secourable, propice, I 6, XVIII 10, LXXVI 6.

çáyana, s. nt. (rac. *çī*, gr. κεῖμαι), lit, LVII 1.

çayú, s. m., n. pr., nom d'un protégé des Açvins, XIV 8.

1 çar, vb. act., sg. 1 ind. pr. *çṛṇámi* : briser, déchirer, LX 9.

2 çar, i. q. *çri*, avec le sens originaire de « couvrir ».

çará, s. m., roseau, flèche, XLIII 1 et note.

çaraṇá, s. nt. (rac. *2 çar çri*), appui, abri, XXV 2.

çarád, s. f., automne, = année, XVII 9, XLVI 2.

çaravyà, s. f. dér., flèche, XLVII 1.

çárīra, s. nt. (rac. *2 çar*, en tant que le corps sert d'enveloppe aux viscères, Lanman), corps, membres, LXXIV 2.

çáru, s. m., flèche, XXII 6, XLVII 2.

çardh, vb., sg. 3 ind. pr. *çárdhati* : pb. mener grand bruit (cf. les suivants), IX 7 (acc. pl.).

çárdha, s. m., XI 3, et
çárdhas, s. nt., II 5, 6, IV 12. } Cette expression paraît avoir, à cela près qu'elle suggère l'idée d'une formule dite à très haute voix, exactement le sens de *çáṃsa* : ainsi, II 5, elle équivaut évidemment à Narâçaṃsa, et se trouve, comme telle, opposée au *çárdhas* des Maruts (ibid. 6), qui doit être du même genre que le *çáṃsa* des Dieux ; c'est aussi du *çárdha* des Maruts qu'il est question XI 3, bien que ceux-ci ne soient pas nommés; enfin, IV 12, le « premier *çárdhas* » doit être la formule initiale qui a donné le branle à tout l'univers.

çárman, s. nt. (rac. *2 çar çri*), abri, refuge, XV 9, XXIII 5.

çarvá, s. m., n. pr., fait couple avec Bhava, LXXIV 1.

çalyá, s. m., pointe, LVIII 4, 5, 6.

çávas, s. nt. (cf. *çúra*), force, vigueur, VI 10, VII 1, 4.

çáçvant, adj. (pour **sá-çvant-* = gr. *ἅ-παντ-*) : sg., continu, ininterrompu, nt. advb., perpétuellement, III 11, LXXVIII (II) 6 (gouvernant *kṛ́tcas* comme pourrait le faire un numéral); pl., tous, toutes (avec une nuance marquée de continuité), X 7, IX 27, XXV 6 (« toutes les femelles »).

ças, vb. V. sous *çaṃs*.

çā, vb. act. (réduit *çī*), sg. 3 ind. pr. *çiçáti*, sg. 2 impér. *çiçīhi* : aiguiser (= fortifier), VII 7.

çā́khā, s. f., branche, rameau, LXXIV 19.

çā́nti, s. f. (rac. *2 çam*) apaisement, propitiation, LXXVIII (III) 12.

çāmbará, adj. dér., de Çambara (nom d'un démon vaincu par Indra), VIII 4 (suppléer le sens suggéré par *ahihátya*).

çā́lā, s. f., hutte, LXXVII 6.

çās, vb. act., sg. 3 ind. pr. *çā́sti çā́ste* : enseigner.
á : implorer, former un souhait, prononcer une bénédiction, LXXVII 12, LXXVIII (II) 30.

çāsá, s. m., instituteur, VIII 5.

çiṃçumára, s. m., dauphin, LXXIV 25.

çíkvan, adj., s. m., pb. bûcheron, charpentier (1), XXI 4.

çikṣ, vb. act. (désidér. ayant pris un sens indépendant, cf. *çak*) : donner (sans rég.) à (dat.), VII 2, 6, IX 26.
á : idem, IX 19.
ví : distribuer, XXXVI 3.

çikhaṇḍín, adj., qui a les cheveux en tresse, LXXIV 12.

çíkhā, s. f., touffe (appellation technique de la tresse de cheveux qui est le signe distinctif de l'ascète), LXXX 24.

çikhā-varjam, nt. advb., LXXX 24.

çiti-kákṣa, adj., aux épaules blanches, LX 5.

çitiṅgá, adj., blanc, brillant (?), LXXV 12.

çiti-báhu, adj., aux pattes de devant blanches, LX 5.

çipavitnuká, s. m., sorte de ver, LX 7.

çiprín, adj., pb. armé d'un casque, VII 4 (le sens de *çíprā* est « pièce de casque, armure de tête »).

çíras, s. nt. (cf. gr. κάρα, lat. *cerebrum*, etc.), tête, XXVIII 6, LX 9 (sg. seulement, le pl. est *çīrṣáṇi* infra).

çivá, adj., propice, salutaire, XXIV 3, LV 5.

çíçu, s. m., petit d'animal, I 10 (?), V 4, XXI 13.

çíçvan (?), s. m., i. q. *çíçu*, I 10 (la comparaison serait ainsi plus logique qu'avec *çíçvā* instr., mais il est vrai qu'il n'y a pas d'exemple de * *çíçvan*).

çiṣ, vb. act., sg. 3 ind. pr. passif *çiṣyáte* : laisser.
pári : (pass.) être en surplus, LXXVII 3.

1 çī, vb. act. V. sous *çā*.

2 çī, vb., sg. 3 ind. pr. moy. *çéte* = κεῖται et (irrég.) *çáye*, d'où sg. 3 subj. *çáyai*, sg. 3 opt. *çáyīta*, etc. : se coucher, être couché, LXXVII 7.
abhí : être situé plus haut, dominer, LXXVII 1.

çītá, adj., froid, L 4.

(1) Ce sens convient à tous les emplois des mots *çíkvan*, *çíkvas* et *çikvá* dans le R. V. (I. 141. 8., VI. 2. 9., VI. 52. 16., VI. 51. 4., X. 92. 9.) et l'A.V. (X. 6. 3.), et l'étymologie par rac. *çak*, fournissant le sens incolore d' « habile, adroit », est absolument conjecturale.

çītoṣṇa, adj. (froid-chaud), tiède, LXXX 11.
çīpālā, s. f., nom d'une plante aquatique, LXI 3.
çíbham, nt. advb., impétueusement, LVI 2.
çīrṣán, s. nt. (cf. *çīras*), tête, XVI 6, XLIV 7.
çukrá, adj. (rac. *çuc*), brillant, IV 7, X 11.
çukrá-vāsas, adj., comp. dér., XIX 7.
çuklá, adj., i. q. *çukrá* : blanc, XLIX 2, LXXVIII (III) 16.
çuc, vb., sg. 3 ind. pr. *çócati*, part. pf. moy. *çuçucāná*, part. pr. intens. moy. *çóçucāna* : luire, IV 3, 4, 19.
çúc, s. f., éclat, flamme, LVII 4.
çúci, adj. : éclatant, splendide, II 1, 13, 14, IV 6, 19, etc., fm. XXI 3; pur, III 7, IV 7, etc.; tout beau, tout doux (épithète de propitiation à la fin d'une formule), LI 5, cf. A. V. X. 6. 3.
çúci-jihva, adj., comp. dér., LXXVIII (II) 35.
çubh, vb. act., sg. 3 ind. pr. *çúmbhati çúmbhate* : (act.) parer; (moy.) se parer, être paré, III 8, XLI 10.
çúbh, s. f., parure : *çubhé*, XVI 3, *çúbham yā*, XV 1, XVI 2, cf. la note sous XVI 2.
çubhaṃ-yávan, adj. (rac. *yā*), XVII 7, cf. *çúbh*.
çubhrá, adj., brillant de parure, XIV 1.
çuṣ, vb., être sec : caus. *çoṣáyati*, dessécher, LVII 3.
çúṣkāsya, adj., ayant la bouche sèche, LVII 4.
çúṣma, s. m. (rac. *çvas*), force, vigueur, XXIX 5.
çū, vb., sg. 3 ind. pr. *çváyati*, sg. 3 pf. *çuçáva çūçuvé* : se gonfler; être fort, puissant, IX 6.
çūdrá, s. m., homme de 4e caste, LXXVII 10.
çúna, s. nt. (cf. gr. κενός), vide, manque : loc., à vide de, privé de (gén.) ou par rapport à (loc.), XX 6.
çúra, s. m. (rac. *çū*), héros, VII 8, etc.
çúra-sāti, s. f., conquête des héros, XIII 2 (loc.).
çūṣá, s. m. (rac. *çvas*), hymne, LXXVIII (II) 4.
çṛ́ṅga, s. nt. (gr. κέρας, lat. *cornu*, goth. *haúrn*) : corne; pointe de flèche (?), LVIII 5.

çépas, s. nt., verge, membre viril, LXXV 12.

çóka, s. m., LIII 5, }
çoká, s. m., L 3, et } (rac. *çuc*), flamme brûlante.
çocís, s. nt., L 2 }

çcandrá, adj., i. q. *candrá*, X 11.

çcut, vb. (= * *skut*, cf. *stoká*), sg. 3 ind. pr. *çcótati* : laisser dégoutter, distiller en abondance, XXV 4, XXX 3.

çmáçru, s. nt., barbe, LXXX 24.

çyāváçva, adj., qui a des chevaux bruns, LXXIV 18.

çyená, s. m. (gr. ἰκτῖνος), oiseau de proie, faucon, XXXVI 8.

çraṃçayitvá, fausse graphie. V. sous *sraṃs* et cf. *2 çru*.

çrad-dhā, vb. (le dernier terme est rac. *dhā* et se conjugue comme tel, cf. lat. *crēdō*), croire, confesser, LXXIV 28.

çrad-dhá, s. f., foi, IX 14 : instr. irrégulièrement laissé sans contraction, ou lire *çraddháyét*, ou enfin admettre

çrad-dhá, s. m. (?), croyant, fidèle, IX 14.

çraddhivá, adj. dér., digne de foi, XXII 4.

çráma, s. m., effort (ascétique), travail, LXXV 4.

çrávas, s. nt. (rac. *çru*, gr. κλέος), gloire, VI 10, XII 4.

çravasyá, s. f. (lat. *glōria*), désir de gloire, VI 5 (instr.).

çri, vb. (gr. κλίνω, lat. *clīcus*, etc.), sg. 3 ind. pr. *çráyati çráyate*, vbl *çritá*, etc. : (moy.) habiter dans, s'appuyer sur, se fonder sur (loc.), XXXV 4, LV 2, LXXIX 7.
ádhi : (moy.) être attaché à, LXXV 11.
úd : (moy.) s'élever, croître, LXXII 1.
práti úd : *çritá*, surélevé, LXXVII 2.
úpa : *çritá*, pénétrant, séjournant, XXVI 8.
pári : (act.) enclore, couvrir, LXXVII 8, LXXVIII (III) 21.
sám pári : (act.) couvrir, LXXVIII (III) 19.
ví : (moy.) s'ouvrir, XLII 6.

çrí, s. f. : parure, II 12 (pl.) ; dat. *çriyé*, « pour se parer », VII 4, « pour le parer », XI 1 ; éclat, beauté, XVI 6 ; prospérité, richesse, LXXVII 12.

1 çru, vb. act., sg. 3 ind. pr. *çṛṇóti çṛṇuté*, du. 2 impér. *çṛṇutám*, sg. 3 aor. *áçravat çrávat* (inj.), impér. aor. sg. 2 *çrudhí*, du. 2 *çrutám* (aussi du. 2 ind. aor.), part. pr. *çṛṇvánt*, pf. *çuçruvás*, vbl *çrutá*, etc. (cf. gr. κλύω) : entendre, (sans rég.) IX 5, XXII 4, (acc. de la chose entendue) XVII 4, 8, XXII 4, (acc. de la personne entendue) XIV 2, (dat. de la personne entendue) XIV 8 ; *çrutá* (cf. gr. κλυτός, lat. *inclutus*), illustre, XXII 4 (Vāc s'adresse à un ṛṣi qui a atteint la *práçasti*) ; *çrútya* (gérond. adj.), illustre, XXIX 5 ; *çuçruvás*, qui a reçu l'enseignement oral, savant théologien, LXXVII 5.

á : écouter, exaucer, LXXII 2.

úpa : écouter, exaucer, IX 1.

2 çru (?), vb. (lat. *cluō* « nettoyer »), i. q. *sru*, XLIII 6 (?).

çrút-karṇa, adj., qui a des oreilles entendantes, IX 5.

çruṣ, vb. act., part. pr. moy. *çróṣamāṇa* : entendre volontiers, écouter, exaucer, XXXVII 1.

çréṣṭha, adj. superl. (cf. *çrí*) : le plus beau, IV 6 ; le meilleur, LXII 2, LXIV 2 ; superl. cumulé, « meilleure que jamais », XIX 12 ; le plus recommandable, LXXX 6.

çraíṣṭhya, s. nt., suprématie, LXXVIII (II) 7.

çrótra, s. nt. (rac. *çru*), oreille, ouïe, LXXV 25.

çva-ghnín, s. m. (on ne voit pas comment le sens s'accorde avec l'étymologie, à moins qu'il n'y ait un coup de dé surnommé « le coup du chien »), joueur de profession, LIX 5.

çván, s. m. (faible *çún-*, cf. gr. κύων κυνός, allemand *hund*), chien, XXXIX 10, 11, LXXIV 2.

çvas, vb., sg. 3 ind. pr. *çvásiti*, part. pr. act. *çuṣánt*, moy. *çuṣāṇá*, caus. *çvāsáyati* : souffler avec violence, siffler, bruire, I 10, VI 10.

á : (moy.) s'essouffler, IV 13.

úpa : (caus.) remplir de bruit, LXXI 1.

çvás, advb., demain, XXIV 6 (cf. lat. *crās* ?).

çvit, vb., sg. 3 aor. sigm. *áçvait* : briller.

ví : luire, resplendir, XIX 15.

çvetá, adj. (rac. *çcit*), blanc (cf. allemand *weiss*), XLIX 4.
çvetyá, adj., brillant, resplendissant, XIX 2.

ṣaṭ-sahasrā́s, s. m. pl., num., six mille, LXXV 2.
ṣáṣ, numér. (gr. ἕξ, lat. *sex*), six, XXXIX 16.

sá, th. démonstr. (gr. ὁ ἡ), usité seulement au nomin. sg. msc., IV 2, et fm., III 11; dans la langue des Brāhmaṇas, le nomin. masc. *sá* est souvent employé comme particule d'introduction, sans rapport grammatical avec les autres mots de la phrase, v. g. LXXVII 1 (on attendrait *tád*).
saṃ-vatsará, s. m. (cf. gr. ἔτος, lat. *vetus*), année, LXXV 20, LXXVIII (II) 41, (III) 24.
saṃvatsarīṇa, adj., d'une année, de l'année entière, d'année en année, LXXVIII (II) 39.
saṃ-vādá, s. m. (rac. *vad*), conversation, LXXVII 10.
saṃ-sád, s. f., assemblée, IV 8.
saṃ-srāvyà, adj. (rac. *sru*), mélangé, LII 3.
sákhi, s. m. (dériv. obscure) : sg. nomin. *sákhā*, acc. *sákhāyam*, instr. *sákhyā*, dat. *sákhye*, gén. *sákhyur*, voc. *sákhe*; pl. nomin. *sákhāyas*, acc. *sákhīn*, instr. *sákhibhis*, gén. *sákhīnām* : ami, allié, II 9, IV 3, VIII 3, XI 1, etc.
sakhyá, s. nt. dér., amitié, XV 9.
sá-gaṇa, adj., faisant troupe avec (instr.) VIII 2, 4.
saṃkalpá-kulmala, adj., comp. dér., LVII 2 et note.
saṃ-gamá, s. m., assemblée (religieuse), XLI 4.
saṃ-gámana, adj., fm. *ī*, assembleur, XXXIX 1, XXII 3.
sac, vb. act. (gr. ἕπομαι, lat. *sequor socius*, etc.), sg. 3 ind. pr. *sácati sácate*, du. 3 impér. moy. *sácetām*, pl. 1 opt. aor. moy. *sakṣīmáhi*, pl. 3 pf. moy. *saçciré* (= * *sa-sc-iré*), etc. : (act., moy.) suivre (acc.), II 13, XXVII 9; (moy.) être accompagné de, uni à (instr.), II 3, XXXVII 1.
sácā, instr. advb., prép. : (sans rég.) avec, présent, XXXII 4; (loc.) auprès de, IV 3, VII 8, IX 2.

sacā-bhú, s. m., compagnon, auxiliaire, XIII 4.

sá-citta, LXVII 1, et } d'accord ensemble, d'accord avec
sá-cetas, VI 10, } [nous].

sájanya, adj. dér., des parents, des congénères, XXX 9.

sa-jātá, adj., s. m., congénère, parent, XLVI 4 (pb. les autres Dieux), XLVII 3, LIV 4, LXXVI 7.

sajātyà, s. nt. dér., parenté, fait d'être parent, II 5.

sa-jús, nomin. (?) traité en advb., avec, LXXI 1.

sa-jóṣa, adj., I 2, et } (rac. *juṣ*), s'agréant, d'un
sa-jóṣas, adj., VIII 2, XVI 1 } commun accord.

sát-pati, s. m. (cf. *1 as*), seigneur des êtres, II 4, cf. II 3.

satyá, adj. dér. (de *sánt*, cf. *1 as*) : vrai, réel, IV 7, nt. advb. IV 10; efficace; *satyám as* « s'accomplir » XXVII 11; s. nt., vérité, XVIII 12, efficacité, IV 18, l'un et l'autre (?), XVIII 2.

satyá-dharman, adj., dont la loi s'accomplit, XXXV 1, XLVI 3.

satya-vādin, adj., véridique, LIX 6.

satya-çrút, adj., qui écoute la vérité, XVI 8.

satyókti, s. f. (rac. *vac*), parole de vérité, XX 2.

satrá, advb., ensemble, en masse, IX 16.

sátvan, adj. dér. (de *sánt*, « bon, brave »), vaillant; s. m., guerrier, combattant, LXXV 14.

sad, vb. (cf. gr. *ἕδος; ἕζομαι*, lat. *sēdēs sedeō*, etc.), sg. 3 ind. pr. *sídati* (= * *si-sd-a-ti*, gr. *ἵζω*, lat. *sīdō*), pl. 3 impf. *ásīdan*, sg. 3 aor. *ásadat*, pf. pl. 1 *sedimá*, pl. 3 *sedúr* (= * *sa-sd-úr*), infin. dat. *sáde*, gérond. *sádya*, vbl *sanná*, etc., caus. *sādáyati* : (act.) s'asseoir dans, sur (loc.), I 10, LXXVIII (II) 29, venir s'asseoir sur (acc.), LXXVIII (II) 26; (caus.) faire asseoir, poser (acc.) sur (loc.), LXXVIII (II) 30.

á : (act.) venir s'asseoir sur (acc.), X 6; *sanná*, assis, LXXVIII (II) 33; (caus.) faire asseoir, LXXVIII (II) 27.

úpa : (act.) venir s'asseoir auprès de, venir à (acc.), XXXII 2; occuper, XL 2; rechercher, XVII 2; honorer, adorer, I 2, cf. *úpa ās*.

nī : (act.) se poser, s'asseoir, XXI 10, LXXVIII (II) 32-33, cf. *nīḍá*.

ádhi nī : (act.), se poser, se percher, XXXVI 8.

ā́ nī : (act.) prendre place, XI 1, XXX 3.

sám nī : être assis ensemble, LIX 2.

abhi prá : (act.) s'asseoir pour s'occuper de, pour accomplir (acc.), IV 13.

sádana, s. nt. : siège, V 2,; demeure, XIX 2.

sádam, acc. advb. : d'une façon continue, permanente, toujours, XVII 1; pour toujours, IV 1.

sádas, s. nt. (gr. ἕδος), siège, place, XL 2.

sádā, instr. advb., toujours, IV 8, XIV 9.

sá-deva, adj., où les Dieux sont présents, LXXVII 1.

sádman, s. nt. (rac. *sad*), séjour, IV 8 (pl.), XXVII 6.

sadyás, advb. : aussitôt, VI 14; —*jātás*, III 8, VI 7 (*jātás* sous-ent.), « aussitôt né, à peine né »; d'un seul coup, IX 5; d'un seul regard, LXXIV 25.

sadhanitvá, s. nt. dér. (de *sadha-nī*, rac. *nī* et * *sadha* = *sahá*), office de compagnon, de guide, IV 9.

sadha-mád, s. m., compagnon de festin, XXXI 4.

sadha-mā́da, s. m., festin, IX 1.

sadhá-stha, s. nt., siège, demeure, LV 6.

san, vb. act. (cf. gr. ἄνυμι ἀνύω), sg. 3 ind. pr. *sanóti*, désidér. *siṣāsati* : conquérir, IX 14, LXII 3.

sanā́d, abl. advb. (cf. lat. *senex*), depuis longtemps, de temps immémorial, de tout temps, IX 24.

sani, s. m., conquête, III 11.

sá-nemi, adj., y compris la jante, i. e. complet : nt. advb., « avec toute sa séquelle », XI 6.

saṃ-dṛ́ç, s. f., vue, aspect, apparition, III 2, IV 6, XX 6 (pour II 12 cf. plutôt *darç*).

saṃdeçyà, adj. dér., du même pays, LIX 8.

sa-pátna, adj., s. m. (construit par analogie sur le fm. du. *sapátnī* « épouses rivales »), rival en amour, rival en général, ennemi, XLVII 4.

sapatna-hán, s. m., LXXVI 7.

sa-pariṣat-ka, adj., comp. dér., LXXX 28.

sapary, vb. dénom. (rac. *sap* « adorer ») : adorer (acc. ou sans rég.), LXXVIII (III) 11 ; offrir (acc.) en hommage, en adoration à (dat.), XX 1.

saptá, numér. (gr. *ἑπτά*, lat. *septem*), IV 12, 16, V 6, etc.

saptá-mātar, adj., comp. dér., XLI 4.

saptá-raçmi, adj., comp. dér., XXX 4.

saptá-çīrṣan, adj., comp. dér., III 5.

saptásya, adj. (cf. *1 āsyà*), comp. dér., XXX 4.

sápti, s. m. (dér. obscure), coursier, VI 5.

samá, adj. (cf. gr. *ὁμοῦ ὁμοῖος ὁμαλός*, lat. *similis*) : uni, plane, LXXVII 2 ; pareil, LXXIX 6 ; instr. fm. advb., dans l'intervalle, entre, XIX 10 et note.

sa-mád, s. f., querelle, animosité : *samádam kar* (dat.), susciter les querelles entre, XXII 6.

sá-manas, adj., d'accord en esprit, XIX 3.

samaniká, s. nt., combat, XLI 11.

sám-anta, adj., limitrophe, XXVII 5.

sa-manyú, adj., i. q. *sámanas*, IV 1.

samāná, adj. dér. (de *samá*), commun, XIX 3, XXVI 3.

samāná-bandhu, adj., de même race, XIX 2.

sam-āmyà, adj., qui est en long, LIX 8.

sam-ídh, s. f., combustible, bûche servant à entretenir Agni, III 9, participant ainsi à son œuvre divine, III 10, et finissant par jouer un rôle cosmogonique dans les spéculations de l'âge brâhmanique, LXXV 4.

sam-udrá, s. m. nt., amas d'eau : m., bassin, cuve, XLIII 8 ; m., mer, océan, fleuve (?), X 2, XII 16, XV 5 (abl.), etc. ; nt., fleuve, XXIX 3.

sam-bhāryà, adj., s. nt., mélange, agrégat, LXXX 5, 9.

sam-bhúj, s. f., pb. action de partager une jouissance, un festin avec un autre, II 4 et note.

sám-manas, adj., i. q. *sámanas*, LXXV 1.

sam-ráj, s. m., souverain seigneur, V 1.

sa-yúgvan, adj., s. m., XL 4, et } compagnon.
sa-yúj, adj., s. m., LXXIV 14, }

sar, vb. (cf. gr. ὁρμή ὁρμάω), sg. 3 ind. pr. *sisarti*, pl. 3 pf. *sasrúr*, gérond. *sárya*, sg. 3 ind. pr. int. moy. *sarsré* : couler avec impétuosité, XXV 4.

abhí prá : se diriger en sens inverse de (acc.), LXXVII 7.

úpa prá : s'élancer à la suite de (acc.), XXI 5.

sáras-vatī, s. f., n. pr. (fm. de l'adj. dér. de *sáras* « eau », rac. *sar*) : Sarasvatī, nom d'une rivière du bassin de l'Indus, LXIII 1; nom d'une Déesse souvent invoquée, qui incarne l'offrande en tant que « pleine de suc », II 11, XVII 3, et fait partie d'une triade, XLII 9, LXVII 1.

sá-rūpa, adj., de même forme, LX 4.

sárga-pratakta, adj. (cf. rac. *sarj* et *tañk*), se précipitant avec impétuosité, I 6.

sarj, vb. act., sg. 3 ind. pr. *sṛjáti sṛjáte*, aor. act. sg. 3 *ásrāk ásrāṭ ásrās srās* (inj.), du. 2 *srāṣṭám*, aor. moy. sg. 1 *ásṛkṣi*, pf. moy. pl. 1 *sasṛjmáhe*, vbl *sṛṣṭá*, etc. : lancer, verser, faire couler, etc.

áti : lâcher, laisser libre, LIX 6.

abhí : lancer (1), LXXIV 19.

áva : lancer, XLIII 9, LVIII 7; abandonner (acc.) à (dat.), XLII 11; lâcher, délier, XXVI 5.

úpa : répandre, donner cours à (acc.), XXI 1; répandre (acc.) vers (acc. sous-ent.), VII 8; abandonner (acc.) à (dat.), II 16.

ví : lancer, LXXIV 1; (moy.) élever [la voix], LXXVIII (II) 14, 15.

sám : réunir en versant, XI 2; mêler à (1), mettre en relation avec (instr.), LXXIV 26.

sarp, vb. (gr. ἕρπω, lat. *serpō*), sg. 3 ind. pr. *sárpati*, subj. *sárpāt* : ramper, se glisser, se mouvoir.

(1) Le type *srās* procédant de *sarj* (Whitney) est une forte irrégularité, et le P. W. le rattache à *sraṃs* : dans ce cas on peut traduire LXXIV 26 « ne te rue pas sur nous avec... »; mais LXXIV 19 devient inintelligible, à moins de lire *hetír* et de prendre *srās* pour une 3e personne (Bartholomae), expédient assez compliqué.

áti : traverser, franchir (acc.), LIX 4.
abhí : s'en venir doucement à (acc.), LVII 4.
pári : ramper autour de (acc.), LX 3.
ví : se disperser lentement, XXXIX 9.

sarpá, s. m., serpent, (mythique) LXXVII 7.
sárva, adj. (gr. ὅλος, lat. *salvos sollus*) : entier, XLI 8, sain et sauf ; adj. pronom., pl., tous (cf. *víçva*), XXXIX 16 ; sg., *sárva iva*, LXXVII 9, « le premier venu ».
sarvaká, adj. dér., entier, tout, XLIII 6.
sarvátas, abl. advb., de toutes parts, LXXVIII (II) 39.
sárva-vīra, adj. : par [la grâce de] qui les héros sont sains et saufs, XIX 18 ; consistant en hommes sains et saufs, XXX 10.
sarvauṣadhi-viphāṇṭa, adj., qu'on a fait filtrer à travers des brins de toutes les plantes [employées dans les cérémonies sacrées], LXXX 11.
salilá, s. nt. (gr. ἅλς, lat. *sal*), mer, LXXV 26.
savá, s. m. (rac. *1 sū*) : l'acte de Savitar, XIX 1 et note.
1 sávana, s. nt. (rac. *su*) : pressurage [du soma], VI 7, IX 6, (au nombre de trois par jour) XXXVI 7.
2 sávana, s. nt., i. q. *savá*, XXIV 1.
savitár, s. m., n. pr. (rac. *1 sū*, soit « l'excitateur ») : Savitar, une des incarnations du soleil bienfaisant, comme l'indiquent son attitude (les bras étendus) et la fonction propre qu'on lui assigne, celle d'exciter, de faire mouvoir tous les êtres, de donner le branle à l'univers, II 7 (assimilé à Agni), XIII 1, XIX 1, XXIV 1, etc. (acte de Savitar), LXXVIII (II) 28 (confondu avec Agni), LII 1 (nommé en connexion avec Tvaṣṭar, et cette connexion, ainsi que l'homophonie des deux racines *sū*, a pu çà et là lui faire assigner des fonctions génératrices, cf. LXVI 1.
sáviman, s. nt., i. q. *savá*, XXIV 2.
sasá, s. m. (pb. rac. *sas* « dormir »), III 6 et note.
sah, vb. act. (gr. ἔχω ἴσχω ἴσχω, allemand *siegen*), sg. 3 ind. pr. *sáhati sáhate* : maîtriser.
ví : triompher de (acc.), LXXVI 2.

sahá, prép., avec (instr.), XVIII 11.

saha-cārá, s. m., marche en compagnie, LII 1.

sahá-chandas, adj., pourvu de mètres, XL 7.

sahá-pramā, adj., pourvu de modèle, de règles, XL 7.

sáhas, s. nt., force triomphante, XVI 6, LXX 2, etc.

sahá-stoma, adj., pourvu d'hymnes, XL 7.

sa-hásra, s. nt. (cf. gr. χίλιοι = *χίσλιοι) : millier de (gén.), X 11 ; num., mille, XLVI 2 ; pl., II 8, IX 5.

sahasra-ghní, ou } { LXXIV 12 (rac. *han*), qui tue des
sahasra-ghnyá, } { millliers (var. *sahasraghnyám*).

sahásra-ṇītha, adj., qui a mille voies, mille modes (de poésie, de mélodie, etc.), XXXVIII 5.

sahásra-dakṣiṇa, adj., qui a [donné] mille dakṣiṇās, XXXVIII 3.

sahásra-dhāra, adj., à mille flots, XII 8.

sahásra-prāṇa, adj., comp. dér., LXXVI 6.

sahasram-bhará, adj., qui apporte mille [présents], LXXVIII (II) 35.

sahasrambharatā, s. f. dér., LXXVIII (II) 35.

sahasrākṣá, adj., à mille yeux, LIX 4.

sáhīyas, adj. (compar. de rac. *sah*) : plus fort, LXXVIII (II) 20 ; très fort, victorieux, VI 7.

saho-dā́, adj., qui donne la force, VIII 5.

1 sā, vb. act., sg. 3 ind. pr. *syáti* et *sināti*, du. 2 *sinīthás*, vbl *sitá*, etc. : lier, XXXIV 2, LIX 6.
  abhi : lier, enchaîner, LIX 9.
  ádhi áva : déterminer, fixer, LXXVII 11.
  vi : délier, LIX 6 ; désobstruer, XLIII 8.

2 sā, vb. act. V. sous *san*.

sākám, nt. advb., prép. : ensemble, XV 3 ; en masse, XLVI 2 ; avec (instr.), LXXV 5.

sātyayajñá, s. m., n. pr., nom d'un théologien, LXXVII 4.

sādh, vb. act., sg. 3 ind. pr. *sā́dhati* : faire réussir, faire prospérer, III 11, (rég. sous-ent., « l'œuvre pie, le sacrifice ») III 3, IV 9, etc.

sấdhāraṇa, adj., commun, X 7.

sādhú, adj. (rac. *sādh*), droit, sans détours, XXXIX 10; propice; nt. advb., tout droit, sans faute, LXXVIII (II) 28.

sấnu, s. nt., sommet, III 3, V 6, LXXV 12.

sāma-gấ, s. m., chantre d'hymnes, XLI 6.

sấman, s. nt. (rac. *1 sā?*), mélopée continue, mélodie (d'hymnes religieux), XL 2; cf. *ṛksāmá*, LXXVII 12.

sāyá, s. nt., soir, LXXIV 16 (acc. advb.).

sārá̃ga, adj., tacheté, LX 9.

sấrathi, s. m., compagnon de char; cocher, XXXII 6.

sārameyá, adj. patronym., fils de Saramā (messagère d'Indra), XXXIX 10, cf. XXXV 3 et note.

sāhasrá, adj. dér., dix fois centuple, LXXVIII (II) 36.

si, vb. act. V. sous *1 sā*.

sic, vb. act., sg. 3 ind. pr. *siñcáti siñcáte*, vbl *siktá*, etc. : épancher, verser, répandre, LXVII 2, LXXV 12.

abhí : asperger, LXXX 11, 16.

áva : verser, LXXX 14.

ā́ : (moy.) se verser dans (loc.), VIII 1.

pári : répandre, XII 7; *siktá*, « s'épanchant », IV 19.

sám : réunir en versant, réunir; asperger : LII 4 (les deux sens sont possibles et paraissent faire jeu de mots).

sidh, vb. act., sg. 3 ind. pr. *sédhati* : écarter, repousser, chasser, XIII 4.

ápa : chasser au loin, LXVI 1, LXXI 1.

sinīvālí, s. f., n. pr., Sinīvālī, Déesse bienfaisante, postérieurement assimilée à la lune croissante, comme Anumati à la lune décroissante, LII 2.

síndhu, s. m. f., rivière, eau (céleste ou terrestre), I 6, 8, III 4, VI 11, LVI 1, etc., (divinisée) XIX 20 : *saptá* —, les Sept Rivières mythiques (cf. « les sept mondes, les sept prières », etc.), LVIII 2 (appellation transportée postérieurement aux sept rivières principales du bassin de l'Indus, premier habitat de la race âryenne dans l'Inde).

siṣāsú, adj. (rac. *san*), désireux de conquête, LXII 3.

sītā, s. f. (vbl d'une rac. *sī*), sillon, LXXIX 4.
sīm, particule enclitique, i. q. *īm*, VI 11.
sīra-pati, s. m. (cf. *sītā*), chef de charrue, LXIII 1.
1 **su**, vb. act., sg. 3 ind. pr. act. *sunóti*, moy. *sunuté* et (irrég.) *sunvé*, pl. 3 *sunváte* et (irrég.) *sunviré*, pl. 2 impér. aor. *sóta*, part. pr. *sunvánt*, vbl *sutá*, etc. : pressurer [le soma], VII 2 (sans rég.), IX 6 (acc.), VIII 3, etc., cf. *sávana*; (moy., sens passif) IX 4, XII 13; *sutá* pris substantivement, s. m., soma, VII 8, VIII 1, etc., etc.
á : faire couler en pressurant, XII 7.
2 **su**, vb. act. V. sous *1* et *2 sū*.
sú, nt. advb. (cf. gr. ἠΰς « bon », εὖ « bien ») : bien, comme il faut, XXI 2, XXXV 6, (souvent explétif) IX 1.
súka, s. m. (mieux *çúka*, rac. *çuc* ?), perroquet, XLVIII 4.
su-kṛ́t, adj., qui fait de bonnes œuvres (nommément dans le sens religieux de *kárman*), XVIII 4, 12.
sú-kṛta, adj., bien fait : s. nt., bonne œuvre, œuvre pie, XVIII 4; service divin, LXXVIII (II) 30.
su-kṛtyá, s. f., œuvres pies, XXXVI 2, 7 (instr.).
su-krátu, adj., dont le vouloir est fort, V 7.
su-kṣiti, s. f., paix heureuse, XII 13, XXI 15.
su-khá, adj., qui a un bon moyeu, XXXV 5.
su-gá, adj., bien accessible, facile, LIV 4.
sugandhi-téjana, s. nt., nom d'une herbe odoriférante, LXXVIII (II) 28.
su-cákṣas, adj., qui a de bons yeux, XX 7.
sú-jāta et **su-jātá**, adj., bien né, I 4, II 15, XVI 5.
su-jihvá, adj., qui a une belle langue, XLII 8.
sú-taṣṭa, adj. (cf. *takṣ*), bien charpenté, XXI 2.
sutá-vant, adj. dér., pourvu de soma, X 6.
su-dákṣa, adj., très habile, XII 10, LXXVIII (II) 33.
su-dákṣiṇa, adj., dont la droite est généreuse, IX 3.
su-dā́nu, adj., disposant des beaux flots, XVI 5.
su-dā́s, adj., généreux (*sūri*), IX 10, XXVII 9.
su-dúgha, adj., fm., bonne laitière, IV 13, XXI 7.

su-drú, adj., fm. *ú*, de bon bois, IX 20.
su-dhánvan, adj., qui a un bon arc, XVI 2; n. pr. mythique.
sú-dhita, adj. : bien composé, IX 13; bien établi, XXX 8.
su-parṇá, s. m. (bien ailé), grand oiseau, aigle, LVIII 3, LXXIV 24.
su-pippalá, adj., aux beaux fruits, XXV 5.
su-péças, adj., bien orné, IX 13, XXI 1.
su-praketá et su-práketa, adj., bien avisé, XII 2, XXX 2.
su-prajá, adj., comp. dér., XXX 6.
su-prátīka, adj., beau, XXIV 5.
su-prátūrti, adj., pb. qui a de beaux avantages, XXVII 7.
su-prāvī́, adj. (*prá ri*), pb. qui prend les devants, qui (sacrifie) avant tous les autres, XXII 2.
su-bhága, adj., qui a une bonne part, IV 6.
sú-bhiṣaj, adj., s. m., bon guérisseur, LI 5.
su-bhū́, adj., de bonne nature, bon, XV 3, XXI 7.
sú-bhṛta, adj., bien nourri, II 12, XXX 7.
su-maṅgála, adj., fm. *í*, de bon augure, XIX 12.
su-matí, s. f., bienveillance, III 11, IV 2 (instr.).
su-mánas, adj., qui a l'intelligence nette, XX 7 ; qui a le cœur pur, XXVI 2; bien disposé, LV 3.
su-mánman, adj., muni de bonnes formules, XIV 9.
su-mṛlīká, adj., miséricordieux, gracieux, IV 20.
su-méka, adj. (sens obscur), XIX 3.
su-medhás, adj., acc. irrég. *sumedhā́m*, cf. *medhā́* (*sumedhā́sam* donnerait une finale de jagatī) : sage, pieux, XXII 5, XXVII 10.
su-mná, s. nt., bienveillance, faveur, XII 4, XXIII 9.
sumnāy, vb. dénom., être bienveillant, XXIII 3.
sumnā-ván, adj., fm. -*várī*, bienveillant, XIX 12.
su-yáma, adj., docile au frein, XV 1, bien conduit, XVIII 2 (l' « efficacité » n'est qu'à ce prix).
su-yúj, adj., qui a un bel attelage, XIX 14.
su-rátna, adj., obtenant de beaux trésors, XXXIV 5.

su-rátha, adj., comp. dér., XVI 2.
su-rabhí, adj., parfumé, XLI 9.
súrā, s. f., boisson alcoolique, liqueur enivrante, XXVI 6, XLI 9.
su-rā́dhas, adj., qui fait un beau don, X 12.
su-várcas, adj., comp. dér., XXXIX 8.
su-vā́sas, adj., comp. dér., XLI 9.
suvitá, s. nt. (= *su-itá*), dat. « pour nous frayer la route », XVI 1, XVIII 1.
su-vidátra, adj., qui partage de beaux présents, II 8.
su-vī́ra, adj., qui a de bons héros, II 16, XXI 15.
suvī́rya, s. nt. dér., richesse en héros, II 5.
su-vṛkti, s. f. (rac. *varj*), bonne direction, bonne orientation du barhis (V. ce mot) : instr. sg., VI 2, 4, 16, pl., VI 3, « avec un barhis bien régulier », cf. LXXX 9, 10; acc. sg., XXI 15.
su-vṛ́t, adj., qui roule bien, XLI 11.
su-véda, adj., facile à acquérir, IX 25.
su-çáṃsa, adj., possédant, employant des formules bienfaisantes, XVIII 6.
su-çákti, s. f., possibilité facile, chose aisée, IX 21.
sú-çiçvi, adj., qui a une belle enfance, I 4.
su-çéva, adj., bienveillant, propice, II 9.
sú-ṣuta, adj., bien pressuré, XXXVI 2.
sú-ṣṭuta, adj., bien loué, XII 12, XIII 3.
su-ṣṭúbh, adj., aux belles louanges, XXX 5.
suṣṭhu-váh, adj., qui traîne bien, XLI 11.
súṣvi, s. m., pressureur de soma, VI 15.
su-sadṛ́ç, adj., pb. tout à fait ressemblant, XVI 4.
sú-saṃnata, adj. (cf. rac. *nam*), bien dirigé, LVII 2, 3.
sú-samiddha, adj., bien allumé, XLII 1.
su-háva, adj., exorable, IV 5; s. nt., bonne condition liturgique de l'invocation, XVIII 3.
su-hásta, adj., aux mains habiles, XVIII 12, XXXVI 3.
sú-huta, adj., bien répandu, bien offert en libation, LXV 1.

1 sū, vb. act., sg. 3 ind. pr. *suváti*, aor. sg. 3 *ásāvīt*, sg. 2 *sāvīs* (inj.), vbl *sūtá*, etc. : mettre en branle, faire mouvoir, vivifier (se dit essentiellement de l'acte de *savitár*, et en conséquence s'emploie avec prédilection, seul ou précédé d'un préfixe, dans une phrase dont le Dieu Savitar est le sujet, pour désigner les faveurs auxquelles il préside, v. g.) : procurer [en faisant acte de *savitár*], XXIV 6.
ápa : écarter [en faisant acte de *savitár*], XX 4.
á : procurer [idem], XXIV 4.
pári : mettre en branle, mouvoir, LXXV 23.
prá : faire mouvoir [par l'acte de *savitár*], XIII 1, XIX 1 ; permettre, abandonner, livrer, XLVI 2.

2 sū, vb. act. (cf. *sūnú*), sg. 1 ind. pr. moy. *suve*, sg. 3 *sūte*, etc. : engendrer, XXII 7 (acc.), XXV 3 (sans rég.).

sūktá, adj. (= *su-uktá*) s. nt., hymne, XIV 9.

sūnú, s. m. (rac. *2 sū*, cf. gr. υἱός; υἱύς, goth. *sunus*, allemand *sohn*, etc.), fils, III 11, XXVII 2.

sūnṛ́tā, s. f. dér. (par aff. *-tā*, de *sú* et *nár* avec allongement prosodique), pb. vigueur jeune et virile, XIX 4, 12, 18.

súra-cakṣas, adj., qui a pour œil le soleil, XVII 7.

sū-rí, s. m. (*sú* allongé prosodiquement et rac. *rā*, cf. *ari*) : riche généreux, qui fait les frais du sacrifice et donne la dakṣiṇā aux prêtres, II 16, IX 15 (« nous et les sūris »), XXI 6, etc., etc. ; (souvent appliqué au Dieu lui-même, en tant que généreux donateur, cf. *maghávan*) VI 3.

sū́rya, s. m. (rac. *svar* « briller », mais confusion partielle possible avec rac. *1 sū*, cf. *savitár*) : le soleil, III 5, IV 17, VI 15, etc. ; Sūrya, incarnation spécifique du soleil, œil de Mitra et Varuṇa, XX 1 sq., XLIII 5 (souvent on peut prendre indifféremment l'un ou l'autre sens).

sūryā-vasu, adj., qui a pour richesse la Déesse Sūryā (incarnation féminine du soleil), XIV 3.

sṛprá, adj. (rac. *sarp*), glissant, qui glisse, XXX 2.

setár, s. m. (rac. *si* = *1 sā*), lieur, geôlier, XXXIV 2.

sénā, s. f., armée, LIII 6, LXXIV 31.

sénya, adj., s. m., combattant en armée, guerrier, VII 2.

sóma, s. m. (rac. *1 su*). — 1. Le soma, liqueur douce et enivrante, extraite par pressurage de certaines plantes, et offerte aux Dieux dans les sacrifices pour les fortifier en vue de l'accomplissement de leur tâche quotidienne, v. g. VIII 1 sq., etc., etc. — 2. Le soma céleste, confondu tantôt avec la pluie tantôt avec l'amṛta, postérieurement avec la lune qui en est le réservoir, LXII 2 (?), cf. la note (1). — 3. (n. pr.) Soma, incarnation divine de l'un et l'autre soma, I 10, XVII 3, XVIII 1, etc.; — *pávamāna*, XI, XII, V. ce mot; dans la prose brâhmanique, ordinairement qualifié de « roi Soma », LXXVIII (I) 1, etc., parce que le soma est dit « roi des plantes », cf. *aṃçú*, *ándhas*, *índu*.

soma-kráyaṇa, adj., servant à acheter le soma, LXXVIII (I) 2.

soma-dhā́na, pb. s. m., cuve à soma, XII 16, XXXI 2, 6.

soma-pá, s. m., XLV 3, et } buveur de soma.
soma-pávan, s. m., IX 8, }

sóma-pīti, s. f., absorption du soma, XXXIII 3.

soma-sút, adj., qui pressure le soma, XIV 4.

soma-sútvan, adj., s. m., XIX 18, et } pressureur de soma.
somín, adj. dér., s. m., IX 9, }

somyá, adj. dér., de soma, X 8, aimant le soma, XXXIX 6.

sautrāmaṇí, s. f. dér., nom technique d'une certaine cérémonie en l'honneur d'Indra dit Sutrāman (*su-trā́man* « bon protecteur », cf. rac. *trā*), LIV 2.

saudhanvaná, s. m. dér., n. pr. patronym., fils de Sudhanvan, XXXVI 1.

saumanasá, s. nt. dér., bienveillance, XXXIX 6.

saúvaçvya, s. nt. dér., possession de bons chevaux, VI 15.

skambh, vb. act. (cf. *stambh*), sg. 3 ind. pr. *skabhnā́ti skámbhate*, du. 2 pf. *skambhā́thur* (sg. *caskámbha*) : étayer.
úpa : étayer, XXIX 2.

(1) L'identification est déjà complète, A. V. XI. 6. 7. *sómo mā devó muñcatu yám āhúç candrámā íti*; mais cette litanie banale porte toutes les marques d'une composition très récente.

skámbhana, s. nt., étai, pilier, XXIX 2.

skar, fausse racine. V. sous *kar*.

stan, vb. (cf. lat. *tonat tonitru*, etc.), sg. 3 ind. pr. *stánati*, caus. *stanáyati* : (act. et caus.) tonner, mugir, LXXV 12.
   abhí : idem, LXXI 2.

stambh, vb. act. (cf. *skambh*), sg. 3 ind. pr. *stabhnáti*, sg. 3 aor. *ástambhīt*, sg. 3 pf. *tastámbha*, vbl *stabhitá* : étayer.
   úd : étayer en hauteur, III 10.
   ví : séparer en étayant, XXVI 1; étayer, appuyer, consolider, LXXIV 23.

star, vb. act. (gr. στόρνυμι, lat. *sternō*), sg. 3 ind. pr. *str̥ṇā́ti str̥ṇīté*, pl. 3 pf. moy. *tastriré*, vbl *str̥tá str̥ṇá* : étendre, joncher, XLII 5; coucher à terre, abattre, vaincre, LXXVI 3.

starī́, s. f. (cf. lat. *sterilis*), femelle stérile, XIV 8, XXV 3.

stāyánt, adj. (part. pr. d'un vb. inusité *stā*, cf. *tāyú*), se cachant, à la dérobée, LIX 1.

stu, vb. act., sg. 3 ind. pr. act. *staúti*, sg. 2 ind. pr. moy. *stuṣé*, sg. 3 subj. pr. act. *stávat*, sg. 3 impér. pr. moy. *stuvatām*, part. pr. moy. *stávāna* et *stuvāná*, part. pf. act. *tuṣṭuvás*, moy. *tuṣṭuvāná*, vbl *stutá*, etc. : (act. et moy., sens act.) louer, célébrer, XVII 8, XIX 17, XXVIII 4, *stutá* III 9; (moy., sens réfléchi) se vanter, XLIV 1, XLV 1; (moy., sens passif) être loué, célébré, etc., X 5, XXXVII 3.

stubh, vb. act., i. q. *stu*.

stoká, s. m. (rac. *stuk* = *skut*, cf. *ççut*), goutte.

stotár, s. m. (rac. *stu*), louangeur, chantre, II 16, IX 18.

stotrá, s. nt., XV 9, et   } { (rac. *stu*), louange, hymne de
stóma, s. m., III 2, VI 1, 4 } { louange.

strī́, s. f., femme, XLV 1, LXXX 18 (la femelle mythique).

strī-kāma, adj., comp. dér., LXXVIII (I) 1.

stha-páti, s. m., gouverneur, préfet, LX 11.

sthā, vb. (gr. ἵστημι στατός, lat. *stō status*, etc.) : ind. pr. act. sg. 3 *tíṣṭhati*, moy. sg. 1 *tíṣṭhe*; sg. 3 impf. *átiṣṭhat*; sg. 3 subj. pr. act. *tíṣṭhāt*; sg. 3 opt. pr. moy. *tíṣṭheta*, etc.; aor.

sg. 3 *ásthāt* (gr. ἔστη), pl. 3 *ásthur*; du. 2 subj. aor. (sens d'ind. pr.) *sthā́thas*; pf. act. sg. 3 *tasthaú*, pl. 3 *tasthúr*, moy. pl. 3 *tasthiré* et (irrég.) *taṣṭhiré*; part. pr. act. *tíṣṭhant*, part. pf. act. *tasthivā́s* (faible *tasthuṣ*); vbl *sthitá*; gérond. *sthā́ya*; caus. *sthāpáyati*, etc. — 1. Se tenir debout, LXXVII 6. — 2. Être situé, renfermé dans (loc.), XXV 4. — 3. S'arrêter, XIX 3, LXIV 1. — 4. Être arrêté, immobile, LXIV 1; part. pf. pris substantivement, l'immobile, les êtres inanimés (opposé à *jágat*), IX 22, XVII 5, etc.

ádhi : monter sur (acc.), XXXV 1.

ápi : se tenir sur (acc.), LVI 4.

abhí : dominer, l'emporter sur (acc.) XXX 7, LXXVI 5.

ā́ : s'élever au-dessus de (acc.), IV 17; monter sur (acc.), III 3, XXXIII 4, etc.

úd : se lever, se tenir debout, XXIV 4; *úttthita*, issu de (abl.), LXIV 3.

úpa úd : se lever dans la direction de (acc., *ācāryam* sous-entendu), LXXX 20.

úpa : se diriger vers, XXXV 3; se placer [en adoration] devant (acc., cf. *úpa sad*), LXXX 20.

pári : entourer (acc.), XXI 3.

prá : praesto esse (dat.), XIV 2, XXXIX 14.

práti : (caus.) établir, affermir, LXXVIII (II) 28.

ví : s'étendre, se répandre au loin, XXII 7, LVIII 2, LXXI 1; se répandre sur (acc.), I 8.

sthirá, adj. (rac. *sthā*), ferme, solide, XVII 8.

sthūṇā-rājá, s. m. (*sthū́ṇā* «pilier», rac. *sthā*), pilier principal, LXXVII 11.

sthemán, s. m. (rac. *sthā*), solidité, LXXVIII (II) 41.

snā, vb. (gr. νέω, lat. *nō*), sg. 3 ind. pr. *snā́ti* : se plonger dans un liquide, se baigner, LXXV 26, LXXX 25.

spardh, vb., sg. 3 ind. pr. moy. *spárdhate*, sg. 3 pf. moy. *paspṛdhé*, du. 2 plqpf. *ápaspṛdhethām*, etc. : combattre, lutter, XXXI 8, LIII 6; lutter pour la conquête de (dat.), VI 15.

sparç, vb. act., sg. 3 ind. pr. *spṛçáti* : toucher.

úpa : toucher, atteindre, XXII 7.

spaç, vb. act. (cf. *paç*), sg. 3 pf. moy. *paspaçé* : voir.
ánu : trouver, XXXIX 1.

spáç, s. m., espion, LIX 4.

spārhá, adj. (rac. *sparh* « désirer »), désirable, précieux, II 12, IV 6, 12, XXXIV 3, etc.

spṛdh, s. f. (rac. *spardh*), ennemi, envieux, XV 6.

spṛhayáyya, adj. gérond., i. q. *spārhá*, V 3.

sphāti, s. f., engraissement, prospérité, LII 3.

sma, particule enclitique de renforcement, IX 15, XLV 2.

syá, th. démonstr. usité seulement au nomin. sg. msc. fm. (cf. *sá* et *tyá*), et souvent cumulé avec d'autres, v. g. XII 5.

sya, fausse racine. V. sous *1 sā*.

syand, vb., sg. 3 ind. pr. moy. *syándate* : se mouvoir, couler, LVI 3, 4.

syúman, s. nt. (rac. *syū* « coudre »), courroie, bride, XIX 17.

sraṃs sras, vb., sg. 3 ind. pr. moy. *sráṃsate*, sg. 2 et 3 aor. (inj.) *srās* (? cf. rac. *sarj*), tomber ; caus. *sraṃsáyati*, faire tomber, laisser pendre, LIX 7.

sráj, s. f., guirlande, LXXX 25.

sridh, vb., sg. 3 ind. pr. *srédhati* : se tromper, pécher par ignorance ; commettre une faute contre les rites, IX 9, 21.

sru, vb. (gr. ῥέω ῥυτός), sg. 3 ind. pr. *srávati*, vbl *srutá*, etc. : couler.
sám : se réunir, se rassembler, XLIII 6, LII 2.

svá, adj. possess. (gr. ἑός ὅς, lat. *suus*) : sien, propre, personnel (réfléchi de 1re pers., XXVI 2, de 2e pers., LVII 1, de 3e ou de personne indéterminée, XXVI 6, etc. ; mais l'emploi du réfléchi n'est jamais obligatoire comme il l'est en latin, et peut toujours être suppléé par le gén. d'un th. démonstr., v. g. VI 10) ; sien, parent, allié, compatriote, etc., XLVII 3, homme de même caste, LXXVIII (II) 7.

svad, vb. act. (cf. gr. ἥδω ἡδύς, lat. *suāvis*), sg. 3 ind. pr. *svádati svádate* : rendre doux, rendre agréable, II 14.

sva-dhā́, s. f. — 1. Nature, essence propre, XVIII 3, XX 5. — 2. Offrande spécifique, oblation, XXI 7, XXXIX 3.

svadhā́-vant, adj. dér., qui garde sa nature propre, souverainement indépendant, XXVI 4, 8.

sv-adhvará, adj., composé de beaux sacrifices, XXXIII 4.

sv-anīka, adj., au beau visage, II 8.

sv-ápas et **sv-apás** (faux accent amené par l'étymologie illusoire **sva-pá*), adj., qui fait de bon ouvrage, qui fait bien son œuvre propre, VI 6, LIV 1.

svapasyā́, s. f. dér., habileté d'artisan, XXXVI 2.

svápna, s. m. (rac. *svap* « dormir », gr. ὕπνος, lat. *somnus sōpiō*, etc.), sommeil, XXVI 6, LXXIII.

sv-abhiṣṭi, adj., pb. comprenant une belle supériorité [sur les rivaux du suppliant], XXV 2.

svayám, nt. advb., dér. de *svá* : soi-même, par soi-même (indépendamment d'autrui), XV 2 ; de soi-même, sponte, XXX 8.

svàr, s. nt. (rac. *svar* « briller », cf. *sū́rya*) : ciel, nommément (lorsqu'il est distingué des autres) le ciel radieux (1), supérieur, invisible, où se passent les phénomènes que perçoit seul l'œil des Dieux, XXI 6 (loc. sg.), LXXV 14, 19, etc.

sva-rā́j, s. m., roi par lui-même, souverain en vertu de son essence propre, VI 9, XXV 5.

svarí, adj. dér., pb. céleste, VI 9, cf. *svaryà*.

sváru, s. m., poteau de sacrifice, XVIII 7.

sv-arká, adj., aux beaux hymnes, XVIII 9.

svàr-ṇara, adj. (opposé à *vaiçvānará*, il semble qualifier Agni en tant que feu céleste, appartenant aux « hommes du *svàr* », i. e. aux Dieux : il doit donc garder une acception analogue quand il est pris substantivement), s. m., pb.

(1) Cf. A. V. VII. 1. 2. *sá dyā́m aurṇod antárikṣaṃ svàḥ*, A. V. IV. 14. 3. *pṛṣṭhā́t pṛthivyā́ ahám antárikṣam ā́ruham antárikṣād dívam ā́ruham | divó nā́kasya pṛṣṭhā́t svàr jyótir agām ahám*, A. V. X. 9. 5., etc.

sacrifice des Dieux (le sacrifice que les Dieux eux-mêmes offrent dans le ciel et dont le sacrifice terrestre n'est qu'une imitation), X 2, cf. XL 3.

svar-dṛç, adj., qui voit le svàr, IX 22, XXXV 2.
svaryà, adj. dér., céleste, VI 6.
svàr-vant, adj. dér., céleste, XXVII 3.
svar-víd, adj., qui gagne le ciel, céleste, XII 2.
svar-ṣá, adj., qui conquiert le ciel, VI 3.
sv-áçva, adj., qui a de bons chevaux, XIV 1, XVI 2.
sváçvya, s. nt. dér., richesse en chevaux, II 5.
svásar, s. f. (lat. *soror* = *sresor*), sœur, I 8, XXVII 5.
sv-astí, s. f. (rac. *1 as*) : bien-être, bonheur, XIV 9, XVII 5, LXXVIII (II) 39 ; l'instr. sg. *svastí* devenu une formule générale de bénédiction et de bon augure, XVII 6, LXXIV 31 (peut-être aussi l'inst. pl. dans XIV 9, etc.) ; le même, employé comme un acc. sg. nt., XXXIX 11.
sváḍīyas, adj., XXIII 6, compar. de
svāḍú, adj. (rac. *svad*), doux, XXIII 6.
sv-ābhú, adj., bien prêt, tout prêt, XXX 10.
sv-āyudhá, adj., comp. dér., XII 15, XVI 2.
sv-āsasthá, adj., qui a un bon siège, LXXVIII (III) 7.
sv-áhā, s. f., invocation liturgique qui consiste précisément à prononcer le mot *svàhà* (instr. sg.) : XXXIX 3 « au moyen de l'invocation *svàhà* », XLII 12 « avec le cri *svàhà* ».
svid, particule enclitique qui insiste sur une interrogation, XXXVI 4.

ha, particule enclitique (gr. γε) d'insistance et d'affirmation, I 8, XIII 5, XIV 4, etc., tout particulièrement fréquente dans le style du Çatapatha-Brāhmaṇa, LXXVII 1 sq.
haṃsá, s. m. (cf. gr. χήν, lat. *hanser anser*, allemand *gans*, etc.) : oiseau d'eau, spécialement flamant, oie ou cygne, I 10, LXXIV 24 ; le soleil (? (1)), LXI 1.

(1) Cf. A. V. XI. 4. 21. Toutefois, suivant une superstition populaire, l'oie ne dormirait pas pendant la nuit (Florenz).

hatá-bhrātar,
hatá-mātar, } adj., comp. dér., LX 11, cf. *han*.
hatá-svasar,

han, vb. act. (cf. gr. θείνω et φόνος, δέκτω ἔκταν, etc.) : sg. 1 ind. pr. *hánmi*, pl. 3 *ghnánti*, du. 2 *hathás* ; impf. sg. 3 *áhan*, du. 2 *áhatam*, pl. 3 moy. *ághnata* ; sg. 2 impér. *jahí* ; sg. 2 subj. pr. *hánas*, etc. ; part. pr. *ghnánt*, vbl *hatá* ; infin. dat. *hántavai*, etc. ; passif, sg. 3 ind. pr. *hanyáte*, impér. *hanyátām* ; th. de présent redoublé, sg. 3 ind. pr. *jíghnate* ; désidér., sg. 2 ind. pr. *jíghāṃsasi*, etc. (autre th. désidér. *hiṃs*, V. à part) : frapper, tuer, VII 3, VIII 3, XXII 6, XXVIII 1, XXIX 1, XXXII 3, XLV 3, LX 6, etc., etc. ; (désidér.) vouloir frapper ou tuer, XXVI 4.

ápa : chasser (en donnant des coups), LXXV 19.

ní : frapper, combattre, LXXVI 3 ; enfoncer (en donnant des coups), LXXVIII (III) 22.

pári nís : chasser à force de coups, LIII 4.

hantár, s. m., meurtrier, XLIV 1.

hayé, interjection d'appel, XVI 8.

1 har, vb. act. (cf. *bhar* et gr. χείρ = χερ-ς), sg. 1 ind. pr. *hármi* et *hárāmi*, sg. 1 aor. *áhārṣam*, etc., vbl *hṛtá*, gérond. invar. *hṛ́tya* : saisir, porter, apporter.

á : LII 5, cf. la note.

úpa ní á : faire un présent, offrir les présents d'usage à (dat.), LXXX 2.

prá : présenter, offrir, VI 1 ; assaillir, LXXVI 3.

ví : distribuer, LXXVIII (II) 35, LXXX 21.

2 har, vb. (cf. gr. χόλος), sg. 3 ind. pr. moy. *hṛṇité* : être irrité contre (dat.), XXVI 3.

3 har, vb. (cf. gr. χαίρω), sg. 3 ind. pr. *háryati háryate*, etc. : être satisfait.

práti : (act.) accueillir, agréer, XLIV 3, XLV 2 ; (moy., sens passif) être agréé, agréable, XVI 1.

hári, adj., jaune, couleur d'or, bai-brun ; s. m., cheval bai (désignation ordinaire des chevaux, habituellement au nombre de deux, qui traînent le char d'Indra), VII 3, IX 4, X 4.

hári-keça, adj., aux cheveux d'or, XX 9.

hárita, adj., jaune, LXXIV 12, L 2 (subst.).

harimán, s. m., couleur jaune, jaunisse, XLVIII 1, 4.

hári-vant, adj. dér., qui a des chevaux bais, VII 4, VIII 4.

haryatá, adj. (rac. *3 har*), agréable, aimable, III 3.

hárу-açva, adj., comp. dér., IX 15.

háva, s. m. (rac. *hū*), invocation, XVIII 12, LIV 6.

hávana, s. nt. (rac. *hū*), invocation, XIV 2.

havana-çrút, adj. comp., XXVIII 10.

havín, adj. dér., qui appelle, qui invoque, LV 3.

havir-dá, adj., qui offre l'oblation, XIV 6.

havir-dhána, s. nt., du. (liturg.), les deux chariots sur lesquels on amène au sacrifice les plantes destinées au pressurage du soma, LXXVIII (III) 1 sq.

haviṣ-kṛ́t, adj., qui fait l'oblation, XLII 3.

havíṣ-mant, adj., qui est pourvu de l'oblation ; s. m., le sacrifiant, XIII 6, XLII 1.

havís, s. nt. (rac. *hu*), oblation, et nommément les offrandes liquides versées sur le feu de l'autel, II 13, 14, XIV 2, etc.

havyá, s. nt. (gérond. adj. de *hu*), i. q. *havis*, XIV 1, XXVI 2 (sur LIV 4 cf. la note).

hávya, gérond. adj. de *hū*, digne d'être invoqué, III 3.

havyá-dāti, s. f., présentation d'offrandes, XV 10.

havya-váh, adj., s. m., III 10.

havya-súd, adj. (rac. *svad*), qui rend l'offrande agréable [par son mélange avec le lait], XXX 5.

hásta, s. m., main, VII 4, LXVI 1, etc.

1 hā, vb. act., sg. 3 ind. pr. *jáhāti*, pl. 3 pf. *jahúr*, gérond. invar. *hitví hitváya*, etc. : abandonner, laisser, quitter, XIV 7, XXXVIII 6, XXXIX 8.

2 hā, vb., ind. pr. moy. sg. 3 *jíhīte*, pl. 3 *jihate*, etc. : aller, marcher ; céder.

ni : céder à (dat.), XVI 3.

háridrava, s. m. (cf. *hári*), nom d'un certain oiseau de couleur jaune, XLVIII 4.

hāriyojaná, adj. dér. (de *hari-yójana*, s. nt.), relatif à l'attèlement des chevaux bais (1), VI 16.

hā́rdi, s. nt. (cf. *hṛ́d*), cœur, ventre, XII 16.

hi, particule explicative (cf. gr. *οὐχί, ναιχί*), dont le sens le plus approché est celui de « car », VII 2, XXXIII 4, ou la fonction explicative répondant à « scilicet », XXI 1; souvent la proposition explicative précède celle qu'elle doit expliquer, auquel cas *hí* équivaut à « puisque », IV 1, VII 9; enfin *hí* est fort souvent explétif dans la langue des vers, II 16, mais non dans celle de la prose, LXXVII 2, etc.

1 **hi**, vb. act. V. sous *1 hā*.

2 **hi**, vb. act., sg. 1 ind. pr. *hinómi*, pousser en avant.

sám : pousser, lancer en masse, VI 4; conduire, guider, XXXI 1.

hiṃs, vb. act. (cf. rac. *han*), sg. 3 ind. pr. *hinásti*, aor. sg. 2 *áhiṃsīs*, du. 2 *áhiṃsiṣṭam*, etc. : endommager, blesser, nuire à (acc.), LXXIV 1, 20.

hitá, adj., vbl de rac. *1 dhā*.

himá, s. m. (cf. gr. *χιών χεῖμα χειμών*, lat. *hiems*, etc.), neige, hiver, XX 10 (instr. de temps).

híraṇya, s. nt. (cf. *hári hárita*), or, X 11, etc.

híraṇya-jihva, adj., comp. dér., XXIV 3.

hiraṇya-dā́, adj., s. m., XXI 10 (= *sūri*), cf. XLI 2.

híraṇya-pāṇi, adj., comp. dér., XXIV 4.

hiraṇyáya, adj. dér., d'or, XV 6, XXI 10.

híranya-ratha, adj., comp. dér., IV 8.

híraṇya-rūpa, adj., comp. dér., XXI 10.

(1) Dans la liturgie, le hāriyojana est une libation de soma, qui clôt une des phases du sacrifice, comme cette stance clôt l'hymne : le mot a-t-il déjà ici son sens liturgique?

hiraṇya-vandhura, adj., aux caissons d'or, XXXIII 4.

hiraṇya-varṇa, adj., comp. dér., XXI 10, 11.

hiraṇya-ví, adj., pb. qui s'empare de l'or (qui sert à conquérir le butin), X 10.

hiraṇya-saṃdṛç, adj., comp. dér., XXI 10.

hu, vb. act. (gr. χέω ἔχευα χυτός), sg. 3 ind. pr. *juhóti*, pl. 2 impér. *juhutá* et *juhóta*, pl. 1 subj. *juhácāma*, vbl *hutá*, etc. : verser, répandre, présenter une oblation liquide, XXIII 3, XXXIX 13, 14, LII 3, LXV 2, etc.
á : offrir en versant dans le feu, II 13, 14.

hū, vb. act. V. sous *hvā*.

hṛ́d, s. nt. (le rapport étymologique, soit avec **çrad* d'une part, soit de l'autre avec gr. καρδία κραδίη, lat. *cor* = ** cord*, est fortement compromis par le défaut de concordance de la gutturale), cœur, VI 2, XXI 2, LIII 2, 5, LVII 1.

hṛ́daya, s. nt. dér., i. q. *hṛ́d*, LVI 7, LXXV 24.

hṛdyotá, s. m., XLVIII 1 et note.

héḷas, s. nt. (rac. *hīḍ*), colère, IV 4, XXXIV 2.

hetí, s. f. (rac. *2 hi*), javelot, LXXIV 22.

hótar, s. m. (rac. *hu* et *hū*, car les deux fonctions sont réunies en sa personne) : hotar, prêtre officiant qui présente les offrandes, récite les prières sur l'invitation de l'adhvaryu, et joue enfin le rôle principal dans les cérémonies de la liturgie védique (cf. LXXVIII), v. g. LXXVIII (III) 20 ; la qualification de hotar est souvent attribuée à Agni, à cause de son rôle d'intermédiaire entre les hommes et les Dieux, III 4, IV 8, XLII 1, LXXVIII (II) 29, etc.

hotṛ-ṣádana, s. nt., siège du hotar (d'Agni en tant que hotar), LXXVIII (II) 32.

hotrá, s. nt., office du hotar, II 2.

hótrā, s. f., n. pr. (rac. *hu* et *hū*, cf. *hótar*) : Hotrā, ordinairement surnommée Bhāratī (l'offrande ou l'invocation personnifiée et divinisée), Déesse qui fait partie d'une triade, II 11, où parfois elle est remplacée par Mahī, cf. XLII 9.

hradá, s. m., étang, LXXIX 4.

hrúḍu, s. m., n. pr. (?), qualification d'origine et de sens inconnus, donnée à la fièvre *takmán*, L 2.

hvā, vb. act. (réduit *hū*) : sg. 3 ind. pr. *hváyati hváyate, hávate* et *hūte* (sg. 1 *huvé*, pl. 1 *hūmáhe*); pl. 1 opt. pr. *huvéma*; sg. 3 aor. *áhvat*; part. pr. *hávamāna huvāná*; vbl *hūtá*; gérond. *hávya*; sg. 2 ind. pr. passif *hūyáse*, part. pr. *hūyámāna*, etc. : (act., et le plus souvent moy.) appeler, invoquer, implorer à son aide, etc., III 3, 11, IV 13, VII 1, VIII 5, IX 3, etc., etc.; appeler, LIV 3, LV 5; (passif) X 1, XIV 8, XLI 5.

á : appeler, invoquer, X 3.
úpa : (même sens) XLII 3.
ní : (même sens) XXIII 4.

FIN.

CHALON-SUR-SAONE. IMP. FRANÇAISE ET ORIENTALE DE L. MARCEAU

www.ingramcontent.com/pod-product-compliance
Lightning Source LLC
Chambersburg PA
CBHW050733170426
43202CB00013B/2265

* 9 7 8 2 0 1 2 7 4 8 8 6 6 *